★ 经典战史回眸　二战系列

血色夜空

二战英德夜间空战实录

韩磊　著

WUHAN UNIVERSITY PRESS
武汉大学出版社

图书在版编目(CIP)数据

血色夜空:二战英德夜间空战实录/韩磊著 .—武汉:武汉大学出版社,2011.9(2020.12 重印)
(经典战史回眸.二战系列)
ISBN 978-7-307-09020-0

Ⅰ.血… Ⅱ.韩… Ⅲ.第二次世界大战战役—空战—史料 Ⅳ.E195.2

中国版本图书馆 CIP 数据核字(2011)第 153117 号

责任编辑:辛 凯　　责任校对:黄添生　　版式设计:马 佳

出版发行:**武汉大学出版社** (430072 武昌 珞珈山)
(电子邮箱:cbs22@whu.edu.cn 网址:www.wdp.whu.edu.cn)
印刷:武汉中科兴业印务有限公司
开本:720×1000 1/16　印张:22　字数:422 千字
版次:2011 年 9 月第 1 版　2020 年 12 月第 2 次印刷
ISBN 978-7-307-09020-0　定价:45.00 元

前　言

只有殉难者才能看到战争的结局——柏拉图。

朋友，你看过《虎口脱险》这部影片吗？我想作为一个喜爱二战历史的人，不可能没看过这部如此经典的电影。巧得很，这部电影和本书所要介绍的内容有所关联。那就让我们从电影说起吧。

法国电影《虎口脱险》几乎成为二战喜剧电影的杰出代表作，幽默的对白，曲折的情节，再加上演员们的精湛表演，使人百看不厌。但是朋友你可知道，这部轻松诙谐的喜剧的背景就是本书所要详细介绍的内容——英国皇家空军对纳粹德国的夜间空袭，影片中的飞行员就是英国空军一个轰炸机组的空勤人员，而他们执行的任务就是在夜间轰炸德国。当然，现实生活可远没有影片所展现的那样浪漫，那样轻松，对于英国飞行员来说，夜间轰炸德国的任务绝对是一次飞向地狱的危险之旅，等待他们的，不是美酒佳人，而是德国夜间战斗机和高射炮所交织成的防空火网，死亡、受伤和被俘，是那样的近在眼前。

长久以来，关注这场战争的军事爱好者们把大部分目光集中在了陆地或者大海之上，很少有人意识到这场战争中的天空也是史无前例的血腥与残酷。其中，在西欧广为人知的不列颠空中战役虽然持续时间很短，但是其对于二战进程的重要意义是不言而喻的。英国皇家空军战斗机司令部顽强抵抗住了德国空军的疯狂进攻，最终赢得了英吉利海峡上空决定性的胜利。而本书聚焦的正是半个世纪以前英德空军之间一场残酷、持久的战役：一场持续了5年半，几乎伴随整个二战历程的夜空战场。双方主人公换成了英国皇家空军轰炸机司令部和德国空军夜间战斗机部队，地点则向内陆转移到了德国空域。这次鏖战的最终胜利者依然是英国皇家空军，他们在这个战场上再次竭尽全力压倒了德国人：轰炸机司令部在对德国总计大约40万架次空袭中投下了约130万吨炸弹；极大损耗了德国的战争能力以及国民士气。但是英国人也付出了高昂的代价：超过1万架轰炸机被击落，为此损失了7万名机组人员（其中，5.5万人阵亡），人员损失比例占到了所有参加过空袭机组人数的一半！

60年前，西欧的天空是血色的，昼夜持

续不断。

如果说英国皇家空军战斗机司令部在防卫不列颠时表现出了顽强的抵抗意志，那么轰炸机司令部则在夜晚进攻德国时显示了惊人的勇往直前的决心和勇气。“30”这个数字是皇家空军轰炸机组勇气的象征，无论那些轰炸机组的年轻人是否能有机会完成这个基本出击次数，他们都是毫无争议的空中勇士。

“前进！不惜一切代价！”即便清楚前方是怎样一个防卫森严的夜空；即便明白自己可能看不到新一天的日出；即便看到同伴的轰炸机已经在遍布弹幕的夜空中一架架燃烧着坠毁；即便看到自己的机组战友已经身负重伤；即便已经感觉到自己的轰炸机摇摇欲坠；“前进！不惜一切代价！”他们沿着鲁尔－汉堡－柏林的轨迹， 在战争最艰苦的时刻鼓舞着英国国民的士气；在夜空中持之以恒地消耗着德国人的抵抗意志和能力；在几乎每个夜晚都用坚决的空袭向德国人一遍一遍地宣告：德国终将失败！

一场战争的残酷程度和对手的顽强密不可分，在这场夜空鏖战中，皇家空军轰炸机司令部不可避免地和德国空军夜间战斗机部队激烈碰撞。这是一支德国武装部队中独具特色的作战力量；这是一支伴随着战争诞生的新生力量；这是一支随着战争壮大而又最终彻底覆灭的部队。这支部队伴随着战争发展了自己的技术和战术，壮大了自己的力量，在夜空中逐步成为皇家空军的梦魇。这群青年人也在每个夜晚升空，在熊熊燃烧的城市背景的印衬下毫不犹豫地冲向对手规模庞大的轰炸机群：1943年7月24日－25日夜间的汉堡是他们的低谷，这个夜晚他们对于皇家空军轰炸机群的电子干扰束手无策；而1944年3月30日－31日，纽伦堡这个残酷夜晚，他们成功围猎了皇家空军的轰炸机群，达到了战绩的顶峰，但是最终伴随他们的依然是不可抗拒的失败。

在这场力量对抗力量，技术对抗技术，勇气对抗勇气的夜空血战下不应忘记的还有那些在空袭中悲惨度日的平民，战争的残酷让他们不得不承受无家可归，生死离别的痛苦，只能在熊熊火焰中祈祷平安夜晚尽快降临。战争无论对于胜利者抑或是失败者永远都是悲剧。

在二战结束60年后的今天，出版本书的意义在于全面回顾了人类这段残酷历史中的一个还不曾为我们熟悉的战场，也为了纪念那些为了保卫祖国抗击侵略者而在战争中牺牲的人们。本书将第二次世界大战中德国上空英德之间夜间空战的整个战争历程、重要战斗、双方参战空军部队以及作战技术装备都作了相当详细的描述，大量参战人员的个人回忆更是为我们提供了一幅幅细致翔实的历史场景。

本书主体战史部分以及技术装备简介部分由韩磊执笔撰写，由于资料来源等原因，本书战史部分在参考了大量相关外文书籍（具体书目见书后列表）的基础上才得以完成。如果没有二战论坛，本书的诞生是不可想象的，国内著名的第二次世界大战专业网站——“战争的艺术”及其所属的二战论坛的众多网友都给予了无私的帮助，尤其是对空战和飞机技术领域有着长期研究的任坚先生、杜申利先生、帕重可先生(苗族)，在雷达电子学方面有着专长的郑天尧等人，在此一并给予最诚挚的感谢。

当然从战史研究的角度出发，此书还有众多的不足和疏漏，或许几十万字依然无法全面细致地描述这场漫长的夜空战争，但是希望至少能给读者展示出这个夜空战场的全景，能够让读者对这场夜空拉锯战的整个过程有一个清晰的了解，但愿这不是奢望。

董旻杰

2011年3月

目 录

第一章 新生力量：德军夜间战斗机诞生和发展 ………………… 001

第二章 皇家空军轰炸机司令部的发展：最初的空袭进程 ……… 039

第三章 暴风前夜：1942年1月－1943年3月 …………………… 061

第四章 鲁尔－汉堡：火焰风暴1943年4月－10月 ……………… 100

第五章 柏林战役：从一个结束到另一个结束 ……………………… 183

第六章 德国夜间防空最后的喘息1944年4月－8月 …………… 223

第七章 最后焦点：重返德国纵深 1944年8月中旬－12月 ……… 248

第八章 尾声 1945年1月－1945年5月 ……………………………… 262

附录一 德国地图 ………………………………………………………… 287

附录二 德国主要城市名中英文对照 ………………………………… 288

附录三 德军夜间战斗机部队主要作战联队装备编制表 ………… 289

附录四 英德双方主要作战飞机性能简介 …………………………… 290

参考书目 ………………………………………………………………… 343

第一章　新生力量：德军夜间战斗机诞生和发展

1939年9月3日夜间，英国皇家空军(Royal Air Force，缩写RAF)第4轰炸机大队第51和第58轰炸机中队的10架惠特利轰炸机执行了二战期间对德国的第1次夜间空袭，目标是汉堡、不莱梅和鲁尔工业区。不过，这些惠特利投下的不是炸弹，而是数百万份宣传单！英德两国长达5年多之久的残酷的夜间战争就从这些纷纷飘落的宣传单开始了。

种子——第1夜间战斗机联队

德军夜间战斗机部队的历史，早在战前进行夜间空战的尝试时就已经开始，比如，Ⅱ./JG 132(第132“里希特霍芬”战斗机联队第2大队)驾驶Ar 68的飞行员，战前就开始进行与地面探照灯部队配合的协力搜索敌机及空战训练。1938年9月，苏台德危机最紧张的时刻，德军就在杜伯利兹机场成立了一个装备Ar 68型战斗机的试验性中队,番号是10.(N)/JG 132(德国空军夜间战斗机第132联队第10中队，简略写法中第1个罗马数字表示大队番号，第1个阿拉伯数字表示中队番号，N表示夜间，JG表示战斗机联队，最后一个阿拉伯数字表示联队番号)。1939年3月，该中队番号改为10.(N)/JG 131(跟随其父系“里希特霍芬”战斗机联队的番号改变)。随着战争的日益迫近，踌躇满志的德国航空部决心建设一支真正的夜间战斗机部队，于是该中队很快转为正式编制，并用Bf 109D型战斗机替换了过时的Ar 68。1939年5月1日，其番号又跟随联队番号的变更而变成了10.(N)/JG 2。1939年8月，德国空军两个作战训练部队之一的第2教导联队(教导联队缩写为LG)也组建了一个专门的夜间战斗机中队——11.(N)/LG 2，用以执行试验性夜间作战任务并制定夜间空战战术。到战争开始时，德国空军共拥有3个夜间战斗机中队，分别是：驻扎在耶弗尔的10.(N)/JG 26(原11.(N)/LG 2)，负责科隆地区的防空；驻扎在曼海姆－桑德霍芬的10.(N)/JG 72；驻扎在斯特拉斯堡的10.(N)/JG 2。但是，此时的德国空军高层尤其是空军总司令戈林认为没有必要继续扩充夜间战斗机部队。尽管如此，在1940年冬，德国空军还是将原来各自独立的3个夜间战斗机中队合并成一个大队——Ⅳ.(N)/JG 2，由布鲁门萨特中尉指挥，这个大队后来于1940年6月成为Ⅱ.(N)/JG 1。该大队最初被配置在德国的北部海岸：大队本部和第11中队(原11.(N)/LG

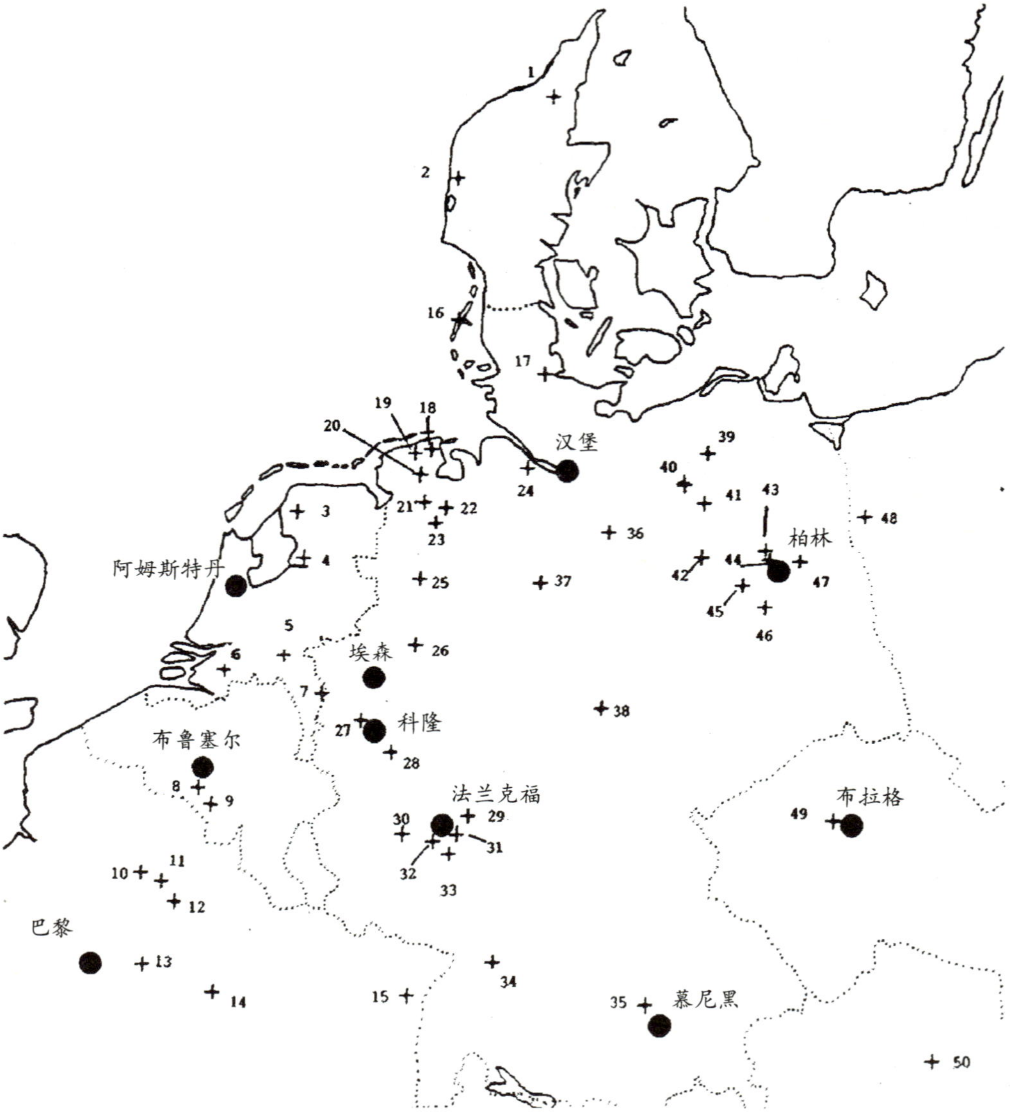

附图一　德国夜间战斗机部队主要基地分布图

2)驻扎在耶弗尔 (Jever)，第10中队(原10.(N)/JG 2)在荷兰朗格沃克岛 (Langeoog)，第12中队 (原10.(N)/JG 26) 在吕内堡，后转移到马克斯。此外，该大队还在波罗的海沿岸的罗斯托克设立了一个临时分遣队。该大队装备Bf 109D-1，为了获得更好的视野以及防止己方地面探照灯的干扰，这些战机的驾驶舱都没有舱盖。

德军最初的夜间战斗机部队实质依然是在昼间单发战斗机部队基础上建立的实验性质的小规模部队，真正的主力双发夜间战斗机部队此时还没有诞生。但是，随着战争的进行，他们很快就将出现并且成为真正的夜间防空主力。德国空军夜间战斗机力量在战争开始后一直没有取得值得一提的战果，他们的成长是循序渐进的。1940年4月21日，威利·施马勒军士长在德国东部海岸威斯玛附近取得了第1个夜间战果，击落了1架驻扎在法国的英军第218中队的飞机。当时，这架飞机正忙着撒传单，遭到攻击后坠毁，只有飞行员瓦德尔幸存。随后在4月25日，赫尔曼·弗洛斯特尔军士长击落1架汉普顿轰炸机，该机隶属于皇家空军第49轰炸机中队，由本森中尉驾驶，是在施莱斯维希－霍尔施坦地区海域执行布雷任务的28架汉普顿中的1架。这是有确切记录的英国皇家空军第1架被德军夜间战斗机击落的轰炸机。5月14日，弗洛斯特尔军士长又再次击落了1架执行布雷任务的汉普顿，这两架轰炸机都坠毁在斯特尔岛附近。当第2夜间战斗机联队的单发战斗机Bf 109在这段时间开始取得战果的时候，德国空军也开始尝试使用双发重型战斗机Bf 110在夜间执行攻击皇家空军轰炸机的任务，而这些早期的使用双发重型战斗机的夜战尝试才真正奠定了日后令英军深感恐惧的德国夜间战斗机力量的基础。

德军夜间战斗机部队的发展离不开一个重要的人物，当时为上尉(后来晋升至上校）的沃尔夫冈·法尔克。这位德国空军的传奇飞行员于1940年初被正式任命为 I ./ZG 1（驱逐机联队简称ZG，第1驱逐机联队第1大队）的指挥官，具体负责这些双发重型战斗机Bf 110的早期试验性攻击任务，这个大队也是后来德军夜间战斗机部队真正的种子力量。据法尔克回忆，当时，他所在的基地正处于英军轰炸机的主要航线上，于是他们开始尝试在黄昏时分起飞拦截，这些早期尝试也奠定了夜间战斗机部队的战术发展基础。

“夜间战斗机之父”法尔克出生于1910年8月，1932年他被选中派往苏联进行战斗机飞行训练，回国后最初依然在国防军步兵部

■ 时任第1驱逐机联队第1大队指挥官的法尔克上尉。

■ 1940年被派往挪威的第2里希特霍芬战斗机联队第4夜间战斗机大队的Bf 109D机群。

队服役，不久在慕尼黑北部的施莱斯海姆飞行学校担任飞行教官，然后他被任命为里希特霍芬联队的一名中队长，驾驶单发战斗机Bf 109。二战开始前不久，他的中队隶属于该联队的第3大队，该大队随后换装新型双发重型战斗机Bf 110，并重新整编为Ⅰ./ZG 76。在参加了波兰战役后，他所属的大队被部署到西线，最初在斯图加特附近，后来驻扎在温特海姆。1939年12月17日，这个大队被调往耶弗尔，第2天法尔克参加了一次具有重要意义的空战，这就是1939年12月18日发生在威廉港的著名战例。当天13时50分，由赫尔曼·迪尔少尉指挥的2个分别部署在海尔高朗德和旺格奥格的弗瑞娅型（北欧神话中的女神）雷达站探测到了来袭的英国轰炸机群。迪尔少尉确认目标距离113公里，大约还有20分钟到达德国海岸线，他立刻通过直通热线向耶弗尔基地报告了这个情况。英军机群此时正向着雅德和威廉港的方向飞行，到达雅德后转向西面沿着海岸飞行，准备最后转向西北方向的返航路线。此时，驻扎在耶弗尔的10. (N) /JG 26在中队长施坦因霍夫中尉的指挥下首先起飞，在旺格奥格的Ⅱ./JG 77的部分战斗机也随后起飞，而法尔克指挥的中队Ⅰ./ZG 76也紧随其后，他们当时正巧在海岸线进行侦察以及定位飞行。此后，还有一些其他单位的战斗机也加入作战，除了Ⅲ./JG 77，它们驻扎在诺德豪兹，迟了8分钟才接到警报。14时30分，施坦因霍夫中尉击落了第1架轰炸机。英军轰炸机进行了顽强抵抗，虽然自卫火力并不强大，但是机尾炮塔机枪的密集射击还是对德军战斗机构成了不小的威胁。后来成为超级夜间王牌的赫尔穆特·兰特少尉在这次空战中先后击落了3架轰炸机，他自己这样记录第2个击落经过：“短促精准的射击，敌机2台发动机在被命中第1发子弹后就开始燃烧，它很快开始坠落，最后落入水中并且沉没，时间是14时40分。”法尔克在这次空战中也取得了1个击落记录，但是他最后必须驾驶着发动机受损的Bf 110降落在旺格奥格。乌伦贝克少尉驾驶Bf 110绕到2架惠灵顿的尾部，就在他命中并且击落左面1架的时候，他自己的飞机也被右面那架惠灵顿的尾部机枪击中。乌伦贝克脖子受伤，他的无线电通信员多姆布劳威斯基军士的胳膊受伤，但是他们成功地返航并降落。之后，机械师在他们伤痕累累的战机上数出了23个弹孔。这场二战开始后英国对德国第1次真正意义上的空袭持续了约30分钟，德军方面的损失有：弗尔曼中尉，他的Bf 109最后坠毁在水中，他本人失踪；还有一名少尉在海上被击落（可惜无法查到名字）。除此之外，德军还有约20架战斗机受伤，部分损伤严重的不得不被放弃。但关于英军的损失双方最后的统计数字存在明显差异，这里笔者采用英国方面的记录：第9、第37和第149轰炸机中队总共有24架惠灵顿起飞，2架由于发动机故障提前返航，飞临目标的22架惠灵顿中被击落12架，还有3架因伤重而不得不在英国海岸紧急迫降时损毁。德军的这个成功战例离不开弗瑞娅型雷达的帮助，这种雷达后来被广泛用于德军夜间防空作战，法尔克在其中起了重要作用，可以说他是这种战斗机－雷达站协同战术的先驱。

1940年4月，随着德军对挪威进攻的开始，Ⅰ./ZG 76被部署到日德兰半岛北部的西奥尔堡基地，由于这个机场频繁遭到皇家空军的夜间空袭，此时已经升任大队指挥官的法尔克一直在考虑如何对付这些夜间轰炸机。之前的威廉港之战中雷达预警的作用让他印象深刻，于是他联系了部署在附近的由威尔纳·博德中尉指挥的一个海岸雷达站，

■ 丹麦的西奥尔堡基地一景，这是德军夜间战斗机部队真正的摇篮，在1940年4月间，法尔克的第1驱逐机联队第1大队就驻扎在这里。

弗瑞娅型雷达简介

■ 左侧就是弗瑞娅型雷达。

德军在战前就开始了雷达技术的研制开发，虽然当时的德国还不能合法拥有独立的空军部队。大约在1930年，德国海军某研究部门的鲁道夫·库诺尔德博士就发现了利用无线电波探测船只和飞机的可能性。为此，德国方面专门组建了一个名为GEMA的公司，继续发展库诺尔德博士的这个提议。1934年3月，德国的第1个雷达装置被研制出来了。随后，雷达的价值才得到重视，并且开始了迅速发展。1936年，GEMA公司研制出了两种雷达的试验型，它们就是在之后的战争中发挥了重要作用的“海拍”和“弗瑞娅”。海拍是一种舰载射击指挥雷达；法尔克最早用于拦截英军机群的弗瑞娅型雷达则是一种移动型雷达装置，用于探测舰船或者飞机，德国海军和空军均大量采用了这种雷达。弗瑞娅型雷达可以发现20公里外以50米高度飞行的目标，如果目标高度达到8000米，探测距离也相应增加到了120公里。这种雷达的天线可以360度旋转，工作频率为125兆赫，这意味着它的波长为2.4米。雷达天线的最佳尺寸为其工作波长的一半，因此和英军的CH预警雷达相比，弗瑞娅型雷达的天线尺寸要小得多，也使其可以机动部署。虽然弗瑞娅雷达不能给出高度数据，但是根据法尔克的应用经验，人们可以根据发现敌机的距离估算出敌机的飞行高度。弗瑞娅型雷达被军方定名为FuMG（德语雷达的缩写）80（德语缩写与英语缩写的不同规则：英语缩写一般采用各个单词的第1个字母，而德语则采用单词的第1个发音，因为德语大多为组合词，如Stuka(Sturzkampfbomber)；FuMG(Funkmessgeraete)等）。

一旦雷达发现英军轰炸机群来袭，立刻通过电话通知他们。这个雷达站的弗瑞娅型雷达可以发现100公里外以3000米高度飞行的飞机，这也是皇家空军通常的飞行高度。一般来说，轰炸机的飞行高度越高，被发现得越早，3000米的飞行高度意味着德军大约有15分钟的预警时间。

为了尽快验证他的理论，法尔克和他手

下5名最好的飞行员施特莱伯、艾勒、维克特·莫德士、鲁兹和特耶尔组成了一个专门的作战试验单位——“暮光”战备航空队（寓意为他们在黄昏时分才开始升空作战），专门进行夜间战术试验。法尔克鼓励他的部下在夜间升空迎击英国轰炸机，同时尽可能和博德中尉的雷达站以及该地区其他的高炮和探照灯部队协同作战。然而，这却不是一件简单的事，因为这些部队的指挥官的军衔往往是少校或者中校，而此时的法尔克还只是个上尉。法尔克采取的方法是首先将这个空域划分成各个方块区域，每个区域用2个字母作为标示。当敌方的机群从西面飞临时，捕捉到目标的雷达站迅速标定出目标所在区域，并用电话通知法尔克，他的Bf 110立即起飞；如果这时战机没有发现敌机，则继续进行第2步，这些升空的Bf 110爬升到一定高度，在事先确定的空域进行巡逻待机，同时和地面雷达站继续保持联系，当雷达站有新的发现后，再给出目标区域，Bf 110就可以迅速飞向那个空域。即使这样，要在夜空中拦截住轰炸机的机会仍然不大，但是这些夜间战斗机飞行员们还是获得了许多夜间飞行作战的经验，尤其是他们发现了一个简单却很实用的现象：飞行员在夜间最容易发现在天空北部高于自己飞行高度飞行的敌机！而在夜间英军的机组成员却由于黑暗地表的影响很难发现在他们下方接近的德军战机，由此形成的一个有效的拦截战术就是夜间战斗机由南面低空向敌军轰炸机接近。

1940年4月30日－5月1日（4月30日－5月1日是指4月30日日落至5月1日日出之间的夜晚时间，下同）夜晚，英军50架惠特利、惠灵顿和汉普顿轰炸机对挪威南部和丹麦北部的德军机场包括法尔克大队所在的基地进行空袭。法尔克、施特莱伯、拉都士和特耶尔均发现了返航的英军轰炸机，并且各自起飞展开攻击。英军轰炸机立即降低高度飞入云层之中，最终法尔克和他的部下都没有取得战果。拉都士在降落后发现他的Bf 110机身上有被英军击中的弹孔。皇家空军共计有3架轰炸机没有返航，但是不是被法尔克和他的部下击落的就不得而知了。毫无疑问，法尔克和他的那些夜间空战先驱者们的这些作战思路、进攻尝试和实际经验为德国空军提供了极有价值的关于夜间空战的参考，同时也引起了德军上层的注意。当时，暂时负责指挥德军驻挪威第5航空队的米尔希上将专程前往西奥尔堡会见法尔克，法尔克向他仔细阐述了关于夜战的想法。这次私人会面后，德军高层开始重视夜间战斗机力量的建设。此后，包括第2航空队司令阿尔伯特·凯塞林中将等德国空军高层的重要人物也都曾前往视察法尔克的大队。法尔克最早发现了地面雷达站在夜战中的价值，并且在挪威尝试建立了战斗机－雷达站协同作战的模式，他认识到夜间战斗机只有在雷达站的帮助下才能尽可能地靠近敌机。此外，他和他的部下开创了在夜间各机独立作战的模式。法尔克的这些战术尝试得到了军方高层的充分肯定，虽然

■ 凯塞林将军视察法尔克的第1战斗机联队第1大队驻地，此时法尔克并不知道这个大队即将改为第1夜间战斗机联队第1大队，照片显示了法尔克（左）正在和凯塞林将军（右）握手致意，背景是一架Bf 110 C型重型战斗机。

此时法尔克的大队还没有获得确认的战果，但是德军最高指挥部已经认识到部署专门的夜间战斗机部队的必要性，夜间战斗机部队开始得到重视，并即将作为一支强大的空中力量正式登场。

在击败法国空军和开始对英国空袭的这段短暂平静时期，德国空军对夜间战斗机部队的建设投入了更多的力量，但是夜间战斗机的数量依然不足。法尔克上尉此时指挥他的驱逐机大队正在法国勒阿弗尔地区，准备参加对英国的空袭。他的大队此时正在进行休整，补充新的战机和飞行员，这时候一个电话改变了他的人生轨迹，这一天是1940年6月22日，同时也被认为是德国夜间战斗机部队正式诞生的标志。凯塞林将军在电话中通知法尔克，德国空军决定建立第1个夜间战斗机联队，并且任命他作为首任指挥官。这原本是一个令人振奋的命令，然而对于法尔克和他的部下而言，此时并无太多喜悦，因为这意味着他们将远离即将展开的对当时德国的最大对手——英国的空袭行动，而这个行动被所有德国空军飞行员认为是获得荣誉的最佳机会。当其他战斗机飞行员有机会获取战果时，他们却不得不在漆黑的夜空中寻找并且击落英军轰炸机。以当时的情况来看，他们获得击落记录的机会明显将会减少。成为王牌飞行员是德国空军每一位飞行员的梦想，然而在此时的夜间战斗机部队中，这种机会明显减小了，甚至像兰特这样的日后德军第2号夜间王牌也曾经提出调离夜间部队的请求。法尔克试图向凯塞林将军请求参加对英国的作战行动，但是没有成功，命令不可更改，他必须指挥他的部下立即投入到夜间战斗中。但是从另一个角度来看，他和部下的生命也可能因此得到了延长，因

■ 德国空军使用的早期型Bf 109D夜间战斗机，该机由第26战斗机联队第10夜间中队的施坦因霍夫驾驶。

为那些投入对英空袭的Bf 110双发重型战斗机部队随后在英吉利海峡遭受了惨重的打击，大量Bf 110成为皇家空军喷火式和飓风式战斗机的牺牲品。

4天后，已经完成转场到杜塞尔多夫的法尔克奉命前往戈林所在的瓦森纳，他这样回忆当时的情景：

在会议室参加会议的有戈林、他的一战战友吕尔策将军、凯塞林将军、战斗机总监乌德特、人事部门主管卡斯特纳、第6空军军区指挥官施密特将军、荷兰德军总指挥克利斯蒂安森将军等空军高层人物。在前厅和我一起等待的还有泰斯克中尉，他是JG 1指挥部的通信军官。首先轮到我进去，我进去以后，戈林先发表了关于战争进程的长篇讲话，大意是我们在各个战场都势如破竹，但是英国在夜晚入侵的轰炸机则成为1个还没有解决的麻烦，因此他准备建立新的强大的夜间战斗机部队。他任命我为第1夜间战斗机联队（缩写NJG）的指挥官，我原来的大队成为这个新联队的第1大队，我的第2个大队则是布鲁门萨特少校的单发夜间战斗机大队，我将负责通知布鲁门萨特，他被解除这个大队指挥官的职务，暂时由他属下资历最老的中队长指挥，他就是施坦因霍夫。我现在获得了不同寻常的任命！我的联队直接隶属于第2航空队，部队后勤服务直接划归第6空军军区，部队类别上则直接隶属于战斗机总监。到现在为止，这样重要的职位都属于一战的元老飞行员！当然在不久之后，其他杰出的青年军官也都开始担任联队指挥官这样的重要职位，并且他们随后的成功更是超过了我，如加兰德和莫德士等。此外，我将负责挑选新的第2大队指挥官以及其他专业军官，如高炮、通信军官等，而我将拥有人事优先权。于是我立刻要求让就在门外的泰斯克中尉来担任通信军官这个职位，戈林大笑着拒绝了，同时要我现在就打电话通知外面的泰斯克，任命这位年轻的中尉担任他的雷达通信方面的参谋副官。我随后要求驻扎西奥尔堡的弗瑞娅雷达站指挥官博德少尉担任我的通信军官。现在布鲁门萨特的大队还隶属于第1探照灯团，这是不可思议的。我向戈林请求将这个团划归我指挥，他再次笑着拒绝了，但是我的建议还是得到了一定的肯定，他随后命令以后我和那个探照灯团将是合作而非隶属关系，并让我通知费希特中校他的这个决定。这将是一个让我难以想象的场景：我——一个小小的上尉军官——将给一位重要且高傲的团级指挥官打电话，告诉他我受元帅的委托通知他，我成为新的联队指挥官，您属下的战斗机大队现在划归我指挥，今后我们将联合作战。上帝保佑，但愿费希特中校听到这些后不会心脏病发作！

在杜塞尔多夫还只是一名指挥3个中队的大队长的法尔克上尉现在成为了一名联队指

■ 这幅图片显示了夜间战斗机部队少有的超过2机以上的编队飞行，已经可以看到Bf 110上的法尔克亲自设计的夜间战斗机联队标志。这是法尔克所设计的并在后来得到广泛使用的德国夜间战斗机联队的统一标志。早在当年春天首次接掌第1驱逐机联队第1大队的时候，他就充分认识了到单位标志的重要性，为此还专门组织了大队标志的设计招标，最终维克特·莫德士赢得了设计：浅蓝色的盾牌底部是地球一角——北海地区，上面有1只俯冲的白鹰（取自法尔克的族徽）紧握着红色闪电，劈向英格兰南部。当该大队发展成后来的夜间战斗机联队，法尔克只是把浅蓝色的天空背景改成了黑色。这个徽章被用在所有夜间战斗机部队单位中，仅有一些小的改动，比如，第1夜间战斗机联队的盾牌边缘为白色，第2联队为红色，第3联队为黄色。一些联队为了区别内部的大队，在盾牌的顶部添上第2或第3条横杠，另一些则添上1个罗马数字。法尔克后来解释说："这个徽章不仅用在飞机上，还用在联队的车辆上，我还把它做成小领章发给每个联队成员佩戴，不要低估这一外在隶属标志，联队的每一位新成员经过几个星期的试用后，会在检阅的时候获颁这个领章作为正式接收的标志。同样的，如果有人违反纪律，则这个领章也会被收回，作为一个整体，个人的违纪会对整个单位造成不良的影响。"

挥官，而担任这个职位的军官一般为中校或者上校，在这之前从来没有任何一名军官以上尉军衔来担任这样重要的指挥位置。和皇家空军相比，德国空军军官所担任的职位和担负的责任要超过同级别的英国军官。虽然也有部分皇家空军上尉指挥一个拥有数个中队的联队①，但是在对年轻军官的提拔上，德国空军显然比较积极，这段时期的空军青年军官代表除了法尔克，还有威尔纳·莫德士和加兰德这对昼间战斗机部队双杰。加兰德在1942年11月成为德国最年轻的将军，担任德国空军的战斗机总监。而莫德士则在1941年11月就被任命为战斗机总监，若不是过早阵亡，则可能会更早获得最年轻将军的殊荣，德国空军这位第1个在宝剑橡叶骑士十字勋章上镶上钻石（1941年7月15日获得）的杰出战斗机飞行员和前线指挥官在1941年11月22日阵亡（总计115个击落记录，上校军衔），此后他的荣誉只能由以他名字作为荣誉称号的JG 51“莫德士”战斗机联队来继续。这里也不得不提一下德国空军最高指挥官戈林元帅，他往往会很快改变自己的决定。比如，之前还对夜间战斗机部队不屑一顾的他很快改变了想法，他认为：“我需要一支强大的夜间战斗机部队。”于是，德国空军夜间战斗机部队获得了迅速发展。二战期间戈林的许多决定被认为严重影响了德国空军的作战和发展，有些甚至是致命的，但是，这次他选择法尔克作为第1个夜间战斗机联队的指挥官还是一个明智的决定。

成长——新生力量

1940年6月底，法尔克继续在杜塞尔多夫研究如何有效截击英军轰炸机，他属下现在有1个装备Bf 110的大队，即Ⅰ./NJG 1（就是原来他自己的Ⅰ./ZG 1）。他随后很快获得了第2个大队，即原来的Ⅳ.（N）/JG 2。虽然双发的Bf 110战斗机的机动性不如单发的Bf 109战斗机，但是它毫无疑问是一种可靠的夜间空战平台。此时，夜间战斗机部队采用的都是探照灯支持下的自由猎杀战术，就是在探照灯有效工作范围附近巡航，希望借此发现并且攻击被探照灯锁定的轰炸机。因此，它们和地面探照灯部队的如何协调是一个迫切需要解决的问题。前文已经介绍，当时的夜间截击作战由费希特中校（第1高炮探照灯团指挥官）指挥，而随着法尔克联队的组建，

① 这里简要说明一下英德双方空军编制，德军的战术编制一般按照联队－大队－中队这个体系，相对应的，皇家空军的大队约等于德军联队，以此类推：皇家空军的联队等同于德军大队，而皇家空军中队的规模一般要大于德军的中队，但是在编制体系上则是同级别的，需要说明的是，轰炸机司令部的编制体系又有其自己的特点，直接采用大队－中队编制体系，而没有中间的联队这个级别，中队一般情况下编有16架以上的轰炸机，战争后期达到30架，而1个大队一般有10－16个中队。

■ 德军88毫米高炮部队实战场景，标准情况下一门Flak36型88毫米高炮由7－10人操作：一名炮长，通常为军士；1号炮手，负责方向机；2号炮手，负责高低机；炮位装填手一名；剩余人员中一人负责引信设定，其余则负责弹药运输等辅助工作。

这层指挥关系需要重新界定。因为首先费希特的军衔比法尔克高出整整两级。其次在作战部署上，法尔克的联队隶属于第2航空队，而探照灯部队则隶属于空军军区司令部。尽管如此，在德国空军高层的支持下，法尔克还是得到了各方面必要的合作和支持，他的联队可以使用“光照夜间截击”战术作战。但是这些探照灯部队往往部署在一些固定的区域，首先是那些大城市和工业区周围，配合高炮部队拦截英军机群。这就意味着，在地面探照灯有效工作空域迎击英军轰炸机的德国夜间战斗机有被己方防空火力击落的危险，虽然这些夜间战斗机都进行了专门的涂装，以便于识别，但是对于高炮射手而言，在夜间防空作战时要清楚分辨敌我依然是一件相当困难的事。1939年夏季，德军总共有

■ 这是一款最典型的防空探照灯fer37型，装备有直径150厘米的镜面，在战争早期这些探照灯统一由一个团来指挥。

■ 德军监听装置正在侦测英军机群信息。

大约197个重型高炮连和48个轻型高炮连。到了1940年中期，德军部署在其重要工业区周围的大约有450门重型高炮和超过100个探照灯连。此时，一个标准的高炮连包括4门高炮、1台指挥仪和1台监听设备。标准的重型高炮是Flak36型88毫米高炮，炮弹重8.16公斤，射程8000米，射高约6500米，弹丸爆炸产生的约1500枚弹片的有效杀伤半径大约10米。标准作战模式是4门高炮在1台指挥仪指挥下进行齐射，作战效率依赖于指挥仪，它负责计算并且给出射击必需的参数，如方向机、高低机数据和炮弹引信时间等。通常情况下，以攻击4000米高度目标为例，从指挥仪捕获目标到最后炮弹在空中爆炸需要21秒时间；指挥仪计算指挥时间10秒；设定引信以及装弹5秒；最后炮弹到达4000米高度需要6秒。但是，此时的光学指挥仪只能用于昼间作战，而最初在夜间作战，还没有装备相应的雷达设备时，则需要依靠监听设备和探照灯的联合体系来寻找目标。

NJG 1在其诞生的头几周内孤立无援，皇家空军的空袭区域十分广阔，而德军地面高炮－探照灯部队的部署区域则是有限的。因此，想要建立一个能覆盖英军轰炸机可能空袭区域的地面防御体系是几乎不可能的。此时，法尔克手下的飞机缺乏专业无线电设备，甚至是连最基本的消焰器都没有，只是简单的把标准型Bf 110昼间型驱逐机涂成亚光黑。缺乏地面控制系统迫使法尔克不得不设计一套自己的作战法则，他把紧挨着鲁尔部署的探照灯部队向前移到威斯特伐利亚境内，直到明斯特西北部，建立起了一条探照灯光带，横跨皇家空军轰炸机的主要前进路线。同时，他把第1大队部署在距明斯特东部40公里的古特斯劳（此时，第3大队仍在科隆－奥斯特海姆进行从Bf 109D到Bf 110的改装训练），而他的联队指挥部依然设在杜塞尔多夫。在弗瑞娅雷达部队编入他的防空预警体系之前，法尔克必须依靠地面监听站来获得英军轰炸机来袭的警报。法尔克将他的战斗机部队部署在离明斯特有一定距离的地方，以防止自己战斗机的发动机噪音影响对英军机群的监听。当确定英军机群来袭时，沿岸的弗瑞娅雷达站将进犯轰炸机的预警警报通过“雉”代码传递给I./NJG 1，夜间战斗机飞行员会得到“Fasan”（逮住）的短语警报，然后他们立即起飞，以略高于英军轰炸机可能的飞行高度在一座无线电导航台和探照灯光带后方巡航待机，等待探照灯捕捉到英军轰炸机。有时他们得等待3个小时之久。一旦“光带”上晃动的光柱发现1架敌人的轰炸机，夜间战斗机就立即俯冲，飞到轰炸机的后部下方位置，然后拉起机头开火。行动必须迅速——轰炸机会在3分钟内穿过“光带”，到达远方黑暗的安全地带。虽然为了避免错过目标进行了大量的训练，但多数截击仍以失败告终，主要原因在于探照灯漫无目的的搜索方式。于是，出现了这样的场景：德军夜间战斗机长时间地在茫茫夜空中巡航，希望能够捕捉到英军的重型轰炸机并击落它们，但是往往无功而返。在作战效率上，第1大队的Bf 110所取得战绩还是明显优于冯·波特麦上尉的第2大队那些在德国北部和荷兰上空进行夜间单机游猎攻击的Bf 109。1940年7月9日黎明，1架惠特利轰炸机在赫尔戈兰岛附近海域被原IV.(N)－JG 2的“老鸟”赫尔曼·弗洛斯特尔军士长击落，这是夜间战斗机的首个“官方”击落记录。7月20日凌晨，施特莱伯中尉击落了其夜战的第1个战果（他击落的几乎可以肯定的是1架第51中队的惠特利，编号P5007，在威斯特伐利亚州府东北偏北35公里处坠毁）。第2天夜间，他获得了夜间空战生涯中65个击落记录的第2个，这次，他击落了皇家空军第78轰炸机中队1架由蒙克豪斯军士驾驶的惠特利，这架轰炸机最后坠毁在明斯特。到这个月底，NJG 1共计击落了6架轰炸机，法尔克的初期型“Helle Nachtjagd”（光照截击，飞机和探照灯协力来搜索截击敌机）战术看来已经初见成效。与此同时，该大队在作战中也损失了2架Bf 110，而越来越多返航的皇家空军机组成员报告他们在夜空中看到了德军的夜间战斗机。

8月－9月之间，新生的NJG 1继续取得战果，施特莱伯中尉在8月30日和31日夜间分别击落1架惠灵顿和1架惠特利，9月30日夜间，

■ 这架轰炸机很可能就是施特莱伯中尉的第1个夜间战果。

威尔纳·施特莱伯简介

■ 德军夜间战斗机部队核心种子力量第1夜间战斗机联队指挥官的更替：左侧是老指挥官法尔克，右侧就是新任指挥官施特莱伯。

威尔纳·施特莱伯是二战最成功的夜间战斗机飞行员之一，最终在德军夜间王牌中排名第4。早在1940年4月－5月间，他就是法尔克大队的一名成员，也是最早参与夜间截击试验的飞行员。他随后成为新建的法尔克指挥的第1夜间战斗机联队的军官，并且取得了该联队的第1个击落记录。他和法尔克一样，都是战前就成为了国防军军官。他最早接受的是飞行观察员的训练，随后接受战斗机飞行员的训练。战争爆发后加入法尔克的装备了Bf 110的战斗机中队。他于1940年10月成为I./NJG 1的指挥官，军衔为上尉。他在1940年7月获得第1个夜间战绩后迅速成长为德国的著名夜战王牌。1943年7月1日，他正式接替法尔克成为第1夜间战斗机联队指挥官。他到战争结束时成为上校，击落记录为66架，其中65架是在夜间取得的，施特莱伯后来继承了法尔克的“夜间战斗机之父”这个称号，并在战争结束前14个月被提升为夜间战斗机总监。

■ 威尔纳·施特莱伯于1940年10月获得骑士十字勋章，当时他拥有65个夜战战果，成为战绩排名第6的夜战飞行员。时任第1夜间战斗机联队第2大队指挥官的施特莱伯正在检查自己在夜间击落的1架威灵顿残骸，这组机枪很可能曾经对他构成了致命威胁。

他更是仅以32分钟就在布雷森不吕克－巴登堡－曼斯拉格空域击落3架轰炸机。法尔克将他原来的大队交给刚刚晋升上尉的施特莱伯指挥，这个大队可以说是德军夜间战斗机部队的种子核心。同时，这支新生的部队也开始付出代价，损失了一些优秀而且重要的飞行员，包括格里斯中尉和考拉克军士，但是权衡这些战果和损失，不可否认的是德军夜间战斗机部队正在逐步发展。

1940年中期以后，德军最高指挥层对于皇家空军夜间空袭的威胁越来越重视，因此新生的夜间战斗机部队需要拥有与其任务相称的指挥架构。7月17日，戈林任命时年44岁的卡姆胡贝尔上校负责组建应对敌军夜间轰炸机的夜间防空体系。

卡姆胡贝尔上校是一名被公认为组织能力出色而且思维敏锐的指挥官，在他的领导下，夜间战斗机部队的战术指挥体系很快就开始逐步成型。他将夜间战斗机师指挥部建立在荷兰蔡斯特的一个华丽的古城堡中。在这个位于英军空袭主要航线上的小城中，他将指挥今后对皇家空军的夜间战斗。10月16日，卡姆胡贝尔上校晋升为少将，在这个时候，他也已经初步发展了两种夜间作战模式，首先，他改变了以前人们根深蒂固的一个空战防御理念：即做好准备等待敌机的到来，然后起飞迎击。而是主动出击，将战火烧到敌方阵营。卡姆胡贝尔自己是这样解释这个战术的：“当我想消灭一个马蜂窝的时候，我不会先忙于对付几个在外面乱飞的小虫子，而是在它们大部分返回自己巢穴的时候把它们连窝端掉。”其次，他大力发展的另一个作战模式则是后面将会重点提到的“区域截击”模式。此时，夜间战斗机师在原有的两个NJG 1大队的基础上又获得了第3个作战大队——II./NJG 1的渊源可以追溯到KG 30的一个战斗机大队Z./KG 30，该大队曾在特隆赫姆和斯塔万格外海执行护航任务，挪威战役几近结束之时，中队指挥官中尉赫尔伯特·伯恩希率领手下的Ju 88C-2重型战斗机南下到鲁德维格斯鲁斯特进行任务转换训练，他们的新任务是去敌人的基地摧毁轰炸机；破坏皇家空军的夜间飞行训练，并伺机投放

■ 踌躇满志的卡姆胡贝尔将军。

一些小型炸弹。该中队于1940年6月转往杜塞尔多夫进行夜间战斗训练，并且改编为4./NJG 1。此地，还有新成立的5./NJG 1，该中队装备改装的Do 17Z夜间战斗机。Do 17Z也是由原来的中型轰炸机改装而来的，道尼尔的这些远程夜间战斗机被称为“Kauz”，至于原因就不得而知了。这两个中队组成了新的II./NJG 1的核心力量，该大队指挥官为格拉夫·冯·施蒂尔弗里德上尉，而由波特麦上尉指挥的原来的第2大队改为现在的第3大队。很明显，现在新的夜间战斗机部队中已经没有了单发Bf 109战斗机的位置，只有一个中队还装备这种单发战斗机，到8月份，Bf 109正式退出夜间战斗机部队。Ju 88C-2和Do 17Z这2种远程重型夜间战斗机都拥有强大的前向火力，这些改装机型专门用于攻击皇家空军的本土机场。

卡姆胡贝尔决定用II./NJG 1的Ju 88和Do 17远程夜间战斗机施行进攻性防御作战，这些战机将在夜间进入英国空域攻击轰炸机。他将这个大队改编为远程夜间战斗机大队，并且作为自己计划的第2个远程夜间战斗机联队的种子力量（Ⅰ./NJG 2)。这些远程重型战斗机首先部署在阿姆斯特丹附近的斯希普霍尔，它们在傍晚从杜塞尔多夫飞到斯希普霍尔，再起飞执行任务，任务完成后又回到斯希普霍尔，然后荷兰航空公司的司机用豪华轿车把机组成员们送到阿姆斯特丹的克拉斯纳波尔斯基 (战后的5星级饭店) 过夜，当穿着燕尾服的待者引领机组成员穿过旋转门时，他们仍穿着全套的飞行装备！第2天中午，他们再飞回杜塞尔多夫。这样的安排无疑很受欢迎。虽然机组对此欣喜若狂，但地勤和飞机却经不起这样的折腾，而且战绩也不理想，法尔克和卡姆胡贝尔不得不前往杜塞尔多夫为4中队和5中队的机组打气，会面的地点是装修简朴的军官食堂：

■ 第2夜间战斗机联队从荷兰基地起飞，使用Ju 88C飞机前往英国执行夜间入侵行动。

■ 第2夜间战斗机联队的Do 17"Kauz"远程夜间战斗机。

是的，先生们，我从你们的报告中得知你们历尽千辛万苦，但是请别忘了在暗室里拍苍蝇的典故，我们有一项特殊而重要的任务要去完成……不要跑来和我争论这些计划，你们注定要和能见度及定位的问题作斗争，我不想听到什么办不到之类的话，我想听已经办到了！你们大队被派去夜袭英格兰是为了解决一个根本问题：在敌人来到这里之前找到并摧毁他们。

卡姆胡贝尔的训词看起来有了一些效果：7月23日夜间，两名5./NJG 1的飞行员，菲尔德维贝尔斯·维泽和施拉姆宣称在北海上空击落了1架威灵顿，地点是在荷兰特克塞尔岛外海100公里，不过皇家空军没有相对应的记录以证实这次击坠，之后的击坠也是如此。1个月后，有飞行员宣称在英格兰东海岸上空击落了2架飓风，1架是8月17日23点在洛斯托夫特，还有1架是10天后在格林斯比上空，9月8日和9日，5./NJG 1宣称各击落了1架布伦海姆（需要指出的是，在9月8日的跨海峡作战中确实损失了3架布伦海姆，但原因未知）。与以上这些水分战绩相对应的是，这2个中队已经有3架飞机（2架Ju 88C-2和1架Do 17Z-10）坠毁，他们也遭受了首次战斗伤亡：8月18日凌晨，弗利兹·甄克尔军士长的Ju 88被1架第29中队的布伦海姆夜间战斗机击落于绝弃岬外海，机上3人全部丧生。

9月，随着卡尔·胡尔斯霍夫上尉的第6中队成立，该大队终于拥有了完整的3个中队，随后大队放弃了在杜塞尔多夫和斯希普霍尔之间的每日往返（以及克拉斯纳波尔斯基饭店的安乐窝），转驻希尔泽－赖恩地区以便于展开对英国的主动性攻击行动。II./NJG 1被重新命名为I./NJG 2，这是NJG 2这个计划中的夜间入侵机联队的第一个大队。

从此，直到1941年10月，隶属于NJG 2的远程夜间战斗机大队一直以希尔泽－赖恩为基地执行远程攻击任务。10月20日，胡尔斯霍夫上尉宣称在迪什佛斯上空击落的汉普顿（这个战果得到了英军战后损失清单的证实）。4天之后，第3中队的哈恩军士在约克郡的林顿－上欧瑟（Linton－on－Ouse）基地上

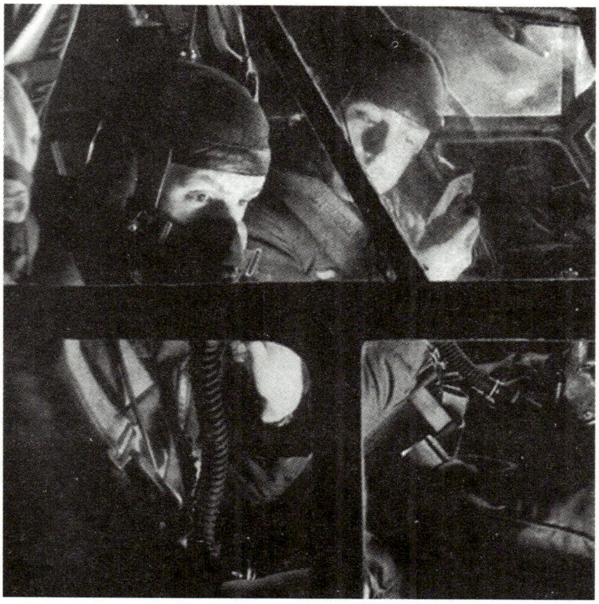

■　德军作为远程夜间战斗机部队的第2夜间战斗机联队第1大队的2名Ju 88成员，1名已经摘掉了氧气面罩。

空击落了1架惠灵顿，事实上这是1架第102轰炸机中队刚起飞的惠特利，这也是第1个被确认的德军远程进入英国攻击的击落记录。就在1小时之前，1./NJG 2的库特·赫尔曼中尉宣称在海姆斯威尔附近击落了2架布伦海姆，实际上他攻击的是1架布伦海姆和1架贝福特，这2架飞机只是被击伤，后来在道克丁安全着陆。10月28日，海茵茨·弗科特少尉正确辨认了1架刚起飞的第49中队的汉普顿X3027，并在斯坎普顿附近将其击落于斯科格尼斯外海。I./NJG 2也开始为入侵英格兰而付出代价，至年底，共有4架飞机失踪，估计已经在北海坠毁，在11月23日－24日夜间的一次入侵行动中失踪的大队指挥官的R4+BB就是其中之一。卡尔·胡尔斯霍夫上尉也参与了那天晚上的行动，并宣称了第2架击落记录（未被确认）。

1个月后的12月21日凌晨，胡尔斯霍夫的继任者，3./NJG 2的中队指挥官乌尔里·希麦耶尔中尉在林肯郡被皇家空军飞行学院的高炮击落。他们攻击皇家空军的军校不知是出于无意还是鲁莽，无论如何麦耶尔及其机组I./NJG 2是由于敌人行动而导致的首次战损。

当时，德国空军一个普通的战斗机大队一般拥有30架左右的战机，而这个大队的编成内只有21架Ju 88和Do 17，而且随着战争的进行，它的实力由于作战损耗还在减少，如在1941年1月，它只有7架飞机可以投入作战！卡尔·胡尔斯霍夫上尉很快就接替格拉夫担任这个远程夜间战斗机大队指挥官，他此前直到1940年秋季都是第3航空队的一名优秀的无线电监听军官，他的任务是监听皇家空军轰炸机和其地面控制之间的无线电通信，在敌方机群起飞以前获得必要的情报，如轰炸机数量、空袭目的地等。当胡尔斯霍夫在获得这些情报后（有时在英军第1架轰炸机起飞前1小时就可以得到确认），会立即派出他的第1波夜间战斗机，目标是英军这些起飞轰炸机的机场，希望可以及时攻击那些起飞中的轰炸机；间隔不久第2波战斗机起飞，目的是在北海上空拦截英国机群；此外，胡尔斯霍夫上尉还尝试将他的夜间战斗机混入返航的皇家空军轰炸机群之中，在这些轰炸机飞临已方机场上空准备着陆时利用机场的灯光攻击它们。他属下第2中队的中队长容克中尉就曾经几次成功混入英军机群，在其准备在英国机场着陆时开始攻击。德国人的活动范围很快扩展到英国所有东部郡县，目标也不仅是轰炸机司令部的基地，还有皇家空军的夜间训练基地。想到在执行灯火管制的英格兰上空有无数各种型号的飞机，也就不难理解这些入侵机飞行员会错误识别敌机的型号。

虽然德军远程夜间战斗机部队首要任务是攻击返航的皇家空军轰炸机，但是它们在其他方面也获得了一定的战果，因为它们还经常攻击一些临时目标。例如，每一座在夜间起飞轰炸机的英军机场都由于机场灯光的缘故，很容易遭到德军夜间战斗机的袭击，而此时，在这些机场上空的其他英军飞机也会遭到攻击：这些目标不仅仅是轰炸机，而且还包括“牛津”和“虎蛾”教练机，那些刚刚开始进行夜间飞行训练的学员就成了这些夜间战斗机的猎物。在这种时候，英军的高炮也是无法发挥作用的，毕竟在空中更多的还是自己的飞机，在夜空中想要正确识别都是2台发动机的敌我战机实在太困难了。

战后的研究终于有可能将宣称的击坠和实际损失相对照来研究，更准确地说是剔除，因为I./NJG 2仍经常高估击坠数。比如，在1941年1月16日凌晨，阿尔伯特·舒尔茨中尉宣称在风特教会附近击落2架布伦海姆，之间仅相隔15分钟，而事实是这2架OTU (作战训练单位) 的飞机后来成功迫降，成员安然无恙。哈恩军士则“名副其实”一些，他在3月13日傍晚击落了1架刚从瓦丁顿起飞的第207中队的曼彻斯特，哈恩一定瞥见了这架飞机独特的双垂尾，因为他宣称击落的是1架洛克希德的哈得逊。

1941年4月，I./NJG 2获得了至少10架被确认的战绩，这是在该大队在英格兰上空最成功的1个月。其中，4月8日的战绩，可能改变皇家空军的历史进程，哈恩军士宣称在当天凌晨返航的路上摧毁了1架威灵顿。但事实上和他交战的飞机是1架第29中队的P-61，完成了在曼彻斯特上空的夜间巡逻后，安全降落在林肯郡的威灵托，只是飞机偏出跑道撞

■ 卡姆胡贝尔和他手下最成功的远程夜间战斗机飞行员哈恩少尉，拍摄这幅照片后不久，哈恩这位骑士勋章获得者就在英伦上空和1架皇家空军的轰炸机相撞后阵亡，时间是1941年10月11日。

到了树上。该机的飞行员在之后的战争中丧生，1946年他的回忆录在其死后出版：

……我们正在盘旋（准备着陆），想着下去搞点熏肉、鸡蛋和咖啡。我问控制台附近有没有敌机。“不，附近没有敌机”他们说。于是我打开导航灯开始进场，并按规程放下了起落架和襟翼。与此同时，查尔斯·威都斯（中队指挥官）正在地面上负责对空观察，他看到一架可疑的飞机盘旋了一段时间，但他没有无线电，所以什么也做不了。他看见这架Ju 88进入我机的机尾位置，当离地面15米的时候，其向我开火，幸亏飞行员不是个好射手，我们的飞机穿过一些树木坠落在机场远处，不过无线电通信员的腿被航炮炮弹击伤了。

这架英俊战士的飞行员就是盖伊·吉布森上尉，他后来驾驶轰炸机，成了具有传奇色彩的“水坝破坏者”的领袖。

而不知疲倦的汉斯·哈恩因为近期的战绩被提升为军士长，5月的4个入侵机击落数中，他也有份（值得注意的是，1941年春，夜间闪击战正在接近高潮，在英格兰夜空中飞行的德国飞机不仅仅只有I./NJG 2的容克）。5月4日凌晨，哈恩在诺维奇以南击落了1架单发战斗机，他相当有想象力，这架飞机被他识别为费尔利管鼻燕!但这架飞机只可能是第222中队损失的1架喷火，当时（几乎可以精确到同一分钟），它正在该城以北大约20公里处。

度过了平静的6月，夜间战斗在7月恢复了活力，其间有7架皇家空军的飞机被击落，几乎全部是入侵机在英国击落的——不过被击落的目标极少能被正确辨认：7月5日，劳福斯军士长击落的单发飞机很可能是1架喷火，当时，这架第452中队的飞机正准备在北沟茨进场着陆；分别在5月28日和30日被宣称击落的1架布伦海姆和1架威灵顿很可能是2架奥克斯福德；7月中旬，第2EFTS（初级飞行训练学校）的1架毫无进攻性且很容易识别的虎蛾在剑桥郡被击落，可能也是错误识别造成的。

到了8月，皇家空军由于已知的敌人行动损失了5架威灵顿，9月损失的2架中也有1架威灵顿，还有1架是OTU的汉普顿。10月3日，未来的骑士十字勋章获得者，3./NJG2的阿尔方斯·克斯特军士击落了正准备从奥金顿起飞轰炸布勒斯特的第7中队的斯特林N6085（MG-H），这是该大队在英国击落的惟一1架4发飞机，也是克斯特本人在半年内取得的第11次击落。10月12日傍晚，皇家空军的1架OTU布伦海姆在白金汉郡上空被击落。第2天晚上，I./NJG 2宣称在剑桥郡上空击落了1架“空中堡垒”。至此，该中队对英国的入侵告一段落。

从1940年10月20日获得第1个战果开始，到1941年10月12日结束它短暂的远程夜间任务的这一年间，这个大队总计击落了约130架皇家空军各型飞机，而皇家空军的实际损失是这个数字的1/3：23架作战飞机（轰炸机和战斗机）和18架非作战飞机（教练机和训练机）。此外，还摧毁了不少英军的其他目标，包括许多机场设施和地面建筑，杀伤了大量的地勤人员。同时，也给英军的夜间勤务造成了极大的混乱，并且制造了相当的心理压力，致使轰炸机起降事故频发。但是，在这些战果背后德军同样付出了巨大的代价：22架战机在英国以及北海上空被皇家空军击落，还有不少战机坠毁在荷兰境内。在这22架飞机中，有7架失踪，相信已经坠入北海，有7架被皇家空军夜间战斗机击落（其中一架是盖伊·吉布森的指挥官查尔斯·威都斯击落的），另有三架留在了英格兰：第1架由于发动机失效在诺福克迫降（很快被弄到范堡罗进行测试），第2架撞上了约克郡的荒野高地，第3架坠落在艾塞克斯郡。

该大队最不寻常的损失是第4中队指挥官保罗·波恩中尉驾驶的编号为R4+GM的Ju 88C-2。6月26日午夜，在北海上空的一次交火中，他被1架轰炸机（可能是惠灵顿或是惠特利）的自卫火力击中，波恩受了致命伤而死去，机械师瓦尔特·林德纳军士竭力把这架容克飞回法国北部，他在波恩的降落伞上系上强制开伞拉绳后将其尸体推出了飞机，然后他和无线电通信员也跳伞了。但这架Ju 88C-2继续飞越了整个法国和阿尔贝斯山脉，直到燃料用尽，才在意大利北部的米兰附近坠毁。

剩下的4架飞机中，2架被己方飞机击落，2架和皇家空军的飞机相撞。7月22日凌晨，在赫特福德郡的巴尔多克附近，第3中队的海因兹·威克尔少尉及其机组驾驶的R4+BL和满载8名成员的第11OTU的威灵顿相撞后坠毁。10月11日傍晚，汉斯·哈恩少尉驾驶的Ju 88C-4同1架第12FTS（飞行训练学校）的奥克斯福特在兰开夏郡上空相撞，在这2次撞击中，双方都无人生还。就在7月9日，汉斯·哈恩作为首位得到10架击落记录的入侵机飞行员被授予了骑士十字勋章，他的死标志着I./NJG 2在英格兰的战斗正在走向终结。就在哈恩殉

1940年秋季，迪伦基地的地勤人员正在准备给1架Bf 110加油，从机头标志可以判断这架战斗机属于第1夜间战斗机联队第2大队。

■ 地勤人员正在调试1架Bf 110的机头机炮。

职的当天，该大队最高纪录——14个击落数的持有者威廉·贝尔军士长为该大队得到了第2个骑士十字勋章。

当人们仔细权衡德军远程夜间战斗机大队的损失和战果时，他们的作战效能还是会获得广泛承认的。对于德国而言，这些远程夜间战斗机飞行员们是优秀的战士，因为他们成功地将战火烧到了英军的本土基地。可是他们随后的命运是让人难以理解的：1941年10月12日，他们的夜间远程作战使命被终止了，虽然卡姆胡贝尔将军再三强调其价值，并要求继续该行动，但希特勒的命令不容更改。大队被重新部署到了地中海战区，而此时，皇家空军的空袭依然继续，并且还有继续扩大的迹象。现在人们普遍认为，是希特勒的错误判断以及由此作出的个人决定导致了这个结果，因为他认为虽然远程夜间战斗机部队取得了一定的战果，但是德国的民众却很少可以看到这些远程战斗机以及这些战果，而且这些战果的最终确认也存在一定的问题。然而与此相反的是，德国居民可以看到那些在德国上空被击落的英军轰炸机，并因此获得精神上的鼓舞。希特勒认为，那些被击落在海峡上空或英国本土的英军轰炸机对于提升德国国民士气没有实质性的作用，真正能够鼓舞人民意志的是让人民能够亲眼看到在柏林、汉堡或者科隆上空英军轰炸机化成的一团团火球！由此，他得出了结论：不再继续提供或者维持夜间远程作战力量。10月12日，卡姆胡贝尔通知Ⅰ./NJG 2指挥官，根据元首的命令，这个大队将部署到地中海战区，因为那里目前比英国空域更需要空中力量。取消夜间远程作战战术这个决定是否明智，直到现在都存在着争议，在之后的岁月里，皇家空军轰炸机司令部将会毫无顾虑地从本国发动攻击。

对策——战术发展

德军夜间战斗机部队的发展在继续，从远程夜间战斗机投入作战开始，卡姆胡贝尔继续努力发展其他有效的夜间作战模式。为此，他也认真听取各级指挥官的意见，其中，法尔克的意见毫无疑问是极其重要的。他们得出的一个结论是“光照夜间截击”这个战术并不是一个长期有效的解决方法；因为皇家空军在德军采用这种战术后不久，就能逐步确认德国的探照灯光带，随后很容易采用规避这些区域的新航线来应对德军的这种战术。但是在新战术没有成熟以前，这种截击战术还是必不可少的。于是卡姆胡贝尔继续扩大这些光带区域，扩建后的光带区域从施莱斯维希－霍尔斯坦地区一直延伸到里格地区。这个区域纵深达30公里，长度达到900公里，共部署了486台探照灯。卡姆胡贝尔还在这个主光带背后在柏林西北地区建立了一个较短的光带。为了建立这些光带，卡姆胡贝尔必须努力争取探照灯部队的分配问题，于是许多城市的探照灯部队被抽调出来，投入这些光带区域。由于光带的建设持续了将近1年，在这期间德军也在继续发展另一个更有效也更有前景的作战模式：即地面雷达引导作战。这个战术要求地面雷达、防空预警、指挥机构、探照灯部队和高炮部队以及战斗机飞行员之间建立起有效的联合作战体系。要建立这样一个复杂的防空体系不是一件容易的事，虽然德国方面拥有大量这方面的专家，然而挫折失败却依然不断。当卡姆胡贝尔接手德军的夜间战斗机部队时，德军还没有形成一个集中的指挥体系，卡姆胡贝尔必须设计并且发展这样的一个体系。“光照夜间截击”战术虽然可以看做是第1步，但是实际上也只是一种折中的解决办法。因为即便在其最佳的作战情况下，该系统也只能称为一张漏洞很大的“粗网眼”防空网，被击落的皇家空军轰炸机数量并没有因这种战术的应用而显著增加。而且这种战术受天气状况的影响也很严重，一旦云层积聚，那么作战效率将大打折扣。

我们记得，赫尔曼·迪尔少尉在1939－1940年期间就一直致力于应用弗瑞娅型雷达引导夜间战斗机攻击皇家空军轰炸机的尝试，通过同时探测英军轰炸机和己方战斗机的位置来引导战斗机尽量靠近轰炸机，直到己方战斗机飞行员的目视范围之内。这种设想本身是非常合理的，但在实际应用中却困难重重，其中一个重要的原因就是弗瑞娅型雷达不能提供飞机高度这个数值，只能由战

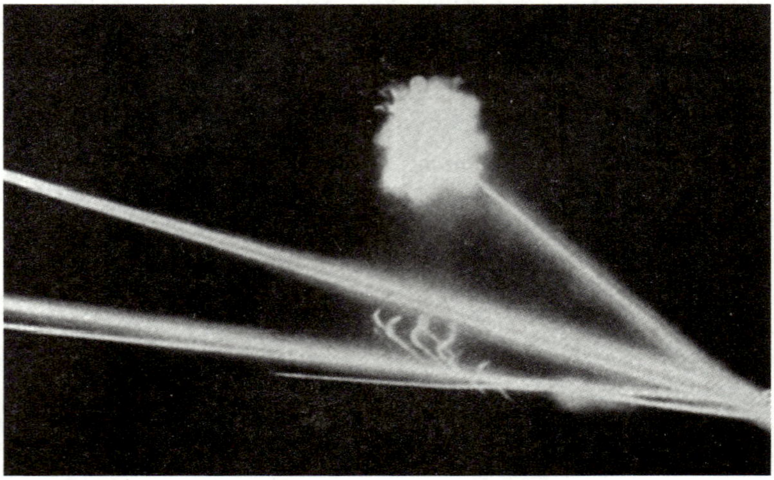

■ 德军37毫米高炮命中1个低空目标。

斗机飞行员通过个人经验以及本能判断相对位置来弥补这个缺陷。迪尔少尉不停地尝试这种作战模式，当法尔克开始组建夜间战斗机部队的时候，他就将迪尔少尉也带到了杜塞尔多夫，并于1940年8月一起向卡姆胡贝尔提交了这种作战模式的计划。起初，卡姆胡贝尔对此计划的反应并不热烈，但是正如前文对其的评价一样，他是一个不拘泥于条规，思维活跃的指挥官，因此这个计划也很快得到了他的认可和支持。1940年9月7日，他同意赫尔曼·迪尔少尉在荷兰的乌德勒支和兹沃勒之间的纽恩斯皮特组建了一个专门的无线电单位，在1台加装了高度测定附件的弗瑞娅型雷达的配合下进行这种作战模式的尝试（使用Ju 52模拟进犯的轰炸机进行了一系列试验），这是当时英军轰炸机群进攻德国的必经之路。毫无疑问，这种新生的作战模式最初存在着许多问题，它的成熟需要不停地尝试改进和补充。最明显的一个问题是如何整合原有的老旧却应用熟练的声定位装置和全新的电子雷达装置。随着研究和实验的不断进行，这些新的作战方式和设备与原有装备的整合也在不停的发展。迪尔的尝试取得了最初的成功，由雷达和探照灯的组合装置被证明在实战中是可行的，于是更多的这样的组合装置被生产出来。10月2日，他们取得了第1个战果。迪尔成功地引导隶属于4./NJG 1的路德维希·贝克尔少尉驾驶的Do 17Z-10型夜间战斗机靠近1架惠灵顿型轰炸机，很快贝克尔少尉就在目视范围内找到了它并轻松将其击落。贝克尔的作战日记这样写道：“当时我处在一个理想位置上，高度为3300米，通过一连串修正，已经径直朝向敌机。在月光下，我突然在左上方大约100米处发现1架飞机，继续接近后发现这是1架惠灵顿。我慢慢从后方接近，然后朝机身和翼根进行几次短促射击，它右侧的发动机立刻起火。英国人仍继续飞了一段时间，但是很快就失去了高度。就在火势看起来快熄灭的时候，我看到它朝地面翻转坠落，撞地后爆炸成了一团火焰。”

■　构筑夜空地狱的地面防空火力。

贝克的牺牲品无疑是第311（捷克）中队的惠灵顿（编号L7844），当时正在去基尔的路上。这架飞机坠毁在荷兰格尔兰德省阿本尔多恩西北偏北大约30公里。虽然截击摧毁这架飞机是在有明亮月光的夜晚，有极好的能见度，但也是在没有探照灯的帮助下，仅靠夜间雷达引导作战的第1个成功战例！这个战例大大鼓舞了卡姆胡贝尔对这种作战模式的信心，他开始正式将这种雷达引导作战模式整合到他的防空作战计划之中。这种作战模

维尔茨堡型雷达（FuMG62）简介

在德军夜间战斗机部队开始正式实战应用“黑暗夜间截击”战术期间，在原来弗瑞娅型雷达之后，更为先进的维尔茨堡型雷达（FuMG62）也开始投入到实战之中。维尔茨堡型雷达是专门为高炮设计发展的，它不同于弗瑞娅型雷达的平板形天线（弗瑞娅型雷达从尺寸与波长关系来看属于偶极子天线，所以可能是线阵天线），而是采用碟形天线，即碟形反射器，而偶极子发射天线则位于反射器中央，因此这个天线的发射原理和手电筒很相似，将向周围发散的能量聚集起来朝一个方向发射。同样，这个天线盘也负责接收雷达反射信号。维尔茨堡型雷达的碟形天线的直径为3米，可以水平360度旋转。和弗瑞娅型雷达相比，维尔茨堡型雷达的最大优点是它的天线可以在垂直方向上下转动，以达到发射的电波和目标垂直相交反射的位置，因此可以探测到目标的高度数据。它的工作波长为5.3米，有效探测距离约为25公里。

■ 维尔茨堡型雷达（FuMG62）。

式被称为“黑暗夜间截击”。卡姆胡贝尔很快在原有的探照灯光带之前（沿着荷兰和北德的海岸线）建立了一系列黑暗夜间截击区域，每个区域部署1台弗瑞娅型雷达，1名雷达引导军官，使用AN定位法引导1架夜间战斗机进行截击作战。现在皇家空军的轰炸机成员面临的不仅仅是在光带区域巡逻的夜间战斗机——这些战斗机的出现之前好歹还有探照灯光的预警提示，更要应对更为隐蔽和难以预料的新的威胁，来自于黑暗中由雷达引导的德军夜间战斗机的攻击！很快更为先进的维尔茨堡型雷达（FuMG62）也将投入到实战之中。

■ 维尔茨堡巨人型雷达。

轰炸机。夜间战斗机部队虽然诞生不久，但是夜间防空形势的日趋紧张要求它迅速成长。在不列颠战役期间，德国空军战斗机部队遭到了惨重打击，而法尔克的试验证明了Bf 110作为夜间战斗机的巨大潜能。因此在之后几个月里，昼间战斗机大队陆续开始进行转为夜间战斗机大队的工作，属下飞行员重新接受夜间飞行训练，以扩充夜间战斗机部队力量。

1940年10月2日，驻扎在挪威的Ⅰ./ZG 76成为新的Ⅱ./NJG 1；1940年10月组建了另一个新的大队——Ⅰ./NJG 3，它同样是从驱逐机单位转换而来的，即第1教导联队的重型驱逐机大队。随着这些新鲜血液的加入，德军夜间战斗机部队规模将很快得到壮大。到1940年末，德军夜间战斗机部队共计击落了42架英军轰炸机，同时期高炮部队的战绩则是40架，年轻的德军夜间战斗机部队开始慢慢成熟起来，其战斗力以及作战效率也开始逐步显现出来。当然，和1942年以后的战绩相比，这个数字是微不足道的，仅仅相当于1943年一个夜晚的战果罢了。

1940年10月，高炮+维尔茨堡型雷达+探照灯的组合开始投入到了实战之中，这种组合对轰炸机的威胁也随之上升。探照灯在得到雷达的协助后，大大减小了混淆敌我作战飞机的危险，这样德军预先部署在探照灯光带附近区域的夜间战斗机受到误伤的概率就大大减小，并且可以更轻松地在一定范围内巡航待机。一旦侦听部队获得了英军轰炸机群起飞的讯息后，这些战斗机可以立即投入到相应的作战区域之中。随后战斗机既可以在雷达引导下接近英军轰炸机群，也可以在雷达引导的探照灯的指示下自行发现并攻击

1941年初，卡姆胡贝尔的夜间战斗机部

队由于缺乏经验和大量的事故，暂时步入到一个低潮期，每个中队（一般有12架飞机）可供使用的作战机组已经不足4个。随着皇家空军继续扩展其攻击目标的范围，防空形势变得更为严峻，夜间战斗机力量显得捉襟见肘。比如，在1940年秋，Ⅰ./NJG 1还在加尔德勒根保护柏林，当皇家空军轰炸汉堡后，该大队立即转移到施塔德，之后皇家空军对鲁尔的轰炸又迫使其向多特蒙德、杜塞尔多夫以及其他鲁尔地区的机场派遣分遣队。德国空军必须继续扩充以及提高夜间战斗机部队的规模和战斗力，使其能够应对几乎每晚都出现的英军轰炸机。虽然直到那时，英军轰炸机对德国工业、海军舰船以及国民士气的影响以及伤害都相对还是轻微的，但是德国空军也认识到对于空中安全问题必须引起足够的重视。与此同时，德国空军将其主力昼间作战部队部署到了东线，为进攻苏联做准备。在此期间，德国空军继续加紧建立新的夜间战斗机部队，其中相当部分依然由装备Bf 110的驱逐机部队改编而来。德军夜战部队陆续获得新生力量后很快走出低谷，取得的战果也开始稳步上升，同时随着一些夜战王牌的出现（如施特莱伯、贝克尔、拉都士等）以及相应的宣传，他们开始成为公众的偶像，而德国空军的飞行员以及指挥官也开始重视并且愿意加入这支夜战部队。夜间战斗机部队的声誉日隆，不再是之前默默无闻的作战部队了。

1941年1月，整个夜间战斗机部队拥有16个中队，组成3个夜间战斗机联队：NJG 1、NJG 2、NJG 3，其中，也包括作为远程夜间战斗机大队的Ⅰ./NJG 2。从编制看，理论上这支部队应该拥有至少144架战斗机和相应的飞行及地勤人员，然而这些装备和人员许多只是停留在纸面上。但是，德军夜间战斗机部队的战斗力还是在继续提高，到1941年4月已经累计击落了约100架轰炸机。此后，在5月9日，希弗林军士在林根上空击落了第1架4发斯特林重型轰炸机，它属于皇家空军最早装备这种重型轰炸机的第7轰炸机中队。同时，德国空军开始加大改善其夜战部队现状的努力，相关的部队建设和人员培训计划开始加紧进行，夜间战斗机部队基地的建设以及改进完善也在积极进行。德国空军夜战部队的一个主要基地是文洛，位于杜伊斯堡西部的德国－荷兰边境，其位置非常有利于保卫德国工业基地鲁尔区。这个基地的建设突然获得以前只能想象的重视和优先权，这也

■ 探照灯记录的一次命中实况。

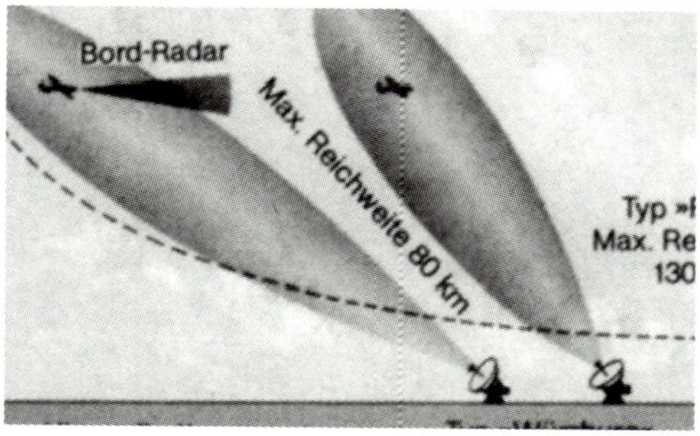

■　“天床战术”示意图：1台有效探测距离为130公里的弗瑞娅型雷达提供早期预警与信息，2台有效探测距离为80公里的维尔茨堡型雷达分别跟踪敌我战机，深色阴影表示德军夜间战斗机机载雷达的探测距离。

意味着德国空军夜间战斗机部队被重视的程度大大提高。

1941年3月，Ⅰ./NJG 1转移到新扩建的文洛，这里将成为它们的永久基地，直到1944年9月，德国空军从荷兰撤离。在文洛基地建设期间，其他位于比利时、荷兰、德国北部的机场也开始进行扩建和改建，使这些机场能够满足日益增长的夜战部队的作战部署要求。同时，对于夜间作战而言必不可少的通信－侦察－搜索系统也进行了相应的改进和扩充。到1941年底，德国沿着荷兰和北德海岸建立了6个相连的雷达防空链区域，每个区域内至少装备2台弗瑞娅型雷达，这几个区域的呼号分别为“仓鼠”、“咸鲱鱼”、“虎”、“狮子”、“龙虾”和“狼”。在这些区域后面约140公里则是光带防空区域，在这里夜间战斗机将进行“光照夜间截击”。而在一些重要的大城市，如汉堡、不莱梅、科隆、法兰克福以及柏林等则专门部署防空区域，这些防空区域被称为“联合夜间截击区域”，由雷达部队、高炮部队、探照灯部队和战斗机部队联合作战。但实际上这些联合截击区域的作战效能没有获得预期的成功，因为众多部队协同作战在实际操作中有很大问题。例如，高炮指挥官无法正确及时判断敌情，或者没有及时下令限制高炮的射程（这对于追击轰炸机而接近的己方夜间战斗机是非常危险的）；同样，也很难使高炮的射击确定在一个区域，正好能攻击被战斗机驱赶过来的轰炸机。

现在对于皇家空军的轰炸机而言，必须穿越令它们胆寒的光带区域。因为这些光带区域的分布已经从德国北部一直延伸到南面的布鲁塞尔东部空域。这些探照灯光带区域也被分为6个大区域，每个大区由3个小的区域（宽约30公里，纵深约20公里）组成。每个大区部署3个探照灯营，每个营装备9台150厘米直径探照灯，其中1台作为主搜索探照灯，当它罩住一个目标的时候，其他几台的光束迅速向它靠拢，形成巨大的锥形光束。每台探照灯都通过各自匹配的1台维尔茨堡C型雷达指引。此时，德国改进的维尔茨堡型雷达也开始投入实战，这种改型被称为维尔茨堡巨人型。它的探测距离达到了60公里，远远超过初期型的探测距离。同时，和前辈一样，它的碟形天线也可以360度水平旋转，并且可以探测目标高度。一般维尔茨堡巨人型雷达都部署在光带前方，和沿海岸线部署的弗瑞娅型雷达配合作战，为夜间战斗机提供引导。此外，新型的200厘米直径探照灯也将投入实战，和维尔茨堡巨人型雷达配合，形成更具威胁力的探照光带。

卡姆胡贝尔防线

到1941年9月，德军夜间战斗机通过雷达引导并击落的英军轰炸机数量为50架，远远落后于通过探照灯协助击落的轰炸机数量(325架)。夜间截击遇到的问题越来越多，也日趋复杂。德国空军内部关于建立统一的中央引导指挥体系的呼声也愈发强烈，这是鉴于英国这种防御体系早在战前就已经引起足够的重视并且获得了良好的解决，而德国到现在还没有这样的防空体系。此时，德国空军夜间典型的联合夜间截击的战术模式是：各个光带区域探照灯团的指挥官是最高负责人，他往往就在他所负责区域的战斗机基地指挥作战，在这个前线指挥部里，他和战斗机大队的指挥官共同合作指挥，战斗机引导军官则在雷达站负责引导工作，夜间战斗机和地面高炮的攻击高度分界线一般为4000米。所有的敌情报告和作战情况都通过电话汇集到卡姆胡贝尔的战斗机师指挥部，通过一幅巨大的地图来标示。此时，德军的战斗机引导战术是：1台弗瑞娅型雷达用做早期预警和全程监控，2台维尔茨堡型雷达分别跟踪目标轰炸机和己方战斗机 (2台雷达分别称为红色巨人和蓝色巨人)，每台雷达覆盖60公里半径的圆形区域，由战斗机引导军官借助手工以及相应的机械仪器在一张透明塑料板地图 (这张工作台被称为“海上城堡桌”) 上进行位置判读标注，同时进行战斗机引导作业。当然，对于战斗机飞行员而言，最后的目视追踪依然是必需的，因为此刻他们还没

■ 德军地面引导军官在“海上城堡桌”前的实战情况，这是“天床战术”的核心部分。

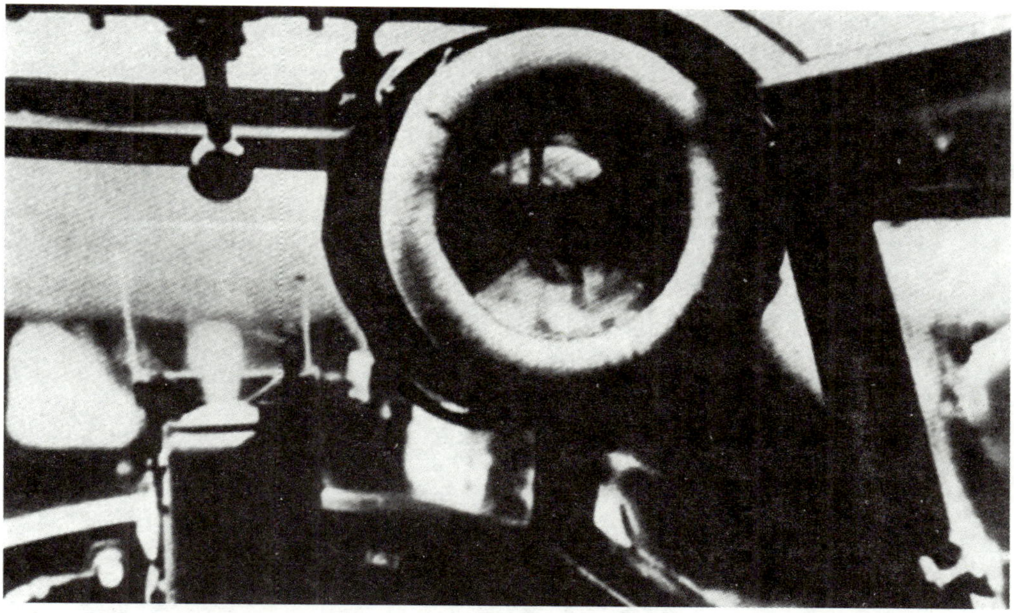

■ Bf 110座舱的Spanner红外夜视装置，用于帮助飞行员在夜间发现敌机。

■ 这架坠毁的Bf 110是属于第1夜间战斗机联队第2大队，具体时间不详，但是通过打开的驾驶舱盖可以清楚地看到它已经安装了Spanner红外夜视装置。

有装备机载雷达。随着可供使用的弗瑞娅型雷达和新加入的维尔茨堡巨人型雷达数目的增加，卡姆胡贝尔将探照灯团分拆成连级单位，部署在彼此相距大约40公里的“盒子”里。每个“盒子”里有3台彼此独立的雷达：1台弗瑞娅型雷达和2台维尔茨堡巨人型雷达，这个一对一的引导指挥系统被称为“天床”（或叫“华盖床”），是卡姆胡贝尔防线的

■ 这是He 219型夜间战斗机驾驶舱内的明石SN-2型雷达显示装置，它改为2个圆形显示屏，一个显示目标位置角度，另一个显示距离。

核心。“卡姆胡贝尔防线”是英国皇家空军对他们进攻德国必须穿越的由探照灯和战斗机构筑的这条死亡防线的称呼。随着越来越多的“盒子”被夹在这个链条上，直到1942年中，形成了一条从丹麦弯曲延伸到法国的完整防御带。

虽然新型雷达极大地改进了光照截击和雷达导引截击的效率，但是对于夜间战斗机飞行员而言，受天气和云层影响的可见度问题依然是攻击能否成功的重要因素。欧洲天空晴朗无云的时候很少，特别在秋季和冬季，天气状况极为不佳。很多时候，地面引导军官已经成功引导战斗机靠近敌机，在引导桌上这两个信号点也已经基本重合，但是飞行员依然无法看到目标。虽然德国夜间战斗机部队无论装备还是人员素质都有了相当提高，进攻成功率却一直没有质的提高。因此，战斗机本身也迫切需要安装相应的搜索

■ 德军防空部队使用的主要雷达维尔兹堡—A型。

■ 图示就是明石BC型雷达的3个射线管，从上面显示可以读出：敌机距离1.7公里；在自己左侧，高度略微高于自己。

装置，使飞行员可以自己驾驶飞机靠近轰炸机，尽可能减少目视距离的限制。1940年－1941年期间，Spanner和SpannerII这两种通过探测飞机发动机热量的红外夜视装置陆续投入试验性使用，前者为红外主动探测，后者则为红外被动探测。但是这种装置在当时的技术条件下很难取得真正意义上的成功，实际使用效果一般，很多飞行员说等到在Spanner里发现目标，那么肉眼也差不多能看到了。最终的解决方法依然只能是无线电技术，德军夜间战斗机需要机载雷达这样的“千里眼”来协助夜间作战。

战争的进程使得英德两国都对各自的雷达技术的研制发展进程提出了进一步的要求，英军机载雷达的研制早在战前就已经开始了，并开始在飞机上装备AI系列机载雷达进行试验。其中，AI MIII型最早于1939年秋季安装在布伦海姆型夜间战斗机上进行试验，这种雷达工作波长1米，外设天线安装在机鼻和机翼上。1940年7月，英军夜间战斗机第1次使用机载雷达发现并随后击落1架德军的Do 17轰炸机，第2次战果则在同年11月份取得，这2个战绩都属于皇家空军夜间战斗机飞行员阿什费尔德中尉。而此时，德国空军

明石机载雷达简介

明石B/C型雷达在无线电通信员面前的显示屏由3个水平排列直径为10厘米的阴极射线管组成，左侧阴极射线管显示出1个带外侧突缘的圆形光圈，突缘上每个不规则的尖角都表示1架敌机的反射信号，射线管上有1圈公里刻度表，由此可以读出敌机距离。其余2个阴极射线管则显示出线性信号，中间1个为垂直线，右侧则是水平线，基本原理是将AN定位法信号呈线性输出，同时射线管上有时间刻度线。无线电通信员根据左侧阴极管显示的信号读出目标距离，从中间的射线管可以判断出自己是否向左或者向右偏离目标，同理从右侧可以判断自己飞行高度是否高于或者低于目标，此外从这两个射线管上也可以判断距离这个数据。通过这些信息，无线电通信员就可以引导飞行员靠近目标轰炸机了。

穆特·兰特简介

■ 兰特上校在1944年10月由于1次飞行事故丧生，最终战绩为110架。

德军第2号夜间王牌——赫尔穆特·兰特，他也是最早加入战斗机部队的佼佼者，他最早属于第76战斗机联队第1大队，曾和法尔克一起参加了威尔海姆港上空的著名空战。他在正式转入夜间部队之前，在白天获得的战绩为8架。值得一提的是，兰特在1940年4月空降挪威首都奥斯陆的作战行动中表现极其英勇，直接驾机降落支援地面进攻。随后，第76战斗机联队第1大队在1940年9月开始接受夜间训练，并且改编为第1夜间战斗机联队第2大队。兰特在经过了最初对夜战的不适应后很快开始了他辉煌的夜间空战生涯。1941年11月，他成为第2夜间战斗机联队第2大队长，1943年8月他开始指挥第3夜间战斗机联队。他是第1位战绩超过100架的夜间飞行员，于1944年7月成为第15位获得钻石双剑橡叶骑士铁十字勋章的军官。在他1944年10月阵亡前，他总共击落了110架敌机，其中夜间战绩为102架。

夜间飞行员还没有这样的机载雷达设备，他们只能依靠自己的眼睛和地面引导作战，少数战斗机也只是装备了搜索效果非常一般的Spanner红外被动夜视装置。到1941年3月，英国研究人员开始制造试验波长达到厘米级的机载雷达，同年12月，新的AI MkVII型机载雷达开始投入使用，该型雷达的核心技术是采用了磁控管，因此可以在极短的波长（10厘米级别）下发射足够强度的电磁波，由此产生的明显优点就是减小了外设天线尺寸，这样可以减少对飞机性能的影响，同时也增加了探测精度。德国在这个领域的研究明显落后于英国，一个重要原因就是德国一直没有意识到夜间战斗机对防空的重要性，因而忽视了机载雷达这方面的研究。直到1940年底，当英国人已经成功装备使用机载雷达的时候，卡姆胡贝尔才强烈要求德国的电子工业尽快研制出实用的机载雷达。他的要求得到了帝国航空部，特别是空军通信联络部门主管马尔蒂尼少将的支持，很快德国无线电报公司研制出了明石A型机载雷达。

最早装备明石机载雷达装置进行试验的是部署在荷兰西北部吕瓦登的Ⅱ.(4)/NJG 1。虽然由于这种雷达早期型号的巨大天线对飞机飞行性能的影响是明显的，最初也并没有受到飞行员的支持，但是实战证明，这种新的革命性的作战装备对于夜间空战是必不可少的。著名夜间王牌兰特最早对这种雷达也持观望态度，但是很快就成为它的坚决拥护者，并且用实际战绩来证明了明石雷达的重要性：在他1944年10月丧生之前，在夜间总共击落了102架轰炸机（总战绩110架）。

NJG 1测试的是明石B/C型雷达，其有效探测距离只有2－3公里，但是和人在夜空中约200米的有效目视距离相比，这已经是一个巨大的进步了，因此被称为“夜空中的亮光”。这意味着，皇家空军轰炸机将开始受到黑暗中3公里范围内德军夜间战斗机的威胁。4./NJG 1的路德维希·贝克尔少尉是最早击落英军轰炸机的夜间战斗机飞行员之一，现在他已经晋升为中尉，并且负责明石雷达的测试工作。他的中队原来装备的Do 17 Z-10已经逐步换装为战斗力更强的Do217 B-5。1941年8月9日凌晨，贝克尔和他的无线电通信员施陶伯军士驾驶装备了明石B/C型雷达的Bf 110起飞作战，他们很快发现第1个目标并且最终击落了它——这是当晚皇家空军对汉堡进行空袭的44架威灵顿中的1架。随后，他的战绩在8月15日、23日、9月11日、10月2日这几个夜晚继续上升，但是10月2日后，贝克尔的这台

1架被击落的惠灵顿残骸。

明石雷达就发生了故障而无法修复。此后，德军Ⅰ./NJG 1的Bf 110 E-U1最早开始成建制装备明石B/C型机载雷达，但是明石雷达的装备速度却很缓慢，从1942年初正式装备开始，直到年底才开始大量装备到各个夜间战斗机部队。此时，德军夜战部队虽然开始获得明石雷达这个重要的装备，但是它们依然面临各种装备性能问题。其中，首要的一点就是它们的夜间战斗机性能问题，这些改装而来的夜间战斗机的速度并不比英军轰炸机快多少，而此时，新的真正的夜间战斗机对夜战部队而言还只能是个奢望。

此时，德军典型的夜间空战战术就是先向着英军机群方向以尽可能高于它们的高度飞行接近，当他们在明石雷达上发现英军机群的时候（此时距离一般为2－3公里）转向，然后向着英军轰炸机尾部方向俯冲加速，此时明石雷达则可以继续跟踪目标。然后在接近到500米左右距离时候则减速，以和英军轰炸机差不多的速度在其下方飞行，同时努力借助月光、火光、探照灯光等各种可能的光线目视搜索。同时慢慢上升，向猎物继续靠拢，最终发现目标后则迅速提升机头，开火攻击。为了避开英军轰炸机的机尾炮塔，夜间战斗机最有效的攻击位置就是英军轰炸机的下后方，这个位置是英军最难发现的，因为他们的轰炸机没有机腹炮塔。德军高炮部队此时的作用依然是关键的，但是英军的轰炸机很少会被直接命中，大多数伤害都是由于炮弹弹片造成的。皇家空军那些受伤轰炸机的机组成员在祈祷可以勉强返航的时候，必须做好应付各种可能危险的准备，其中一个重要的“敌人”就是冬天寒冷的海水，这是被迫在海上迫降的机组必须面对的巨大生命危险。

■ 瓦尔特·艾勒上尉，从1940年10月起到1943年11月担任Ⅱ./NJG 1大队长，和他的无线电通信员威恩·艾勒军士长（身着英国空军飞行服）。

1941年7月21日，卡姆胡贝尔少将得到希特勒的命令继续扩大自己的指挥范围，以第1夜间战斗机师为基础扩建为第12航空军，此外，所有部署在德国境内的昼间战斗机、2个探照灯师和3个航空通信团也都划归这个航空军指挥。此外，他还获得了在雷达电子装备的研制和生产方面的特殊权利。他属下的夜间战斗机部队主力是3个联队，其中只拥有一个大队的NJG 2和NJG 3为了方便管理仍统归法尔克的NJG 1指挥。直到11月1日，NJG 2指挥部才在希尔泽－赖恩正式成立，同时以它的第4中队为基础，在得到NJG 1第4和第6中队骨干补充后扩编成为新的第2大队，而它的第3大队直到1942年3月才成立，这个联队负责卡姆胡贝尔防线的荷兰部分。NJG 3则再次利用了垂死的战斗机部队，除了联队本部是新成立的之外，第2大队和第3大队就是原来的II./ZG 2和III./ZG 76。后者就是著名的“鲨鱼嘴”大队，加入夜间战斗机部队之后的一段时间里仍继续使用其华丽的机头标志，该联队负责德国北部从斯塔德到石勒苏益格的弧形地带。此时，埃格蒙特·利普·威森菲尔德

■ 利普·威森菲尔德亲王少校在指挥部向其部下交待出击任务，他身后的黑板显示了各基地的位置以及空中集合区域。

亲王中尉开始组建战术试验单位“黑暗夜间截击司令部”，这名后来成为著名夜间王牌飞行员和另一名我们后文将重点介绍的夜间王牌威廷根施坦因一样是一名贵族军官，他于1918年7月14日出生于奥地利萨尔兹堡，1936年加入奥地利国防军步兵部队，但是他的梦想是成为王牌飞行员，于是他很快转入空军，后加入ZG 76。1940年，转入夜间战斗机部队，11月16日－17日夜间第1次击落1架皇家空军的轰炸机，1941年7月，威森菲尔德亲王的个人战绩已经达到10架，并且成为NJG 2的一名中队长。在1942年4月16日，威森菲尔德亲王中尉以21架的战绩得到骑士十字勋章。同年7月3日，他的个人战绩达到了37架，10月1日他晋升为Ⅰ./NJG 3的指挥官。1943年5月31日，威森菲尔德亲王转为Ⅲ./NJG 1的指挥官，1个月后其个人战绩上升到了45架。1943年8月2日，已经成为上尉的他在骑士十字勋章上添加了橡叶。1944年1月底成为NJG 5的少校指挥官。但是，他在这个职位上只待了约4个星期：1944年3月12日，威森菲尔德亲王驾驶的Bf 110G-4飞机在执行一次非战斗飞行时在比利时阿登地区的圣·于贝尔特高地附近坠毁，他和他的两名机组成员——雷纳特军士长和罗伯特军士全部丧生。威森菲尔德亲王最终个人战绩为51架。

1941年底，德军夜间战斗机部队总计击落了超过400架轰炸机，英军在总计27101架次对德国空袭的轰炸机中损失的总数字约为700余架。对德军而言，最成功的月份是6月、7月和8月这3个月，这期间天气状况较好，皇家空军的出动次数和数量也较多，夜晚时间也较短，这些因素都有利于夜间战斗机的作战。1941年，德军夜间战斗机部队的战绩比例已经超过了高炮部队的44%上升到了56%，而在1940年这个比例只有15.5%。皇家空军的战损率则由1940年的1.95%上升到了2.6%，空袭德国的任务变得越来越危险了。

第二章　皇家空军轰炸机司令部的发展：最初的空袭进程

序幕——转向夜空

二战初期，夜间空战对英德双方而言都是一个全新的课题，皇家空军无论是昼间或是夜间轰炸都无法有效地进行导航以及准确命中目标，双方在开战之初虽然已经拥有一定的昼间常规轰炸能力，但是都面临着实际作战能力和作战理论上的巨大差距问题，而如何有效进行夜间空袭更是其最大困难。

1936年，英国皇家空军进行了指挥机构划分，建立了轰炸机司令部、战斗机司令部、海岸司令部和空运司令部这四个独立的指挥机构。

到二战开始阶段，轰炸机司令部的实际情况并不容乐观，根据时任轰炸机司令部指挥官的埃杰·兰德罗·赫维特在1939年9月1日的一次参谋部会议上发言，在1941年以前，英国还不具备对德国进行大规模战术打击的能力。此时，皇家空军轰炸机司令部的作战力量主力为33个轰炸机中队，组成了5个轰炸机大队（第1、2、3、4、5轰炸机大队）。其中，部署在法国的第1轰炸机大队拥有10个装备费尔雷轻型轰炸机的中队。此外，第2、第3轰炸机大队编有6个装备布伦海姆中型轰炸机的中队和6个装备惠灵顿MK I和MK IA型中型轰炸机的中队；第4轰炸机大队编有5个装备惠特利MK III和MK IV型中型轰炸机的中队；第5轰炸机大队编有6个装备汉普顿型轰炸机的中队。但是，此时的轰炸机司令部真正能够动用的轰炸机数量不超过300架，

■ 正在俯冲的费尔雷轻型轰炸机编队，为它们护航的是法国战斗机。费尔雷是单发轻型轰炸机，3名成员。这种轻型轰炸机的作战能力较弱，主要执行对陆军地面部队的支援任务。

完全做好战斗准备的中队也不超过20个，有资料显示此时实际能出动的中队只有17个。

英国人此时的夜间轰炸能力更是问题重重，最主要的技术问题是在执行夜间空袭时如何有效导航和瞄准投弹。在夜间，轰炸机很难找到目标，即使它们找到了正确的航线，也很难准确命中。

其次就是训练问题，那些轰炸机机组接受的训练大多在英国本土上空进行，一旦他们迷失了航向可以通过无线电导航尽可能地靠近目标，在返航时同样可以借助无线电通信而顺利着陆。

此外，无论他们是否到达目标，只要他们能返回基地，就可以得到1次成功执行训练任务的记录，因此，没有人会关心是否真的按照计划航线飞行。此时，那些机组并不信任借助导航设备的飞行，尤其是在夜间。空军各级指挥官很少派出战机在夜间执行任务，例如，1939年，皇家空军执行的昼间飞行任务次数是夜间任务的10倍。

按照此时轰炸机机组成员的职责划分，领航（投弹）员的任务是引导飞行员飞临目标上空，并且在适当的时刻投放炸弹，一般他的位置在机身腹部，通过投弹瞄准装置寻找目标并且将瞄准环套住目标。战前投弹员的训练一般都是白天在专门的靶场进行的，训练环境与战时自然无法相比，在没有敌对火力的干扰下，飞行员可以稳定地控制飞机，保持匀速直线飞行以便于投弹瞄准。但是由于投弹员自身原因（如紧张等）导致早或晚几秒投弹，最后的命中点与目标就差的很远了。假设轰炸机速度为370公里/小时，那么一秒的延误或提前就意味着约108米的误差。即使在这样的训练条件下，训练成绩也依然不能令人满意！纵然有个别机组取得了优异的成绩，但依然无法让人确信他们在战时也能达到这样的水平。

此时，操作机载自卫机枪只是轰炸机成员的第2项任务，他们只接受了如何防御机体上方的训练。更为严重的是，英国轰炸机自身油箱的设计极为薄弱，德军战机只要使用爆破弹或燃烧弹进行短促而精确的射击，就可以让这些重型轰炸机变成夜空中的火球。综上所述，轰炸机司令部在问题重重的情况下迈向了战场。

1939年9月3日，英国首相张伯伦通过广播向全国宣布，英德进入战争状态。宣战后不久，皇家空军就陆续出动28架轰炸机（1架布伦海姆、18架汉普顿和9架威灵顿轰炸机）执行搜索侦察德军舰船的任务，其中第139轰炸机中队的1架编号为N6215的布伦海姆第1个起飞，执行了轰炸机司令部在二战期间的第1次任务，飞行员是A.麦克菲尔森，但是这些任务最终没有取得显著成果。

当晚，轰炸机司令部第4轰炸机大队第51和第58轰炸机中队的10架惠特利型轰炸机执行了对德国的第1次夜间空袭，目标是汉堡、不莱梅和鲁尔工业区，任务是空投宣传单。在英德正式宣战的第2天，即9月4日，第107、第110和第139轰炸机中队昼间出动的30

架执行对德国威廉港和布隆斯布特尔的轰炸任务的轰炸机中就有5架布伦海姆和2架惠灵顿被击落！大部分被德军地面高炮火力击落，但至少有2架被布隆斯布特尔地区的德军战斗机击落。由于飞行导航原因，1架惠灵顿将炸弹投到了中立的丹麦城市埃斯比约，导航定位误差达到了175公里！主要原因是由于机组成员对地图的误读。

在战争最初这段时期，德国空军的主要目标是波兰，它们的首要任务是为地面部队提供支援。德国军方认为，为了攻占华沙这个严密设防的城市，空中进攻是必不可少的。而对于皇家空军而言，此时，德国的海军目标是很好的选择，因为这样做，它的轰炸机不需要进入德国空域太深，并且可以尽量避免对非军事目标和平民的误伤。因此，轰炸机司令部主要由第2轰炸机大队的布伦海姆型轰炸机对北海的德军战舰和基地进行了一系列昼间空袭，但没有取得明显战果；此外，它们也对

■（上）编队飞行中的汉普顿型轰炸机。汉普顿拥有一定的载弹能力以及较远的航程，但是它的速度较慢，自卫火力也很薄弱。

■（下）1架被德军击落的惠特利型轰炸机。惠特利当时在皇家空军中已经属于远程轰炸机了，配备了专门的领航员，拥有一定的载弹能力以及足够的航程，但是它同样不适用于昼间空袭，因为它的速度太慢，机动能力极差而且极易受损。

德国陆地目标进行了攻击。德军的损失很微小，英军方面的损失则很高昂：在10月和11月，第2轰炸机大队的布伦海姆的战损率达到了20%，主要都是被德军昼间战斗机击落的。

9月29日，第144轰炸机中队对海尔高朗德地区海上目标进行空袭的16架汉普顿中有5架被德军战斗机击落。12月14日，德军战斗机击落了对威廉港北部船队进行空袭的皇家空军12架惠灵顿中的5架，但是轰炸机司令部却错误地判断损失主要是由德军的高炮造成的。4天以后，即12月18日，德空军战斗机击落了执行对威廉港附近海上目标进行空袭的22架惠灵顿的一半以上：12架！这些空袭行动使得皇家空军认识到，使用这些自卫火力薄弱的轰炸机对德国进行昼间空袭的代价太高，空袭只能选择在夜间进行。威廉港之战后，皇家空军命令惠特利、惠灵顿和汉普顿轰炸机不再执行昼间空袭任务。

当皇家空军轰炸机司令部代价高昂的昼间空袭还在进行的时候，第4轰炸机大队的惠特利型轰炸机一直在夜间执行向德国境内空投宣传单的任务，和昼间空袭相比，它们的损失是很小的。到年底，执行任务的113架次中只有4架没能返航。这个结果强烈影响了轰炸机司令部作战计划的制订。然而，投放宣传单的任务无法比较昼间和夜间空袭的投弹命中率，而且由于导航错误造成的损失也是不能忽视的。

这段时期，夜晚的空中还几乎没有有威胁的德军夜间战斗机，而德军高炮部队主要部署在大城市和重要工业区周围，那些执行空投宣传单任务的惠特利型轰炸机只要不太靠近这些区域，那么高炮对它们的威胁也很小。此外，这段时期皇家空军的轰炸机成员获得了初步的夜战经验，这些经验却令人不安。夜间恶劣的天气条件造成的威胁犹胜于

■ 正在装载空投宣传单的皇家空军机组成员。

德军，而空袭获得的战果却是微不足道的。

1940年2月，空投宣传单的任务继续进行，而且规模也继续扩大，惠灵顿和汉普顿轰炸机也加入了这个队列。虽然此时已经可以偶尔发现德军的夜间战斗机（主要是Bf 109），但是并没有取得战果的可靠记录。一直到4月，只有6架执行这些任务的轰炸机被击落。德军夜间战斗机部队还没有形成战斗力是皇家空军值得庆幸的，因为它们的轰炸机自卫火力极其薄弱，成员的空中自卫训练更是薄弱环节，机体结构也很脆弱。如果在空中遇到德军战斗机，那么就只能祈求上帝保佑了。

第10轰炸机中队的无线电通信员－机身炮塔机枪手拉瑞·唐纳利军士这样描述在惠特利里的作战场景：

“我很艰难地摸索着到达机身炮塔，然后操起双联机枪对着瞄准器开始射击。当时我们对于德军夜间战斗机的情况还一无所知，我也不知道我究竟在对着什么射击。弗雷蒂在他的机尾炮塔检查他的机枪，这是个苦差，相比之下我要幸运多了。我的炮塔和机枪都是通过液压系统操作控制的，而弗雷蒂则还必须依靠人力来操作。而由于安装机枪地方的空隙，在炮塔转向射击的时候，风啊雨啊雪啊什么都会往里面灌。更惨的是，当时机舱的空间决定了一个全副武装的机组成员是无法在机尾和机首之间通行的，于是在一般长达7－10个小时的飞行时间中，他只好一直呆在自己的位置上无法动弹。特别是当别的机组成员上厕所的时候，他能怎么办？或许只能让自己的下半身休眠了。”

第51轰炸机中队飞惠特利轰炸机的飞行员则有这样的描述：

“惠特利并不是适合用来执行远程空袭的机型，机舱供暖不足，氧气储备也有限。我们不得不忍受着寒冷和缺氧的折磨，在任务中飞行高度经常会超过6000米，这时候机舱里面都开始结冰，设备是这样，人也是。我们只能祈祷任务快点结束，可以下降到3000米以下，那时候情况会好很多，可以听到令我们略微感到舒服点的冰块融化的声音。”

此外，对于皇家空军而言，导航则是另一个严重的问题，当时的轰炸机成员只能依靠一些有限的数据，通过读图、计算导航法、无线电导航、天文导航等方法进行，而利用这些方法进行的导航作业却错误不断。

升级——英伦反击

1940年3月17日－18日夜间，德国空军的一小队飞机对英国奥克尼群岛的海军港口斯卡帕湾进行了空袭，一些炸弹命中了一些民房，导致1名平民丧生，7人受伤，还有炸弹命中了巡洋舰“诺福克”号，13名舰员受伤，其中的6人后来死亡。英国政府随即进行了报复，3月19日－20日夜间，轰炸机司令部派出了由50架轰炸机组成的编队（其中，30架惠特利和20架汉普顿）对德军的霍尔努姆进行了空袭，之前英国人判断附近没有民用建筑。此外，需要说明的是，当时的空袭任务是由各个机组的飞行员自行确定具体的航线和高度，这些轰炸机往往是单机行动，独自飞向目标区域投弹。轰炸机司令部预计当晚有月光的时间大约为6个小时，先行的惠特利有4个小时的可视空袭时间，随后的汉普顿则有2个小时。在返航时，有40个机组声称自己在目标区域完成投弹，皇家空军的记录是“多架轰炸机命中目标”，然而德军的损失却是很轻微的。霍尔努姆是一个极佳的空袭目标，便于进行直接的目视投弹，这也是有众多机组认为自己命中目标的原因。最终在这次空袭中只有1架惠特利没有返航，和昼间轰炸相比，这是一个难以想象的数字，这也使得轰炸机司令部更加确信，夜间空袭的危险系数远远小于白天。德军方面认为，通过比较这两次空袭，至少它们还命中了一艘英军战舰，而英军轰炸机造成的伤害却是微不足道的。

1940年4月9日，德军开始进攻丹麦和挪威。皇家空军轰炸机司令部奉命执行对英军远征军的战术支援任务。4月12日，由83架汉普顿、威灵顿和布伦海姆轰炸机组成的编队在白天对斯塔万格的船只进行了空袭，在德军地面高炮和战斗机的攻击下损失了6架汉普顿和3架威灵顿轰炸机，德军方面则损失了5架战斗机。这使得皇家空军进一步认识到了昼间空袭的代价。英国人在随后对挪威（主要是机场等目标）的空袭大部分选择在夜间进行，同时主要由汉普顿轰炸机执行的夜间布雷任务也于4月中旬正式开始。5月1日，随着英国远征军撤离挪威，这个国家也落入德国手中。

1940年5月10日，德军进攻比利时和荷兰。德军的闪电战要求陆军、空军包括伞兵部队密切协同作战，在德军对荷兰、比利时以及法国的进攻中，空军发挥了重要的作用，斯图卡和其他对地攻击机为地面部队的突击提供了强有力的支援，轰炸机则有效攻击了机场等重点目标。5月10日当天，皇家空军轰炸机司令部出动33架布伦海姆轰炸机轰炸了德军在荷兰的机场和其他军事目标，结果损失了3架轰炸机。此后，皇家空军轰炸机司令部的一个重要任务就是攻击德军机场和交通运输线，包括桥梁、铁路、公路等目标，目的在于延缓德军地面部队的推进。

5月11日－12日，皇家空军轰炸机司令部出动19架汉普顿和18架惠特利型轰炸机第1次对德国城市进行了空袭——目标为荷德边境城市门兴格拉德巴赫，为此损失了2架汉普顿和1架惠特利，德国方面有4人死亡。12日－13日夜间，皇家空军轰炸机司令部的12架轰炸机（惠灵顿和惠特利各6架）对德国和荷兰之间的公路枢纽进行了轰炸，没有损失。在鹿特丹投降这一天，70架皇家空军和40架法国空军的轰炸机起飞轰炸了马斯河上的桥梁。在德军对鹿特丹进行空袭后，皇家空军轰炸机司令部得到命令，将对德国的空袭延伸到莱茵河以东地区。在皇家空军对鲁尔工业区的炼油厂和交通线进行了猛烈的空袭后，英国媒体对此进行了大张旗鼓的宣传。对于皇家空军轰炸机司令部而言，这也是值得庆祝的，因为它们终于摆脱了束缚，可以慢慢伸展手脚了。它们确信，通过强有力的空袭可以迫使德国屈服。此时，这些轰炸机机组接到的命令是："只能轰炸命令中明确指明的军事目标，不能无选择投弹，如果无法确认目标，则不能投弹。一旦确认目标后，则全力轰炸，尽可能造成最大的破坏。"尽管皇家空军此时在夜间出动的轰炸机数量都在百架左右，然而对德国造成的损失却是微小的。德军53架He111型轰炸机在白天进行的空袭中可以将鹿特丹变成一片火海（其实是炸到了油厂，燃烧的四处流淌的油料又烧毁了半个城市），而上百架皇家空军的轰炸机在夜间对德国的空袭却收效甚微，这证明了当时的夜间空袭要想获得明显效果是很困难的。尽管如此，皇家空军对德国的战略空袭还是就此正式拉开了序幕。

■ 法国海岸线上空的布伦海姆型轰炸机，图片显示它击沉了一艘德国油轮。布伦海姆中型轰炸机是当时皇家空军的主力轰炸机，它的速度以及适用性都是各型轰炸机中最出色的。虽然它的速度可以达到400公里/小时，相对微弱的自卫火力使其面对速度更快的德军单发战斗机Bf 109（也是英军轰炸机在昼间的最大敌人）时几乎毫无办法，此外，布伦海姆的载弹量和有效航程也都有限，这也限制了它在战争中所能发挥的作用。

5月14日－15日夜间，18架惠灵顿、12架惠特利和12架汉普顿轰炸了德国亚琛、门兴格拉德巴赫等地区，损失了1架汉普顿。5月17日－18日，皇家空军的72架轰炸机（其中，48架汉普顿和24架惠特利）轰炸了汉堡和不莱梅的石油设施，这次空袭取得了一定的成功。这里需要强调的一点是：此时的德国空军还没有开始进行对英国的空袭。德国的损失开始上升：在汉堡和不莱梅有约50人丧生，127人受伤。皇家空军轰炸机司令部获得了更多的任务以及目标。空中战争现在开始了，德国人切实感受到了战争的降临。

这段时期皇家空军在白天继续遭到惨重打击。例如，在1940年5月17日，驻扎在沃顿的第82轰炸机中队的12架布伦海姆攻击了布鲁塞尔地区的德国地面部队，遭遇了地面猛烈的高炮火力和15架德军昼间战斗机的拦截，11架轰炸机被击落，最终只有1架受了重伤的轰炸机勉强返航迫降。对比皇家空军在白天的惨重损失，这段时间轰炸机司令部的轰炸机在夜间对前线德军地面部队集结地、交通运输线路以及德国的炼油厂和铁路的空袭损失还是可以接受的，特别是在夜空中遭遇到德军夜间战斗机的记录还很少。

■ 距离伦敦约50公里的皇家空军轰炸机司令部的地下指挥总部。

5月27日－28日的这个夜晚，皇家空军轰炸机司令部出动120架轰炸机对德国境内多个目标进行空袭，其中24架汉普顿轰炸了不莱梅和汉堡的石油设施，36架惠特利轰炸了鲁尔区的铁路交通设施，35架惠灵顿和25架汉普顿则轰炸了德国境内的其他交通枢纽，德国第二大城市汉堡在这次空袭中的损失很微小，而这次空袭中皇家空军也没有任何损失。此外，第10轰炸机中队的1架惠特利还取得了击落二战中第1架德军夜间战斗机的记录，该机的飞行员为中队指挥官帕特·哈纳芬少校，尾部炮塔射手斯坦·奥尔德里奇击落了这架属于布鲁门萨特少校指挥的Ⅳ. (N) /JG 2的Bf 109D。

在5月26日－6月3日这段时间，皇家空军轰炸机司令部的重点任务是支援英法联军在敦刻尔克的大规模海上撤退行动。皇家空军轰炸机司令部这段时期，在白天负责攻击前线目标，试图尽量迟滞德军地面部队的推进；在夜间则负责轰炸法国、比利时和德国境内的战略目标。皇家空军轰炸机司令部在昼间空袭中损失了1601架次中的92架轰炸机，战损率达到了5.75%，其中，第2轰炸机大队在法国战役期间出动的956架次布伦海姆中损失了57架，相当于4个完整的中队；而它们在夜间空袭中则只损失了3484架次中的53架，战损率只有1.5%，但是目标命中率这个数字却是很难比较的。而德国夜间战斗机此时还很难在夜空中捕捉到英军轰炸机，也没有击落记录。虽然在白天，德国空军取得了优异的战绩，然而在夜间的天空，皇家空军的轰炸机群依然频繁出动，不断打破德国夜空的平静。

在6月10日意大利向英国宣战后，皇家空军轰炸机司令部的目标清单中开始加入意大利城市。6月11日－12日夜间，皇家空军轰炸机司令部出动36架惠特利第1次对意大利城市进行空袭，目标是都灵，但是有23架因为各种原因不得不提前返航，只有9架最终到达了都灵，还有2架则把炸弹投到了另一个意大利城市热那亚。随着战争的进行，皇家空军的最高指挥层仍然无法明确如何应用它们的重型轰炸机，这个当时英国唯一可以威胁到德国的战争手段来有效地攻击德国。1940年6月19日，皇家空军最高指挥部召开了会议并且决定，必须全力投入轰炸机司令部的力量来摧毁德国境内的目标，以最大限度地减少德国空军对英国的压力。在4月成为皇家空军轰炸机司令部指挥官的波特尔中将发布命令，要以德国工业尤其是飞机制造工业，交通运输线路尤其是铁路线和德国国内航运线路为重点轰炸目标；此外，德国西部的炼油工业和其占领地区也是目标之一，同时继续进行海上布雷任务。这个命令中还有两个令人难以置信的战略目标：农业区和森林！皇家空军期待通过这些行动，使得德国在冬季遭遇到可能的粮食供应危机！于是，皇家空军的轰炸机开始将炸弹投到了德国的农田之中。至于对森林的空袭，来源于这样的想法：德国许多重要的军事基地和机场附近都有大量的森林，轰炸这些林区可以引起森林大火，从而影响到德国的正常军事和工业运作，以获得战略上的成功。当我们在今天阅读这些当时的原始记录时，难以想象上面的这些记载曾经被切实执行过。

随着德国在英吉利海峡集结的空军力量越来越强大，1940年7月10日，不列颠空中战役爆发，在此后的16个星期里，500多名皇家空军战斗机飞行员为保卫他们的祖国而献出了生命；德国空军则损失了5倍于此数字的飞行员和机组成员。

皇家空军轰炸机司令部的轰炸机则继续执行对德国的夜间空袭和海上布雷任务，同时，也开始了对德国农业区和森林目标的空袭。此时，德军开始在荷兰、比利时和法国各港口集结舰船，为渡海登陆作战做准备。7月3日，轰炸机司令部的轰炸机群在白天第1次对鹿特丹的德军舰船进行了空袭，随后持续进行了一系列的类似空袭行动，一般一次在白天，一次在夜间，这些空袭在9月达到了高峰。德军的入侵计划遇到了严重挫折，因为它们的空军还无法确保英吉利海峡上空的制空权，而这是登陆作战能否成功的前提。

皇家空军轰炸机司令部一如既往在每个晚上起飞数量众多的轰炸机持续对德国进行空袭，同时，它们的布伦海姆轰炸机则在白天对法国、荷兰、比利时和德国的德军地面部队以及机场目标进行战术空袭。但是如前所述，第2轰炸机大队执行昼间轰炸任务的布伦海姆轰炸机遭到了远高于夜间空袭行动的打击。德国空军对英国的空袭猛烈程度也在不断增加，这段时期皇家空军的损失是惊人的，而德国空军也已经使出了全力，并且同样遭到了惨重的打击。

皇家空军卓有成效的防空作战离不开一个重要的预警和指挥体系。皇家空军明白，如果没有这个优势，单单依靠它的战斗机司令部则是很难抵挡德军的强大空袭的。

早在1935年，英国方面就在鲍德西建立了一个在罗伯特·瓦特森·瓦特领导下的研究团队，目的就是研究设计一个本土防空体系。英军的主力雷达系统的工作波长为12米，这意味着所需的雷达天线尺寸为6米，同时，为了获得更好的探测效果，这些天线必须搭建在一个较高的天线塔上，以克服地球球面对雷达波的影响。这些天线塔为钢架结构，高度在60米到120米之间。英国后来在其海岸线的重要区域建立了大量的雷达系统，称之为“CH”体系（即本土防空预警体系）。英军的本土防空预警体系集中来自于雷达、防空观察哨、无线电截听站等获得的防空信息，过滤处理这些信息，然后汇集到在战斗机司令部指挥中心，由那里的空军妇女服务队员在巨大的模型盘上指示敌军机群的位置和运动方向。由此，皇家空军可以最有效地调动有限的战斗机部队获得最佳的作战效果。

■ 皇家空军战斗机司令部指挥作战场景，空军服务队的女队员们正在指示最新的敌机群动态和位置。

值得英国人庆幸的是德军夜间战斗机部队此时仍然很难对在夜间侵入的众多轰炸机构成真正的威胁。7月25日－26日的这个夜晚，有166架轰炸机对鲁尔工业区和荷兰的机场进行空袭。8月25日－26日夜晚，对柏林的空袭是英国战时内阁对德国空军对伦敦、伯明翰、布里斯托尔和利物浦轰炸的报复行

■ 考文垂遭到猛烈空袭后，消防队员正在全力灭火抢救。

动。在这些空袭行动中，只有少量炸弹投到了目标区域，造成了轻微伤害，其余的大部分炸弹则投到了周边地区。例如，8月25日－26日夜间，出动的81架轰炸机中只有29架到达目标上空完成投弹，有6架最后不得不把炸弹投到海里，而约18架的投弹则偏离了目标，柏林方面有12人死亡，26人受伤。在对伦敦的空袭中，德军轰炸机将炸弹投到了贝斯纳尔·格林、东哈姆、芬斯伯里等地区。虽然双方的飞行员都收到了只能攻击特定军事目标的命令，但是这些空袭都不可避免地伤及了平民。

就在德国空军寻求夜间作战策略来对付并且削弱日渐增加的来自英国的夜间轰炸威胁的同时，战局发展也成为影响英军夜间空袭的其他因素。其中，最重要的就是：德国空军对英国大规模的空袭继续升级。戈林调集了大量的轰炸机和战斗机部队对英国进行空袭，最初是白天，随后也发展到了夜间。伦敦很快就成为德军空袭的主要目标。9月7日，德军开始了对英国第二阶段的大规模空袭，这也是伦敦遭受一系列空袭的开始。而9月期间德国的柏林、汉堡、不莱梅和比勒菲尔德等城市也都遭到了皇家空军的空袭。在10月，皇家空军轰炸机司令部进行了重要的人事调整，皮尔斯中将接替波特尔成为新的司令官。11月14日夜，英国军事工业重镇考文垂市遭到了德军毁灭性的轰炸。此时，德军用于导航的弯腿系统已在英军干扰下失效，但是在这个夜晚，德军第100轰炸机大

■ 英国CH本土防空预警体系的重要组成部分：80米高的雷达天线塔。

队的2个He 111轰炸机中队已经装备了新的在弯腿系统基础上发展起来的导航装置“X-系统”来完成轰炸引导任务，这种轰炸引导战术很快也开始被皇家空军轰炸机司令部采用。考文垂在这个夜晚的损失是巨大的，超过500人在空袭中丧生，约865人重伤。

在德国空军对英国包括伦敦、伯明翰、谢菲尔德等众多城市进行持续的猛烈空袭时，皇家空军轰炸机司令部也开始实施报复性的空袭计划。11月7日－8日夜间，英国人出动63架轰炸机轰炸了埃森的克虏伯工厂；随后，在11月15日－16日和16日－17日连续两个夜晚，出动了总共超过200架的轰炸机空袭汉堡。但是这些空袭造成的损失很轻微。

■ 为了对付德军的夜间空袭，皇家空军也开始投入夜间战斗机部队，这是正在等待出击命令的皇家空军夜间战斗机飞行员，抱着自己的狗的是第85中队中队长皮特·汤森德。但是由于技战术的限制，他们在英国上空的战绩一般，他们真正成熟并发挥威力的战场则是在将来的德国上空。

1940年12月13日，英国战时内阁决定：在对德国城市进行轰炸时，不再规定具体的轰炸目标，而对城市中心进行大面积轰炸——即所谓的“面积轰炸”。

12月16日－17日夜间，英国人出动了134架轰炸机对曼海姆进行空袭，这是他们对德军空袭考文垂的报复，也是第1次采用“面积轰炸”战术。最终102架轰炸机达到目标上空，它们采取的轰炸引导战术和德国空军第100轰炸机大队1个月前对考文垂的空袭战术一样：挑选经验丰富的机组驾驶第1波8架惠灵顿轰炸机，携带燃烧弹进行轰炸引导，为后续机群指示目标。而这次空袭的目的是：对城市中心进行尽可能严重的破坏。然而，此时的皇家空军还没有类似于德国空军X系统这样的导航装置来装备引导轰炸机，还只能依靠地图判读来导航。虽然曼海姆并不是一个在地图上难以判读的城市，然而作为引导机群的8架轰炸机没有能够很好地完成轰炸指示任务，使得随后的百余架轰炸机把炸弹投到了一个相当分散的区域，甚至投到了路德维希港！还有大量炸弹投到了住宅区，造成了34人死亡，而工业区则几乎没有受到损害，皇家空军为此损失了10架轰炸机。和德国空军对考文垂的空袭相比，这次空袭是失败的，因为在考文垂之夜德国空军的机群规模是皇家空军的3倍，而且组织、导航以及空袭都相当成功。

之后，在12月20日－21日夜间，皇家空军轰炸机司令部出动了23架轰炸机对柏林进

“弯腿”系统简介

“弯腿”系统是二战中第1个登场的攻击性轰炸导航系统，这是一种依靠Lorenz波的定位体系，在洛伦茨导航系统基础上发展而来的系统。

洛伦茨系统由德国洛伦茨公司研制发展，是一种辅助盲降导航系统，当时曾广泛应用于民航。洛伦茨波束原理就是含等强信号的波束，它的频率一般为30兆赫，以它作为定向信标。等强信号是由两个相隔很近的发射塔发射相位互补的莫尔斯码产生，这两种代码可以是字母E（莫尔斯码由“.”表示）和字母T（莫尔斯码由“—”表示），中文表示就是“点—横”信号。

该系统的组成并不复杂，地面发射站发射2束相邻的洛伦茨波束，飞机上则只需简单安装1台接收装置,将音频信号进行调幅调制，即可进行导航作业。当飞机飞行在两波束中央时由于同时接收两个信号，听见的是没有中断的等强信号；在波束中线的左侧时，飞行员听见的是点，在右侧时听见的是横，由此飞行员只要保持接收到等强信号的方向飞行即可到达目的地，一旦偏离则立刻接收到不同的信号。洛伦茨系统中的波束是单向的，如果把发向跑道另一头的波束也算上，则充其量也只是双向的，对于360度中的其他方向，该系统完全没有定向能力，而且作用距离也有限，因此只能用于引导降落和很特殊的轰炸引导（如德国的“弯腿”系统），而不能用于普通的航空导航。

“弯腿”系统增加了有效工作距离。该系统也由2束洛伦茨波组成，它们的信号重叠区域就设定在目标上空。其中，由1台功率强大的地面发射站通过一个巨大的碟形天线发射第1束洛伦茨波，引导飞机飞向目标，第2束波从另一个地面发射站发出，精确横穿目标区域，在目标上空与第1束波交叉，当飞行员接收到这两个波束信号时表示他已经到达目标上空，可以开始投弹。

如果因某些原因飞机偏离了第1束波，那么就完全迷航了，所以弯腿系统只能算是一种专用导航系统而不具有通用导航能力。但从专用的轰炸引导角度看，“弯腿”却是一种很好的系统，它的精度一般，在离导航台180英里处是1英里，但其最大的优点是设备简单而且隐蔽性好，其实英国情报部门早已缴获了装有“弯腿”接收机的He 111轰炸机，但一直以为那是并无伤害力的洛伦茨盲降系统，直到警觉的R.V. Jones博士发现了其中的奥妙才得以干扰。真正让英国人困惑的可能是标准的洛伦茨波其定向性并不是很高，发射靠的是2根垂直偶极子天线，因此等强信号区随距离的发散很明显，这用于回收飞机问题还不大，但作为精确轰炸指示是不可想象的，此外，洛伦茨盲降系统的发射功率和飞机接收机灵敏度均不适合稍远距离的导航。从“弯腿”那巨大的碟形天线来看，德国人在洛伦茨波的定向性和发射功率方面都下了工夫，飞机接收机的灵敏度也大大提高了，但这恰恰是露出狐狸尾巴的地方。当英国人能够干扰“弯腿”系统的时候，德国空军也已经拥有了更先进的X—系统。

X—系统简介

1940年9月，“弯腿”系统已在英军干扰下失效，此时，德国轰炸机部队依靠的导航系统就是更先进的X—系统，这也是一个类似“弯腿”原理的系统，改进之处是提高工作频率，同时，使用4束波束导航，在精确度上超过“弯腿”系统。轰炸机依然跟随1束指向目标的波束飞行，其他的3束波束则分别在不同距离处和主波束交叉，这样飞行员在到达目标前就能先定几次位。第1个交叉点是一个预先校正点，告诉飞行员他的飞行方向正确。第2个交叉点则是投弹预报点，表明此时距离投弹点还有20公里，此时轰炸机投弹员开始做投弹准备，以现在的时刻作为开始点，按下自动投弹仪计时器，开始计算投弹准确时间。到第3个交叉点后，投弹员再次按下自动投弹仪计时器，此后，自动投弹仪将根据计算的投弹时间自动投弹。如果不加干扰，则该系统的精度在当时算是佼佼者，离导航台200英里处误差为90米左右，另有记载在180英里处误差仅为18米。从导航意义上说，X—系统与“弯腿”相似，不能当做通用导航工具。

X—系统比“弯腿”系统复杂，因此机组成员需要经过特殊的训练后才能有效使用这套系统。德国空军第100轰炸机大队就是专门使用X—系统的特殊轰炸引导部队，为后续主力轰炸机群提供目标指示。

行了一次小规模空袭。

对于英国空军而言，德军夜间战斗机部队此时的威胁还不足以引起它们足够的重视，因为它们在夜间损失的轰炸机数量只是它们在所有作战任务中的总损失量的1/3，还在它们的承受范围之内。而皇家空军也终于认识到，要求轰炸机组对点目标进行攻击是不切合实际的，只有在加大空袭力量和完善导航装备的条件下，选择最优的面目标才能取得良好的战果。

从1940年5月以来，皇家空军轰炸机司令部总共出动了1.7万架次执行夜间空袭任务，损失了340架轰炸机，战损率大约为2%。其中，不到50架是被德国夜间战斗机击落的。因此，对于皇家空军而言，被德国夜间战斗机击落的概率还比不上由于其他各种原因如气候状况或导航问题造成的损失，但是在随后的几年，情况将产生质的变化。

发展——新的装备

1941年对于英国皇家空军轰炸机司令部而言是重要的一年，期间它们进行了换装，扩充了作战实力，加强了对机组成员的飞行以及作战技能的训练。尤其重要的是，皇家空军“战略轰炸”理念的基石被坚实地奠定了。此时，皇家空军轰炸机司令部司令官依然是皮尔斯将军(他的任期将持续到1942年初)，皮尔斯出生于1892年9月30日，一战期间成为飞行员，1919年成为皇家空军的一名中队指挥官。1936年晋升为少将，随后调入英国航空部。1939年他晋升为中将，1940年10月开始接管皇家空军轰炸机司令部，这也是该部在战争中最困难的一段时期。皮尔斯接手时的皇家空军轰炸机部队装备的飞机、武器、导航设备以及机组成员都存在不少问题，而当他1942年1月将指挥权交给下一任司令官哈里斯的时候，皇家空军轰炸机部队的状况有了极大的改善，显示出了巨大的作战潜力。然而，在皇家空军轰炸机部队真正成熟以前，它们面临的问题依然是极其复杂棘手的。

1月的第1个夜晚，皇家空军轰炸机司令部就出动141架轰炸机对德国进行空袭，由此开始了1941年的作战，这次的主要目标是不莱梅。最后的报告中说明这次空袭是成功的。1月8日－9日夜间，在威廉港的提尔皮兹号战列舰第1次遭到了皇家空军的轰炸。皮尔斯于1941年1月15日得到了皇家空军新的命令，空袭的主要目标应该包括：德国的石油设施及燃料生产基地、工业基地以及交通运输系统。在1月剩下的时间中，威廉港和德国的石油工业等都成为轰炸机司令部的空袭目标。

2月份，汉诺威成为了皮尔斯获得新命令后的第1个重要的目标，2月10日－11日夜，222架轰炸机轰炸了这个城市，他们在德国上空损失了4架轰炸机，还有3架(惠灵顿、汉普顿、布伦海姆各1架)在返航时被德军Ⅰ./NJG 2的远程夜间战斗机击落在英国上空。而就在这个夜晚，斯特林重型轰炸机第1次参加了实战，目标是荷兰鹿特丹的石油设施。紧接着在12日－13日夜间，54架惠灵顿和32架布伦海姆轰炸了不莱梅的福克－沃尔夫飞机制造厂。14日－15日夜间，44架惠灵顿的目标是诺德斯坦，但是只有9架的机组成员最后报告到达了目标上空。此后的2月底到3月期间，德国的威廉港和科隆等城市也都遭到了夜间空袭。5月8日－9日夜间，皇家空军对汉堡和不莱梅进行了开战以来最猛烈的夜间空袭，总计有约359架轰炸机参加了这次行动。

现在来关注皇家空军轰炸机司令部的换装情况，在斯特林正式参战以后不久，曼彻斯特以及哈利法克斯这两种新的轰炸机也陆续加入了轰炸机部队。曼彻斯特是双发轰炸机，虽然表现出一些优点，但是由于其装备

皇家空军第35轰炸机中队的哈利法克斯MK Ⅱ型，该中队最早装备这个型号的轰炸机。

的罗尔斯-罗伊斯发动机存在问题导致事故频发，因此在生产了约209架并且装备了一些中队后很快被在其基础上改进而来的新的重型轰炸机替代：这就是后来改装4台梅林发动机的声名显赫的兰开斯特。哈利法克斯是此时最好的重型轰炸机，从1940年11月开始，第35轰炸机中队最先装备这种轰炸机，并于1941年3月第1次参加空袭。虽然这些"新兵"在随后的战争中都发挥了巨大的作用，但是现在皇家空军的换装过程则是缓慢的。原因也是多方面的，首先需要时间建立新的生产线，随后需要建立新的中队，训练新的机组以及对老机组进行重新培训，机场等基础设施也需要改建。此外，这些新型轰炸机也需要经过实战的检验。

我们可以比较一下皇家空军轰炸机司令部在1941年初和年终的出击编制示例，就不难发现换装速度是缓慢的：1月9日－10日夜间，对德国石油设施的空袭机群由60架惠灵顿、36架布伦海姆、20架汉普顿和19架惠特利组成；而在12月27日－28日夜间，对杜塞尔多夫的空袭机群的组成是：66架惠灵顿、30架汉普顿、29架惠特利和7架曼彻斯特。在这一年，作为轻型轰炸机的布伦海姆首先逐步退出夜间空袭任务，其中，部分开始执行对德军机场的远程攻击任务，而这个任务很快也将由P-61夜间战斗机和随后的蚊式机替代。除了补充部分曼彻斯特之外，惠灵顿、汉普顿和惠特利依然是皇家空军轰炸机司令部的主力轰炸机。同时，皇家空军装备的炸弹也已经非常陈旧，主要的113公斤和226公斤的多用途炸弹都是一战时候开始发展的"老兵"了，和此时德国空军使用的炸弹相比，这些炸弹已经明显落伍了。不过，皇家空军装备的燃烧弹的情况要相对好很多，性能较为先进，一直服役到二战结束，数量上也较为充足：皇家空军拥有的库存量达到了500万枚，每星期的产量达到6万枚。到战争结束，超过8000万枚燃烧弹被投到了德国领土，其中，使用最多的是1.8公斤级燃烧弹。

1941年底，一种新的13.6公斤重型燃烧弹也投入实战，随后还有更重的23公斤和113公斤级燃烧弹陆续出现。在战争初期，燃烧弹的使用比例依然很小，这个比值到1943年的时候，有了明显上升，这也符合哈里斯的战略思想。

皇家空军充分认识到了这个问题，除了重型轰炸机，它们还需要重型炸弹。1941年，500公斤和860公斤的炸弹开始投入实战，到了年底，906公斤和1812公斤的炸弹也被生产出来了。这些重型炸弹的设计理念是在地表爆炸，通过产生强烈冲击波来摧毁建筑。逐渐开始得到广泛使用的1812公斤炸弹的外号是“饼干”，可以使用瞬时或者延时引信，皇家空军总共投掷了6.8万枚这种重型炸弹。1941年4月1日，皇家空军轰炸机司令部在对埃姆登的空袭中首次使用了这种炸弹。此后，还有一种“超级饼干”被生产出来，这种炸弹的重量更是达到了3624公斤，只有兰开斯特和哈利法克斯型飞机可以携带这种炸弹，惠灵顿和斯特林型飞机对于这种炸弹而言都太小了。1架哈利法克斯在1942年4月10日－11日夜间，将第1枚“超级饼干”投到了埃森。

毫无疑问的是，皇家空军轰炸机司令部装备换装的速度虽然较为缓慢，但是它的力量依然在继续成长。最初，它们的目标还主要是德国沿海的城市和基地，但是很快它们就开始一步一步踏实地向德国纵深推进。

到8月30日夜间，皇家空军轰炸机司令部出动9架斯特林、9架曼彻斯特、12架哈利法克斯和40架惠灵顿对德国首都柏林进行了较大规模的空袭。但是空袭效果依然不容乐观，导航装置和空袭战术是皇家空军必须着重解决的问题，在对柏林的空袭中就有大量轰炸机偏离目标，到达柏林上空的32架轰炸机的投弹散布也很大，而为此付出的代价则是9架轰炸机，战损率达到了13%。同样，在这个晚上，另一个由65架惠灵顿和汉普顿组成的机群则对汉诺威进行了空袭，损失了4架威灵顿。现在皇家空军拥有的重要的导航系统就是Gee系统，该系统是英国于1940年研制成功的。到1941年，另一种重要的导航系统“双簧管”系统也开始投入实战。

为了对付德军的Knickebein系统以及研制自己的导航装置，皇家空军于1940年6月专

■ 地勤人员正在给哈利法克斯型飞机装载500公斤级炸弹，它们属于第405轰炸机中队。

Gee系统

Gee系统于1940年由英国远程探测研究院开始研制发展，其最早的原理则在战前就已经出现。它的工作原理不同于雷达，雷达的工作原理是发射信号，遇到目标反射后重新被接收，以此来确定目标距离和位置。而Gee系统则是通过接收不同的地面导航站的信号，然后测算不同的接收时间。Gee系统的工作原理是双曲线定位，当飞机保持与2个导航台的距离差恒定时，飞机的飞行轨迹是1条以2个导航台为焦点的双曲线，如果能同时测出与另一组导航台的距离差，那么飞机必定会同时在另一条双曲线上，这两条双曲线的交点自然就是飞机的位置。该系统对2组导航台进行差值测距，根据2组距离差，领航员可以在特制的印有彩色双曲线网格的地图上找到2条曲线的交点。最佳工作条件下，领航员可以在极短时间内完成定位。该测距系统使用的是20－85兆赫的脉冲信号，主台的脉冲频率是每秒500次，2个副台是每秒250次，以此区分，如再有第3个副台频率则是每秒166.7次，台与台之间通常距离为50－100英里，测时使用的是阴极射线管。Gee系统的有效作用距离是350－400英里，在英国的导航台可勉强覆盖到鲁尔区，但对柏林仍是鞭长莫及。Gee系统的缺点在于其有效工作范围和精度问题。首先，它受到地球弧形表面的影响，举例来说，如果飞机要在400公里外接收到地面导航台信号，则它的飞行高度就要达到约6000米；其次，距离越远也意味着导航的误差越大，Gee系统在离导航台250英里处只能把目标定在一个1x6英里的长条内，原因就是不理想的定位几何所致，由于所有导航台均在英国，而目标又全在导航台一侧的欧洲大陆，要解决这个定位几何问题谈何容易；此外，该系统非常容易被电子干扰。但是Gee系统是一种真正的通用导航体系，其优越性在于无论飞机怎么迷航，只要还在系统覆盖范围内，就可成功定位，而且分散在不同位置的无数架飞机可以同时得到导航指示，因此尽管困难重重，Gee系统并没有销声匿迹，Gee系统至少可以带领出航飞机走完前半段，并为“筋疲力尽”甚至是支离破碎的回航飞机指引回家的路。

门成立了由爱迪森中校指挥的第80大队，和英国的科研机构紧密合作执行相关的研究部署计划，爱迪森是皇家空军电子对抗作战专家，后来成为第100特殊大队指挥官。1940年12月，第80大队的一部分改编为第109中队，专门使用惠灵顿和阿弗罗安森型飞机执行夜间盲飞引导等试验任务，这个中队还负责对德军轰炸机使用的X导航系统进行干扰。

3月－4月期间，虽然问题依然重重，但是皇家空军轰炸机司令部继续迈步向前，很多损失都发生在轰炸机返航时。此外，第35轰炸机中队新装备的哈利法克斯中有1架被自己的战斗机击落，机组成员中只有2人幸存。现在位于皇家空军轰炸机司令部目标清单前列的包括德国潜艇基地、基尔、汉堡、不莱梅等港口、曼海姆的潜艇发动机工厂等，而布勒斯特港因为停靠着“沙恩霍斯特”号和“格奈森瑙”号这两艘重要战舰，也成为重点空袭目标。此时，还没有担任皇家空军轰炸机部队司令的哈里斯提出曼海姆和新加入清单的斯图加特都是非常适合“面积轰炸”的目标，这将大大有助于打击德军的士气。这个观点对于皇家空军轰炸机司令部的空袭思路将产生明显的影响。

从1941年5月开始，皇家空军对德国的夜间空袭的规模和次数都继续增加，对某个目标出动100架以上的轰炸机进行轰炸已经成为惯例。汉堡这个德国第二大城市则成为重点目标，5月6日－11日的这几个夜晚，汉堡连续遭到平均100架轰炸机的轰炸。在11日－12

■　皇家空军第100特殊大队指挥官爱德华德·巴克·爱迪森出生于1898年，一战期间就加入英国空军。战后进入大学深造，1921年回到皇家空军，1926年获得硕士学位。这位电子专家一直致力于航空电子对抗领域的实战研究，他指挥的第100特殊大队的各种干扰手段令德军无所适从。

日夜间，英国人出动91架惠灵顿和1架斯特林继续对汉堡进行空袭，同时，出动48架惠特利、31架汉普顿和2架曼彻斯特轰炸不莱梅。在这一系列空袭中汉堡总计有233人丧生，713人受伤，2195余幢建筑物被毁。此外，德国的石油设施也遭到多次空袭，在5月9日，德国1个石油工厂被命中，34个储油罐被烧毁。

到了6月28日，皇家空军轰炸机司令部出动35架轰炸机再次对汉堡进行空袭，这次它们在城市上空遭遇了德军夜间战斗机，5架轰炸机被击落，其中，4架是Ⅱ./NJG 1的莱因霍尔德·爱卡德中尉的战果，值得一提的是这些轰炸机的计划目标并非汉堡，而是距离110公里外的不莱梅。根据德国方面的统计，汉堡在1941年总共遭受了约40次空袭，而皇家空军的计划中这个数字应该只有20次左右，而其他20次原来的目标应该是基尔、不莱梅等其他城市，但是最终英军机组由于各种失误而攻击了汉堡。这段时期，汉堡遭受了总计2034架次轰炸，造成了626人死亡，1959人受伤，7025幢建筑物被毁，皇家空军则为此付出了67架轰炸机的代价，约350名机组成员阵亡。6月－8月期间，皇家空军轰炸机司令部继续踏实地向前迈进，其间主要的一些空袭行动如下：6月11日－12日夜间，241架轰炸机空袭了杜塞尔多夫、杜伊斯堡等城市，随后的一个夜晚总共有339架轰炸机轰炸了德国的铁路系统。6月27日－28日夜间，轰炸机机组成员报告发现德军夜间战斗机的大规模行动，35架惠特利中有11架被击落，此外，还损失了3架惠灵顿。7月7日－8日夜间，275架轰炸机轰炸了奥斯纳布吕克、明斯特和门兴格拉德巴赫的铁路设施。到了8月上旬轰炸机司令部只进行了1、2次超过200架规模的空袭，其中，8月5日－6日夜间的289架是最高数字。8月中旬皇家空军轰炸机司令部曾在一个晚上出动了超过300架轰炸机进行空袭，其中的主要目标包括汉诺威（152架）、布隆斯威克（81架）和马格德堡（52架）。

从开战到1941年8月，德国方面死于空袭的人数超过了3800人，更为关键的是，德国人民现在几乎已经无法享受到没有空袭警报和炸弹的平静夜晚了。英国方面已经清楚地表明，皇家空军轰炸机部队将成为它们对付德国、削弱德军抵抗意志的重要力量。这里需要提到一份对皇家空军轰炸机司令部而言极其重要的报告——布特报告，布特是英国战时内阁秘书处的成员，负责研究空袭行动中关于目标选择和确保准确度的课题。为此，他需要收集众多信息，包括皇家空军的导航、投弹精度等各种技术问题。他还希望能通过航拍照片来进行判断，但在1941年皇家空军的航拍照片资源还较少，而关于直接命中以及目标空袭后效果情况的照片资料更为稀缺。装备远程改进型喷火战斗机的专门负责侦察航拍任务的中队则在1940年11月才成立，且其能提供的资料同样很少。布特此时能参考的资料主要只能来自于那些轰炸机

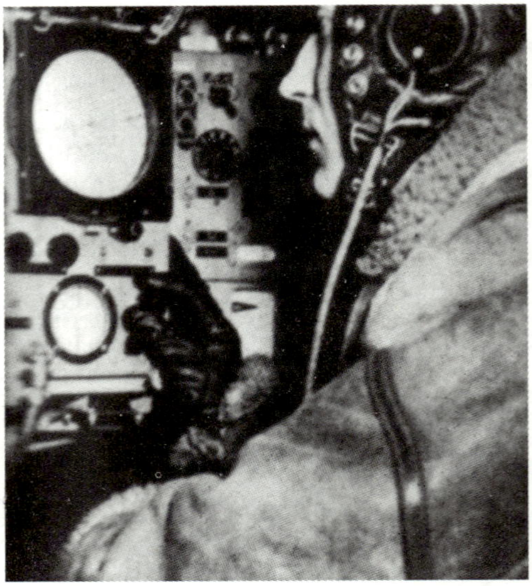

■ 皇家空军轰炸机无线电通信员正在操作Gee装置。

自行携带的照相机拍摄的空袭照片，但是这些照片数量也很有限。当时只有1/10的参战轰炸机携带1台F24型照相机，专门伴随空袭行动负责照相的轰炸机在1941年2月才开始参加空袭，这些轰炸机依靠自己投放的燃烧弹的火光来进行拍摄。布特最后用于自己课题研究的资料大约有650幅航空照片，其中只有约一半显示了目标区域的空袭状况，而这些摄于1941年6月－7月的照片数量也只相当于这期间出动的约6000架次轰炸机的1/10。布特就是以此为依据来评估皇家空军的导航和轰炸精度问题的。布特后来给“目标区域”的定义为“目标点周围8公里范围”，约等于200平方公里。而目前在实战中这个精度要求也无法高比例完成。1941年7月3日－4日夜间，90架轰炸克虏伯工厂和艾森铁路目标的轰炸机如果按照布特的定义来评估，只有5架轰炸机达到了命中要求。

布特报告于1941年8月18日正式提出，但是一开始就遭到了各方面的反对。皇家空军轰炸机司令部长官皮尔斯对此就极为不满，而其他一些上层军官同样对此颇有微词，一些军官提出，目前重点是要提高导航方法的精度。另一种较为普遍的建议则是，在目前能达到的空袭精度条件下，解决问题的关键是增加轰炸机数量，将空袭战术重点集中到“面积轰炸”上来。皇家空军参谋长波特尔在9月25日给丘吉尔的报告中提出，只要给皇家空军轰炸机司令部4000架轰炸机，那么可以在6个月内让德国屈服。但是丘吉尔对此则抱有怀疑态度——他的疑问是依靠轰炸机究竟能不能最终解决战争？因为不久之前英国自己遇到的战况和最后的结果都对这种理论提出了明显的反证。

9月－10月期间，由于天气越来越坏，皇家空军轰炸机司令部的空袭行动也受到了明显影响。9月3日－4日夜间，140架轰炸机起飞前往布勒斯特港，由于天气恶劣，空袭

■ 在早期的夜间防空作战中，德军夜间战斗机经常会进入高炮火力范围作战，免不了遭受损失。

行动被取消。但是有53架轰炸机没有接到这个命令，继续执行任务，结果效果很差。9月7日－8日夜间，197架轰炸机几乎包括了皇家空军轰炸机司令部现有的所有轰炸机型的轰炸机起飞攻击柏林，最终损失了15架轰炸机。10月上旬，轰炸机几乎无法升空作战，直到12日－13日夜间，皇家空军轰炸机司令部才再次出动了373架轰炸机，这是一个新的夜间出击规模的纪录，它们的目标是：152架到纽伦堡，99架到不莱梅，90架到胡尔斯，32架到布雷。但是最终的空袭效果依然无法令人满意。随后恶劣的天气继续阻碍皇家空军轰炸机司令部的空袭计划，新的大规模空袭直到20日－21日夜间才得以继续。这次出动了284架轰炸机，其中，153架飞往不莱梅，47架空袭威廉港，36架的目标是埃姆登，其余35架的目标是安特卫普。

到11月份，皇家空军轰炸机司令部的空袭规模继续增大，但是它们很快遭到了1次惨重打击：11月7日－8日夜间，皇家空军轰炸机司令部出动了392架轰炸机对德国的柏林(169架)、曼海姆 (55架) 和科隆 (75架) 进行了大规模空袭，为此付出了惨重的代价：在柏林的猛烈高炮火力和夜间战斗机的联合狙杀下，21架轰炸机被击落，其中，包括10架惠灵顿、9架惠特利和2架斯特林，而最终没有返航的轰炸机总数达到了37架——高达9.4%的战损率。这次惨重损失对皇家空军轰炸机司令部从上到下的士气都造成了严重影响，而在1941年最后的4个月中，皇家空军轰炸机司令部总共损失了526架轰炸机。

11月13日，面对轰炸机部队的现状，皇家空军高层为此决定暂时停止它们的大规模空袭任务，到明年初再继续。从11月中旬开始，皇家空军轰炸机司令部只对德国沿海目标进行了少量空袭，1941年，皇家空军轰炸机司令部最后的1次空袭是11月28日－29日夜间，这次217架轰炸机的目标是威廉港、胡尔斯和埃姆登。

在1941年最后的这段时光，皇家空军轰炸机司令部在轰炸导航和投弹精度问题上也没有实质性的提高，它们的希望寄托在Gee系统和欧波系统这些发展中的重要导航系统上。因为无论从战略还是战术上看，轰炸导航和投弹精度都是空袭成功与否的真正核心问题。另外，布特报告对皇家空军轰炸机司令部产生了深刻的影响，它对于轰炸机部队的成长起了明显的刺激作用。很快在1942年，皇家空军轰炸机司令部将会在新任司令官，绰号“轰炸机”的哈里斯的领导下开始进入新的阶段，德国将要经受更为猛烈的夜间空袭。

第三章　暴风前夜：1942年1月－1943年3月

哈里斯的雄心

1942年到1943年初对英德双方空军而言，都是极其重要的发展期，双方都在为夜间决战进行着技术、装备、人员和部队编制上的最后准备，它们的主要战略战术都将在这段时期基本成熟定型，漆黑的夜空正在酝酿着最后的血色风暴。

1942年1月，皇家空军原第3轰炸机大队指挥官鲍尔德温少将短暂的接替即将担任印度及东南亚皇家空军航空队指挥官的皮尔斯，成为新的临时轰炸机司令部长官。而皮尔斯真正的继任者，正式担任轰炸机司令部司令长官的则是阿瑟·哈里斯中将。此时，哈里斯并不在英国本土，而是远在美国华盛顿领导英国采购委员会的一个属下机构，负责和美国政府商谈皇家空军的后勤补给以及补充问题。1942年2月，哈里斯返回英国，接任轰炸机司令部长官这个职务直到战争结束。

哈里斯的个人特点以及服役经历决定了他就是“轰炸机派”的坚定拥护者，也是最合适的轰炸机部队指挥官。他接手轰炸机司令部以后面临的首要任务就是：继续发展轰炸机部队，使其成为英国最重要的战争攻击力量之一。而此时的皇家空军轰炸机司令部的轰炸机数量远远低于其编制应该达到的数目，可动用的只有68架重型、257架中型和55架轻型轰炸机。

1942年1月－2月期间，轰炸机司令部继续处于低谷，德国海军则是它们的主要目标。1月5日－6日，6日－7日，8日－9日，9

■ 皇家空军轰炸机司令部指挥官哈里斯爵士。

“轰炸机”哈里斯

阿瑟·特拉弗斯·哈里斯，英国皇家空军元帅，二战期间任英国皇家空军轰炸机司令部司令。哈里斯深受“轰炸机制胜论”理论的影响，极力主张集中使用大量轰炸机实施战略轰炸来赢得战争胜利，因此被人称为“轰炸机”。二战中，从1942年起便率先开始组织指挥对德国的战略轰炸,到战争后期，他和美国第8航空队司令斯帕茨将军共同指挥着一支拥有2.8万架作战飞机和133.5万人的庞大战略空军部队，对德国进行了44.4万次轰炸，这些轰炸至少造成57万德国平民死亡，同时，有超过5.8万名皇家空军轰炸机机组成员牺牲，但这些战略轰炸摧毁了德国的军事工业，为摧毁德国法西斯战争机器最终战胜纳粹德国立下了汗马功劳，鉴于哈里斯所指挥的对德国战略轰炸所造成的巨大伤亡，人们送给他“屠夫”的绰号。1892年4月13日，哈里斯出生在英国切尔特南，曾就读于波恩的预备学校和奥哈里斯学校。1908年，哈里斯来到南非采金矿、做农活，这段艰苦的经历锻炼了他的意志。1915年，他回到英国后，参加了皇家航空队，在布鲁克斯接受飞行训练，开始了他的航空生涯。1916年3月，哈里斯在驻亚眠的第11飞行中队服役。1917年6月，转到第45飞行中队，升任飞行小队长。同年11月回国，指挥负责保卫伦敦的第44飞行中队。战争结束前夕，哈里斯荣获空军十字勋章并晋升为少校军衔。1919年，哈里斯得到了皇家空军的永久军职任命状。随后，被派往印度指挥第31飞行中队。1922年11月，又转往伊拉克指挥第45飞行中队。1927年，哈里斯晋升中校，并进入坎伯利参谋学院深造，1929年毕业后赴中东任职。1933年8月至1937年5月，哈里斯回国并在空军部任作战与情报参谋，后升任计划部副部长。1937年6月，哈里斯出任新组建的轰炸机司令部所属第4轰炸机大队长，晋升准将。1938年担任英国驻美国空军代表团团长，安排购买了“哈瓦德”和“哈德逊”两种飞机，壮大了英国皇家空军的力量。二战爆发后，哈里斯出任第5轰炸机大队长，晋升少将军衔。1940年，哈里斯升任空军副参谋长。1941年5月，他被派往美国，在英国驻美的采购委员会中负责皇家空军的战争物资供应采购计划，并晋升为中将。1942年2月，哈里斯出任皇家空军轰炸机司令部司令，不久晋升上将军衔。在他的一手指挥下，皇家空军对德国实施了大规模战略轰炸。他坚信“战略轰炸是一种具有决定性的进攻作战，它不是反攻欧洲的先决条件，而是直接赢得最后战争胜利的手段”。哈里斯的战略轰炸目标，主要就是德国的大城市，目的就是要“全面炸垮德国的战时经济和民心士气”。1945年5月，哈里斯荣获了英国最高荣誉维多利亚十字勋章，并晋升元帅军衔。

1946年，哈里斯退役，出任南非造船公司经理，在南非和英格兰过着平静的退休生活。1984年4月5日，哈里斯因病去世，享年91岁。

日－10日，31日－2月1日这些夜间，停靠着德国海军战舰“沙恩霍斯特”号、“格奈森瑙”号和“欧根亲王”号的布勒斯特港连续遭到空袭，轰炸机司令部出动的轰炸机数量在60架－160架之间。此外，德国境内的汉堡、不莱梅、艾姆登明斯特和汉诺威等城市也遭到不同规模的空袭。2月最重要的一次空袭就是轰炸离开布勒斯特港的德国海军战舰“沙恩霍斯特”号、“格奈森瑙”号和“欧根亲王”号。德军夜间战斗机部队在年初就得到一个重要任务——为德国海军的“沙恩霍斯特”号、“格奈森瑙”号和“欧根亲王”号战舰护航。Ⅱ./NJG 1的30架Bf 110被配置在沿海机场。2月11日午夜前，这3艘大型军舰在7艘驱逐舰的护航下驶出布勒斯特港，第2天8时30分在瑟堡外海就得到了该大队第1批Bf 110的空中掩护。Ⅱ./NJG 1的海上护送行动耗时整整两星期，在护送2艘战列巡洋舰回到德国北部的港口之后，它们又护送“欧根亲王”号向北行驶直到挪威的特隆赫姆，那里是它们熟识的地域。在这次行动中没有夜间战斗机被击落，该大队也没有击落任何敌机，唯一的事故是属于第6中队的比尔肯斯托克少尉及其机组成员，他们在从不莱梅经布鲁门到吕贝堡的转场飞行中，由于起飞后不久的发动机故障而受伤。2月12日，英军242架轰炸机起飞攻击这3艘德军战舰，但是由于恶劣的天气，虽然这些轰炸机找到了目标并且进行了攻击，但是没有取得实质性的战果。

2月轰炸机司令部的其他目标还包括曼海姆、基尔和威廉港等，但规模普遍较小，不过有一点是肯定的，轰炸机司令部正在酝酿真正的空袭，它们向德国纵深挺进的目标没有任何动摇。

这段时期，哈里斯强烈要求得到轰炸机来满足其作战需要，到3月初，他得到了200架新的轰炸机，但是这个数字依然是不够的。而对轰炸导航至关重要的Gee系统进入现役的时间还不长，人员装备都还面临不少问题，并且英国方面也很清楚这是一种很容易被干扰的导航系统。在布特报告的影响下，哈里斯命令将在Gee系统的有效工作范围之内的德国重点目标列入空袭目标清单的第一

■ 夜间战斗机部队掩护“沙恩霍斯特”号、“格奈森瑙”号和“欧根亲王”号通过英吉利海峡。

■ 2架Bf 110护卫下的“沙恩霍斯特”号。

等级：如埃森、杜伊斯堡、杜塞尔多夫、科隆、不莱梅等，而诸如柏林等其他在其有效工作范围之外的重要城市则列入目标清单第二等级。轰炸机司令部很清楚，首先必须能对这些属于Gee系统的有效工作范围之内的空袭目标进行较为精确的轰炸，才能继续将目标范围扩大到德国腹地。到那时为止，皇家空军装备Gee系统的轰炸机数量依然很少，从1941年8月开始陆续有1、2架参加对德国的空袭。但是很快就有一架装备了Gee系统的惠灵顿被德军击落，随后皇家空军决定在大规模装备以前不再派出这些装备了Gee系统的轰炸机进入德国境内去冒险。但是距离大量装备还需要不少时间，为此到1942年2月，英国人开始尝试把少量装备Gee系统的轰炸机作为轰炸引导机，为主力机群指示目标。

1942年3月初，NJG 2远程夜间战斗机联队指挥官胡尔斯霍夫少校将其麾下的一个训练补充中队改编为第3大队指挥部，至此，这个联队形成了3个大队的完整建制，在之后的几周内，还会有新鲜血液补充进来，从而组成这个新大队所属的3个中队。现在继续得到扩充的还有NJG 4，该联队早在1941年4月就在法国的梅兹成立了，联队指挥部、第1大队和第2大队在原来的ZG 26联队指挥部、第1大队和第2大队的基础上建立，但到1941年底，这个联队的指挥部转为NJG 3联队指挥部，第1大队和第2大队随后也重新编回ZG 26第1大队和第2大队。直到1942年5月1日，新的第2大队才正式成立，骨干力量依然来自于ZG 26，而

■ 在“沙恩霍斯特”号上空盘旋护航的就是来自NJG 1的夜间战斗机。

大部分新机组则来自训练学校；第3大队的3个中队则直接从NJG 1抽调（每个大队抽调1个中队，这也是德国空军典型的“种子－扩展”扩军模式）；而第1大队则要等到10月份才成立。

3月3日－4日夜间，轰炸机司令部对法国雷诺工厂进行了空袭，这也是使用Gee系统的实战尝试，这次空袭取得了一定的成功，出动的235架轰炸机中约有3架－4架命中了目标，使雷诺工厂遭到了严重破坏，一个月内的生产量严重下滑。尽管这次轰炸的精度较高，但是平民依然受到了严重的池鱼之殃，约367人在空袭中丧生。英国人只损失了1架惠灵顿。皇家空军的一个重要空袭目标就是埃森这个德国鲁尔工业区的核心城市，在3月份，这个城市连续遭到了5次空袭。首先是3月8日－9日、9日－10日和10日－11日这3个夜晚，皇家空军对这个城市连续进行了3次大规模空袭，这3次空袭分别出动了211架、187架和126架，分别由惠灵顿、汉普顿、斯特林、曼彻斯特和哈利法克斯组成的轰炸机群，在这3次空袭中分别损失了8架、3架和4架。2架新型的兰开斯特重型轰炸机第1次出现在3月10日－11日夜间的机群之中。轰炸机群的领航轰炸机现在都已经装备了Gee系统，人们对轰炸导航的成功希望越来越大。但是尽管如此，轰炸机群依然没能命中位于埃森的克虏伯工厂这个主要的空袭目标，对城市中心的破坏也很微弱。埃森只有25人死亡，40人失踪，而第2次空袭还把炸弹投到了邻近的杜伊斯堡等附近其他城市，造成74人死亡。皇家空军损失的轰炸机估计大部分被德国夜间战斗机击落。在连续对埃森进行了3次空袭之后，哈里斯暂时把目标转到了基尔。3月12日－13日夜晚，68架惠灵顿轰炸机对基尔进行了一次相对较为成功的空袭，5架惠灵顿没有能够返航，战损率为7.36%，其中，1架被确认为Ⅰ./NJG 1的科纳克中尉的战果。当晚，还有20架惠灵顿和20架惠特利对埃姆登进行了空袭，损失了3架惠特利。但是3月25日－26日，192架惠灵顿、

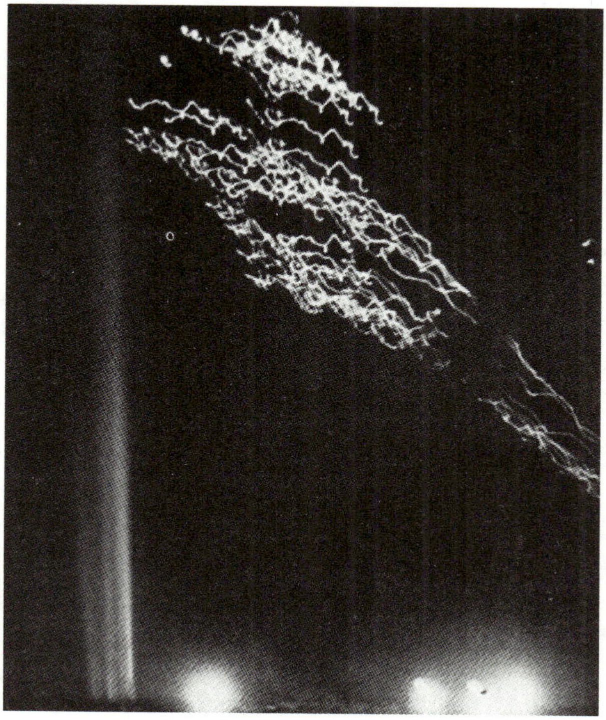

■ 构成地狱夜空的地面防空火力。

26架斯特林、20架曼彻斯特、9架汉普顿和7架兰开斯特再次空袭埃森，181个机组报告命中了目标区域，其中，不少声称命中了克虏伯厂区，但是德国方面统计只有5人死亡，3幢建筑被毁，最后有9架轰炸机（5架曼彻斯特、3架惠灵顿和1架汉普顿）没有返航。

此时，在Ⅰ./NJG 1出现了一位极其年轻的未来夜间王牌——第3中队的年仅19岁的"威姆"（威尔海姆·尤纳恩少尉）。他于1941年中期加入这个大队，同年7月11日正式参加夜间空战。但是他一直没能取得战果，直到在埃森遭到第5次空袭的夜晚（3月26日－27日夜间），他才开始取得战果，击落了第1架轰炸机，而且就在这个夜晚，他获得的战果还不止一个。

3月26日－27日夜晚，哈里斯出动了104架惠灵顿和11架斯特林轰炸机对埃森进行空袭，损失了10架惠灵顿和1架斯特林。德军总共出动了40架夜间战斗机进行拦截，尤纳恩少尉则是接到警报后最早出动的飞行员之一。当晚22时零3分，他驾驶Bf 110（编号C9+FL）滑跑起飞，他的后座无线电通信员是李绍普军士。他这架Bf 110没有装备明石雷达，由地面引导军官引导作战，此时，他接到通报，英军轰炸机群进入了鲁尔区！尤纳恩少尉需要约20分钟才能在5500米高度到达指定的航空坐标区域——文洛东北50公里，埃森西北50公里。在这个极其有利于捕捉从荷兰方向飞来的英军轰炸机的位置，他将进行环形巡航飞行待机，等待攻击目标的出现。这是一个晴朗的夜晚，尤纳恩少尉可以清晰地观察空中目标，埃森就在他可以看到的区域。很快，地面指挥部就接收到了尤纳恩少尉的呼叫——"Sieg Heil"，这意味着他已经击落了1架轰炸机，而此时的施特莱伯已经这样呼叫了2次。尤纳恩少尉可以清晰地看到燃烧坠落的轰炸机机体，地面数以百计的高炮则将天空笼罩在弹幕之下，而这个地狱弹幕正是皇家空军轰炸机必须穿越的。

尤纳恩少尉在杜伊斯堡接受过战斗机引导军官教授的课程。教官告诉他，他必须在5000米高度尽一切可能攻击出现的目标，这个高度以下的目标则由地面高炮对付。但是地面高炮发现，这个高度分界在很多时候都被那些亢奋的夜间战斗机飞行员逾越了！

尤纳恩少尉在发现1架以4800米高度飞行的英军轰炸机后，几乎毫不犹豫地决定进行攻击，即便自己也将进入己方高炮的火力范围！尤纳恩少尉自己回忆道："我开始俯冲，将这架轰炸机套入我的瞄准器内，此时，我的速度大约为550公里/小时。在瞄准器内的轰炸机影像越来越大，我已经可以清晰地看到飞机尾翼和它的尾部炮手了。我也开始受到探照灯光线的干扰，但是目标已经非常明显，我对着机身主体射出了一梭子弹，看到'托米'（德军对英国人的统称）的右侧机翼被撕裂，并且很快开始燃烧解体。我迅速掠过这架轰炸机，保持速度全力向着夜空爬升，希望尽快避开地面己方高炮的威胁。当我再次转头看我的下方的时候，这架轰炸

■ 1架停在基地中的NJG1的Bf 110C，机舱下方的图案就是德国夜间战斗机部队的队徽。

机已经坠毁在地面并且爆炸了。”

尤纳恩少尉的作战还在继续，很快后座的李绍普喊道：“我们上面还有1架！”尤纳恩知道机会又来了，他立刻驾驶飞机从下方靠近这架轰炸机，令他惊讶的是，他看到的是1架4台发动机的斯特林！李绍普问道：“我们该怎么击落它？”尤纳恩少尉回忆道：“我考虑了一下，认为最佳的攻击方式是从下往上，这样可以进行一次长点射。于是危险的场景开始了，我钻到了它的机腹下方，机尾炮塔就在我上方，而它的螺旋桨的气流也开始影响到我的操纵。现在必须射击了！李绍普也在提醒我，否则我们马上会被发现的，这也是他和我说的最后一句话。我略微减速，瞄准，开始射击，我清晰地看到火舌直接命中了这架轰炸机的机腹，它携带的燃烧弹开始爆炸，我一下子被强光晃了眼，暂时失明。我命中了它的油箱，它很快就烧成了一团火球。但是在这之前，这架轰炸机的机枪也打中了我们，我的左腿受伤，携带的指示弹也被引爆，驾驶舱盖被掀掉。这时候我着实感到了死亡的恐怖，同时我也发现李绍普已经死了。我对自己能否逃生几乎不抱希望了，飞机开始燃烧着向下坠落。此时，我已经没有恐惧了，我努力地用手抬起受伤的大腿，搁到驾驶舱外，想离开驾驶舱，但是快速下坠产生的离心力使我几乎不能动弹，我最后只能绝望地用手护住眼睛。幸运的是，随后飞机的爆炸解体直接把我甩了出去，冰冷的气流把我吹醒，我看到我的飞机已经像火炬一样直直下坠，就在此时，再次发生了几乎令我窒息的情况，我的降落伞包也着火了！我赶紧用手扑打，感谢上帝，情况还不是太糟糕，很快火就灭了。我终于可以长出一口气而开伞降落了，但是我下降的速度依然很快，火红的地面向我飞速接近，直到很低的高度我的降落伞才完全展开，我得以保住性命，而后我发现我的降落伞已经被子弹射穿了几个孔。”

尤纳恩少尉降落的地方恰好是片泥地，这也救了他的命，泥地吸收了他的坠地速度，他落地后就昏迷不醒了，随后被送进了医院，他的面部严重烧伤，医生尽力挽救了他严重受伤的大腿，使他在2个月后又可以跑步了。尽管经历了这次鬼门关之行，尤纳恩少尉的斗志并没有受到影响，他在7月就再次回到了自己的中队，重新升空作战。

轰炸机司令部所采取的“面积轰炸”战术，虽然有了Gee系统的帮助，但是仍然存在不少问题。在这段时间，哈里斯开始发展他的另一种轰炸战术。3月28日－29日夜晚，他出动了234架轰炸机对吕贝克进行“面积轰炸”空袭。吕贝克属于“可供选择”的轰炸目标。这个城市虽然已经超出了Gee系统的有效工作范围，但是它的地理位置使得借助月光找到这个城市还是比较容易的，而且地面防空力量也很薄弱。哈里斯知道这个德国古老城市的建筑大多数都是木结构的，所以他选择这个城市开始他的新战术试验：第1波机群先对目标城市采用燃烧指示的方法进行标示。吕贝克这个城市并不属于重要目标，其中只有一些潜艇设计机构或许称得上重要。但是哈里斯则认为这样的城市更适合于他的战术尝试，因为他认为：与其进行一次失败的试图摧毁一个大的工业城市的尝试，不如完成一次成功的对中等工业城市的空袭。这次空袭是轰炸机司令部一次成功的行动：有191个机组报告准确轰炸了目标，吕贝克市中心遭到严重破坏，约1425幢建筑被毁，1976幢严重损坏，还有8411幢中度损伤；超过300人在空袭中丧生，780余人受伤，更为重要的是，引导机群采用燃烧弹为后续机群指示目标的战术得到了实战肯定。但是轰炸机司令部为此付出的代价依然值得重视，效费比问题依然存在。在这次空袭中，轰炸机司令部总计损失了7架惠灵顿、3架斯特林、1架汉普顿以及1架曼彻斯特，战损率约为5%。值得注意的是，吕贝克并不是个地面防空严密的城市，显然德国夜间战斗机部队是轰炸机部队最主要的杀手。

1942年4月伊始，轰炸机司令部的目标是法国境内目标，但是很快就转回德国，6日－7日，10日－11日，12日－13日夜间，哈里斯继续对埃森进行了3次空袭。但是这些空袭取得的成效却依然不佳，3月－4月间对埃森的8次空袭总共出动了1555架次轰炸机，损失了64架轰炸机，战损率超过了4%。和空袭取得的成效相比，显然皇家空军需要改进的方面还有很多。

4月5日－6日夜间，英国人出动263架轰炸机空袭了科隆，5架轰炸机没有返航；27日－28日夜间科隆再次遭到97架轰炸机的空袭，这次7架轰炸机没有返航。

4月8日－9日夜间，由177架惠灵顿、41架汉普顿、22架斯特林、13架曼彻斯特、12架哈利法克斯和7架兰开斯特组成的庞大机群直扑汉堡，随后在4月17日－18日夜间，汉堡再次遭到173架轰炸机的空袭。这2次空袭英军总共付出了13架轰炸机的代价，德国方面总计40余人丧生。

14日－15日夜间，多特蒙德成为新的目标，轰炸机司令部出动了152架轰炸机，损失

■ 原属于Ⅲ./NJG 3的柯尼希少尉在1942年的一次空战中失去了一只眼睛，因此无法继续在夜间部队服役，但是被战友称为“国王”（就是他名字的德语本意）的他并没有就此退出空军部队，而是转入昼间战斗机部队继续作战并且成为一名优秀的本土防空昼间战斗机飞行员。他先任3./NJG 11中队长，后成为该联队第1大队大队长，于1944年5月24日坠机阵亡。

了4架，只有88个机组报告命中目标。

在4月的最后一个星期，罗斯托克遭受了4次连续的空袭（24日－27日夜间）。这些空袭基本取得了成功，总计投下了442吨炸弹和304吨燃烧弹，德国海因克尔和阿拉多的飞机制造厂都被命中，204人丧生，89人受伤，轰炸机司令部总计出动的520架次参战的轰炸机中只有8架没有能够返航。基尔则是轰炸机司令部在4月对德国的最后一次空袭的目标，88架轰炸机中6架没有返航。

瓦尔特·冯·贝格军士和瓦尔特·海登里希军士属于Ⅱ./NJG 3。4月24日－25日夜间，他们从施莱斯维希起飞，在基尔上空的联合截击区域捕捉到了英军轰炸机，海登里希回忆道：“我们一直尝试着寻找最好的射击位置，但是我们无法降低速度，因为那架轰炸机的时速在200公里/小时左右，而我们则是250公里/小时，这是1架惠灵顿。我们再一次接近到它尾部20－30米的位置，我喊道：‘开火！’我们不停地射击，却一直没有命中，我们只好暂时放弃，调整位置。就在我们将距离拉大到约300米的时候，它的尾部机枪向我们开火并且很快就命中了我们！我清晰地听到了我们被击中的声音！冯·贝格猛地压杆向下俯冲，一直到几乎只有250米的高度。我告诉他发动机过热了，话音刚落，1台发动机就熄火了。此时，冯·贝格高喊：‘跳伞！我无法控制飞机了！’我随即跳伞，却并不干净利落，我的大腿撞到了尾翼上！

我跳伞的高度只有120米左右，开伞后很快就落到了地面，冯·贝格的降落伞却没有打开！后来我们发现他的降落伞包距离他的尸体约5米远，他很可能在情急之中拉的不是开伞索，而是伞包快速分离扣带！”

5月初，轰炸机司令部第50轰炸机中队

的5架曼彻斯特轰炸机飞往丹麦海岸线布雷，其中，1架出厂编号为L7516的曼彻斯特没有返航。它遭到了1架正在约3000米高度飞行的Bf 110的攻击而被击落，幸存的机组成员都被俘虏。击落这架轰炸机的是根特·科布利希中尉，他是11./NJG 3中队长。在这次攻击中，他的战斗机也被英军轰炸机的机枪击中，他的无线电通信员舒伯特腹部受伤。最终，他虽然成功驾驶战斗机迫降在己方基地斯特尔岛附近，并且呼叫基地的救援，然而基地救援人员到达却是在1个半小时之后，舒伯特因为没有得到及时治疗而于第2天死亡。这次救援不利的事件甚至惊动了戈林元帅，他很快就解除了这个基地指挥官的职务。

科布利希中尉失去了他的无线电通信员，而恰好这时候，我们刚刚提到的无线电通信员瓦尔特·海登里希也失去了飞行员，于是他们就自然组合在一起了。他们这个组合最终击落了12架盟军轰炸机，直到1944年4月，科布利希中尉在库阿肯布吕克机场遇到空袭丧生，而当时他们刚刚驻扎到这里才1个月。

在哈里斯竭尽全力发展新的有效的空袭战术，提升轰炸机部队作战能力的同时，德国方面也全力发展夜间战斗机部队的作战潜能。德军生产出了大量的明石机载雷达装备到夜间战斗机部队；而德军飞行员和地面雷达的协同作战技能也越来越成熟，积累了大量有效的实战经验。但是，对于维尔茨堡型雷达操作员而言，在雷达屏幕上分辨出己方的战斗机变得越来越困难，因为屏幕上出现的英军机群数量越来越多了。为了解决这个问题，德军开始使用一种电子敌我分辨装置：FuG25“Ersling”，这是在己方战斗机上安装的一种应答装置，能够轻微改变自己反射信号的频率，这样，在地面雷达的屏幕上就会显现出特殊的信号。FuG25“Ersling”可以和维尔茨堡型或者弗瑞娅型雷达一同工作。但是任何新装备都存在实战使用经验以及效率的问题，雷达操作员同样需要时间来适应并且学习如何熟练使用这种装置，因为信号混乱的状况事实上仍然存在。此外，这种装置还存在生产上的问题，因此实际上这种装置在德军中的装备速度是很缓慢的。

此时，哈里斯手中掌握的作战力量依然不能令他满意：实际符合作战需要的轰炸机数

■ 隶属于NJG3的Bf 110C。

■ 1幅具有象征意义的照片，3位德国夜间战斗机部队中最重要的人物。左起：施特莱伯上尉、法尔克少校、卡姆胡贝尔将军。

量不足，而且老化现象依然严重，加上空袭中的损失，现在他总计可以动用的轰炸机数量只有约450架，其中，只有20架曼彻斯特、60架斯特林、哈利法克斯以及兰开斯特，而性能最好的兰开斯特只有4架。

而卡姆胡贝尔的情况也好不到哪去，他掌握的夜间战斗机部队编制战斗机数量至少应该达到360架以上，但是实际战斗机数量只有265架。主力机型是Bf 110，还包括一些Do 215和Do 217，只有极少量的Ju 88C-2和C-4。德国空军此时对Bf 110的后继机型Me 210给予了厚望，希望这种新型重型战斗机可以成为有效的夜间作战主力装备。但是随之而来的却是失望，因为此时这种战斗机存在很多问题，被证明并不适合实战，研发及制造商必须继续对其进行改进。然而，此时的德军已经根据原定Me 210的投产计划调整了Bf 110的生产计划，开始改造原来Bf 110的生产线。现在又不得不再次调整，Bf 110必须重新恢复生产，于是在这些调整中，宝贵的时间就这样流逝了。此外，东线日益严峻的战况也对战斗机生产提出了新的要求，即需要更多适合东线战场的战斗机！这同样也影响到了现在对夜间战斗机部队至关重要的Bf 110的生产。

1942年5月，卡姆胡贝尔指挥的作战部队达到了3个战斗机师。分别是第1战斗机师（包括NJG 1），作战区域为比利时、荷兰以及鲁尔工业区；第2战斗机师（包括NJG 3），作战区域为德国西北部和柏林地区；第3战斗机师（包括NJG 2、NJG 4），作战区域为德国西南部、比利时南部和法国北部。卡姆胡贝尔成为真正意义上的“夜间航空兵总监”，负责指挥整个德国的夜间战斗机部队。

转折点——千机大轰炸

在5月期间继续对汉堡、斯图加特、曼海姆等城市进行了百架规模的常规空袭后，轰炸机司令部将开始进入一个崭新的阶段，而这个转折点就是“千机大轰炸”。对于它们而言，这将是一次前所未有的空袭行动。之前，对吕贝克和罗斯托克的试验性空袭的成果坚定了哈里斯对其新的“燃烧引导指示－密集轰炸”战术的信心。但是哈里斯以及其属下都清楚那2个城市都属于防卫相对松懈，而地理位置又容易判读的空袭目标。要真正意义上完成对德国重点城市的空袭任务，需要从装备、战术、人员训练上付出更多的努力。哈里斯还注意到，其属下机组成员的士气虽然经过近期这些较为成功的空袭有所提升，但是一直压抑的情绪还是没有质的变化，如何提升并且保持轰炸机组高昂的士气也成为哈里斯重点考虑的一个问题。为此，哈里斯和他的参谋长罗伯特·桑德比商议决定进行一次大规模空袭，如果这次空袭能够取得成功，那么将大大有利于提升部队的士气以及对外的形象；同时，他们也希望这次空袭能够证明，空间、时间上密集的空袭能够取得更好的效果。这次空袭最早的代号是“千机大轰炸”，随后出于迷惑对手的需要又改名为“百万轰炸”。

为了这次空袭，哈里斯可以出动的轰炸机数量将达到1000架，当然如同我们前面看到的，这个数字中真正满足实战要求的数量大约只有一半。截至5月27日，轰炸机司令部实际可出动的轰炸机数量只有417架。为此，哈里斯需要动用的不仅仅是一线部队所有能够实战飞行的轰炸机，而且还包括了皇家空军所有的轰炸机预备力量。皇家空军参谋长波特尔批准了这个计划，英国首相丘吉尔也表示同意。这个计划可以选择的城市有2个：汉堡和科隆。丘吉尔倾向于汉堡，而哈里斯则选择科隆，于是皇家空军最终的折中决定是：根据空袭当天2个城市的天气状况作出最后的选择。回顾二战随后的历程，我们可以发现，这是以后对德国多次千机规模轰炸的开始。哈里斯原先得到肯定答复，可以动用英军海岸司令部的250架轰炸机，虽然最终这个“借调”要求还是被拒绝了，但是对哈里斯的计划并没有产生实质性的影响，因为这位轰炸机司令已经竭尽所能搜罗一切可以动用的轰炸机和机组成员，甚至包括训练－运输用轰炸机和那些飞行教官。

1942年5月30日－31日这个夜晚，哈里斯可以出动的轰炸机数量终于超过了1000架，达到了1047架！其属下第1、第3、第4和第5这4个轰炸机大队都贡献出了全部主力，其中，包括602架惠灵顿、131架哈利法克斯、88架斯特林、79架汉普顿、73架兰开斯特、46架曼彻斯特和28架惠特利。空袭目标——科隆！这是根据当天的欧洲气象预报所决定的。整个空袭计划分为3个波次，总体时间限制在90分钟内。每一个机组都得到了自己在编队中尽可能精确的飞行位置和高度。此时，所有这些轰炸机中的约一半都已经装备了Gee系统。虽然这种系统对于投弹瞄准并没有直接帮助，但是飞行导航状况确实得到了一定的改善。此时的机组需要收集目标距离、位置、风速等数据来确定对目标投弹的航线时间等，最终完成投弹。第1波轰炸机投下燃烧弹指示目标，随后的第2、第3波次机群在几公里外就可以看到熊熊燃烧的城市，只需要直接向着目标飞行投弹就可以了。

以开战以来皇家空军的表现来衡量，这次空袭取得了相当的成功。约868架轰炸机到

科隆简介

科隆位于德意志联邦共和国中西部地区，属于工业化程度最高的北莱茵－威斯特法伦州，是德国老工业区鲁尔区的中心。科隆市面积为40512公顷，从面积上来讲是德国第二大城市；人口约100万，是德国第三大城市。

科隆是德国经济、文化中心；也是德国西部的内河、公路、铁路、航空的交通枢纽，是西欧和欧盟的中心城市；是欧盟各国商品集散地。同时，科隆作为德国经济文化中心历史悠久，著名的科隆大教堂是城市的象征。科隆经济区是德国第三大工业区，也是欧洲化学工业最重要的基地之一。汽车制造业在科隆地区也具有重要地位。其他重要的工业行业有：机械制造、食品加工、五金加工和电气技术、传媒、软件、电信及商贸。此外，科隆还是德国的文化和广播电视中心，市内有许多剧院、博物馆和画廊，集中了德国西部主要的大电视台和广播电台。

■ 科隆大教堂是世界上最完美的哥特式教堂，位于科隆市中心的莱茵河畔。它是目前世界第四大教堂，由全欧洲两座以最高塔为主门、内部以十字形平面为主体的建筑群组成。大教堂长144.5米、宽86.25米，顶柱高109米，中央是两座与门墙连砌在一起的双尖塔，这两座高达157.38米的尖塔像两把锋利的宝剑，直插苍穹。据说这里是世界上离上帝最近的圣地，到达这里的情侣可以最直接、最清晰地听到上帝的祝福声。这座德国最大的教堂整整花费了632年才建成。而今天我们所看到的双塔完工于1880年。1942年，由于德国天主教通过罗马教廷向盟军提出要求，才使大教堂免遭轰炸。

科隆的历史可以追溯到公元前1世纪，罗马帝国皇帝奥古斯都派驸马阿格里帕挥师北进，抵达莱茵河边，与河东为数众多的日耳曼部落隔河对峙。公元前38年，阿格里帕招募盟友乌比尔部落到河西来建起要塞，共同防守新开拓的边疆。经过几十年的经营，要塞周围渐成街市。这时，阿格里帕的外孙女，出生于此地的阿格里皮娜登上了皇后宝座。她恳请罗马皇帝把自己的故乡升格设市。公元50年，克劳狄一世下诏，授予此地罗马城市的权力，并定名为科隆尼亚·克劳狄·阿拉·阿格里皮内西姆。这市名虽长，却道出了城市的历史渊源。科隆尼亚意为殖民地或拓展地，克劳狄是皇帝名，阿拉是乌比尔冲的祭坛，阿格里皮内西姆则是皇后名加词尾变化而来的。天长日久，这冗长的市名遂简化为科隆。罗马时代是科隆历史上的第一个兴盛时期，这里商贾云集，街市繁盛，城垣高垒，至今犹存的罗马塔，就是那时城垣的一部分。科隆逐渐发展成为阿尔卑斯山以北最著名的城市，被誉为“北方的罗马”。中世纪则是科隆的又一个盛世。公元795年，查理大帝定科隆为大主教驻地，科隆的宗教地位日趋加强，以大教堂为代表的一系列教堂建筑的兴建，使科隆获得“北方的耶路撒冷”之名。此后，城池经几度扩建，到12世纪时，就已经奠定了今日科隆内城的规模。半圆形的城垣总长6公里，开有12座城门，现存3座，从中仍可窥见中世纪科隆城的雄伟气势。那时，科隆有居民4万人，是德意志首屈一指的大城，人口甚至超过当时的巴黎和伦敦。科隆的兴盛得益于优越的地理位置。它地处南北水路和东西大道的要冲，又是朝圣要道。舟楫车马都从这里经过，八方货物也在这里集散。科隆当时还有一个特权，即所有途经科隆的货物，都必须首先在该市展销3天，才能继续转运。这对于科隆的商业，无疑是一大促进。1201年辟为自由市，发展为东西欧贸易中心和中世纪德国最大城市。由于此时的贸易、手工业和艺术得到高度发展，随着经济势力的增强，科隆的富商和手工业行会甚至选举自己的市长与罗马统治者分庭抗礼，夺回了城市管理权，大主教逃往波恩，不再是科隆的统治者。科隆成为帝国自由市和汉萨同盟的重要城邦。1794年，拿破仑率领的法军占领了科隆，占领持续了20多年。1815年，科隆划归普鲁士管辖。

工业时代为科隆带来了第三个兴盛时期。1839年，铁路修到科隆，与河运联成一气。随着鲁尔煤田的开发和铁路的延伸，科隆一跃而成为近代著名的工商业都市。1876年，发明家奥托在科隆制造出世界上第1台4冲程内燃机，轰动了各国工业界。从1917年到1933年，阿登纳担任科隆市长。在他的推动下，科隆建起了内外环绿化带和博览会场设施，城市面貌大为改观。

第二次世界大战中，城市遭到严重破坏。战后进行了大规模的清理和重建。

现在，彰显科隆悠久贸易传统的标志是科隆博览会，每年在科隆举办的各类博览会与展览会多达40多个，其中，在25个行业里是世界上首屈一指的。著名的世界性博览会有世界食品博览会、世界摄影技术博览会、世界实用五金制品博览会等。

1987年9月14日，科隆与中国北京市结为友好城市。

达目标区域完成投弹，总计投下了1455吨炸弹和燃烧弹，燃烧弹占了这次空袭全部携弹量的2/3。科隆的住宅区遭到了严重破坏，约12840幢房屋受损，其中的3300幢完全被摧毁，2090幢遭到严重破坏。不难想象，人员的伤亡也是惨重的：约469人丧生，其中，平民411人，约5000人受伤，还有超过4.5万人无家可归。这个人员伤亡数字相比房屋的损坏数字还是相对较小的，主要原因就是这些房屋大多建有牢固的地下室，可以临时避难，随后不久，德国平民开始把这些地下室进一步改建为防空洞。

哈里斯自己对这次大规模空袭的战损估计为5%，实际上，轰炸机司令部损失了41架轰炸机（主要是惠灵顿型），战损率为3.9%。此外，还有超过110架严重受伤，其中，大多在返航途中坠毁。机组成员损失了超过200人，大部分都已经死亡。

轰炸机司令部估计有22架轰炸机在科隆上空或附近被击落，其中的16架被高炮击落，其余大多是在德国海岸线和科隆之间的地区被击落；根据德国方面的记录，约有18架轰炸机在卡姆胡贝尔防线上被夜间战斗机击落，其中的8架是由驻扎在圣托德的Ⅱ./NJG 1，它们的防区横贯英军主要的进攻路线。

Ⅱ./NJG 1的飞行员尼科拉斯少尉和无线电通信员威宁军士参加了这次战斗。威宁军士这样回忆："我们在3000米高度飞行，此时，我们发现了距离500米的一个目标，判断为威灵顿轰炸机。他们也几乎同时发现了我们，立刻右转试图摆脱我们。我们紧追不放，这架轰炸机的自卫火力很猛烈，我们几乎无法进入有效的攻击位置。经过几次尝试，我们终于绕到它身后开火，命中了它的左翼，但是这架威灵顿并没有就此失去控制坠毁，于是我们继续进行了第2次攻击，这次可以看到它的机身和机翼都开始燃烧了。我们再次跟着它俯冲，看看究竟是否需要再进行一次攻击。这次，它没有机会再控制自己了，很快就燃烧着坠毁到地面，随后猛烈爆炸。"

为了配合这次空袭，掩护轰炸机群，轰

■ 皇家空军基地：地勤人员正在运送炸弹，准备晚上对德国的空袭。

炸机司令部第2轰炸机大队的34架布伦海姆型轰炸机和陆军联合司令部的15架布伦海姆型轰炸机以及战斗机司令部的7架由道格拉斯A-20“Havoc”改进的P-70夜间战斗机攻击了德军的夜间战斗机基地，以期能干扰德军夜间战斗机部队的拦截行动。虽然此时这些掩护攻击行动的实际意义并不明显，并且损失了2架布伦海姆，但是这次行动迈出了皇家空军对轰炸机群提供远程支援的第1步，也表现出皇家空军日益重视德国夜间战斗机部队的威胁，开始采取一些应对战术。这次，对科隆的千机空袭在宣传上也取得了相当意义的成功，不仅有力地鼓舞了英国的士气，而且对于美国尤其是它对德国的空袭计划也起到了巨大的影响。

哈里斯好不容易组织起来的这支千机轰炸力量在随后几天将继续出击。2天以后，它们再次出动接近1000架轰炸机（实际数字是956架：545架惠灵顿、127架哈利法克斯、7架斯特林、74架兰开斯特、71架汉普顿、33架曼彻斯特和29架惠特利，其中的347架来自于各个训练部队），这次的目标则转向埃森。然而，埃森对于空袭而言是一个极其困难的目标，工业中心特有的工业废尘和厚厚的云层对轰炸机组成员的飞行导航、目标定位以及投弹都产生了严重的负面影响。虽然轰炸机群依然使用了在科隆取得成效的燃烧指引战术，但是取得的效果无法和科隆那次相比：最终只有726架轰炸机到达埃森上空，而埃森只有11幢房屋被摧毁，15人丧生，但是埃森周边超过11个其他城市却都受到了牵连，炸弹几乎遍布整个鲁尔区，如杜伊斯堡等城市，其中，奥伯豪森遭到的误炸最严重，有83人丧生——超过主要目标埃森近6倍！这些城市蒙受了原本应该属于埃森的“意外”伤害。德军夜间战斗机和高炮部队在这个夜晚击落了31架轰炸机。之后到6月中旬，轰炸机司令部继续对德国埃森、不莱梅、埃姆登等城市进行多次规模在150－250架轰炸机左右的常规空袭。

1942年这段时期,最后一次千机轰炸是在6月25日－26日这个夜晚，轰炸机司令部出动1067架轰炸机轰炸不莱梅。这次，轰炸机司令部倾其所有也只凑出了960架轰炸机，这已经包含了所有可以出动的机型，其中，甚至包括了第2轰炸机大队新到的少量波士顿和蚊式轰炸机！海岸司令部在首相丘吉尔的压力下终于“借出”了102架轰炸机，还有5架轰炸机则是陆军联合司令部贡献的。这次空袭设定的间隔时间缩短为65分钟。

虽然不莱梅在这次空袭中遭受到了严重打击，85人丧生，572幢建筑完全被毁，但是这个损失在程度上依然不能和3个星期前的科隆相比，其中的一个主要原因同样是云层。科隆那次空袭的时候，天空晴朗，云层稀薄，而这次不莱梅上空浓厚的云层严重影响了机群的导航定位以及投弹；此外，投弹密度也不如对科隆的空袭。皇家空军总计付出了48架轰炸机的代价，5架属于海岸司令部，其中有4架轰炸机坠毁在英国附近海域，2个

■ 1架被击伤后迫降在德军机场的英军威灵顿轰炸机。

机组成功获救，包括执行掩护攻击任务的部队损失，战损率为5%。德军损失了2架Bf 110战斗机以及另2架中弹返回的飞机的机组成员。

在这个夜晚，德军Ⅱ./NJG 2在大队长兰特的指挥下，几乎独立对抗庞大的英军机群，它们总共击落了16架轰炸机，值得一提的是，这个大队的战斗机几乎都装备了明石机载雷达。

Ⅰ./NJG 1的飞行引导军官瓦尔特·科尼克麦尔成功的引导科纳克中尉击落了1架布伦海姆、1架斯特林和1架惠灵顿；鲁斯中尉也在他的引导下击落1架哈利法克斯。而Bf 110的无线电通信员也越来越有经验，能够引导自己的飞行员尽可能靠近英军轰炸机，进入目视范围或机载武器的有效射程。

瓦尔特·科尼克麦尔中尉是一名优秀的夜间战斗机引导军官，隶属于Ⅰ./NJG 1，这个大队主要装备Bf 110E型战斗机。科尼克麦尔中尉在战前就接受过飞行员训练，在进入夜间战斗机部队以前，他是一名导航教官。为了更好地执行导航任务，他频繁地拜访战斗机基地，和飞行员交谈，共同探讨战术问题。于是他和飞行员们建立了良好的个人关系，这对于实际作战有着非常积极的影响。科尼克麦尔中尉取得的第1个引导战果是在1941年3月10日，他引导施特莱伯这位夜战王牌击落1架英军汉普顿轰炸机。到1941年末，他的引导战绩达到了24架，其中的6架由施特莱伯击落的，6架由沃尔福冈·缇米西中尉击落，5架由兰哈尔德·科纳克击落，这些战果大多是在探照灯的协助下获得的，即所谓光照截击。只有1架威灵顿轰炸机是缇米西中尉在1941年7月11日完全采用雷达引导击落的，即黑暗截击。1942年3月，Ⅰ./NJG 1装备明石机载雷达系统以后，科尼克麦尔中尉引导的夜间战斗机最终将通过明石机载雷达来完成最后一击。他的引导战绩到1943年7月达到了64架，其中的23架是施特莱伯击落的！

这3次千机轰炸使皇家空军总共损失了

120架轰炸机和超过700名训练有素的机组成员，其中，超过一半的损失是由于德军夜间战斗机部队造成的。但是投入千架以上轰炸机进行空袭，可以有效降低战损率这个数字，这对于宣传是很重要的，皇家空军3次“千机大轰炸”尤其后2次在舆论和宣传上的影响已经超越了其实际造成的伤害。轰炸机司令部在6月其余的时间进行的则是相对规模较小的常规空袭，不莱梅、埃姆登和埃森依然是主要目标。

新装备——新战术

此时，卡姆胡贝尔的防御体系继续面临新的问题。之前，英军每个轰炸机机组成员可以自由选择各自的进攻和返航路线，由各自的领航员计算出的避开高炮阵地的优先航线不尽相同，其必然的结果是几乎每次空袭都由随机出现的轰炸机完成，在时间和空间上都相对分散，他们将不得不单独或以小机群的方式突破卡姆胡贝尔防线，这也适合卡姆胡贝尔运用“天床战术”来进行拦截。而现在哈里斯已经采用了新的编队战术，随着轰炸机部队在夜间大编队飞行技能的提高，它们可以在时间和空间上尽可能地聚集，形成数量密集的机群编队。现在区域上分散的德军夜间战斗机飞行员必须开始面对这种轰炸机洪流，对数量上占绝对优势的轰炸机进行攻击。因为卡姆胡贝尔防御体系在某个固定区域内只有1架战斗机，即便地面引导军官和飞行员都努力合作，他们也只能1次攻击1架轰炸机，而1次截击一般平均需耗时10分钟，那么其间其他飞越该区域的轰炸机就能安全通过。

这个防御体系存在的僵化性缺点开始日益明显地表现出来。在这种体系下，一些夜间战斗机部队没有能力消化数量众多的猎物，而一些不在皇家空军进攻路线上的部队则只能在地面上等待出击命令却无法投入作战。

虽然随着明石机载雷达投入实战，德军夜间战斗机飞行员可以相比以前较轻松地发现并击落皇家空军的轰炸机。1942年8月，瓦尔特·艾勒上尉的Ⅱ./NJG 1报告其战果中有25架是由明石机载雷达发现并击落的。但是，此时的德军采取的作战体系以及战术却不能完全发挥现在已经达到一定实力的夜间战斗机部队的作战潜能。皇家空军在装备和战术上的进步使得德军卡姆胡贝尔作战体系也必须进行改进。同时，不能忽视的另一个问题则是由于装备的生产以及人员训练问题，德军夜间战斗机部队内部也存在着一些不均衡的状态：只有那些以低地国家和地区且最接近轰炸机司令部主要进攻路线上的Ⅱ./NJG 2，以及NJG 1第1、第2大队为主的各个大队才会有适当的装备。在其他大队之中，包括NJG 3所在的德国北部地区，那些经验丰富的军官们，如各中队的中队长们，也正在享受着明石机载雷达带来的好处。而在德国南部地区，当飞行学校情况每况愈下时，还不完善的第4夜间战斗机大队表现得更加不好，许多“经过训练的”二线人员在到达他们的岗位后，对于他们将要使用的仪器设备毫无经验，以至无法正常操作使用。但是，毫无疑问明石机载雷达的大量装备以及德军飞行员对这套装备日益熟练的使用对皇家空军的战损产生了明显的影响。

1942年6月－7月间，皇家空军对德国进行了约20次较大规模的空袭，损失了约370架轰炸机，战损率为4.9%，其中的224架是被德军夜间战斗机所击落的。我们可以通过Ⅰ./NJG 1施特莱伯上尉的作战片断来了解德军黑暗截击战术的经典作战过程。

1942年6月3日凌晨，施特莱伯上尉在科尼克麦尔中尉的地面引导下开始进行攻击。1时23分，科尼克麦尔向施特莱伯指示在文洛和艾恩德霍芬之间的5B空域出现一个目标，14分钟后，施特莱伯上尉就击落了1架威灵顿轰炸机，这是对埃森进行空袭的197架轰炸机中的1架。我们可以想象这样的作战情景，在科尼克麦尔中尉面前就是被称为“海上城堡桌”的引导工作台，上面一块透明塑料板上闪烁着红色和绿色两种信号，红点标示目标轰炸机位置，绿点就是己方战斗机位置。位置信息分别来自于2台分别跟踪敌我飞机的维尔茨堡型雷达（分别被称为“红色巨人”和“蓝色巨人”），科尼克麦尔中尉就通过判读以及经验来引导己方战斗机接近敌机，虽然在信息的传送上存在一定的滞后，但是通过对2架飞机相对位置的判断还是可以正常进行引导工作的。施特莱伯和科尼克麦尔的配合日益默契，科尼克麦尔毫无疑问是NJG 1最好的引导军官，而施特莱伯则是最出色的夜间战斗机飞行员之一，他们密切协作所形成的战斗力是惊人的。

引导军官和飞行员之间的通话是简短而又明确的，因为飞行员需要担负的工作很多。科尼克麦尔提供给施特莱伯的信息及其简短，而施特莱伯的回复往往更是只有一个关键词，如“Viktor”，这个词等于英语常用的“Roger”，表示收到。施特莱伯驾驶Bf 110在空中盘旋待机，科尼克麦尔选择目标，并且开始引导施特莱伯靠近目标。下面就是他们之间的一次经典合作攻击的通话记录：

■ 1架德军NJG 1第4中队的Bf 110F-4a夜间战斗机。

1时23分科尼克麦尔：Antrten170（航向170）Tampen160（现在航向160）Kirchturm4300（目标高度4300米）

1时24分科尼克麦尔：

Fahren Sie Express (爬升)

施特莱伯：Viktor Viktor (收到)

1时25分科尼克麦：Kirchturm4300 (目标高度4300米) 此时，科尼克麦尔经过判读和判断，认为这个飞行航线会使得施特莱伯上尉从目标身后飞过而错失攻击机会，于是他开始引导施特莱伯上尉向左转向。

科尼克麦尔：zweimal Lisa！ (左转20度)

施特莱伯：Viktor (收到)

1时26分科尼克麦尔：einmal Lisa！ (左转10度)

施特莱伯：Viktor (收到)

科尼克麦尔：Marie 9 (目标距离9公里)

施特莱伯：Viktor (收到)

1时27分科尼克麦尔：Kirchturm4200 (目标高度4200米)

施特莱伯：Viktor (收到) Frage Marie (询问目标距离)

1时28分科尼克麦尔：Marie 8 (目标距离8公里)

施特莱伯：Viktor (收到)

科尼克麦尔：einmal Lisa！ (左转10度)

施特莱伯：Viktor (收到)

科尼克麦尔：einmal Lisa！ (左转10度)

施特莱伯：Viktor (收到)

当目标在施特莱伯前方飞行时，科尼克麦尔引导施特莱伯每次10度向左转向，转到和目标同样的飞行航线上。

1时29分科尼克麦尔：Marie 5.5 (目标距离5.5公里)

施特莱伯：Viktor (收到)

科尼克麦尔：einmal Lisa！ (左转10度)

施特莱伯：Viktor (收到)

科尼克麦尔：einmal Lisa！ (左转10度) Marie 4.5 (目标距离4.5公里)

施特莱伯：Viktor (收到)

科尼克麦尔：einmal Lisa！ (左转10度) Marie 4 (目标距离4公里)

施特莱伯：Viktor (收到)

1时30分科尼克麦尔：Marie 2 (目标距离2公里)

到了这个目标距离，德军Bf 110上的无线电通信员就开始使用明石机载雷达搜索目标。而皇家空军机组经典的任务分配是：飞行员负责驾驶飞机，保持领航员给出的航线，无线电通信员接听指挥部信息，进入德国空域后他将不再发送信息。此时，领航员则全力关注于Gee系统的信号，虽然会受到干扰，但是基本的信息判读和定位还是可以进行的。投弹员则用肉眼仔细观察下方，希望能看到对于领航员至关重要的航线参照点，2名分别在机身炮塔和尾部炮塔的机枪手则仔细观察天空中是否出现德军战斗机。此时，科尼克麦尔担心施特莱伯会错过目标，于是他要求施特莱伯降低飞行速度。

科尼克麦尔：Halten！ (减速)

施特莱伯：Viktor (收到)

科尼克麦尔：zweimal Rolf！ (右转20度)

施特莱伯：Viktor (收到)

科尼克麦尔：Halten! (减速)

■ 1942年7月1日，这是德国夜间战斗机部队优秀飞行员在被授予骑士十字勋章仪式后的合影，前排左起分别是：卡姆胡贝尔将军、兰特中尉、基尔德纳中尉、贝克尔中尉。

施特莱伯：Viktor (收到)

科尼克麦尔：Noch mehr Halten! (继续减速)

施特莱伯：Viktor (收到)

科尼克麦尔确认，虽然施特莱伯已经多次减速，但是他还是飞过了目标，于是他要求施特莱伯进行360度的左转，希望可以引导他重新飞到目标身后。

1时31分科尼克麦尔：Salto Lisa！（左转360度）

施特莱伯：Viktor (收到)

科尼克麦尔：Antrten150 (航向150)

施特莱伯：Viktor (收到)

科尼克麦尔：Marie 4（目标距离4公里）

施特莱伯：Viktor (收到)

科尼克麦尔：Marie3（目标距离3公里）zweimal Lisa！（左转20度）

Halten！（减速）zweimal Lisa！（左转20度）Marie 2.5（目标距离2.5公里）

Antrten110 (航向110)

1时33分科尼克麦尔：Marie 2.5（目标距离2.5公里）

施特莱伯：Viktor (收到)

一些信息施特莱伯没有回复，极有可能此刻他正在听取他自己的无线电通信员的信息。这个联络过程非常紧张，速度很快。当无线电通信员通过明石机载雷达找到目标后，飞行员会通告地面，“Emil，Emil”。施特莱伯没有这样通报，可能是他忘记，也可能无线电通信员还没有发现目标。

科尼克麦尔：Kirchturm4100（目标高度4100米）Marie 2（目标距离2公里）

1时33分科尼克麦尔：Kirchturm4100（目标高度4100米）

1时34分科尼克麦尔：Marie 1（目标距离1公里）Genau vor Ihnen Sie sind dicht bei Kurier（确信你已经在轰炸机身后了）

1时36分施特莱伯：Ich beruehre（我已经目视发现目标）Bitte Warten！（请等待）

1时37分施特莱伯：Sieg Heil（目标被击落）

——这架惠灵顿就这样被击落了，它的6名机组成员很可能阵亡，而施特莱伯又为自己增加了1个击落记录。明石机载雷达的成功表现也开始影响卡姆胡贝尔的战术考虑，而此刻，他还面临另一个现实问题，为了建立他需要的光带区域，越来越多的原属于城市防空的探照灯部队被抽调出来投入这些区域，这引起了各个空军军区指挥官的强烈不满，因为他们负责保卫的城市不得不承受越来越多的损失。他们开始直接向希特勒请求要回这些探照灯部队。在科隆遭受了千机空袭以后，卡姆胡贝尔的光带区域的探照灯部队又被抽调出来，重新回到各个城市加强它们的防空。

1942年7月31日，德军正式解散了光带截击区域，“光照夜间截击”战术从此在德军夜间部队中消失了，但是1年后，这个战术重新被新建的野猪联队采用。

在卡姆胡贝尔已经建立的长达800公里的27个光带区域中都各有1个或者更多的战斗机指挥部，每个区域也都有2台维尔茨堡型雷达，现在卡姆胡贝尔得以保留这些战斗机指挥部和维尔茨堡型雷达，他迅速将这些原来的光带区域转变为新的运用“天床战术”的截击区域。随着越来越多的维尔茨堡型雷达被生产出来投入战场，德国的这张防空“天床”越来越大，也越来越紧密，皇家空军的轰炸机再想通过寻找漏洞渗透来避开这些防空区域也变得越来越困难，它们身后出现德军夜间战斗机的可能性也越来越大了。同时，卡姆胡贝尔也意识到了“天床战术”的局限性并且进行了一些改进，他将3个相邻的“天床”单元进行一定的重合部署，每个单元与其相邻2个单元的防区重叠25%，这样就可以在1个区域同时控制3个作战部队，而其作战区域宽度只有标准单元的一半（当然也是有损失的，每个单元靠外的75%将完全暴露）。虽然只是一个暂时的措施，但这种“扩大的”单元却有着很高的效率；大量的皇家空军轰炸机在1942年夏天的夜晚轰炸鲁尔区

■ 1架被命中并且在空中解体的英国轰炸机。

■ 1942年，吕瓦登，德军夜间王牌合影：左起第1人是利普·威森菲尔德亲王上尉，第3人是兰特上尉，第4人是贝克尔中尉。

时深受其害。

在1942年6月－8月的3个月中，德军夜间战斗机击落的轰炸机数量明显上升，月平均击落数达到了34架。原因自然是多方面的，首先夏季相对良好的天气状况使得皇家空军的出击次数明显增多，但是，德国夜间战斗机部队起到的作用更不能忽视。在夜间王牌中，兰特上尉截至7月27日夜其个人战绩已经达到了43架。

截至1942年5月，轰炸机司令部总共出动了12029架次空袭任务，损失了396架轰炸机，德军夜间战斗机部队击落了其中的167架，占42%；而在6月－8月的3个月中，轰炸机司令部总共出动了11169架次执行空袭任务，其损失的轰炸机中被德军夜间战斗机击落的比例上升到了65.7%。随着德军夜间战斗机部队战斗力的提升，皇家空军轰炸机司令部的战损率也随之上升：1941年－1942年的这个冬天，它们的战损率还只有2.5%，1942年2月－5月的战损率上升到了近4%，而6月以后的战损率更是开始在5%左右波动，这已经接近皇家空军通过计算的极限值，即在保持轰炸机部队战斗力的前提下，后勤和人员补充上至多能承受5%这个极限战损率。而高战损率对于皇家空军轰炸机机组而言更是一个灾难。

按照常规，轰炸机机组在执行30次作战任务后就不再参加直接的作战行动了，然后大多转到后方执行训练任务。假定战损率为2%，若要完成这30次作战勤务，这些成员被击落阵亡或者被俘的概率为60%；如果战损率超过3.3%，那么他们在30次空袭任务后的幸存率将会变为零——这意味着在概率上他们将没有机会活着离开战场。

■ 这架哈利法克斯属于第35轰炸（引导）中队，可以看到机腹下安装的H2S机载地形雷达。

经过几次大规模出击，轰炸机司令部在7月－9月间需要进行休整，当然对德国境内目标的空袭不会停止，但是期间还是多次出现了让它们难以接受的高战损率。轰炸机司令部7月的主要目标包括汉堡、杜伊斯堡、威廉港等城市，7月26日－17日夜间，空袭汉堡的403架轰炸机中的29架没有返航，战损率达到7.2%，汉堡方面损失也较大，337人死亡，5800余幢建筑被毁或者受损；7月28日－29日夜间，参加对汉堡空袭的256架轰炸机中的11.7%没有返航，其中的第3轰炸机大队出动的165架轰炸机中25架没有返航；7月31日－8月1日夜间的空袭规模是这段时间最大的，630架轰炸机的目标是杜塞尔多夫，这次轰炸机司令部同样损失惨重，29架轰炸机没有返航，其中的第92训练大队更是损失了它出动的105架轰炸机中的11架。

8月开始对德国而言，相对是一个平静期，直到下旬之前，德国只有杜伊斯堡、美因茨等城市受到百架规模的空袭。到24日－25日夜间，轰炸机司令部出动的轰炸机数量才超过200架。这次，226架轰炸机的目标是法兰克福，战损率为7.1%，16架轰炸机没有返航；27日－28日夜间，参加对卡塞尔空袭的306架轰炸机再次遭遇10%以上的重大损失，31架轰炸机被击落；8月28日－29日夜间的战损率继续攀升——轰炸纽伦堡的159架轰炸机中的14.5%被击落。在当晚，对萨尔布吕肯空袭的113架轰炸机中6.2%没有返航；9月开始时，轰炸机司令部加大了空袭力度，对萨尔布吕肯、卡尔斯鲁厄、不莱梅、法兰克福等城市都进行了200架以上规模的空袭。

10日－11日夜间，479架轰炸机飞临杜塞尔多夫，其中有7.1%没能够回到英国，损失机组成员200余人；而在16日－17日夜间，空袭纽伦堡的369架轰炸机更是损失了10.6%。

这次，对轰炸机司令部而言，又是一次沉重打击，在9月随后的时间里它们不得不进行休整。

在1942年的最后一个季度，虽然皇家空军的损失依然在上升，但是它们在导航和投弹精确度这些作战技能上都有了不小的进步。而轰炸机司令部在这期间的出动次数由于气候原因也有所下降，10月期间只对德国进行了4次200架－300架规模的空袭，目标是亚琛、科隆、基尔和奥斯纳布吕克。而11月和12月这样规模的空袭加起来也只有4次左右，目标分别是汉堡、斯图加特、曼海姆和杜伊斯堡。

从10月22日－23日到12月11日－12日期间，轰炸机司令部的主要注意力转向意大利，对其北部城市进行了14次夜间空袭任务，主要目标为热那亚、米兰和都灵。在对意大利的空袭中，皇家空军遭受的损失明显小于对德国的空袭，因为意大利不存在“卡姆胡贝尔防线”。轰炸机司令部向意大利出动的1752架次轰炸机中损失了31架，战损率为1.8%。更为重要的是，皇家空军刚刚成立不久的“轰炸引导部队”获得了实战锻炼的好机会。

■ 切维尔和丘吉尔正在交谈，切维尔对于丘吉尔空袭德国的决策上的影响力非常大。

现在皇家空军的空袭战术越来越明确：充分发挥Gee系统、欧波系统和H2S机载地形雷达等电子设备以及训练有素的机组的作用，引导轰炸机找到目标，并且使用燃烧指示弹为后续机群指示目标，后续机群则使用炸弹来对其进行密集的轰炸，继续扩大战果。轰炸引导战术的重要组成部分就是负责领航并且指示目标的“轰炸引导大队”，这个部队最早被称为“目标寻找部队”。

S.O.“西德”·博夫顿上校是这种部队最早的建议者之一，他是一名经验丰富的军官，一直致力于精确轰炸引导的实战研究，是精确轰炸理论的忠实捍卫者。这个理论的另一位重要的支持者是洛德·切维尔，虽然他的一些建议被证明是错误的，但是这样一位能和丘吉尔直接沟通的实权派人物的支持是至关重要的。博夫顿上校最早建议，将那些经验丰富的机组集中起来，编为专门的特殊引导部队，而哈里斯最早对于这个战术提议持反对态度，因为他担心这样会影响其他部队的战斗力和士气，轰炸机司令部自然也不愿意将自己手里最精锐的机组这样抽调出去。但是很快哈里斯也认识到，这样的战术

H2S机载地形雷达

地形雷达导航其实是地图导航的延续，H2S机载地形雷达早在1938年就已试用，该雷达与欧波系统一样作为Gee系统的补充导航手段。H2S名称很特殊，其来源也是众说纷纭，包括英国某高级官员对该系统给出过否定评语，而英国飞行员则称之为“甜蜜之家”。H2S机载地形雷达的核心部件是空腔磁控管，可以在极短的波长区域发射非常强的电磁波。它采用一个较小的每秒旋转360度的抛物面天线，安装在机腹下一个塑料舱罩内。H2S机载地形雷达发射10厘米波，回波在领航员面前的机载阴极射线管上显示，这个阴极射线管上标有水平或者垂直的滚动式时间刻度标，和天线同步转动。电磁波到达地表后反射，如果反射表面是平地或者海面，则电磁波将向四处散射，回波较弱；如果电磁波遇到粗糙表面，如山丘，树林等，则有部分回波反射到雷达天线上，就会在阴极射线管上显示一系列的反射信号，如果电磁波遇到城市、村庄等处的地面建筑等垂直反射面，则由大部分回波反射到雷达天线上，就会在阴极射线管上显示一系列更强的反射信号。于是领航员就可以获得一个地面形态的大致形状，由此可根据海岸、河弯形状和城镇分布与精确地图比较来判断目标的位置。这种工作原理在现今已经得到广泛应用，但是在1942年，它毫无疑问属于新技术，H2S机载地形雷达能够清楚地分辨海岸线、大的河流等地表形态，虽然在复杂地形条件下，它的精度受到影响，但是它和Gee系统、欧波系统相比最大的优点是可以单机装备，而不需要地面导航站的帮助，很难被敌方干扰，也没有地面有效导航距离的限制。它的缺点是设备沉重(300多公斤)，操作难度大，因为领航员要想在阴极射线管上正确分辨地形并不是件容易的事，需要专门的训练。此外，它的信号易被跟踪，英国人也很担心德国人会从缴获的H2S机载地形雷达上发现厘米波雷达的秘密。另外，H2S机载地形雷达并没有太大的通用导航能力，只能应用于特定的空袭任务。

将大大有利于提高轰炸机部队的空袭效果。到了6月，哈里斯同意建立这样的“轰炸引导”中队，但是依然拒绝将其扩大到独立部队的规模。而现在博夫顿上校的建议已经得到了皇家空军最高指挥层的同意，波特尔亲自建议哈里斯成立这样的引导部队，但是固执己见的哈里斯并没有完全接受这个来自最高指挥官的建议，他对博夫顿上校的报告还是持一定的怀疑态度。

到了8月11日，皇家空军将波特尔的这个建议以正式命令的形式再次传达给哈里斯，“轰炸引导大队”的建立成为定局。哈里斯现在需要考虑的是挑选指挥官的问题。原本这个职位应当属于大队指挥官这个级别的军官，但是哈里斯却选择了一位级别较低的军官——唐纳德·本内特中校来担任这个职务。

本内特中校原来是装备哈利法克斯的第10轰炸机中队的指挥官。他出生于1910年9月14日，是一名极其优秀的飞行员，1930年最先加入澳大利亚皇家空军，接受飞行员的训练，后转入英国皇家空军。他不仅飞行技术一流，而且也精通导航、无线电等电子技术，还撰写过关于飞行导航的专著。1940年7月，他离开英国海上航空公司，重新加入皇家空军，同年12月晋升为中校，负责一所飞行导航训练学校。本内特中校强烈要求参加实战，于是他很快成为第4轰炸机大队第77中队的指挥官，他从不浪费任何时间，全力参加任何可能的空勤任务，并且和不同的机组飞行，以便于熟悉和检验中队的全体机组成员。

1942年4月27日，他参加了对德国“提尔比兹”号战列舰的轰炸任务，在挪威空域被击落，但是他成功地在大约5个星期后返回了英国。哈里斯给了本内特中校足够的权限去各个轰炸机大队挑选机组以及确定驻扎机场，很快成为上校的本内特得到了4个分别装备兰开斯特、哈利法克斯、斯特林和惠灵顿的轰炸机中队以及装备欧波系统的特殊盲飞中队，这些机组成员要求至少已经参加过30次空袭任务，他们最终需要完成60次空袭任务，因此他们将要面临的风险自然也要大于普通机组。此时，皇家空军的Gee导航系统已经被德军干扰，欧波系统正在继续研究发展之中。与此同时，皇家空军另一种重要的电子装备也开始登场，这就是H2S机载地形雷达，它的出现为轰炸机组提供了新的实用的导航手段。

本内特上校立刻全力以赴投身到自己新的指挥岗位之中，这位年轻的上校需要和那些大队指挥官沟通，向他们解释自己这支部队的任务和特点。他幸好得到了哈里斯在背后的支持，并尽可能顺利地开展他的工作。他挑选了剑桥郡附近的怀顿作为自己的指挥部所在地。现在轰炸引导大队属下5个轰炸机中队，分别是：第7中队（斯特林）；第35中队（哈利法克斯）；第83中队（兰开斯特）；第156中队（惠灵顿）；还有就是特殊的第109中队，这个中队专门负责欧波系统的试验任务，装备一种专门的威灵顿改进型，可以飞到9000米高度执行任务。本内特上校现在的任务还包括尽快完成H2S机载地形雷达和欧波系统的实战部署。

1942年8月17日，在本内特上校正式获得命令之后的短短6个星期，轰炸引导大队的各个中队就完成了各自的部署。18日夜间，它们就开始参加对德国潜艇基地弗莱森堡的空袭，不过此时它们还没有装备可用的机载地形雷达和专门的燃烧指示弹，因此这次空袭的效果很差，对弗莱森堡几乎没有造成任何明显伤害，皇家空军为此付出了4架轰炸机的代价，其中的1架属于轰炸引导部队。6天后，对法兰克福的空袭也没有明显改进，226架轰炸机的投弹大部分偏离了目标，损失依

■ H2S机载地形雷达工作原理示意图。

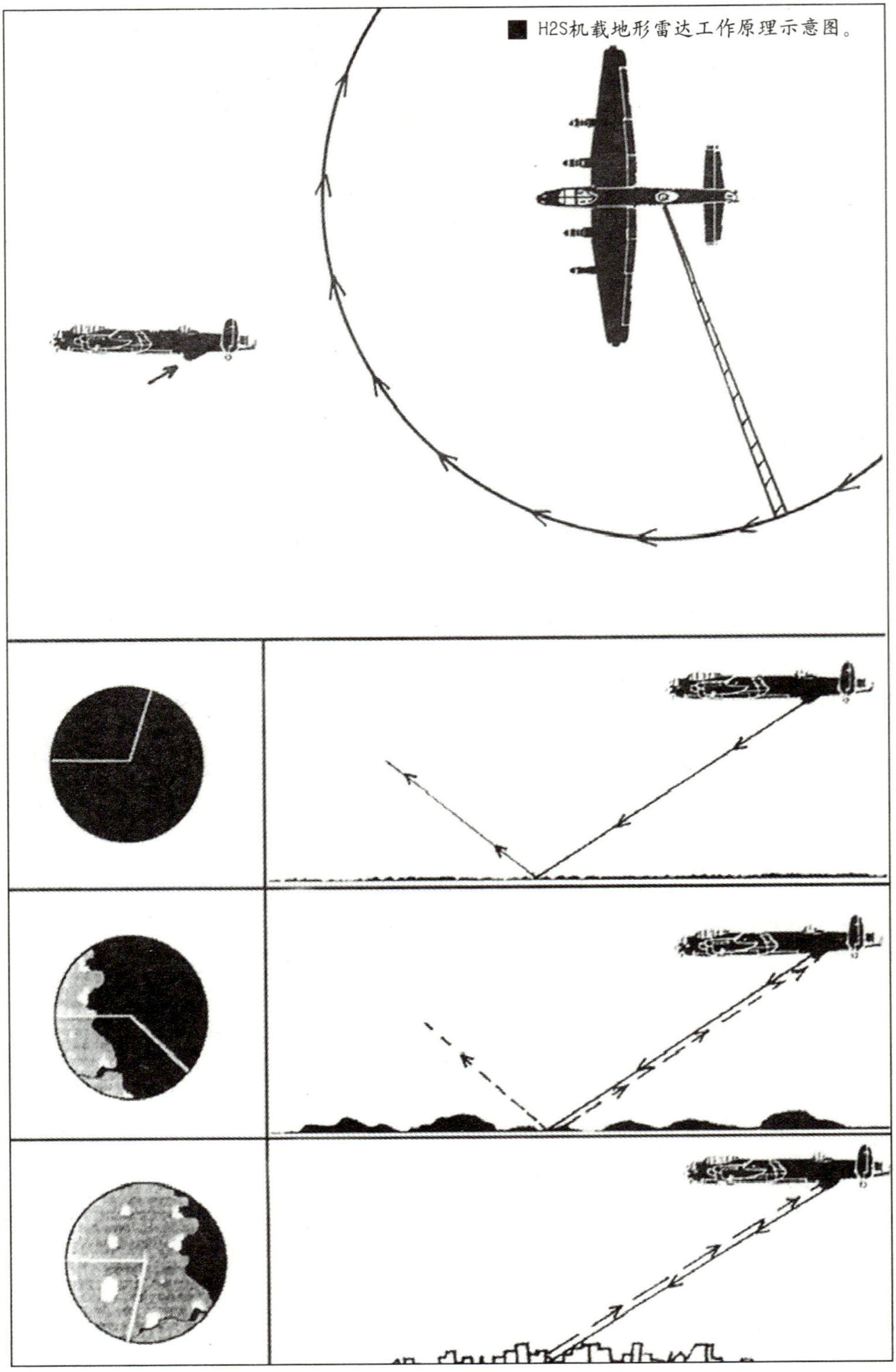

然很大，16架轰炸机没有返航，其中的5架属于轰炸引导部队。

8月27日－28日夜间，轰炸机司令部损失了参加对卡塞尔空袭的306架轰炸机的10%，其中的大部分是被德军夜间战斗机击落的。而9月1日－2日夜间的空袭更是离奇，轰炸机司令部的目标是萨尔布吕肯，出动的231架轰炸机中有205架的机组宣称命中了轰炸引导大队指示的目标。但是实际上这个目标并不是萨尔布吕肯，而是距离它15公里的小城萨尔劳藤！造成引导偏差的一个重要原因就是Gee系统受到了干扰。

在欧波系统和H2S机载地形雷达大量投入现役之前，本内特上校必须全力发掘现有的技术和人员潜力来提高引导准确度。而他们面临的另一个引导问题就是指示弹问题，现有的伞降燃烧弹指示效果很一般，而德国方面则采取了各种措施来误导英军的后续机群，如在野地点燃火焰、伪装高炮阵位等。皇家空军需要能显示不同颜色的、燃烧时间更长的指示弹来改善后续机群的辨识度。为此，英国飞机武器研究部门根据本内特上校的要求开始研制专门的燃烧指示弹，很快到了9月以后，各种新的燃烧指示弹就开始陆续投入实战，这段时间本内特上校设计的轰炸战术的基本过程是：整个轰炸机群分成3个波次，第1波轰炸引导机被称为“照明者”，使用可长时间燃烧的指示弹；第2波轰炸引导机被称为“可视指示者”，在前面投下的照明弹的指示下使用不同颜色的指示弹对各个不同的目标进行指示；最后到来的第3波主力机群则是“预备队”，根据各自指派的任务，对不同颜色的目标进行轰炸。

本内特，这位皇家空军最重要的轰炸引导专家在战后的一次专访中这样说道：“当时，我们全力投入雷达技术的发展，同时，对我们的机组成员进行强化培训。当时，德军在利用雷达电子技术为轰炸引导这方面开始得更早，如它们的轰炸导航和自动投弹系统，也已经获得了相当的成功。我们从中学到了很多东西。”——他本人不愿意对双方雷达电子技术孰优孰劣下结论。

德军夜间战斗机部队扩充的步伐也一直没有停下，1942年9月，一个全新的夜间战斗

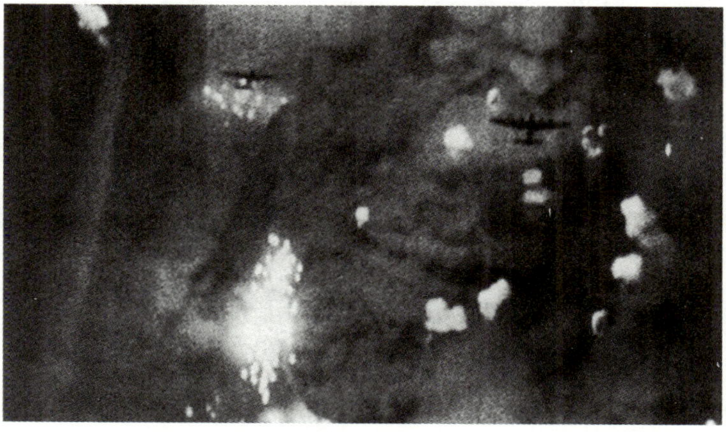

■ 左上方是1架英军的轰炸引导机，正在投放“圣诞树”指示弹，图中的“小云团”则是在空中爆炸的德军地面高炮炮弹形成的。

机联队在柏林地区建立，即NJG 5。该联队最初只包括指挥部和第1大队，指挥部部署在杜伯利兹，指挥官为弗里茨·沙费尔少校。第1大队部署在施坦达尔，指挥官为西格弗里德·旺达上尉，该大队于10月正式组建完成。第4大队于1943年1月1日建立，然而，此时该联队另外的三个大队又被抽调至第3和NJG 5，其番号分别改为Ⅳ./NJG 3、Ⅱ./NJG 5和Ⅲ./NJG 5。同时，德国空军开始将原来3大队制的夜间战斗机联队的规模扩大到4个大队，扩充的第1个大队自然就是Ⅳ./NJG 1，该大队于10月1日在吕瓦登组建，其指挥官就是兰特上尉，这个大队的前身是Ⅱ./NJG 2，于是Ⅲ./NJG 2自然就顶替其空缺位置，该大队不久后就转场到了地中海地区。

现在我们来大致总结一下德军夜间战斗机部队前3年的总体情况：1940年，夜间战斗机部队总共击落了42架皇家空军轰炸机；1941年，这个数字为421架；到了1942年，数字上升到了687架。增长幅度是惊人的，这很大程度上依赖于明石机载雷达和“天床战术”的使用。尤其在1942年6月－9月期间，德军夜间战斗机击落了435架轰炸机，值得一提的是，在9月16日－17日的这个夜晚，德军夜间战斗机部队的科纳克上尉击落了5架对埃森进行空袭的轰炸机。然而，皇家空军表现出来的日益强大的攻击力量则继续逼迫德国空军必须全力以赴应对来自夜空的威胁。轰炸机司令部现在也已经走上了一条持续发展的道路。

12月20日－21日夜间，第209轰炸机中队装备欧波系统的轰炸机开始第1次投入实战，这次，对荷兰一个电厂目标的试验性空袭的另外一个或许更重要的意义是，本次装备欧波系统的不是惠灵顿，而是以后将成为德军夜间战斗机部队梦魇的蚊式机。

本内特上校对蚊式机这种高空高速多用途战机很感兴趣，他要求自己的第109中队使用这种飞机替代惠灵顿作为欧波系统的载机执行引导任务。第109中队随后直到战争结束都一直使用蚊式机执行任务，这种被称为“木制奇迹”的多用途战机高空高速性能非常优异，是名副其实的“黑夜幽灵”。第109中队在使用蚊式机的5421架次任务中只损失了18架，这显示了蚊式机惊人的生存能力，与此对比，另一个轰炸引导中队即第156中队在4238架次任务中则损失了121架轰炸机！12月开始，轰炸引导大队使用蚊式机（最多一个晚上5架）对鲁尔区连续进行了一系列空袭，取得了最好的轰炸精度。

我们可以这样为1942年的夜间战况作个大致的数据比较：1942年，轰炸机司令部总共执行了约100次夜间空袭任务，其中，约17次的投弹量超过500吨；总体战损率约5.6%；每投40吨－50吨炸弹就要损失1架轰炸机；平均约3吨－4吨炸弹导致1名德国人丧生，那么以平均每架4发重型轰炸机携带3吨炸弹，机组6人－8人计算，皇家空军为炸死每100名德国居民需要付出6架轰炸机和36名－48名机组成员的代价。

开始的结束

1942年，皇家空军在技术和战术上都有了新的发展，很多新的战术和新的装备开始得到实战运用。轰炸机司令部开始加速淘汰一些不能满足日益提高的作战要求的轰炸机型，如令人失望的曼彻斯特型、迟钝缓慢的惠特利型和效率较低的汉普顿型轰炸机。而惠灵顿型轰炸机作为一种优良的多用途飞机则保留下来，成为唯一一种作为重型轰炸机服役的双发轰炸机，在1943年初继续大规模参加空袭行动，但这种双发轰炸机很快也将被4发重型轰炸机所代替。战争进入第4个年头，血腥夜晚的高潮即将到来。

1943年2月，哈里斯手中掌握的战略轰炸力量包括：6个轰炸机大队，属下53个中队，装备约1000架轰炸机，其中，约650架为斯特林、哈利法克斯和兰开斯特这3种4发重型轰炸机以及轰炸引导大队（第8轰炸引导大队）用于目标指示的蚊式机，只有第4轰炸机大队还有2架惠特利型继续服役，但已经不再参加正式空袭行动了。

虽然并没有完全达到人们的预期希望，但是皇家空军在电子导航设备上也已经取得了一定的进步。Gee系统对于导航起到了相当大的作用，但是一旦受到干扰后，它的作用就明显降低了。1942年底，24架作为引导轰炸机的哈利法克斯（12架）和斯特林（12架）最早开始装备H2S机载地形雷达，并于1943年1月30日－31日夜间，对汉堡空袭中首次实战使用。欧波系统的使用还是比较顺利的，因为它还没有受到敌方干扰。

英军对德军的电子干扰作战也在继续发

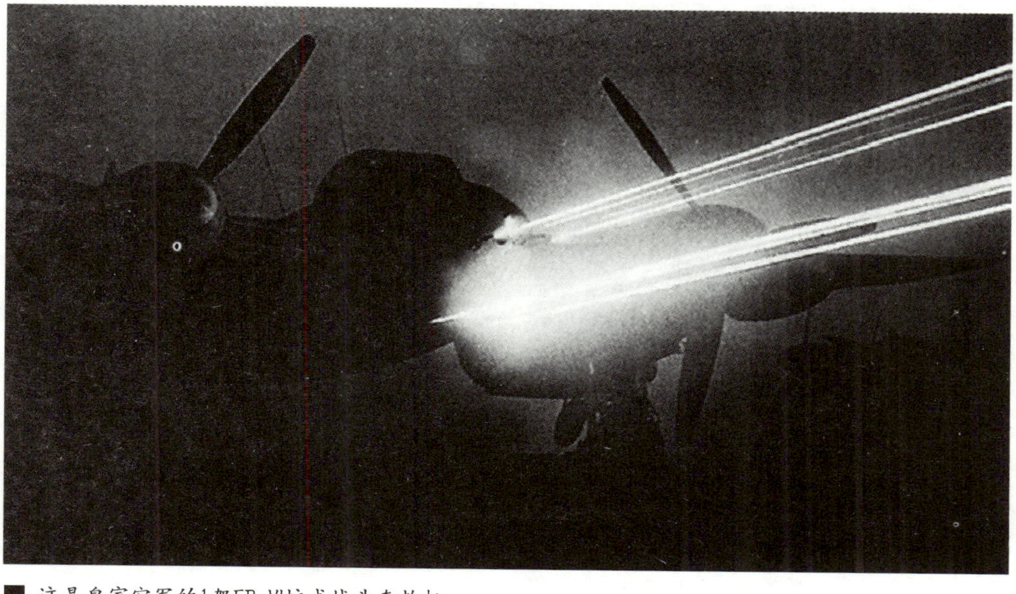

■ 这是皇家空军的1架FB.VI蚊式战斗轰炸机。

展。1942年12月开始，英军对德军的弗瑞娅型雷达进行了成功的干扰，使用的新的干扰装置就是“刺”。这种干扰装置有地面型和机载型2种，可以发射和德军雷达相近的信号来干扰德军雷达。皇家空军战斗机司令部的第515中队最早在它的单发双座博尔顿·保罗“挑战”型战斗机上装备了这种干扰装置并在荷兰海岸区域执行被称为“刺屏”的干扰任务。“刺”的地面型干扰装置的功率较大，部署在英国本土的东南部。

另外，从1942年12月开始，英军开始使用另一种干扰装置，代号为“金银丝带”。这种装置原理就是在轰炸机发动机吊舱上安装一个扬声器，这个扬声器则和T-1154发射器连接。一些轰炸机内由懂德文的机组成员负责

■ “宝瓶座”雷达被称为“二战期间最好的早期预警雷达”，它的天线高达40米。

监听德军的无线电通话，然后将发射器的发射频率调整为和德军一样，于是德军夜间战斗机引导通信将被英军轰炸机发动机的噪音所淹没。这种干扰手段效果很好，一直被皇家空军使用到战争结束。

此时，德国方面开始装备一种更大型的探测距离更远的雷达——“猛玛”。这是弗瑞娅型雷达的后继改进型，使用更巨大的天线，高度10米，宽度30米。它可以在8000米高度发现300公里远的目标。但像小型的弗雷娅型雷达一样，“猛犸”仍然无法测定高度。另一个缺陷是，“猛犸”的三柱支撑结构不能转动，为了追踪敌机的进近和返航路线，“猛犸”反射器得经常背对背成对安置。但是这种雷达存在一个严重问题，它和弗瑞娅型雷达的工作频率是一样的，这样自然就便于英军的干扰行动了，连干扰设备都不用更换。德军的另一种新的雷达是在弗瑞娅型雷达基础上改进的“宝瓶座”雷达，安置在一个能转动的60米钢塔上，能提供300公里外飞机的所有准确信息——距离、方向和高度。“宝瓶座”雷达被称为“二战期间最好的早期预警雷达”，其后期型号的探测距离达到380公里，足以从德国境内探测到海峡对面的飞机。

英德之间的电子干扰战早已开始，随着战局发展，双方都在继续加快步伐，因为这个领域已经对夜间空战的胜利产生了明显的影响。电子干扰这个学术概念在当时还只是处于起始阶段，双方对它的了解也很有限。

■ 1943年2月左右，一群正在高炮连接受防空训练的15岁－16岁的高中生，他们还身着希特勒青年团制服。

即便是这些有限的技术知识，英国也是在付出巨大代价后才慢慢获得的。一个最基础的电子干扰基本原理就是任何雷达都会被和它工作频率相同的其他电磁波干扰。

1942年初，德军探照灯依然是皇家空军的大敌，英军机组一直考虑通过干扰德军用来指引探照灯的雷达来减少轰炸机被发现的概率，它们认为可以利用自己的敌我识别器来发射信号干扰德军雷达，使其指引的探照灯不在跟着或者锁定自己。然而，这个“发明”在实战中起的却是副作用，因为正常情况下敌我识别器只是被动地“应答”己方某个频率的信号，英军这些莫名的应答信号反而在向德军指明自己的飞行路线，而德军自然不会放过这种形式的“自投罗网”。

到1942年底，德军夜间战斗机部队已经达到5个联队。在德国境内建立了约100个夜间截击区域，每个区域内部署2台维尔茨堡型和1台弗瑞娅型雷达，越来越严密的覆盖皇家空军的进攻路线。在这些区域工作的防空预警人员数量到达了4万人，而有资料估计加上高炮和探照灯部队的人员，参加对皇家空军作战的人员达到了90万人！

但是随着强大的美国陆军航空兵部队（简称陆航，是美国空军的前身）的加入，德国防空需要的人员还将继续增加，卡姆胡贝尔不得不自己想办法进行补充，包括老年和青少年男性和妇女。此时，不能忽视的一个严峻问题是，德国其他战场对人员的需求也在继续增大，尤其是东线战场。人员短缺通过由其他组织——纳粹党、劳工部和青年组织——吸引男女志愿者的方法得到了部分解决。这个措施最初吸收了大量妇女成员加入空军，这也使得德国空军里的非战斗人员越来越多。以高炮部队为例，此时，德国重型高炮连数量已经增加到了大约1000个，对于人员的需求十分迫切，但是原来那些合格的炮兵却不得不越来越多地被抽调到其他前线，因此高炮部队的人员补充只能来自于辅助服务力量，包括高中生、帝国劳工部的青年、年纪超过国防军服役标准的老年人、工厂工人，甚至是俄罗斯战俘。

一位青年高炮辅助服务队员，当时还是高中生的汉斯·林对自己的作战经历回忆道：

"1943年1月15日，距离我16周岁生日还有一个星期，我们这些15岁－16岁的学生被抽调进入高炮部队。我去的是部署在柏林防区的一个重型高炮连，最初有4门后来增加到6门105毫米高炮。连里有2名军官，30名军士、士兵以及100名像我这样的青年，还有30名俄罗斯战俘。那些成年士兵和战俘负责重体力工作，而连里的其他工作，从无线电通信员到装填手都是我们这些学生的工作了，但是即便是这样，对于我们这些15岁－16岁的孩子来说，105毫米高炮炮弹还是太重了，况且还要竖起约40度塞进炮膛。"

虽然德军夜间战斗机部队的规模在扩大，但是它们得到的新战机数量明显比不上对手。Bf 110这种重型战斗机在1942年－1943年依然是主力装备。1942年，德军生产的Ju 88C大部分被分配到了东线，只有部分被分配到夜间战斗机部队。换装新发动机和加装驾驶舱装甲的Ju 88的夜间战斗机型Ju 88C-6于1942年开始进入现役。

最先装备Ju 88的Ⅰ./NJG 2在希特勒认为远程战斗机部队不是必需的以后，被部署到了地中海战区。随后，这个联队的第2大队也开始装备这种战斗机。Ju 88C-6在德军夜间战斗机飞行员中受到了极大的欢迎，它的机组成员有3人：飞行员、无线电通信员和机械师，飞行员坐在左边，机械师坐在右边，无线电通信员则和他们背靠背坐在后面，Ju 88C-6是一种可靠的武器平台，在夜间空战中将成为令皇家空军轰炸机成员胆寒的杀手。

1943年1月14日，皇家空军给轰炸机司令部的一份命令让德国本土暂时从哈里斯的轰

■ 一旦目标确认，这样的燃烧指示弹就被投下，它的头部安装有空压引信，在设定高度爆炸，释放出燃烧发光体。

炸机群下得到了大约3个月的喘息机会。由于德国海军的潜艇部队“狼群战术”对英国海上运输的威胁日益增大，而这些“海狼”的主要基地大多在法国的港口城市，如布勒斯特、洛里昂、拉帕利斯等城市。哈里斯得到命令，对这些城市进行空袭，并且允许他采取“面积轰炸”战术。

从1月14日到3月1日，洛里昂遭到了9次大规模空袭，布勒斯特遭到了1次空袭。但是德军在这些城市的潜艇基地建筑结构极其牢固，在皇家空军的猛烈轰炸下损伤非常有限。于是，哈里斯的轰炸机群重新回到了对德国本土的空袭中。

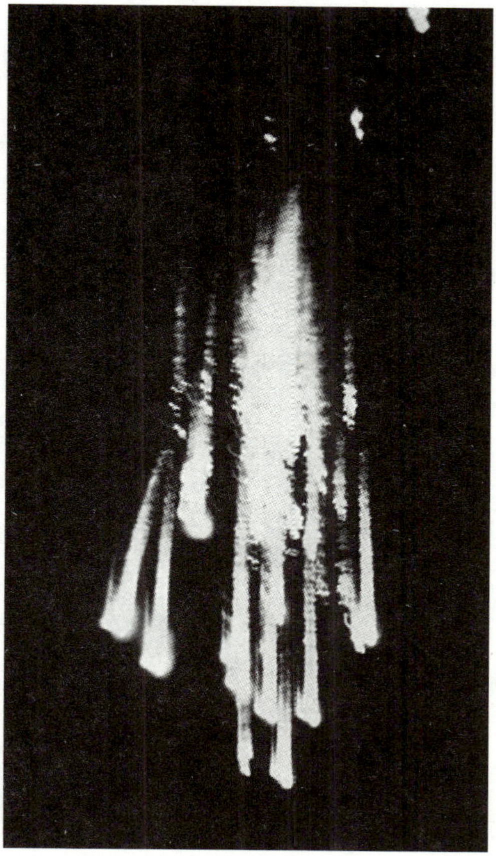

■ 皇家空军轰炸引导机投下的令德国居民恐慌的燃烧指示弹“圣诞树”。

德国得到的喘息时间是短暂的，即便在1月到3月这段时间里，德国也遭到了一定数量的空袭：柏林和汉堡各受到3次大规模空袭；威廉港4次；科隆3次；杜塞尔多夫、不莱梅、纽伦堡各1次。皇家空军除了用轰炸机群大规模的空袭外，还采取了很多如同针刺效果一样的小型攻击行动，主角就是蚊式机多用途夜间战斗轰炸机了。蚊式机除了担负轰炸引导任务以外，皇家空军还充分发挥这种轰炸机的高空高速性能，执行干扰性的攻击行动。这些频繁的小规模骚扰性空袭使得德军的防空部队疲于应付，有效干扰了德军的夜间战斗，加大了德军的防空压力。蚊式机中的部分装备欧波系统，载弹量为906公斤，它们在执行轰炸引导任务时，一般在高空投下燃烧指示弹，然后利用降落伞缓慢降到地面，被称为“高空轰炸指示”。但是由于云层、风速等影响，这种方法的精度一直无法得到保证。此时，典型的燃烧指示弹一般在地面上空爆炸，释放出根据任务需要给定的各种颜色的燃烧发光体，这些发光体在落到地面后还能燃烧几分钟。德国居民称呼这些燃烧照明弹为“圣诞树”。

柏林对于哈里斯而言，一直是一个极其诱人的目标，但是由于装备和技术的限制，对柏林的空袭一直很难顺利进行，因为柏林位于欧波系统和Gee系统的有效工作范围之外了。

■ 属于NJG 2补充大队的Ju 88 C-6型夜间战斗机。

1943年1月中旬，轰炸机司令部对柏林进行了2次连续的空袭，但是效果却很一般，在1月16日－17日夜间皇家空军的损失很小，但是在随后第2个夜晚的空袭中，德军夜间战斗机则取得了优异的战果：击落了22架轰炸机，占机群总数的11.8%。对柏林的这2次空袭使得皇家空军明白，没有H2S机载地形雷达的帮助，对于这样的远距离目标的轰炸引导无法顺利完成。轰炸精度和效果自然也无法保证了，而卡姆胡贝尔日益强大的夜间战斗机部队更是严重地威胁着皇家空军，原因不仅仅在于德国空军夜间战斗机部队在规模、战斗机、人员上的进步，而且还有一个重要因素就是德军对皇家空军战术的日益了解以及监听站数量的增加，使得德军能够越来越迅速而精确地捕捉到轰炸机群，从而指挥其夜间战斗机投入拦截。当德军注意到，皇家空军对一个城市的空袭往往会连续进行几次，于是在柏林，德军成功地预见到了第2次空袭，使得皇家空军为此付出了150名优秀机组成员的惨重代价。

在1943年的前3个月，皇家空军轰炸机司令部出动了12760架次，损失了348架轰炸机，战损率为2.7%。其中的201架被德军夜间战斗机击落，此时，德军夜间战斗机取得的战果已经明显超过高炮部队了。皇家空军战损率暂时回落的重要原因在于执行的空袭任务很大一部分是针对法国城市的，而对德国境内城市的空袭付出的代价要高得多，如2月3日－4日夜间对汉堡的空袭中，皇家空军损失了263架轰炸机中的16架，大部分成为德军NJG 1所属的Bf 110的猎物。

德国夜间战斗机飞行员的作战生涯最危险的往往是其“菜鸟”阶段，特别是在取得第1个战果之前很容易就会丢了性命。新手的阵亡率远远高于那些老手，但是即便是经验丰富的王牌，被击落的危险依然很高。

1943年2月，对于德军夜间战斗机部队而言就是悲惨的1个月，仅仅NJG 1就损失了3位获得骑士十字勋章的夜战王牌：莱因霍尔德·科纳克中尉、保尔·基尔德纳中尉和路德维希·贝克尔上尉。他们3位王牌击落的轰炸机总数达到了132架，比8个轰炸机中队的标准装备数还多！只有这个联队第4大队指挥官赫尔穆特·兰特的战绩高于他们。2月26日，施特莱伯少校在获得了42个战绩之后成为第1个在骑士十字上加橡叶的夜间战斗机飞行员，基尔德纳中尉也在这一天获得了这个荣誉，可惜他已经在2天前阵亡了。

莱因霍尔德·科纳克中尉出生于1919年新年，阵亡前是Ⅰ.(1)/NJG 1指挥官，科纳克中尉和他的无线电通信员胡军士往往在一个晚上就能取得多个战果，如1942年6月25日－26日夜间，他们就击落了哈里斯第3次千机轰炸（目标不莱梅）编队中的3架轰炸机；在埃森上空，他们一个晚上就击落了5架轰炸机。然而，科纳克中尉的运气也快到头了，1943年2月3日，在他生命的最后一个夜晚，他和往常一样试图从后部攻击1架哈利法克斯的时候，被其尾部机枪击中，1台发动机受伤熄火，他试图驾驶只有1台发动机的飞机迫降到文洛。然而，最终德军能找到的只有他们的尸体和飞机的残骸了，其中，科纳克中尉的战斗机残骸中竟然还夹杂有皇家空军制服的残骸，因为科纳克中尉在迫降前也已经击落了这架轰炸机，2架飞机的残骸均坠落在相距很近的地面上！

保尔·基尔德纳中尉，比科纳克中尉年长5岁，他在1934年就加入了德国国防军，最早是步兵军官，后自愿加入空军，成为战斗机飞行员。他在1940年9月3日取得第1个战果，在荷兰边境击落1架惠特利。基尔德纳也是夜间战斗机部队中继法尔克和施特莱伯之后第3位获得骑士十字勋章的飞行员，也是第1位获得这个荣誉的军士级别军官，他当时还是军士长。在科纳克中尉阵亡后，他成为3./NJG 1

■ 本来作为双座战斗机的Bf 110被改装成3座（飞行员、无线电通信员、机枪手）夜间战斗机，最后还被加上几百公斤的雷达和第4成员（雷达手）的位置。

的指挥官，但是在担任中队长3个星期后，他也阵亡了。

1943年2月24日，皇家空军空袭威廉港，基尔德纳和他的无线电通信员海因兹·胡恩在“仓鼠”截击区域攻击英军轰炸机，虽然他的明石机载雷达已经发现1架轰炸机，但是他的飞机的左发动机突然发生了爆炸，他不得不返回希尔泽·赖恩基地。由于当时天气恶劣，基地被笼罩在浓雾中，基尔德纳不得已尝试了一次紧急降落，但是他的Bf 110在距地面还有200米的时候突然翻滚起来。最终，只有胡恩勉强离开飞机成功跳伞，而基尔德纳则随着自己的战机一同坠毁。

第3位在这个月阵亡的夜间王牌就是路德维希·贝克尔上尉，他拥有2个“第一”记录：第1个使用光照夜间截击战术取得战果的飞行员（1940年10月2日），此外，他还是第1个使用明石机载雷达取得战果的飞行员（1942年8月9日）。

贝克尔上尉于1911年出生在多特蒙德，1934年加入德国国防军，成为一名飞行员，最早飞斯图卡俯冲轰炸机，后来转飞Bf 110，1940年6月加入法尔科的NJG 1，在他阵亡的时候，属于第4大队。贝克尔于1942年7月1日与科纳克同一天获得骑士十字勋章，他的橡叶勋章则是在他被击落的那天因46架战绩颁给他的。虽然他是一名优秀的夜间战斗机飞行员，但是他的生命却最终终止在昼间空战中。

1943年2月26日晨，德军防空预警站发现了来袭的美军轰炸机群。10时55分，德军战斗机做好了升空准备。11时30分，第4大队出

■ 被德军击落的英军轰炸机残骸。

动了12架Bf 110，组成3个编队，在大队长兰特少校的指挥下升空参加对美军第44轰炸机大队的B-24解放者轰炸机编队的攻击，这个机群在完成对埃姆登空袭后正在返航。美军最终损失了7架轰炸机，其中的2架被第4大队的鲁道夫·希克蒙德中尉和乔治·克拉夫特军士击落，最后第4大队这12架Bf 110只有贝克尔上尉的编号G9+LZ的战机没有安全返航。

贝克尔上尉最后的情况没有明确的记录，但是可以确信的是，德国空军失去了一位被战友称为“夜间空战教授”(因为贝克尔经常花几个小时给那些新手仔细讲解夜间空战的要领，由此获得了这个荣誉头衔)的“王牌”夜间战斗机飞行员。

从现在开始，皇家空军的战略轰炸将继续加速升级，德国空军的抵抗也将继续进行。

1942年11月22日，英国第8集团军在北非阿拉曼取得胜利后，丘吉尔发表了这样的讲话：“这还不是结束，也不是结束的开始，但是，这可能是开始的结束。”哈里斯的千机轰炸对德国夜间战斗机部队来说是战争“开始的结束”，对轰炸机司令部来说，科隆则是“结束的开始”。

第四章 鲁尔-汉堡：火焰风暴1943年4月-10月

“鲁尔战役”——直击德国“阿喀利斯后踵”

1943年1月，英国首相丘吉尔、苏联最高统帅斯大林和美国总统罗斯福在卡萨布兰卡举行会谈，这个会议对当时的世界政治军事局势产生了重要影响。斯大林在会议上要求英美尽快开辟第二战场，以缓解苏联的压力，虽然这个要求暂时还无法得到满足，但是，美国陆航第8航空队将开始和皇家空军一起执行对德国的战略空袭。

1943年2月4日，这个任务通过正式的命令（即著名的卡萨布兰卡训令）得以确认，此时哈里斯不仅得到了美国陆航在军事上的直接支援，而且更是得到了美国在政治上的支持。

哈里斯自己写道：“我的目标是摧毁德国的军事工业和经济体系，同时将德国人的士气削弱到无法再继续进行有效抵抗的程度。”这个战略空袭的代号为“明确”（Pointblank），它列出的对德国战略空袭目标的清单包括：潜艇基地、飞机制造工业、交通体系、石油设施等。哈里斯倔强的个性决定了他不会轻易放弃自己的理念，虽然皇家空军的电子设备和轰炸引导部队都在不断成熟，但是他依然认为现在还不适合进行精确的点轰炸，他坚持认为现在采取的对德国城市的空袭是最有效的打击手段，也是最适合皇家空军轰炸机部队的作战模式。哈里斯现在得到了明确的命令，可以对德国10万人口以上的工业城市进行空袭，他可以更加放开手脚的继续他的空袭理念，他的首要目标依然是锁定德国最重要的工业区——鲁尔区。

而早在1942年8月，美国第8航空队的重型轰炸机已经开始加入对欧洲的昼间空袭。

■ 1架Bf 110正在攻击美军的B-17重型轰炸机。

■ 1架被击落的美军B-17残骸，这架轰炸机很可能是被时任Ⅳ./NJG 1大队长亚布斯上尉击落的。

1943年1月27日，美国陆航的B-17轰炸机第1次对德国西北沿岸重要港口进行了轰炸，揭开了盟军白天对德国战略轰炸的序幕。此时，德国空军认为他们的重型Bf 110战斗机可以对压力越来越重的昼间防空提供支援。

1943年2月4日，60架以上的B-17飞机轰炸德国北部的埃姆登。汉斯·约阿希姆·亚布斯上尉率领IV.(11)./NJG 1的8架Bf 110从吕瓦登起飞拦截。虽然德国人声称那天他们击落了来袭美国飞机的3/5，但他们自己也承受了极大的损失：2架战斗机没有返回，还有6架损伤严重。尽管使用夜间战斗机部队投入昼间空战是一种得不偿失的临时举措，但是德军最高统帅部继续坚持夜间战斗机仍要参加对美军昼间轰炸机的攻击，夜间部队不得不继续承受在昼间的巨大损失。卡姆胡贝尔从上级那里取得的唯一让步就是不再指派有丰富经验的指挥官参与昼间空战——然而正是这些人（他们大部分原来就是昼间战斗部队的战斗机飞行员）才有可能取得一些胜利。虽然如此，这些主要由没有昼间战斗经验的飞行员组成的“菜鸟”中队还要继续承担与美军飞机在白天作战的任务。德军夜间战斗机部队的损失因为美军机群规模不断增加而越来越大，它们这种损失惨重的昼间任务直到1944年初才结束。

鲁尔工业区是德国工业命脉所在，这个工业区内城市紧密相连，皇家空军机组成员称之为“快乐谷”。从1943年3月5日－6日夜间开始，哈里斯开始全力攻击德国的鲁尔区，这个庞大的空袭计划很快被命名为“鲁尔战役”，这一系列空袭一直持续到7月14日，总共历时约4个月，其间主要由29次大规模空袭组成。埃森依然是排在第1位的目标，它遭到了5次大规模空袭，杜伊斯堡5次，科隆4次，波鸿3次，鲁尔区其他一些城市也大都遭到了1－2次空袭。

在这段时期，哈里斯还对柏林、法兰克福等德国其他城市和意大利都灵等城市进行了18次空袭，这些空袭的规模绝大部分都在100架轰炸机以上。此时，皇家空军对于欧波系统和轰炸引导战术的使用日益成熟，引导精度大大增加。此外，机群中4发重型轰炸机的数量也在继续增加。轰炸引导大队正确引导轰炸的信心日益提升，后续主力轰炸机群也越来越信任引导机群的目标指示。这些信心对于维持皇家空军在日趋残酷的空战中的士气至关重要。

然而，天气和云层使得埃森依旧是皇家空军空袭的一个困难目标。即使是引导部队正确标示了目标，它们投下的燃烧指示弹也会由于厚厚的云层而无法让后续机群看到，因此，在埃森的克虏伯工厂一直都没有遭到致命的破坏。

1943年3月5日－6日夜间，442架轰炸机对埃森的空袭后，皇家空军通过判读航空照片，确认克虏伯厂区有53幢建筑物被空袭命中；随后在12日－13日夜间，457架轰炸机的空袭继续对克虏伯工厂造成一定的伤害。然而，受损最大的依然还是住宅区的房屋，在这段时间的一系列空袭中，德国平民的伤亡数字也达到一个新的数量级：约1037人死亡，超过3500人严重受伤。轰炸机司令部为这2次空袭付出了37架轰炸机的代价。

4月3日－4日夜间，348架轰炸机再次飞临埃森上空，这次皇家空军损失了21架轰炸机，德军夜间战斗机部队的弗朗克上尉、吕缇上尉、盖格少尉等人都取得了战果。

3月下旬到4月间，杜伊斯堡总共遭到3次大规模空袭，轰炸机司令部总计出动了1408架次轰炸机，损失了42架。但是这3次空袭除了最后一次取得一定的战果外，其余的效果都很差。

此时，施特莱伯少校指挥的Ⅰ./NJG 1的总战绩已经达到250架，到了5月份，兰特少校指挥的该联队第4大队总战绩突破300架，兰特自己的个人战绩在5月5日夜间再次击落2架轰炸机后达到了58架。3月12日的夜晚，Ⅱ./NJG 1在圣托德的基地遭到12架蚊式机扫射，夜间战斗机试图起飞拦截，可是收效甚微。然而，不久德国人就获得了一次偶然的成功，兰特以及属下第12中队的中队长林克中尉都在4月的晚上各自击落了1架蚊式机。

■ 战争末期的德国克虏伯工厂，这是皇家空军的重点空袭目标。

这段时期里，西欧国家夜间防空的压力迫使NJG 1中一些经验最丰富的飞行员远离家乡，从其原来所在部队调到情势最危急的荷兰和比利时，德国在低地国家击落的22架飞机中，有13架是由Ⅱ./NJG 1在6月击落的，这些临时抽调的飞行员的战斗力自然不容忽视。

H2S机载地形雷达在轰炸机司令部轰炸引导大队中的装备数量也继续上升，虽然H2S机载地形雷达很难被干扰，但是在理论上H2S机载地形雷达的信号也可以被德军探测到。而德军通过这些被击落的装备H2S机载地形雷达的轰炸机残骸中越来越清晰地了解了这种装置。2月2日－3日夜间，施特莱伯少校就在鹿特丹附近击落了2架装备H2S机载地形雷达的斯特林轰炸机中的1架，这还只是H2S机载地形雷达的第2次小规模的实战使用，这种雷达随后就被德国技术人员称之为“鹿特丹装置”，这种雷达装置除了荧光屏，其他部件都很难被损坏。德国工程师从残骸中发现了H2S机载地形雷达的一些革命性的部件，如空腔磁控管等。德军随后继续不断从击落的英机上获得这种雷达的残骸，3月1日－2日夜间，第2架装备H2S机载地形雷达的轰炸机——第32轰炸机中队的1架哈利法克斯被德军击落。虽然德国工程师获得的H2S机载地形雷达的残骸越来越多，但是他们还需要时间来完全认识这种装置的工作原理以及过程。这段时间对于皇家空军轰炸引导大队的机组成员而言是幸运的，毕竟德军夜间战斗机还没有装备可以探测到H2S机载地形雷达信号的探测装置来攻击它们。但是随着H2S机载地形雷达的装备数量的上升，德军防空预警站越来越多地探测到这种10厘米雷达波信号，并且可以利用这些信号来判断皇家空军的编队位置和航向。

■ 杜塞尔多夫。

杜塞尔多夫，德国北莱茵－威斯特法伦州的首府，也是一个重要的工业中心，早在1914年就遭到过空袭。在1943年，这个城市将再次开始承受更多更猛烈的空袭。5月26日夜间，轰炸机司令部的759架轰炸机轰炸了这个城市，这次空袭由于轰炸引导机指示的目标非常分散，随后的主力机群也将炸弹投到了范围很广的区域。杜塞尔多夫市政当局做了如下记录：“当晚英军轰炸机群规模庞大，但是大量轰炸机并没有到达城市上空，它们的炸弹都投在了城市周围很广的范围，我们附近的门兴格拉德巴赫和瑙宇斯等城市也都被空袭波及。”

随后在6月11日－12日夜间轰炸机司令部783架轰炸机的空袭对这个城市而言，可能是其在二战期间遭受的多次空袭中损失最严重的一次：这次在凌晨1点后不久开始的空袭造成至少1236人死亡，2600人受伤，同时，城市建筑、交通设施等都遭到了严重破坏，其中13家医院、28所学校、16个教堂遭到严重破坏，市内交通主干线被命中了15枚炸弹，

杜塞尔多夫简介

杜塞尔多夫是德国人口最多、经济实力最强的联邦州北莱茵－威斯特法伦州的首府，位于莱茵河下游，德国西部莱茵鲁尔经济区的心脏地带。面积217平方公里，人口57.7万，是德国第九大城市。

公元12世纪在莱茵河与其支流杜塞尔河汇流处的小渔村就是今天杜塞尔多夫市的前身，城市也由此得名，意思是杜塞尔河畔的村庄。1288年，杜塞尔多夫获准建市，但很长时期只是一个默默无闻的小镇。1380年，这里成为公爵都邑。公爵在这里修筑了城堡，城堡后来扩建为宫邸。19世纪，一场大火将这座古建筑烧得只剩下一座宫塔。这座下部为圆柱形，上部为八角形的古朴宫塔今天仍屹立在莱茵河畔，成为杜塞尔多夫的象征。1679年到1716年在位的法乐茨选帝侯约翰·威廉公爵酷爱艺术，他扩建城市，建造歌剧院，创办美术馆，一时之间，画家、音乐家、建筑师、学者云集。在公爵的倡导下，杜塞尔多夫成为艺术中心，艺术传统至今绵延不衰。1711年，荷兰雕塑家格鲁派洛为公爵铸成一尊骑马铜像。这座8吨重的青铜塑像如今仍耸立在市政厅前面的广场上。卡尔·特奥多公爵1755年至1769年在城南10公里的地方，造起一座打猎行宫，叫本拉特宫。这座粉墙灰顶的洛可可式行宫和占地广达60多公顷的园林迄今仍深受人们喜爱，四季游人不绝。19世纪初，拿破仑兵临莱茵，把杜塞尔多夫一带划为贝尔格大公国，封妹夫缪拉元帅为君。拿破仑失败后，这一带被划归普鲁士。那时，杜塞尔多夫只是个二三万人口的小城市。1838年，德国西部的第1条铁路（从杜塞尔多夫到埃尔克拉特）通车，这里很快成为交通枢纽。钢铁工业首先在这里落户，各类工厂、商号如雨后春笋，纷纷兴办。铁路网的兴建和工业化的浪潮使杜塞尔多夫迅速迈入大城市的行列，凭借浓厚的文化气息、优雅的城市环境，杜塞尔多夫吸引了大批境内外企业在此投资创业，杜塞尔多夫也因此获得“鲁尔办公桌”的美誉。二战后，这座城市被确定为北莱茵－威斯特法伦州的首府。

今天杜塞尔多夫位于德国和欧洲远程公路交通网络的枢纽地带，六条高速公路在这里交汇，杜塞尔多夫机场是德国的第三大机场，杜市同时还是莱茵河上一个重要的内河航运港口城市，交通基础设施极为完备。

目前，杜塞尔多夫市设有44家外国领事机构、32家外国商会和外贸协会组织，杜塞尔多夫展览会是德国最大的展会之一，每年举办各类展会40多个，参会客商逾180万人次。它是贸易和国际性展会城，经常有各种专业博览会在此市举行。有马克斯－普朗克钢铁研究所、海因里希·海涅档案馆、莱茵－威斯特法伦交易所、德国工会联合会和众多的德国以及跨国公司。钢铁工业发达，特别是钢管制造，在世界上都是处于前列的。

陷入瘫痪。英国人为此付出了43架轰炸机的代价。德国方面的记载总共击落了38架轰炸机，其中27架战果属于夜间战斗机部队。

这期间比较有威胁的空袭还有在1943年5月29日－30日对伍珀塔尔的空袭，该城是德国的纺织工业中心，还有其他一些重要的工业设施，包括一个在德国军事工业体系中具有相当地位的轴承厂。轰炸机司令部出动了超过700架轰炸机，估计其中有150架从Ⅱ./NJG 1的防区上空飞过，大队长埃勒少校派出13架Bf 110和3架Do 217执行拦截任务。在皇家空军机群返航时，法尔克中校的NJG 1也捕捉到了它们，英军再次遭到了巨大损失。在那天晚上，德国人击落的33架轰炸机中，埃勒的大队击落了11架，其中3架是由一个人击落的——年仅21岁的未来德国第一夜战王牌施瑙弗少尉。轰炸机司令部的记录表明最终有33架轰炸机没有返航，德国空军的记录表明当晚夜间战斗机部队损失了4架战斗机。伍珀塔尔这个鲁尔区的工业重地在这次空袭中遭到惨重损失，超过2000人丧生，11.8万人无家可归。

被英国人称为"圣托德夜间幽灵"的施瑙弗，1922年2月16日出生在斯图加特，1939年11月，他作为一名军官候补生加入了德国空军；1941年11月，被分配到汉堡附近施塔德的Ⅱ./NJG 1，稍后跟随部队一起来到了比利时的圣托德。1943年7月被提升为中尉，当时战绩为17架。1943年12月获得骑士十字勋章，当时他的战绩是42架。他在Ⅳ./NJG 1一直待到1944年11月，其间，在5月被提升为上尉，6月在打下第84架敌机时，获得橡叶骑士十字勋章。7月在第89次击落敌机后，得到了骑士十字勋章上的宝剑，同月他的2位机组成员伦佩尔哈德和盖斯勒一起获得了骑士十字勋章，从而组成了德国空军中独一无二的"骑士十字勋章成员组"。

1944年9月，Ⅳ./NJG 1撤回德国，暂住杜塞尔多夫和多特蒙德。1944年10月9日，施瑙弗获得了第100次夜间战斗的胜利，10月16日，他的橡叶骑士十字勋章上镶上了钻石。1944年11月，施瑙弗在22岁时，成为NJG 4指挥官，当年结束时，他的战绩为106架，12月，他晋升少校军衔。在战争结束时，施瑙弗的官方战绩为121架，几乎全部是在夜间防空作战中取得的，绝大多数为英国皇家空军的重型轰炸机。1950年7月13日，他却因为一次意外车祸受重伤，2天以后，这位在雨点般密集的机枪子弹中幸存下来的勇士在医院去世，年仅28岁。

6月21日－22日夜间，轰炸机司令部795架轰炸机在对克雷菲尔德的空袭中遭到了惨重打击：44架轰炸机没有返航。第51轰炸机中队的海斯菲尔德军士临时顶替受伤的诺克中尉担任投弹员参加这次空袭任务，当时在机组中临时替代者并不受到欢迎，因为大家都明白，在残酷的空袭任务中一个机组就是一个整体，彼此依赖、彼此信任才能有希望完成任务并平安返航，而那些临时补充人员的机组损失率明显较高。当晚，克雷菲尔德的防空火力很猛烈，海斯菲尔德军士的这架哈利法克斯II在目标上空被命中，左翼一台发动机开始燃烧，而另一台则熄火。海斯菲尔德军士竭尽全力灭火，但是只有2台发动机的哈利法克斯已经无法维持飞行高度，机组成员只能选择跳伞，落地后全部被俘。而受伤的诺克中尉虽然躲过一劫，但是他的运气也没有持续多久。

7月4日凌晨1时，德军Ⅰ./NJG 4的路德维希·麦斯特和他的无线电通信员弗尔科军士驾驶Bf 110从位于比利时的弗洛雷纳基地起飞，攻击正在飞向科隆的英军机群。2时15分，他们在雷达上发现目标信号，这架正在返航途中的轰炸机是第51轰炸机中队的1架哈利法克斯，飞行员是第1次执行空袭任务的格纳哈姆军士，而投弹员就是诺克中尉。这架轰炸机很快就被麦斯特击落，只有3名机组成员幸存：领航员、无线电通信员和诺克中尉，最后只有诺克逃脱，其他2人都被俘。在“鲁尔战役”期间，科隆遭到了4次空袭，7月3日－4日夜间是其中的第3次，这次轰炸机司令部出动了653架轰炸机，30架没有返航。而6月28日－29日夜间的第2次空袭虽然只有608架轰炸机参加，但却是科隆损失最大的一次，甚至远远超过以前“千机大轰炸”时造成的损失。德军埃勒少校的Ⅱ./NJG 1在当晚出动了17架战斗机，击落了英军损失的25架轰炸机中的11架，自己没有损失。

这些实战战果的比较也让皇家空军轰炸机司令部从中得到了新的关于编队规模和作战的经验。在1942年的5月，皇家空军轰炸机编队中有约755架双发轰炸机，其中有602架

■ 在164次出击中取得121个战绩的德军第一夜间王牌施瑙弗少校和他的“骑士十字勋章成员组”机组——伦佩尔哈德特少尉和盖斯勒军士。

惠灵顿；到了1943年6月，除了在轰炸引导大队中还装备有12架蚊式机和85架惠灵顿以外，轰炸机编队中的主力几乎全部是4发重型轰炸机：主要有267架兰开斯特、169架哈利法克斯和75架斯特林。

1943年上半年，这一系列空袭虽然可能在每次的总投弹量比不上1942年的千机轰炸，但是皇家空军在轰炸引导和投弹精度上都有了极大的提高，轰炸效率反而大大上升，这从德国节节上升的损失和伤亡数字可以得到最好的证明。丘吉尔在1943年6月30日的一次讲话中这样说道，皇家空军在1943年上半年轰炸德国的炸弹吨位是德国投到英国的35倍。

哈里斯在“鲁尔战役”这一系列的共计29次的空袭中损失了672架轰炸机和4000余名机组成员，战损率为4.8%，勉强维持在5%这个承受极限之内。在这次系列空袭开始的时候，轰炸机司令部的实力大约为1000架轰炸机，包括双发和4发轰炸机。在4个月内，他们就损失了67%的轰炸机，这个比例还不包括那些虽然勉强飞回英国，但是已经严重受损的轰炸机。其中，斯特林轰炸机由于飞行高度比其他重型轰炸机低，不得不承受更多的地面火力威胁，它的战损率达到了6.4%。而与之比较，在这段时间内，蚊式机总共执行了302架次任务，只损失了2架！

虽然皇家空军此时已经允许轰炸机司令

■ 1943年8月29日，比利时圣托德基地，艾勒少校在获得31个战绩后获颁骑士十字勋章，左侧和他握手祝贺的是卡姆胡贝尔将军。

部可以采取“面积轰炸”战术，但是这种地毯式轰炸战术也不是通用的，某些时候，还是需要采用精确的“点轰炸”战术，最明显的例子就是对水坝和潜艇基地的轰炸。这些特殊的目标也为“面积轰炸”和“点轰炸”战术的争论提供了新的思考点。尤其对于水坝这样的目标，垂直落下的普通炸弹即便直接命中也很难对其造成真正的伤害。于是，必须设计生产一些特殊的炸弹，通过低空投弹，使其能在水面以下爆炸，在水中产生类似于地震的效果来毁坏水坝。为了完成这种任务，需要使用专门改装过的兰开斯特，在受过专门训练的机组成员的驾驶下进行攻击。要完成这样的任务，还有一个皇家空军无法控制的客观条件，就是水坝内蓄水量必须到达一定程度，否则这种轰炸产生的地震效果无法达到摧毁水坝的要求。皇家空军为此专门建立了特殊的第617中队，集中了包括吉布森这样的许多优秀的轰炸机机组成员，他们在执行这样的任务以前需要接受大约6个星期的强化训练。随后，19架兰开斯特分别对莫纳、索尔培、埃德尔这3座水坝进行攻击，其中对莫纳和埃德尔水坝的攻击取得了轰动性的成功，但是为此付出的代价是：9架兰开斯特和56名机组成员，其中只有3人幸存被俘。英国方面希望这些水坝的毁坏对鲁尔区的供水以及生产能产生明显的影响，但是事实上的效果没有预期中的明显，例如，索

英国皇家空军第617轰炸机中队

根据1943年初美英首脑会议所达成的《卡萨布兰卡训令》，英美盟军将大力加强对德国的战略轰炸。英国皇家空军轰炸机司令部于1943年3月组建了一支特殊的轰炸机部队，这就是赫赫有名的第617中队。该中队的成员是英国空军从整个轰炸机部队范围里选调出的精兵强将，当3月21日在英格兰北部的斯坎普顿空军基地正式成立时，真可谓是强手如云。中队长由原第106轰炸机中队长盖伊·吉布森中校担任，全中队共装备22架兰开斯特轰炸机。在中队成立后，就立即投入了紧张的训练，令人奇怪的是，训练内容与以往通常的投弹训练大不一样，夜间低空飞行，在18米的超低空投下炸弹。一直到5月16日，吉布森才向队员宣布了任务。617中队轰炸目标是德国鲁尔工业区的水坝，使水坝积蓄的水

汹涌而泻，将鲁尔区陷入灭顶！但是这些水坝都是高强度水泥浇灌而成的，坝基厚达35至50米，常规方式的轰炸根本炸不开。因此，英国炸弹专家巴恩斯·沃利斯花费了2年时间研制出了特种重磅炸弹“百货商店”，这是一种直径1.27米，长1.52米，重达4.2吨的大家伙。但是就算这样的大家伙，如果采用常规方式投弹，还是炸不开50米的水泥层，必须采取特殊攻击方法——在水坝前方400米处投放，投弹高度18米，投弹时的飞机时速378公里，这样就能赋予炸弹500转/分的自转速度，使炸弹在投下后会像小孩玩石头“打水漂”一样，在水面上多次跳跃前进，可以越过水坝前敷设的防弹网，最后贴着水坝壁沉入水中，利用液压引信在水线下爆炸，在坝壁上炸出大洞，借助水压使缺口迅速扩大，最终导致整个水坝溃决——617中队所执行的任务就是要炸开水坝。5月16日晚，617中队出动19架兰开斯特，先后攻击了鲁尔区的3处水坝，成功炸开了莫纳和埃德尔水坝，造成数亿吨蓄水冲出水坝，25座桥梁、1处机场被洪水摧毁，鲁尔区有125家军工厂因大水而停工。617中队为此付出了损失9架兰开斯特，56名机组成员的代价。参战人员中有32人受到嘉奖，吉布森获得英国最高荣誉维多利亚十字勋章，617中队也一举成名，赢得了“水坝毁灭者”（Dam Busters）的绰号。此后，617中队更是频频出击，目标都是一般轰炸机难以解决的“硬骨头”，如潜艇洞库、堤坝、地下洞库和隧道等坚固目标。特别是1944年9月、10月和11月，应英国海军之邀，3次空袭了英国海军的老冤家——德国海军“提尔比兹”号战列舰，并最终炸沉了这艘巨舰。二战后，617中队继续留在英国空军序列中。1952年，换装“堪培拉”B2型轰炸机。1955年初，开赴远东，参与镇压马来西亚反英民族解放运动。1955年12月，解散。1958年，英国空军又重新组建第617中队，直到20世纪80年代初，因“堪培拉”轰炸机退役而解散。20世纪80年代中期，617中队再度恢复现役，配备“旋风”对地攻击机，仍然是英国空军的精锐部队。此后，曾参加过海湾战争，有过相当不俗的表现。

尔培水坝原先只是用于农业灌溉。这些行动的实际价值在战后也同样引起了争论。但是这种性质的空袭行动对于皇家空军而言只能看做特殊任务，在大规模实战中是无法实现的。第617中队此后还继续执行了一些精确轰炸任务，并且作为第5轰炸机大队的特殊中队保留编制。

哈里斯的“鲁尔战役”空袭对于此时德国空军夜间部队的发展也产生了影响。卡姆胡贝尔将军在年初就已经认识到，Bf 110还是空军夜战部队不能缺少的装备，至少可以紧急补充紧缺的作战力量。但是这种战斗机也已经越来越多地暴露出各种问题：在水平速度性能上，Bf 110比皇家空军的4发重型轰炸机快不了多少；而自从蚊式机越来越多地出现在夜空的时候，Bf 110高空性能的弱点也暴露出来了。Ju 88的情况也好不了多少，因为毕竟这2种战机都不是专门的夜间战斗机，而是从其他用途战机改进而来的，严格意义上来说都不是理想的夜间战斗机。但是此时，戈林和米尔希都非常信任这2种夜间战斗机，认为它们可以满足夜间空战的需要，尽管如此，德国航空部技术部门还是要求海因克尔和福克沃尔夫2家公司研制新的专用夜间战斗机。福克乌尔夫公司提出的一个设计是Ta154，但是这型战斗机可以忽略不计，因为直到1944年底，才只有2－3架试验机进入NJG 3指挥部进行试验，值得注意的或许只有Ta154和蚊式机一样，也是木质结构，最后黏合剂的问题使得这个设计最终以失败而告终，德国媒体称这个设计为“德国的蚊式机”，其宣传意义在于试图向国民证明，英国人能造出来的，德国人能造得更好。海因克尔公司提出的设计则是后来被实战证明的优秀夜间战斗机——He 219。这种战斗机应该是德国空军可以在1943年得到的一种二战最优秀的夜间战斗机之一，它也本应该可以成为皇家空军最可怕的杀手。但是德国空军却最终拖延了

■（上）在成功轰炸德国水坝后，英国国王乔治6世视察第617轰炸机中队，吉布森正在向他介绍情况。
■（下）皇家空军第617轰炸机中队轰炸后，遭到严重破坏的莫纳水坝一景。

■ 有着德国空军蚊式机之称的Ta154A-1战斗机。

这种战斗机的研制和生产，这对于皇家空军的轰炸机而言是幸运的，对于德国空军而言则是悲哀的。

1943年3月，德军使用He 219初型和Ju 88的最新改进型S型进行比较试验，德军希望Ju 88能够模拟蚊式机的动作，由此来试验He 219的性能。驾驶Ju 88的是德国航空部技术部的威克托·冯·罗森贝格上校，他曾经是Ⅱ./KG 26（轰炸机联队第2大队）指挥官，Ⅰ./NJG 1指挥官施特莱伯少校飞He 219，此时，他已经取得了超过40个的击落记录。在这次试飞中，He 219用实际表现证明了自己的价值，但是它的生产仍然无法得到保证。随后，施特莱伯的大队负责进行He 219的实战试验，1943年6月，第1架He 219到达文洛基地，施特莱伯于6月11日－12日夜间，第1次驾驶这架编号G9+FB的He 219参加实战，目标就是皇家空军对杜塞尔多夫进行空袭的783架轰炸机。在科尼克麦尔中尉的引导下，施特莱伯于0时38分升空，在1时05分至2时22分之间先后击落了4架哈利法克斯和1架兰开斯特！

He 219获得了一个令人惊讶的辉煌开始，但是在随后的返航降落中施特莱伯的He 219则遇到了严重的问题，飞机的副翼不起作用，他在降落时几乎滑完了整个跑道而仍然无法减速，最终飞机严重损坏，幸运的是施特莱伯没有受伤，而他的无线电通信员费希尔大腿受伤。但是，这次事故对于He 219的生产来说却是雪上加霜的。由于暴露出了操作性能上的缺陷，航空部完全有理由限制其产量。

施特莱伯的战果也无法引起米尔希的重视，因为他认为对于施特莱伯这样优秀的飞行员，驾驶其他型号的战斗机也能取得这样的战绩。虽然其他夜间战斗机飞行员也对He 219极其欢迎，但是依然没有改变米尔希的看法。施特莱伯的大队指挥部使用He 219继续取得战果，如该大队第3中队的莫洛克军士就驾驶这种飞机击落了6架敌机。到1943年12月12日－13日夜间，曼福雷德·穆尔勒上尉第1次驾驶He 219击落蚊式机。施特莱伯于1943年7月晋升为中校并且成为NJG 1指挥官，汉斯·迪特·弗兰克上尉接替他担任第1大队大队长。

He 219直到1944年3月才开始正常投入部

队，但是装备它的只有I./NJG 1。米尔希继续阻止He 219的生产，他认为，He 219的确是一种优秀的多用途战斗机，但是它的生产却是不经济的——1架He 219需要3万个工时。因此，直到战争结束，He 219还只是主要装备了这1个大队(Ⅱ./NJG 1以及后来的NJG 10有少量装备)。我们只能想象，在随后皇家空军“柏林战役”大规模空袭中，如果He 219大量替代了Ju 88和Bf 110，则会对皇家空军造成怎样的影响？因为即便是Bf 110和Ju 88也已经让皇家空军的战损率达到了危险的极限。

■ 施特莱伯就是驾驶这架He 219于1943年6月11日－12日夜间一次出击就击落英军5架轰炸机。

“野猪联队”登场

在施特莱伯取得一个晚上击落5架轰炸机这个辉煌战果后的3个星期，德军夜间战斗机部队另一位传奇式的重要人物也要登场了，他就是“野猪战术”的创始人赫尔曼，他创建了著名的“野猪联队”。这种联队的最大特点是，联队中的这些夜空杀手驾驶的不是那些Bf 110、Ju 88之类标准双发重型夜间战斗机，而是那些原本已经被夜间战斗机部队

■ 但是就在这次成功的出击结束后，施特莱伯驾驶这架He 219在降落时遇到问题，最终飞机全毁，幸运的是机组成员都幸免于难。

■ Ta154A-0战斗机，8架预生产型中的最后1架。

淘汰的单发昼间战斗机。在介绍这种战术之前，我们先来看看赫尔曼的经历。

赫尔曼于1913年出生在基尔，1933－1935年间作为步兵服役，1935年后被选入空军，1936－1937年间参加了西班牙内战，当时飞Ju 52运输机，随后开始改飞轰炸机。回到德国后开始飞He 111轰炸机，波兰战役期间飞Ju 88轰炸机。之后连续参加入侵挪威、荷兰、法国、英伦空战、马耳他和希腊等一系列作战。1940年10月获得骑士十字勋章。1942年上半年，他驻扎在挪威北部，到下半年。29岁的赫尔曼上尉被调担任空军参谋部通信飞行工作，但是对这位久经沙场的飞行员而言，前线才是他向往的，而不是这样一个“飞行写字台”驾驶员！随后赫尔曼被调到空军参谋部属下的“T”大队。这个大队很特殊，只有6名青年军官，任务是“技术战术发掘研究”。简单来说，就是研究如何挖掘空军现有的各方面的潜力来满足空军需求，提升战斗力。每位军官都拥有某个领域的作战经验，赫尔曼负责轰炸机部队部分。然而，命运往往喜欢捉弄人，一直参与进攻轰炸任务的赫尔曼越来越多地开始进行空中防御战术的研究。

在“T”大队的经历给了赫尔曼极好的锻炼机会，他得以有机会接触空军的各个部门，同时，学会如何通过削减不必要的投入，整合自己能够利用的资源来完成自己的任务，这对于他随后的成功至关重要。此时，德国空军对于各种战机的需求十分巨大，而东线一直排在优先位置，但是随着皇家空军对德国日益猛烈的空袭以及美国的加入，本土防空对空军资源分配提出的要求也越来越大。

赫尔曼利用德国情报部门的资料对英美的飞机生产工业作出了评估：英美每年生产29200架轰炸机，远远多于战斗机的产量(10000架/年)。轰炸机飞行员的经历告诉他，现在德国夜间战斗机部队已经面临极其严峻的考验。于是他开始这样设想：在夜间使用那些现在仅仅在白天执行任务的单发昼间战斗机进行作战，充分利用现有的资源为夜间空战提供支援，他的计划是让那些Bf 109和Fw 190作为24小时战斗机，在夜间由其他飞行员驾驶投入对皇家空军4发轰炸机的战斗。赫尔曼的计划使得原来最早已经采用过

■ 穆尔勒上尉，他身后是他的无线电通信员施贝军士——第1个获得骑士十字勋章的夜间战斗机无线电通信员，背后是1架被他击落的兰开斯特的机身残骸碎片。

并被淘汰的单发战斗机夜战战术重新列入了考虑，例如，原来JG 2尝试的Bf 109的夜间单机游猎战术、探照灯配合战术以及后来发展的光照截击战术。但是赫尔曼的战术考虑和上述战术相比存在很大的不同，他认为单发战斗机最佳的作战区域就应该在遭到空袭的城市上空。在这个空域可以最大限度地发挥单发战斗机快速灵活的特点，让飞行员目视攻击那些轰炸机，因为城市上空有足够的探照灯提供光源，只要合理避开地面高炮的火力范围就可以了。为了让他的战术设计能够得以实行，赫尔曼找到一位参谋部的老军官——艾辛瑙尔上校，请求他给予人员和装备上的帮助，借给他1架单发战斗机，以便他检验改进这种战术，艾辛瑙尔上校答应了他的请求。

此外，赫尔曼还得到了沙勒将军的帮助，得到了1架作为目标机的He 111型轰炸机以及柏林的高炮部队的协助；另外，他也没费多大力气就找到了具备夜间飞行经验的战斗机飞行员来协助他的战术试验，随后赫尔曼的试验继续进行。最初和赫尔曼合作尝试这种危险的夜间战术的飞行员主要是来自于布兰登堡飞行学校的飞行员，这些飞行员已经做好准备，白天进行各自正常的工作，晚上就来参加赫尔曼这种近乎疯狂的夜战试验，攻击皇家空军轰炸机。

1943年4月，他和另外7名飞行员驾驶各自的单发战斗机升空，并将尝试攻击由雷达站搜索到正在接近柏林的蚊式机。赫尔曼飞

■ “野猪战术”以及“野猪联队”的创建者赫尔曼上校。

到11000米高空，发现了他下方2000米的1架蚊式机，于是他立刻开始俯冲攻击，但是他最终没有能够击落这架蚊式机，他的另外2位同伴也尝试攻击，同样没有成功。但是赫尔曼对于夜间作战的信心却越来越足了，因为目标并非不可触及。

此时，在德国空军高层也存在不同的意见，米尔希和卡姆胡贝尔对于赫尔曼的尝试并不重视，尤其对于卡姆胡贝尔而言，他更是表示拒绝，因为“野猪战术”本来就和他认为已经被淘汰的光照截击战术很相似。但是战斗机总监加兰德少将则有完全不同的看法，他支持赫尔曼的战术试验，并向他提供更多的战斗机飞行员。于是，整个5月和6月，赫尔曼和他的志愿飞行员一直在努力进行夜间战斗的练习，尤其是那些志愿飞行员在白天还必须完成各自的任务。他们希望能有真正的实战检验机会，但是这样的机会到此时还没有出现。赫尔曼就是这样一位充满斗志的勇敢的飞行军官，他坚定而又不失灵活，以少校（这还是1943年4月才刚刚晋升的）这样低的军衔来回穿梭于德国空军指挥部的各个部门，为他的战术试验奔走，并且赢得了越来越多的支持。

赫尔曼的努力有时会遇到阻力，有时则得到了全力支持，时任德国中部防空最高指挥官的魏斯上将就对此报以怀疑态度，拒绝下达限制高炮火力范围的命令，他认为这只“有利于一小撮战斗机飞行员”。魏斯属下的鲍姆·泰特尔巴赫中校更是对这个战术极为不屑，认为这是“莽撞而不负责任”的战术，并给它起了“野猪战术”这个带有轻蔑色彩的外号。但是赫尔曼却得到了戈林的赏识，并且在1943年6月27日得到了和戈林面谈的机会。经过这次对话，戈林对这种战术产生了很大的兴趣，于是他命令由赫尔曼和他的志愿飞行员们建立“夜间战斗机试验指挥部”，赫尔曼获得了在德国西部英军夜间空袭最猛烈的空域试验他的战术的机会。赫尔曼在和第2航空军指挥官辛兹将军面谈后，得到了他的支持，辛兹将军答应他属下的高炮部队将会把火力范围控制在5500米以下，并且应允一旦有英军空袭就最快速度通知赫尔曼，给他提供实战试验的机会。7月3日，赫尔曼的机会终于来了，前一天他获得了皇家空军将在这个晚上进行大规模空袭的预警信息。赫尔曼很认真地通过各种正式渠

■　“野猪联队”的传统标志。

道通知了他的志愿飞行员们，并且获得了那些志愿飞行员的上司的同意，让他们的这些属下参加这次实战试验。当晚，当他从柏林飞到门兴格拉德巴赫的基地的时候，他的9位志愿飞行员已经驾驶各自的Bf 109和FW 190先于他起飞到达并且在计划的集合区域——鲁尔区上空6000－7000米的空中盘旋等待了！赫尔曼在加满油后立刻升空，这次他感到非常的轻松，因为地面高炮部队将会和他合作，让他不必担心己方火力的误伤。

此时，皇家空军轰炸机群在进入德国空域后将会受到卡姆胡贝尔的大量夜间战斗机和地面高炮的联合洗礼，这是地狱一般的经历。这一次，当轰炸机司令部第1架轰炸机到达克雷菲尔德的时候，并没有和往常一样向北转向埃森方向，而是转向南面杜塞尔多夫和科隆方向！哈里斯的目标竟然还是5天前遭到猛烈空袭的科隆，这次他投入了653架轰炸机。这个突然的变化对于赫尔曼来说不是一个好消息，情况变得复杂了，因为驻防科隆的高炮部队不属于答应配合他的辛兹将军的第2航空军，而是隶属于布霞特将军的第7高炮师，这意味着，赫尔曼和他的志愿飞行员将不得不面临己方数以百计的重型和中型高炮的火力威胁！第1个利用探照灯光和高炮火光在科隆上空击落轰炸机的赫尔曼志愿飞行员是卡尔·弗里德里希·穆勒，他因为长着一个大鼻子而被同伴称为“大鼻子穆勒”。赫尔曼宣称在这个夜晚，他的部队的战绩是12架。在科隆上空的这个夜晚，

■ “野猪联队”王牌“大鼻子穆勒”上尉，他在总共52次出击中击落了23架敌机。

皇家空军损失了12架轰炸机是没有疑问的，问题是高炮部队就没有取得战果？由于“野猪部队”的加入而本来就有点混乱的这次夜战，更是为最后战果的确认造成了麻烦，按照战绩统计的惯例，在高炮部队防区内被击落的轰炸机属于高炮部队。最终，他们经过协商的结果是：布霞特的高炮部队和赫尔曼的“野猪联队”各自得到击落6架轰炸机的确认记录。

当晚的空战结束后，赫尔曼降落到了波恩－汉格拉基地，他自己甚至都不太清楚到底降落到了哪里，因为他只是在夜空中看到了这么一个能够降落的机场，这种情况也将

■ 穆勒驾驶的Fw 190A-3（上）和Bf 109G-14（下）。

是以后“野猪联队”经常遇到的问题，但是至少现在赫尔曼可以安稳地休息了。第2天清晨，赫尔曼就接到了戈林元帅的电话，要求他在上午就到耶内克上将那里报到，戈林将和他面谈。这次会面的结果就是，赫尔曼获得正式任命，建立单发战斗机夜间战斗机联队——NJG 300，他成为首任指挥官。联队第1个大队将在波恩－汉格拉建立，赫尔曼现在必须为建立这个和另两个大队（分别驻扎莱因地区和奥登堡地区）而奔忙，联队将使用这些区域的昼间战斗机部队的战斗机，赫尔曼的首要任务是寻找拥有夜间飞行经验，同时，具备执行这样疯狂而危险任务的心理素质并且能够继续发展这种战术的合格飞行员，他希望能在9月份使得联队能够进入实战部署状态，然而，这个希望最终没能够完全实现。

皇家空军轰炸机司令部在1943年上半年空袭的总体情况如下：总共对鲁尔区进行了约18000架次空袭，损失了872架轰炸机，此外，还有约2000架严重受伤。

战争开始进入1943年这个残酷的夏天，英德双方在空战技战术上继续向前迈进，同时，其间也发生了一些重要事件。

1942年，皇家空军基本确认德军夜间战斗机装备有机载雷达。先是英军地面监听站监听到德军夜间战斗机飞行员和地面引导指挥站之间的通信中经常出现飞行员“Emil，Emil”的呼叫，英军发现这个就是德军飞行员捕获目标时的呼号。1942年12月3日，来自加拿大皇家空军的飞行员保尔顿少尉驾驶1架执行无线电探测任务的惠灵顿参加对法兰克福的空袭。他这架惠灵顿遭到1架德军夜间战斗机至少12次的攻击，机体受到严重损伤，此时，同样来自加拿大皇家空军的无线电探测军官哈罗德·乔丹少尉已经成功探测到这架德军战斗机装备的明石机载雷达的频率，尽管他的一条胳膊和一只眼睛都严重受伤，但他还是坚持记下了探测的结果。同样，也身受重伤的无线电通信员比格瑞军士坚持向在英国本土的指挥部发出了这条信息，但是无法确认指挥部是否成功收到，因为飞机上的无线电接收器已经损坏，于是这架惠灵顿在飞到英国海峡这段时间里不停地持续发送这条信息。飞行员保尔顿少尉认为这架严重受损的惠灵顿已经不可能在地面迫降，只能选择迫降在尽可能靠近英国海岸的海面上，机组成员先帮助身负重伤的比格瑞军士带上降落伞跳伞，随后飞机开始迫降到海面上，幸运的是，4名负伤的机组成员都活了下来。

英军获得了德军明石机载雷达的工作频率后，就可以找到对其进行干扰的办法。

皇家空军最早采用一种被称为“地面商贩”的干扰装置，并于1943年4月26日－27日夜间第1次应用到实战，“地面商贩”的干扰发射器部署在英国本土，有效作用距离和雷达一样受到地表球面的限制，这次试验结果并不理想，因为德军夜间战斗机很少飞到这个干扰装置的有效干扰区内。随后，皇家空军进行了改进，新的干扰装置被称为“飞行商贩”，但是作用依然有限。另一次出乎英军意料的突发事件使得英军对明石机载雷达的了解更进了一步：1943年5月9日，1架装备明石机载雷达的编号为D5+EV的Ju 88R-1型夜间战斗机降落到了皇家空军的基地！这架战机属于10./NJG 3，飞行员海因里希·施密特中尉曾经参加过西班牙内战和不列颠空战，无线电通信员是鲍尔·罗森贝格军士，机械师是艾里希·康特威尔军士。他们为这次逃亡做了周密的准备，在这天下午3时30分起飞后不久，施密特中尉照计划发出SOS的呼救，然后报告飞机的1台发动机意外着火，必须紧急迫降到海上。然后，其关闭无线电系统，沿苏格兰海岸飞行，最终在前来接应的喷火战斗机的引导下降落。这次叛逃行动的保密性做得相当成功，德国方面在接到呼救信号后派出大批救援飞机进行搜索，却没有找到飞机以及机组成员，随后在发现叛逃者故意丢弃的救生圈后认为他们都已坠海丧生。

英国人这次得到了1台完好的明石机载雷达！这对于英国的科研技术人员而言是1份天上掉下来的礼物。此时，英国研制的“锯齿”(Serrate) 装置也取得了重要进展。这是一种由英国远程探测研究所研制的机载被动探测装置，可以接收到德军明石机载雷达的信号，最远可以探测到80公里之外的德军明石机载雷达的信号，但是如果德军飞机不是相向而来的话，则探测距离就会短很多。最早装备这种装置的是皇家空军战斗机司令部第141中队的英俊战士IVF战斗机，这些战斗机于1943年6月开始执行轰炸机支援任务，猎杀德军夜间战斗机。英俊战士IVF战斗机在探测到明石机载雷达的信号后，就向着德军战斗机的方向飞行，直到自己的AI IV型机载截击雷达可以探测到敌机，然后开始攻击德军夜间战斗机。

1943年6月14日－15日夜，轰炸机司令部对鲁尔区的奥伯豪森进行空袭，这也是“锯齿”装置第1次参加实战：在轰炸引导大队的

8架蚊式机为后续的197架兰开斯特进行目标指引的时候，5架英俊战士IVF战斗机负责监视德军夜间战斗机的几个主要出击基地：艾恩德霍芬、迪伦和希尔泽－赖恩。虽然英俊战士IVF战斗机没有取得任何击落记录，但是，“锯齿”装置的作用还是得到了实战的证实。

此时，参加空袭的皇家空军轰炸机都已经安装了Gee系统用于导航，部分兰开斯特装备了H2S机载地形雷达，负责轰炸引导的蚊式机则装备欧波系统进行目标指示，而新加入的皇家空军战斗机司令部的英俊战士夜间战斗机则装备AI IV型机载截击雷达和“锯齿”装置负责猎杀德军夜间战斗机。但是，德军夜间战斗机部队继续表现出强大的战斗力：这个夜晚，轰炸机司令部17架兰开斯特被击落，大部分都属于夜间战斗机部队的战果。其中，NJG 1第1大队的根特·拉都士少校在科尼克麦尔的引导下，15分钟内击落2架兰开斯特。

面对威胁越来越大的德军夜间战斗机，皇家空军在1943年6月投入了2种新的电子装备：“酒店”(Boozer) 和“莫妮卡”(monica)。“酒店”是一种被动预警装置，当飞机被德军明石机载雷达或地面维尔茨堡型雷达照射到的时候，会闪现红黄警报信号。“莫妮卡”告警装置则是一种主动装置，它发出脉冲波，遇到周围出现的敌机就会反射，此时，飞行员就可以听到耳机中传来的滴滴警告声，声音间隔越短，表明敌机位置越近。但是这2种新设备在轰炸机机组成员中并不受欢迎，对于“酒店”，因为在德国境内有太多的雷达电波，所以一直闪烁，很难起到真正的预警作用；对于“莫妮卡”，则因为轰炸机群本身就由大量轰炸机组成，那些飞行员无法忍受耳边一直滴滴不停的噪音。

■　这架生产系列号为360043的Ju 88R-1于1943年5月9日在海因里希·施密特中尉驾驶下叛逃到英国，现在这架夜间战斗机陈列于皇家空军博物馆。

■ 这架兰开斯特属于第9轰炸机中队，在机尾炮塔下部的就是“莫妮卡”告警装置的发射天线。

此时，德军方面则投入了一种新的非常实用的装备，后来得到“斜乐”这个外号的机炮。这种机炮主要装备于Ju 88，实战证明这是一种能有效攻击轰炸机的武器。战斗机只需要飞到轰炸机的下后方就可以使用这种机炮神不知鬼不觉地进行攻击，一旦攻击得手就从下方侧转脱离。具体谁最早提出在夜间战斗机上安装这种斜向上射击的机炮的问题存在不少争议，因为这个创意最早在一战的时候就已经被提出来了，并且进行过试验。而在夜间空战这个领域，则可以确定是4./NJG 2的鲁道夫·宣内特中尉最早开始进行试验并且获得成功，他的战友提示他，相比Bf 110，在Do 217型夜间战斗机上更适合安装这种斜射机枪。此前，Bf 110的产量由于梅塞斯密特在令人失望的Me 210上的影响严重下降，Do 217则作为一种补救措施越来越多地装备夜间战斗机部队。最早的Do 217夜战型Do 217J-1大约在1942年3月开始装备Ⅱ./NJG 1。而宣内特中尉对道尼尔飞机很熟悉，早在1941年秋就已经做好准备，利用他所在中队装备的Do 17Z-10上安装斜射的MG15型 7.9毫米机枪进行试验，但是当他第1次向卡姆胡贝尔提出这个建议的时候，却遭到了拒绝。直到1942年7月，当卡姆胡贝尔少将向宣内特颁授骑士十字勋章的时候，宣内特利用这次机会再次提出这个建议，这1次终于成功了：卡姆胡贝尔少将同意他正式开始这个实验。

1942年底，已经获得23个击落记录的宣内特成为II./NJG 5指挥官，这个大队主要装备Bf 110，但是宣内特继续带着他这架已经安装了斜射机枪的特殊Do 217。该大队的机械师马勒军士长对这架特殊的Do 217进行了近距离的观察后，很快就成功在1架Bf 110上安装了2门斜射的MG151型机炮。1943年5月，宣内特驾驶这种自行改装的战斗机在柏林上空取得了“斜乐”机炮的第1个正式击落记录。在试验成功后，“斜乐”R-22机炮就要开始正式登场了，德军官方正式批准文件于1943年6月下达，开始在Do 217和Ju 88上批量进行这种改装，并且专门生产了特殊的用于改装的工具箱，但是最初Bf 110则没有这种工具箱，以至装备它们的大队只得自己动手研制改装工具。实战试验得出这种机炮最佳的射击角度是75度向上。最早试验采用的是MG机枪，正式的“斜乐” R-22则采用双联MG151/20型机炮，每门备弹200发，这种机炮的射速达到了800发/分钟。提到“斜乐”这个外号，一方面，因为这种机炮是斜向上射击的；另一方面，这也是当时德国人在谈到英格鲁萨克逊人的爵士乐时所使用的称呼。

虽然还有不少德军夜间飞行员依然偏爱传统的前向机炮，但是这并不影响“斜乐”机炮在另一部分飞行员手里成为日益令人生畏的武器。这些使用“斜乐”机炮的飞行员在用雷达或目视发现轰炸机后，就悄悄飞到这架轰炸机下方30米甚至更近的位置，而这个位置不仅可以躲开轰炸机尾部炮塔的威胁，更可以得到地面背景的掩护，根据施瑙弗在战后的回忆记录，他的NJG 4击落的轰炸机中约有2－5架直到被攻击时也没有进行防卫或者规避，原因就是这些轰炸机机组根本没有发现夜间战斗机的接近以及攻击。德军飞行员很快就可以使用专门的光学瞄准具瞄准并且精确射击，对于4发轰炸机，每2台发动机之间的机翼中部就是主油箱，这成为“斜乐”机炮的重点攻击位置，通常对这个部位进行短点射后就可以使被攻击的轰炸机很快变成夜空中的火球，这些被“捕猎”的轰炸机很难有机会逃脱坠落的命运。

使用“斜乐”的德军飞行员不选择机身主体作为目标的原因很简单，这样的攻击容易使轰炸机爆炸，那么在轰炸机下方的他们就几乎没有机会脱离。而不少德军夜间飞行员自己还提到攻击轰炸机机翼的另一个原因，可以给皇家空军的机组成员提供足够跳伞的时间。

此时，在一般情况下，当皇家空军机组成员在夜空中发现德军夜间战斗机后，飞行员立刻得到警告，随后他马上提示机组并且驾驶轰炸机进行外号为“木塞螺旋起子”的规避机动，希望可以干扰或者避开德军战斗机的攻击。而大部分德军夜间飞行员一般都

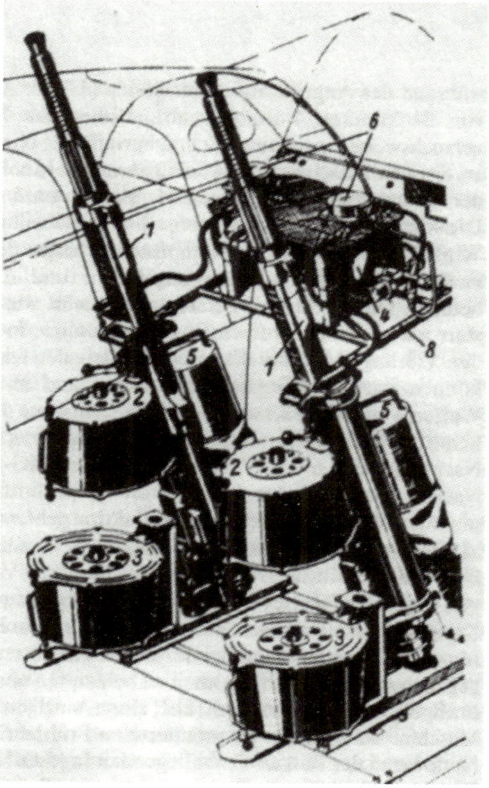

■　“斜乐”机炮结构图：2门约75度角向上的MG/FF型20毫米机炮。

■ Bf 110F型夜间战斗机上安装了2门“斜乐”机炮（2门MG151/20型机炮），6挺前射机枪，1对后座机枪。

会放弃进行这种机动的轰炸机，而转而攻击其他容易得手的目标；但是也有部分执著的技术优秀的德军飞行员会跟随这种机动继续攻击，直到成功击落目标。随着“斜乐”机炮这种攻击方式的出现，机组成员很难发现位于他们下方的德军战斗机，只有当他们听到机体传来急促短暂的爆炸声时，才发现他们的轰炸机已经被命中并且开始燃烧了，但是往往为时已晚。“斜乐”机炮从1943年6月诞生开始，就注定成为皇家空军的噩梦。

实际上，除了宣内特以外还有其他德军飞行员也曾独立提出过这种设想，例如，Ⅳ./NJG 5大队长威廷根施坦因上尉在1942年末就曾自行安装类似的机炮在东线进行作战尝试，并且取得了一些战果。

威廷根施坦因上尉当时的无线电通信员海尔伯特·库莫利兹这样写道：“1942年底，一些著名的飞行员开始尝试在自己的战机上安装机身机炮，当然，这些都是违反武器管理条例的。威廷根施坦因亲王也是其中一位，当我1943年3月初加入他的机组的时候，他已经在他的战机上安装了2门MG/FF型机炮，我参加了他的试验性射击，随后我们在对苏军的作战中取得了一些战果。海因里希·赛因·威廷根施坦因亲王是德国夜间战斗机部队中一个非常有特点的夜间王牌，他是一位拿破仑时期著名的俄国元帅的后代，于1916年8月14日出生在丹麦哥本哈根，在瑞士长大。他从小就表现出坚毅的性格，会执著得向着自己设立的目标前进。1937年，他加入德国空军，1938年晋升为少尉，逐渐成长为一名典型的德国军官。他自愿从轰炸机

■　“木塞螺旋起子”机动规避动作示意图：1：当发现德军夜间战斗机接近后，轰炸机飞行员根据其路线迅速向左或者右转向俯冲，这样不仅可以避开德军可能的射击，而且也能降到比德军夜间战斗机更低的高度；2.大约下降600米左右，飞行员改平轰炸机并且转回原来的飞行方向；3.飞行员再次爬升，回到原来高度；4.等到德军夜间战斗机再次进入攻击位置，飞行员则直接俯冲，下降大约300米高度；5.这里如果没有摆脱德军夜间战斗机，那么飞行员将继续进行转向俯冲。如果这一系列机动依然没有摆脱德军夜间战斗机，那么轰炸机飞行员将继续重复这样的机动动作，由于这样的机动基本可以保持轰炸机原有的平均高度和航线，因此轰炸机可以边规避边返航。德军夜间飞行员对这个规避动作也几乎束手无策，他们认为，在一般情况下，如果轰炸机飞行员及时完整地完成这套机动动作，那么他们的攻击就很难完成。

■　威廷根施坦因亲王。

部队转到夜间战斗机部队，因为他认为自己更愿意防卫德国，而不是去进攻其他国家。他一贯的性格决定当他要做某件事的时候，他就一定要做到最好，这个要求是对他自己，自然也包括他的属下尤其是他的机组。1942年1月，他转入夜间战斗机部队，3月8日－9日夜间第1次击落1架轰炸机。到同年秋天，他的战绩已经上升到了22架，在10月上旬获得骑士十字勋章，并且晋升为上尉，1942年末，被委任为Ⅳ./NJG 5大队长。威廷根施坦因是一个夜间王牌，是一个永不放弃的人，他时刻准备着完成自己的任务，而从不考虑自己的健康，甚至生命，直到无法躲开最终的命运。但是对于他的属下和其他机组而言，是无法理解他们上司这种永不停歇的出击的执著信念的，因为他们不想在战争中死亡，而是想活到战后。因此和亲王合作并不是一件容易的事，很多人都无法和他共事，而我似乎和他很投缘，他一开始就非常喜欢我，记得第1次见面，他就用非常信任的语调向我说明情况。因此，我成为唯一一个能和他合作整整一年（1943年）的无线电通信员，但是最终我没能和他一起继续作战，因为我必须要去接受专业培训，我们称为‘学习假期’。如果不是这样，虽然在一开始并不容易，那么在1944年和他一起坠机的应该是我。但是我和亲王已经建立了超过普通战友和上下级的友好关系。我清晰地记得我最初的印象，当我们的机载雷达没有发现目标的时候，亲王就会重复一个刻板而无意义的问话：‘你为什么什么也看不到？’这个让我难以置信，因为如果雷达没有发现目标，那么我在屏幕上就是看不到任何目标信号啊！亲王对于作战机会非常执著，他会呆在自己的指挥部等待，一旦英军机群信息确定，他总是第1个起飞，前往目标空域，希望能获得最好的作战位置。令我印象深刻的是，一旦他看到他所在的空域内有其他我们的战斗机在盘旋的话，他就会立刻在无线电里用命令的口气说道：‘我是威廷根施坦因，走开！’”

和德军夜间战斗机部队一样，轰炸机司令部也涌现出许多非常优秀的机组成员，例如，我们已经介绍过的轰炸引导大队指挥官本内特。此外，在对鲁尔区的轰炸中还出现了一位极其优秀的轰炸机指挥官吉布森中校，他的杰出表现（参加过3倍于标准空袭任务次数）使他相继获得优异服务勋章（DSO）、优异飞行十字勋章（DFC）。此后，由于他成功地完成了轰炸德国水坝的任务而获得英国最高荣誉维多利亚十字勋章。莱奥纳德·切夏尔是另一位非常优秀的轰炸机指挥官，他执行危险空袭任务的次数仅次于吉布森，也获得了优异服务勋章和优异飞行十字勋章。在1943年4月，他成为皇家空军最年轻的上校，切夏尔的第1枚优异服务勋章是在他还是少尉的时候就获得了，当时同样是英军中最年轻的优异服务勋章获得者。优异飞行十字勋章是他在完成自己的30次空袭任务后获得的。此后，他继续增加他的空袭任务次数，其中，在第102轰炸机中队飞惠特利，后在第35轰炸机中队飞哈利法克斯，很快他被指派为第76轰炸机中队指挥官。此外，轰炸机司令部还有其他从开战起就执行危险的空袭任务的优秀飞

■ 1942年10月2日，威廷根施坦因亲王中尉（右侧）在获得22个夜间战绩后被授予骑士十字勋章，中间是卡姆胡贝尔将军。

■ 第102夜间战斗机联队的1架Ju 88 G-7，可以看到它的“斜乐”机炮（2门MG151/20型机炮）。

行员。轰炸机机组中能完成30次空袭任务的机会很小，像上述这些完成了2倍甚至3倍标准空袭次数的王牌轰炸机飞行员更是凤毛麟角。

在1943年6月，德军夜间战斗机部队大约拥有350架可出动的夜间战斗机，主要为Bf 110和Ju 88型，相比之下，此时，德国负责本土防空的昼间战斗机部队防卫英美空袭的战斗机数量在4月大约为120架，到了6月增加到约255架。

到1943年6月底，皇家空军损失的轰炸机总数达到了3448架，机组成员损失达到了约2万人。德军夜间战斗机部队获得确认的战绩为击落约1600架轰炸机。虽然在夜战开始阶段，德军夜间战斗机的作用还无法和地面高炮部队相比，但之后的情况完全转变了：在1943年4月、5月和6月这3个月，卡姆胡贝尔的夜间战斗机部队击落了皇家空军损失的762架轰炸机中的551架，比例上升到了72%！那时，在德国国内，这些优秀的夜间战斗机王牌几乎家喻户晓，成为媒体报刊上大肆宣扬的偶像。而在英国，虽然英国媒体也作了一定的努力，但是这些轰炸机组成员相比他们的对手以及本国的战斗机飞行员而言依然默默无闻。皇家空军战斗机飞行员一般在击落20架敌机后就可以获颁至少优异服务勋章（DSO）或者更高的优异飞行十字勋章（DFC）和优异飞行勋章（DFM），而对应的轰炸机机组获得这些勋章的基本要求是参加空袭次数分别达到30次、40次、50次，而他们在完成这些次数后幸存的概率几乎很小，而在此条件下，机组中的飞行员，也包括部分领航员才有机会获得这些荣誉，机组其他成员要想获得这些荣誉，则需要有非同寻常的勇敢表现。

相比皇家空军，德军战斗机飞行员个人获得的战绩要高得多，原因主要不外乎两个：第一，在德国上空出现的目标数量更多；第二，德军王牌飞行员得到的出勤次数也多得多。但是，这些客观原因不会影响德军战斗机飞行员的优秀声誉，因为面对西线上空的庞大机群，攻击轰炸机获得战果绝不是一件容易的事。

无线电通信员海尔伯特·库莫利兹在1943年初加入威廷根施坦因亲王上尉的机组之前已经有了6个月的实战经验，但是还没有获得过参与击落的记录。他具备成为一名优秀的无线电通信员的基本素质，因为他战前已经在德国无线电报公司学习了高频通信技术。由于威廷根施坦因亲王对属下尤其是他自己的机组要求非常严格，耐心也不好，于是他此时还没有固定的无线电通信员，很多人都被他“开除”出自己的机组。当库莫利兹加入后不久，他们的大队准备调到柏林对付夜间出现在东普鲁士的苏联轰炸机，在明石机载雷达的引导下，他很快就击落了6－7架轰炸机。

1943年3月－4月间，他们被调到法国境内负责加强德国潜艇基地的防空任务。在“鲁尔战役”的顶峰时期，很多优秀的夜间战斗机飞行员被抽调到荷兰地区以加强那里的防空。威廷根施坦因亲王上尉去了希尔泽－赖恩，同时，接到进行改飞Bf 110的命令，但是他们只飞了一天Bf 110，当晚由于这架Bf 110无法出击，威廷根施坦因亲王依然驾驶他的Ju 88C起飞，击落了4架兰开斯特。随后由于威廷根施坦因亲王上尉的资历和战绩，他的请求得到了上级的满足：他可以继续飞他自己的Ju 88。

1943年6月底，威廷根施坦因亲王上尉的Ⅳ./NJG 5抵达了东部前线的中央防御地带，他们未在那里久驻，其原因非常罕见——该大队被“机械化”了——拆分为3个独立的中队，每个中队又被分为3个独立的小队，由此而得的9个小队均被分配到9列完全整装、自给自足的列车上，列车上包括指挥车厢、住宿车厢、储藏车厢、维修车厢、通信车厢，以及所有必需的设备，从而使它们能够完全独立自主地运转。9个分队中的5个甚至还有附加的好处——为铁路装配的维尔茨堡型雷达，以提供区域性的地面引导。这样“机械化”的效果立竿见影。他们在东线行动的第1个月里，仅在支援库尔斯克战役的攻势里，该大队就获得了49个战果。

1943年8月间，Ⅳ./NJG 5被改编为Ⅰ./NJG 100。威廷根施坦因亲王回到德国后成为Ⅱ./NJG 3大队长，同时，他在Ⅰ./NJG 100的指挥官位置也被移交给了“斜乐”机炮发明者宣内特上尉。

威廷根施坦因亲王于1944年1月1日晋升为NJG 2指挥官。而他担任NJG 2指挥官的任期只有3个星期，因为他在1944年1月21日晚上被击落。最后他的个人战绩达到83架，使他最终在夜间战斗机飞行员中排名第三，前两位是施瑙弗和兰特。

1943年7月3日－4日夜间，轰炸机司令部对科隆的空袭中，赫尔曼的“野猪联队”

■ 1架被德国夜间战斗机部队击落的英国皇家空军兰开斯特轰炸机。

■ 在燃烧的科隆上空的兰开斯特：德国一位“野猪联队”飞行员的视角。

正式登场。而轰炸机司令部在随后的一周则继续对亚琛、都灵等城市继续进行猛烈的空袭。在对都灵的空袭中，轰炸机司令部损失了一名著名的轰炸机飞行员——维多利亚勋章的获得者J.D.内特尔顿中校，随后在返航途中，第44轰炸机中队中队长也在海峡上空被击落，他们都成为德军夜间战斗机机炮下的牺牲者。提到内特尔顿中校，他曾经在4月17日率领12架兰开斯特对奥格斯堡的发动机厂进行了一次极其危险的低空轰炸，其中7架兰开斯特被击落，内特尔顿中校的兰开斯特则是伤痕累累地勉强返回基地，由于这次危险的行动，他获得了维多利亚勋章。而这次空袭的惨重损失也再次让皇家空军认识到现在进行昼间空袭依然是代价高昂的，夜间空袭依然是唯一选择。

火焰风暴——“汉堡战役”

“鲁尔战役”结束后，轰炸机司令部的空袭重点目标开始锁定德国的第二大城市——汉堡！对汉堡的一系列空袭计划被称为“汉堡战役”，哈里斯这个计划的目标是尽可能对德国的战时经济、工业和民众士气造成严重的伤害，并以此大量削弱德军防空力量。由于德军夜间战斗机部队对皇家空军造成的损失以及其昼间战斗机部队对美国陆航轰炸机部队的威胁愈来愈大，如何削弱德国空军引起了英美空军的高度重视。美国陆航的轰炸机拥有强大的自卫火力，他们可以通过有效的机群编队战术在空中对付德军昼间战斗机的攻击，并且能取得不错的效果；而皇家空军的轰炸机则没有这种优势，他们可以选择的现实的方法只能是：尽可能摧毁或者削弱德国的军事生产力量。汉堡这个德国的重要军事工业和经济中心毫无疑问成为一个必然的选择。此外，汉堡的地理位置也有利于皇家空军使用H2S机载地形雷达进行导航定位。

1943年5月27日，轰炸机司令部各轰炸机大队的指挥官都收到了哈里斯“摧毁汉堡”的秘密命令。哈里斯在关于“汉堡战役”的命令中有这样一句值得注意的话：“我们夜间大规模空袭希望可以成为白天美国陆航第8航空队空袭的预演或者延续。”这是在皇家空军的空袭命令中第1次提到和美国陆航的合作，但是这并不意味着双方在战略空袭理念上分歧的化解。从此，汉堡对于大规模空袭就不陌生了：在7月初的空袭中，137架皇家空军的轰炸机飞临汉堡上空，空袭造成1387人丧生，4496人受伤；而随后更大的损失还将继续不断出现，因为“汉堡战役”真正的系列空袭行动代号“蛾摩拉”（Gomorrha）——蛾摩拉是圣经故事中约旦一个古城的名字，因为该城的居民罪孽深重，上帝降怒而用天火将该城彻底烧毁。在西方世界里，“蛾摩拉”几乎就是罪恶之城的代名词。取这样富有寓意的典故作为行动代号就可以看出皇家空军对毁灭汉堡的决心——即将开始。

空袭计划原定于6月份开始，但是后来被迫推迟了约4个星期，原因就是德国北部夏季的夜间时间太短，此外，为了能尽可能避开德国夜间战斗机的拦截而采取绕开其防区的航线，轰炸机将不得不减少载弹量以增加燃料携载量。

1943年7月24日午夜，轰炸机司令部第1波轰炸机群进入德国空域，在这之前的白天，德国就已经发现英国方面突然明显增加的无线电信号，它们清楚这就意味着猛烈的空袭即将到来。由于夏夜时间较短，德军判断英军的空袭汇集中于某个区域相距较近的目标。随着皇家空军的编队进入海峡上空后，德军负责预警的弗瑞娅型和宝瓶座型雷达也确认了目标的接近。7月25日凌晨0时19分，德国北部发出了第1次防空预警警报：30分钟内空袭到达。汉堡的警察、消防队员和防空单位的指挥官都立刻集中到各自的指挥部。5分钟后，预报空袭时间缩短为15分钟。0时33分，汉堡公共防空警报开始响起。对于德国居民而言，防空警报并不是他们获得信息的唯一渠道，德国的广播系统会提前预告可能的空袭区域，大部分德国居民在空袭警报响起之前就已经获得了这方面的信息。

哈里斯出动的347架兰开斯特、246架哈利法克斯、125架斯特林和73架惠灵顿在到达

■ 地勤人员正在为1架兰开斯特装载燃烧弹，他们当晚就要参加对汉堡的空袭。

汉堡之前，先在斯特尔岛东南约100公里处开始投放锡箔干扰条，目的在于干扰部署在该地区的德国地面雷达站。虽然德军部署在斯特尔岛区域的弗瑞娅型雷达早先已经探测到英军大规模机群的接近，但是很快德军的高炮和战斗机引导指挥雷达站纷纷报告雷达不能正常工作。而负责德国北部空域的NJG 3的飞行员们不得不在已经被搞糊涂的地面引导军官的指引下开始升空进行作战！

当皇家空军机群越来越靠近汉堡的时候，德军受干扰状况也越来越严重，在此后的整个空袭过程中，高炮部队由于无法得到雷达的有效指挥，只能盲目地进行拦阻射击，在打出约5万发炮弹后，却仅仅击落3架轰炸机，德国夜间战斗机也只是偶然发现并且击落了9架轰炸机。

在轰炸机司令部制订的计划中，空袭目标区域主要是市中心和坐落在易北河北部的1－4城区。在空袭中，主力机群尽可能地密集飞行和投弹，轰炸引导机除了指示目标以外，还将在往返路线上的德国海岸线一带投放指示弹，帮助指引航线。轰炸机引导部队的作战计划是：在空袭正式开始之前，20架引导轰炸机使用H2S机载地形雷达对目标投下黄色指示弹进行定位，这种定位被称为“盲视引导”；随后，8架执行被称为“可视引导”任务的轰炸机，对目标进行目视定位并且投下红色指示弹，这些红色指示弹将成为主力轰炸机群的轰炸参照点；此外，还有其他执行被称为“引导校正”任务的引导轰炸机将对一些偏离的指示作出修正，投下绿色指示弹提示主力机群。这次，皇家空军的空袭还得到了战斗机司令部25架蚊式机的支

■（左及下）1943年7月24日－25日，德国高炮反击空袭汉堡的英国空军轰炸机，德军高炮部队声称击落3架英军轰炸机。

援，它们负责攻击德军夜间战斗机基地。

空袭在0时58分正式开始，但是最初的轰炸引导作业就遇到了麻烦，一些黄色和红色指示弹被投到了偏离目标西北8公里的地方；此后，轰炸机群也随之密集轰炸了位于这个位置的住宅区，而轰炸计划的目标区域仅仅限于城市区。此外，其他一些距离较远的区域也遭到了轰炸，例如，距离目标区域15公里的多弗以及一些空旷的没有建筑物的空地。在空袭后的战果评定中，皇家空军发现，只有39%的轰炸机将炸弹投到了目标区域周围5公里范围内。但是，空袭对汉堡造成的损失依然是巨大的：约1500人丧生。而如果皇家空军轰炸引导大队的引导更为精确的话，则德国的损失将会更大。

《汉堡上空的火焰风暴》一书的作者，当时汉堡消防警察部队上尉汉斯·布隆斯维希这样描述："我们单单防空警察就有1万人，此外，还有党部消防队、希特勒青年团员、工厂消防队以及其他各种消防、防空组织，这些人员数量庞大，都经过了专门的训练。在空袭后，我们粗略统计总共有超过2万人无家可归……"

锡箔干扰条是皇家空军此时开始使用的一种新的干扰手段。这些锡箔干扰条的长度约等于德军主要的维尔茨堡型雷达波长（53.5厘米）的一半：27厘米。这样就能有效干扰德军获得的雷达信号，那些地面引导军官不得不面对越来越多的虚假信号。这种锡箔干扰条不仅仅能有效干扰德军的地面雷达，而

■ 让德国人吃了大亏的锡箔干扰条。

且还能干扰德军夜间战斗机的明石机载雷达，因为明石机载雷达的波长为61厘米。之前这种干扰手段英德双方都早已经了解，但是都没有实际使用，德国方面很害怕其整个防御系统有可能因为这种金属条而作废的情况终于成为了现实；而英国方面在觉得时机成熟前，也不想让这种锡箔干扰条的秘密被敌人发现。这次，汉堡空袭英国方面在得到丘吉尔的直接同意后，正式开始将这种秘密武器投入战场，电子干扰作战代号为"窗户"，而德国方面则直截了当地称之为"干扰条"。锡箔干扰条会造成德军雷达信号满溢，对此德军可以采取不同对策应对，例如，暂时变更雷达频率，避开锡箔干扰条的作用时间。英军的对策则是开始同时投放各种不同长度的锡箔干扰条。锡箔干扰条真正在战术上的作用表现在它可以有效干扰卡姆胡贝尔的夜间战斗机部队的作战部署，导致它们偏离真正的英军机群航线。

实战证明，锡箔干扰条在最初作出的贡献是巨大的，比较此前皇家空军在"鲁尔战

■ 汉堡遭受空袭后的场景。

役”期间约5%的战损率，这次“汉堡战役”的第1次空袭的战损率只有1.5%——仅12架轰炸机被击落。对于皇家空军而言，这是极为重要的进步，因为由此幸存下来的机组成员是宝贵的财富，毕竟，补充损失的飞机要相对简单，而补充人力则要困难得多。此外，这也大大提高了整个轰炸机部队的士气，在战争到了最残酷的关头，精神力量对于维持一个部队的战斗力是非常重要的。

我们在前文里提到的无线电通信员瓦尔特·海登里希和他的飞行员根特·科布利希中尉(现为II./NJG 3中队长)这对默契拍档在这段时间已经击落了3架轰炸机，在7月24日－25日的这个夜晚，他们在代号“蚂蚁”的夜间截击区域内执行巡航作战。

瓦尔特·海登里希回忆道：“我们起飞进入‘蚂蚁’夜间截击区域，在这里我们击落了1架哈利法克斯。这个夜晚英军空袭的目标是汉堡，因此我们很奇怪，这架哈利法克斯怎么会飞到这么北的位置，可能它在执行特殊任务，或者可能它的导航出了问题。虽然这个夜晚皇家空军大量投放了锡箔干扰条，但是这架没有投放。地面引导军官引导我们如此靠近这架轰炸机，我甚至可以清楚辨认出它机身上的中队标志，我们几乎要撞到一起了，我甚至也可以看到机尾机炮塔枪手的脸。当我们把它击落的时候，太阳正好开始升起。我们返航着陆后就驱车前往那架哈利法克斯坠落的区域，那里的人们告诉我们不能靠近这架飞机的残骸，因为飞机上还有炸弹。我们看到，在飞机残骸边上的一个坑里有1枚空投水雷，一名士兵在边上看守。随后很快来了一名海军军官，他下坑试图检查这枚水雷。不幸的是，这枚水雷突然爆炸了，在一声巨响后，这名军官就不存在了！”

这架哈利法克斯当时并非在执行什么特殊任务，而是由于领航员的问题导致航线偏离，飞到了丹麦海岸线上空。

在《汉堡战役》一书中曾记载这架倒霉的哈利法克斯属于第51轰炸机中队，飞行员为莫瑞军士，这是他加入这个中队后执行的第2次空袭任务。这架轰炸机的机组成员中有5人在坠机中阵亡，2人重伤，丹麦人把这2人及时送到了医院，但是不久这2人也因抢救无效死亡。锡箔干扰条虽然能起到一定作用，但是对于单机而言几乎没有用处，这架哈利法克斯也确实没有投放锡箔干扰条。

如同我们此前介绍的，对于德军夜间战

汉堡简介

汉堡，全称为“自由汉萨城汉堡”，是德国第二大城市，德国最大的外贸中心和港口，为德国重要的经济中心，汉堡与柏林、不莱梅一样是德国的市州，因此亦称做汉堡州，其行政级别等同于一个联邦州，有其州议会和州立法委员会。汉堡位于易北河、阿尔斯特河与比勒河三河汇合处的德国北部平原，东经10度，北纬52度，距北海约100公里。北部和东部与石荷州接壤，南部和西部同下萨州相邻。气候属于温带海洋性气候，受北海和波罗的海气流的影响较大，气候多变。面积755平方公里，其中，水域面积占8%，是世界上著名的“水上城市”之一，有“北方威尼斯”之称，大小桥梁就有2400座之多，比意大利威尼斯城还要多5倍。人口约170万。

汉堡依河临海，地处欧洲东西、南北交通要道，是欧洲最重要的造船及物流中心之一。汉堡的B&V船厂是德国三大船厂之一。海轮可从北海沿易北河直达汉堡，因此汉堡港是河、海两用港，成为欧洲河与海、海与陆联运的重要枢纽。历史上，汉堡港的远洋航运和贸易往来早已扩展到亚洲、非洲和美洲。1912年，海运吞吐量已位居世界第三，仅次于伦敦和纽约。天然港区从北海延伸到整个易北河，现在已发展成欧洲最现代化的港口，港区面积100平方公里，大小码头63个，航道全长65公里，500多个泊位，300多条航线通往世界1100多个港口，每年进入港口的船只近2万艘，年吞吐量约6000万吨，集装箱吞吐量居欧洲第二、世界第七，因此汉堡在德国对外贸易中占有举足轻重的地位，历来就有“德国通向世界的门户”的说法。2001年，汉堡进出口总额为635亿欧元，占德国外贸总额的5.35%。

由于汉堡处于欧洲交通通衢的优越地理位置，素有国际商贸中心之称，历来也是众多银行和保险公司的所在地。汉堡是仅次于法兰克福的德国第二大金融中心，全市共有金融机构约200家。汉堡交易所建于1558年，是德国最古老的交易所，从事有价证券、谷物、咖啡等交易。汉堡也是德国最大的保险业中心，德国470家保险公司中有84家的总部均在汉堡。

汉堡是北德地区最重要的交通枢纽，也是西欧通向北欧、东欧的桥梁，陆海空交通都相当发达。汉堡国际机场是北德最大的机场，80多家航空公司的定期班机飞往世界各地140余个城市。汉堡也是北德地区最大的铁路交通枢纽，每天有350次列车驶往德国和欧洲各大主要城市。汉堡公路交通更是四通八达，7条高速公路和多条联邦公路织成现代化的交通网。

汉堡是一座拥有1000多年历史的古城，早在公元前4世纪，汉堡一带就已经成为定居点。公元8世纪末到9世纪初，罗马帝国的查理曼大帝在这里修筑古堡，建立城镇，称为汉马堡。因此地是通向北欧的商路要道，又靠近北海，优越的地理位置使汉堡迅速成为商贾云集的港口城市。公元1189年成为拥有关税和经济特权的贸易城市。12世纪后期，由于港口和工商业的发展，促进了城市的繁荣。进入13世纪后，汉堡同英国、荷兰、挪威、西班牙、葡萄牙等国建立了广泛的贸易往来，并成为波罗的海和北欧重要的自由贸易联盟——汉萨同盟的最早成员之一，被称为“自由贸易市”，成为汉萨同盟在北海最重要的转运地。16世纪后期，汉堡是仅次于荷兰阿姆斯特丹的欧洲第二大物资集散地。17世纪，虽汉萨同盟解体了，但汉堡仍是北德地区最大贸易市，迄今仍称为“自由汉萨城汉堡”。汉堡在历史上曾归属于丹麦，也曾被法国占领过，1815年加入德意志联邦，1937年成立大汉堡市。

二战中，汉堡城市遭到严重破坏，古老建筑几乎荡然无存，有60%的建筑毁于战火。二战后得以重建，如今的汉堡以航空（“空中客车”总部和飞机制造厂，德国汉莎航空技术公司都设在汉堡，是世界第二大飞机制造城）、电子、精密机械与光学仪器制造、机械制造和化学工业五大工业闻名，但由于注重环境保护，大面积种植各种花卉树木，汉堡的绿地面积占全市面积的13%，风景保护区和自然保护区占全市区面积的28%，全市有120座公园，使其成为德国绿化最好的城市之一，“绿城”的名字也由此而来。

根据汉堡的中文意思，被中国人戏称为“汉人的城堡”，这种解释也不无道理，因为中国与德国的交往确实始于汉堡，1731年第1艘中国到德国的商船就是驶入汉堡港的，而1792年从德国开往中国的第1艘商船又是从汉堡港驶出的。1861年，普鲁士外交使团从汉堡起航来到中国天津，后至北京与中国政府签订了《中德条约》，这是德中两国官方交往的开端。

自1972年中德建交以来，中国与汉堡的关系有了飞速发展。1979年，

中国在汉堡设立驻德国的第1家贸易机构。1985年5月14日，中国驻汉堡总领馆开馆。汉堡和上海于1986年结为友好城市。汉堡港与中国之间的年货物吞吐量就达140万集装箱，几乎占汉堡港货物吞吐总量的1/5。汉堡是在德国的中国人最多的城市，中国与汉堡交往日益深入，汉堡每2年举办一次中国文化节，宣传中国的文化传统和人文景观；汉堡的政府官员每人都有中文名片；汉堡市政府的官方网站有中文网页；汉堡甚至有中文名称的街道路牌。因此，汉堡被誉为“欧洲的中国中心”。

汉堡，这座傍水而起的城市，每个来到这里的人，都会为它高雅的气息和时尚的魅力而激动不已。

斗机部队而言“天床战术”存在的僵化问题越来越严重地体现出来了，因为在一个“天床”区域内的2台维尔茨堡型雷达每次只能引导1架，最多的时候也不过2架战斗机。而英军机群在其经过的某些“天床”区域内的密度可以达到50架轰炸机，这意味着，即便这2架战斗机成功完成攻击任务，剩下的48架轰炸机也将顺利通过这条“卡姆胡贝尔防线”，而大量在其他英军机群不通过的“天床”区域巡航的德军夜间战斗机则根本无法起到应有的作用。

面对日益严峻的防空形势，戈林元帅不得不求助于新的夜间防空力量，他准备将更多的昼间战斗机力量投入到夜空。在汉堡大空袭后的第2天早晨，他打电话给赫尔曼，询问JG 300的建设和训练情况。我们可以回忆一下，赫尔曼曾经保证在9月中旬可以完成实战部署，而现在他的回答依然是一切在计划内。戈林命令他必须严格保证准备工作的质量。那么赫尔曼的“野猪联队”现状如何呢？这些单座战斗机飞行员的夜间盲飞和夜间空战的训练依然在继续进行，但是这些战斗机除了罗盘没有任何其他的导航装置，飞行员只能采用这样的方法：他们在驾驶舱内放置一张小的德国地图，上面重点标出德国主要城市和可以夜间降落的机场位置，并且标出它们之间的航线、距离和估计的飞行时间，理想状况下在这些数据的帮助下可以顺利找到机场着陆。但是由于现实情况下风速以及其他因素的影响，这些数据在实际应用上的精确度都存在一定问题，于是飞行员还需要其他辅助手段来保障作战以及返航。

这些单座战斗机即便携带辅助油箱后，它的滞空时间依然有限，尤其在激烈的空战之后往往没有足够的油料供它们在茫茫夜空中过多地盘旋并寻找降落机场。赫尔曼为此采取了在大城市之间建立“林荫路”探照灯线的方法，即每两个大城市之间设立一台探照灯来指示飞行航线，在它的帮助下，再借助其他地面可以辨认的标记来帮助飞行员在夜空中尽可能快速准确地寻找着陆机场，特别在皇家空军持续不断的无线电干扰下，这样的林荫路可以帮助那些飞行员在夜空中尽快找到回家的路。此外，高炮部队也会提供帮助，他们会发射不同颜色的炮弹来指示各自的城市。当然重要的是需要严格训练这些飞行员能有效地综合利用这些手段来帮助自己降落。

在皇家空军对汉堡空袭后的第2个夜晚，哈里斯把目标转回到埃森，他希望在德军采取能应对锡箔干扰条的办法之前，尽可能增加空袭对德国各方面的伤害，削弱德国的战争潜力。这个夜晚，轰炸引导大队的蚊式机成功地标示出了克虏伯厂区的位置，在随后的主力机群的猛烈轰炸下，克虏伯厂区遭到了严重破坏。此外，6架蚊式机则继续对汉堡进行了干扰性的空袭。在这次空袭中，轰炸机司令部的战损率约为3.7%，同样，大多数是德军夜间战斗机的猎物。虽然在夜空中出现了大量的锡箔干扰条，但是德军夜间战斗机部队的王牌们依然继续在扩大自己的击落记录。现在已经成为NJG 1新任指挥官的威尔纳·施特莱伯少校在0时28分到1时42分之间击落了2架兰开斯特、1架斯特林和1架哈利法克斯，他的地面引导军官还是那位我们熟悉的科尼克麦尔。而施特莱伯少校在这个夜晚的最后一个击落记录也成为了科尼克麦尔的第88个也是他最后一个引导击落记录。

这个夜晚另一位获得战果的夜间战斗机飞行员是鲍尔·曹内尔中尉，这是他的第10个击落记录。曹内尔中尉于1942年转入驻扎在威特蒙特港的Ⅱ./NJG 3。1943年3月，他成为该大队的一名中队长。这个大队的指挥官就是利珀·威森菲尔德亲王上尉，这个大队除了第2中队装备Do 217，其余中队都装备Bf 110。曹内尔中尉个人不喜欢Do 217，他公开拒绝驾驶这种战斗机作战，他的这个举动引起了大队长威森菲尔德亲王的不快。但是曹内尔中尉此时驾驶Bf 110的战绩已经达到了6个，在互相了解之后，曹内尔中尉得到了威森菲尔德亲王的谅解。

1943年4月17日白天，曹内尔中尉所在大队准备升空迎击美国的轰炸机群，而曹内尔自己的Bf 110因为故障无法起飞。于是威森菲尔德亲王上尉就将自己的Bf 110借给他使用。根据德国空军此时的内部规定，击落记录超过10个的夜间飞行员被禁止参加昼间空战，已经获得36个击落记录的威森菲尔德亲王上尉也必须遵守这个规定。但是这天，曹内尔中尉运气不好，被1架美军轰炸机击中，幸运的是，他紧急迫降成功，并且得到了地面空

汉堡遭受空袭后的场景，德国人居然在废墟中将街道清理得一尘不染。

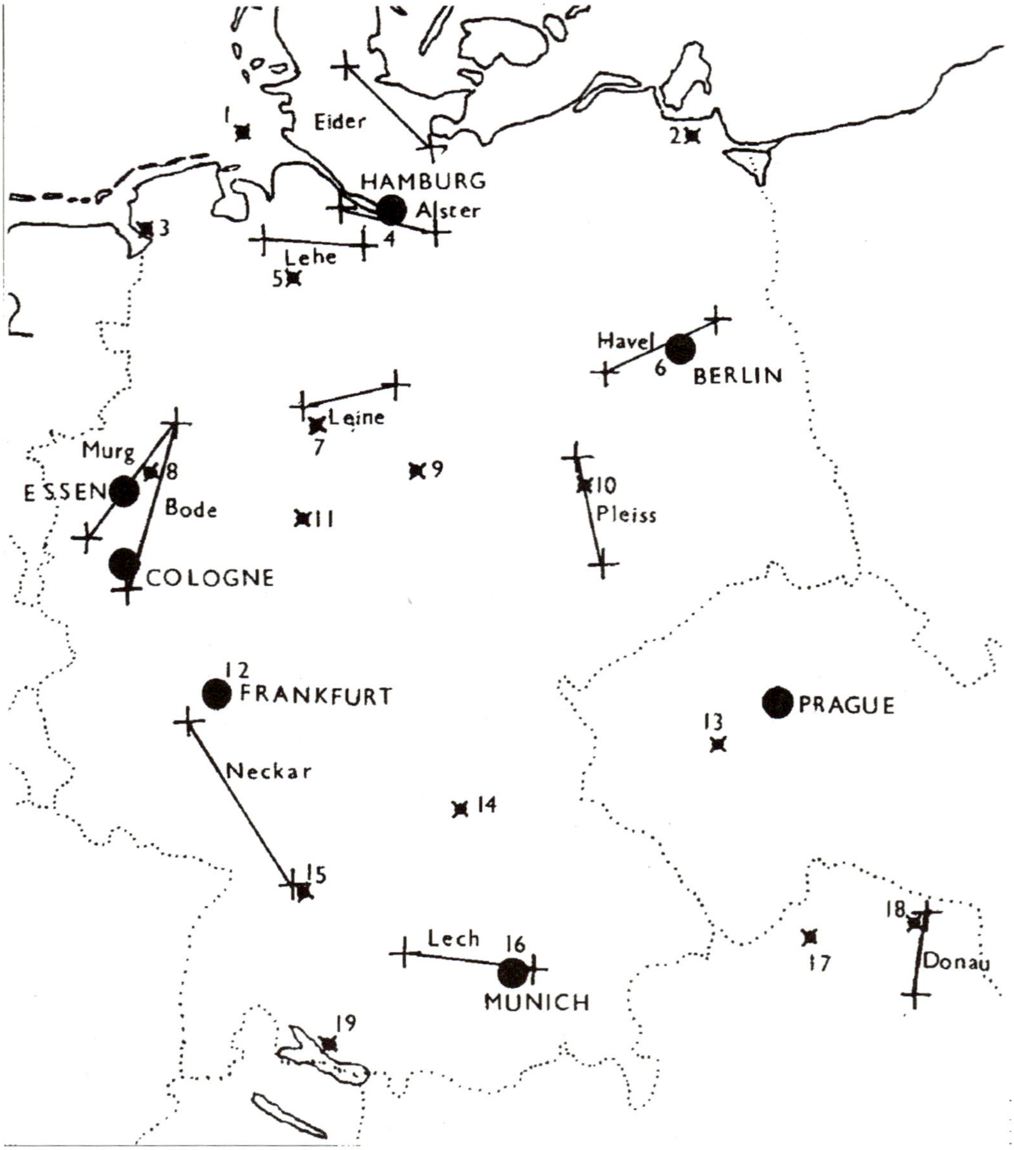

附图二　“林荫路”探照灯线示意图

图中主要的大城市为：Hamburg汉堡；Colofne科隆；Berlin柏林；Essen埃森；Frankfurt法兰克福；Munich慕尼黑；Donau多瑙

军妇女辅助队的救援。

7月下旬，美国陆航的轰炸机编队也频繁地出现在汉堡上空，虽然从编队规模以及对汉堡造成的损失来看，都不如皇家空军的夜间空袭。美国陆航在这期间能投入使用的轰炸机数量约300架－350架，而在夜晚，皇家空军可以投入超过800架轰炸机。但是，美国陆航正在逐步增加对德国空袭力量的投入。

第8航空队指挥官弗雷德·安德森准将决定对更多的德国北部目标进行空袭。7月25日，约100架B-17对汉堡进行了昼间空袭；第2天再次空袭，这次美国陆航投入了60架轰炸机。在昼间空袭中，德军昼间战斗机部队也成为美军轰炸机群的巨大威胁，美国陆航因此付出的代价也是相当高昂的。而夜间战斗机部队也必须投入到昼间空战，主要攻击返航中的美军轰炸机。在7月下旬，美军这几次昼间空袭中，很多夜间战斗机飞行员都曾加入过白天的空战，即便他们刚刚才从凌晨的空战中返航。期间，夜间战斗机部队击落了3架美军轰炸机：7月25日，12./NJG 1年仅20岁的格哈德·迪特曼少尉击落1架B-17，这是他的第1个空战胜利记录。但是迪特曼少尉的中队长格哈德·加德维斯基中尉却在这个区域被美国轰炸机击落，加德维斯基中尉和他的无线电通信员最后在海上被英军海上救援队营救，成为战俘。恩斯特·乔治·德伦科勒中尉在凌晨刚刚击落1架英军的兰开斯特后，在中午又击落了1架美军的B-17；马丁·德雷威斯这位11./NJG 1的王牌飞行员也击落了1架B-17。

■ 马丁·德雷威斯上尉在当时是年轻飞行员的榜样：他乐观果断而不失稳重。拍摄此照片时的他已经获得了47个击落记录。

7月27日－28日夜间，轰炸机司令部空袭的目标重新回到汉堡，这个夜晚汉堡将遭受到整个“汉堡战役”期间最惨重的打击。哈里斯这次出动了787架轰炸机，空袭的进程则基本遵照以前的惯例：经过北海上空的原定航线，投掷锡箔干扰条，等等。机群中轰炸机携带的炸弹种类的比例有所改变，其中燃烧弹的比重明显增加：原因不仅仅因为想要在地面造成烈火炼狱，更为重要的是由于空袭航线距离较长，轰炸机（尤其是哈利法克斯和斯特林）需要携带更多的燃油，载弹量也必须降低，因此携带燃烧弹的效果更好。

28日凌晨0时55分，第1架轰炸引导大队的引导轰炸机飞临汉堡上空，在机载H2S地形雷达的指引下开始对目标进行投弹指示。这次的目标引导得精确度较好，为随后的主力机群提供了准确的目标指示，到1时30分，汉堡已是一片火海，整个空袭时间持续了45分钟。皇家空军一位飞行员曾这样形象地描述他返航时候看到的场景："汉堡上空的云层看上去如同吸足了鲜血的棉球。"

现在形容皇家空军空袭的词汇又增加了一个："火焰风暴"——这是因为地表空气被大面积地燃烧而加温，部分燃烧核心位置的空气温度甚至达到1000度。简直如同一个大火炉，伴随受热空气不断上升和周围新鲜空气吸入助燃加温，由此产生的巨大气流甚至达到风暴的强度！当时，熊熊大火形成的灼热气旋高达4公里，直径2.4公里，灼热气旋与周围自然环境下的冷空气形成强烈对流，甚至在距离燃烧核心地区2公里外风速也高达30公里/小时！风助火势，火借风势，汉堡市区几成一片火海！史称"汉堡大火暴"。据统计在此次空袭中，汉堡约1.6万幢建筑被毁，约70%的街道树木被烧毁，大量居民丧生在熊熊烈火中。空袭造成的准确伤亡数字至今也无法确定，但是保守估计也至少在4万人以上。

锡箔干扰条这次依然起到了非常有效的干扰效果：轰炸机司令部在空袭中只损失了17架轰炸机，战损率约2.2%。但是德军夜间战斗机部队也慢慢开始适应在这种剧烈电子干扰环境中作战，各个防空区的指挥官则开始命令夜间战斗机进行自由狩猎作战。而那些优秀的地面引导军官现在必须面对在充满干扰的屏幕上区分真实和虚假的信号。为了帮助那些没有得到正确引导的夜间飞行员，德军还采用了地面雷达站统一通报的办法，给那些飞行员通报机群目标大概的位置、航线和高度等必要数据。

5./NJG 5的皮特·斯普顿少尉当时只有22岁，是一名新手，这天夜晚他驾驶Bf 110执行他的第1次夜间战斗任务，他回忆道："汉堡上空这次空袭是我的第1次出击。当时，我在'Reihe'区域巡航，距离汉堡约40公里－50公里，我可以看到汉堡上空的火光以及探照灯光下的轰炸机。这个情景让我热血沸腾，这是我们的城市！于是我通过无线电向地面指挥部申请，允许我飞到汉堡上空加入那里的'野猪联队'进行空战。但是得到的回答很简单：继续待在自己的规定空域。

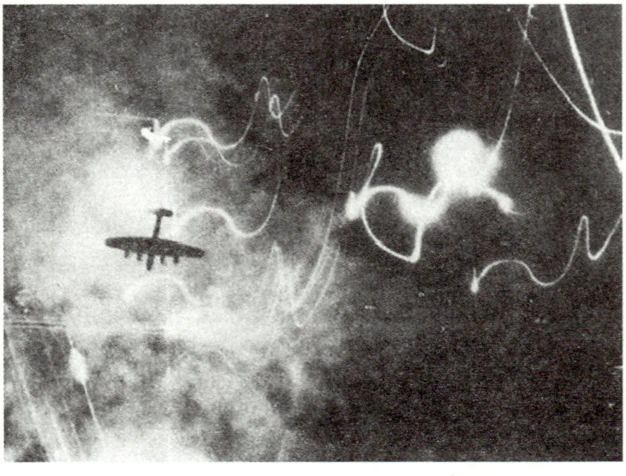

■ 1架兰开斯特机组成员拍摄的在汉堡上空空袭的场景。

随后我不得不着陆。我们

这些年轻军官非常愤怒而且失望，这样僵化地待在既定空域的战术是极端愚蠢的！我再次申请升空加入汉堡上空的空战，结果依然被拒绝。但是，我随后偷听了我的几位上级军官：宣内特上尉、费雷勒上尉和尤纳恩上尉之间的谈话。当时，我的感觉就是，我应该忽视命令的限制，直接飞去加入‘野猪联队’的作战！那么现在我就不会这么闲呆着，而是在空中作战了。”

“野猪联队”(JG 300) 指挥官赫尔曼少校竭力调动他能动用的力量投入夜间空战，他的JG 300现在有3个大队：第1大队部署在波恩－汉格拉尔，大队长是埃瓦尔德·亚瑟姆少校；第2大队部署在莱因地区，大队长是凯特纳少校；第3大队部署在奥登堡，大队长是冯·布赫瓦尔特少校；联队指挥部在汉格拉尔。如前所述，“野猪联队”的战斗机大多是从昼间战斗机联队手中“租借”的，它们和昼间战斗机大队之间形成一种特殊的“借贷”关系而成为伙伴大队。例如，Ⅱ./JG 300的Fw 190来自于Ⅱ./JG 1；第3大队的战斗机则来自于Ⅲ./JG 1的Bf 109；联队指挥部和第1大队的战斗机则来源更广，Fw 190和Bf 109都有，甚至还有一些原来准备为德国海军航母“格拉夫·齐柏林”号配置的Bf 109T型战斗机。

JG 300在夜空中的损失也开始逐步出现：第1位阵亡的是23岁的海因兹·施特劳斯少尉，他属于4./JG 300。7月21日夜间，他驾驶Fw 190在柏林附近进行探照灯指示飞行训练的时候坠机身亡。随后JG 300又损失了一位重要的军官：原来被赫尔曼指定为第1大队指挥官的威利·古特切少校，他的战斗机在7月22日夜间由于不明原因坠毁。这些损失清楚地表明驾驶没有夜间导航设备的单发战斗机在夜间飞行的危险性。“野猪联队”在它们志愿参加的埃森上空的空战中损失了4架战斗机，其中3名飞行员：根特·哈滕道夫军士；汉斯·威尔纳·施密特少尉和海因里希·格利尔军士阵亡；沃尔夫冈·科瑙布劳赫军士在击伤1架英军轰炸机后，驾驶他的受损严重的Fw 190在莱因地区迫降成功，但飞机完全毁损。

7月27日－28日夜间，在汉堡上空的空袭是JG 300——“野猪联队”参加的第1次正式的夜间空战，而在此之前的一些训练和试验作战中他们已经累计损失了6架战斗机，5名飞行员阵亡：这对于JG 300而言，并不是一个好的开始。但是在这个夜晚，赫尔曼的“野猪”战术还是得到了实战的检验：从奥登堡、莱因地区和汉格拉尔起飞的12架单发战斗机参加这次夜战，这些飞行员中有的是执行命令，有的则是志愿参加。皇家空军在汉堡上空损失的17架轰炸机中有4架是“野猪联队”击落的，而赫尔曼只损失了1架战斗机：第5中队弗里兹·泰西少尉驾驶的Fw 190，在迫降中他的飞机彻底毁坏。

“汉堡战役”系列空袭还包括随后进行的2次对汉堡的空袭，其中一次取得相当成功的效果，另一次则遇到了严重的问题：7月29

日－30日夜间，轰炸机司令部出动了777架轰炸机轰炸汉堡，损失了28架轰炸机，轰炸引导机使用H2S机载雷达进行指示，但指示向东偏离了2公里－3公里。虽然主力机群的投弹密度依然很高，但是这次没有形成火焰风暴。然而即便这样，在这个夜晚汉堡还是有约1000人丧生，具体数字则由于伤亡记录的损毁而无法考证。

8月2日－3日夜间，为了凑足哈里斯制定“汉堡战役”时候规定的必须向汉堡投下1万吨炸弹这个标准，轰炸机司令部再次出动740架轰炸机，进行“汉堡战役”的最后一次空袭。虽然皇家空军的导航以及轰炸指示都有了很大的进步，但是这次空袭依然出现了问题。这次，轰炸机司令部选择的航线依然经过北海上空，随后飞过德国北部不莱梅港和库克斯港之间的海岸线，但是在德国北部上空机群遭遇到强烈的暴风雨天气，雷雨交加的恶劣天气使得编队出现混乱，一些轰炸机不得不提前返航。由于汉堡上空浓厚的云层，轰炸引导大队也没有能够正确地完成指示任务，于是随后的主力机群的轰炸效果也可想而知了。这次空袭对汉堡造成的伤亡较小，其中有个重要原因，即将近100万汉堡居民已经在火焰风暴之夜后陆续撤离了这座城市。

汉堡在经过英美联合进行的这一系列猛烈地连续空袭后，总计有4.5万－5万居民丧生（无法得到确切数字的原因就是原始记录被毁），伤者也在5万以上，不过死伤者中军人只有63人，2.7万幢建筑和580座工矿企业被摧毁，被毁清单中还包括24家医院、277所学校和58家教堂。整个汉堡城区76.8平方公里受到严重破坏，其中32平方公里完全成为废墟，“汉堡战役”结束后，哈里斯这样向丘吉尔报告：“首相先生，汉堡已经从地图上被抹去了。”虽然皇家空军现在有锡箔干扰条的帮助，但是战损率依然又开始上升了，具体请参照第143页的表格。

■ 德军技术人员正在检查1架被击落的英军兰开斯特残骸。

分析轰炸机司令部战损率重新上升的原因主要有以下几点：德军夜间战斗机部队面对新情况较快的适应能力毫无疑问是一个重要原因，卡姆胡贝尔的夜间部队依然是皇家空军轰炸机的第一杀手；此外，赫尔曼的“野猪联队”也开始扮演相当关键的角色，他的JG 300击落了约20架轰炸机。同时，很多夜间战斗机飞行员也开始摆脱“天床战术”的束缚，重新加入“自由狩猎”的队伍。

而从7月开始，德国负责本土防空的昼间战斗机联队已经得到命令，每个联队抽出一个中队进行夜间作战训练，2./JG 200便是其中之一，该中队的约瑟夫·毕格军士长在自己的回忆录中这样描述：“1943年7月初，关于每个联队抽出一个中队进行夜间训练的命令正式下达了，联队确定我们第2中队执行这个任务。7月22日，我们中队的飞行员和部分技术人员就被调到图尔斯基地，用Ar96型战斗机进行夜间飞行训练，8月7日训练结束后我们获得了盲飞III级证书。当晚返回我们的本部后就驾驶我们的Fw 190进行第1次夜间飞行。在这期间，我们的指挥部和战斗机都进行了技术改装，安装了必要的无线电和导航设备，战斗机也都进行了深色涂装。8月9日晚23时35分，我第1次接到正式的夜间出击命令，我将在战斗机指挥军官的指挥下升空作战，无线电通信和导航勉强可以进行。我在空中待了1小时45分，没有发现任何敌机的影子。

8月13日凌晨3时11分，我再次接到命令起飞，这次好运厄运同时伴随着我，在发动机出故障后，我最终幸运地跳伞逃生了。8月15日22时50分，我第3次起飞，这次终于获得了战果。由于地面给出的高度和方向数据很准确，我很快就发现了轰炸机群，随即对着1架兰开斯特展开攻击，准确地命中了它。之后，我努力避开这架失去控制的轰炸机，防止与它相撞。23时35分，我返回基地。”

“汉堡战役”无论对德军夜间战斗机部队截击战术还是皇家空军战略空袭的发展都产生了相当大的影响。德军夜间战斗机部队的战术变得日益灵活，以便更有效地攻击英军轰炸机群，当时德国空军夜间战斗机部队还继续处于上升阶段，它们的战绩顶峰还没有到达。而对于皇家空军来说，一方面，哈里斯彻底摧毁汉堡的目标没有能够完成，使得他们必须继续正视自己的战略战术问题；另一方面，皇家空军很快发现，锡箔干扰条在最初表现出来的优势正随着德军对它的熟悉而慢慢消失。因此皇家空军很清楚，为了继续应对德国空军的强有力的挑战，他们必

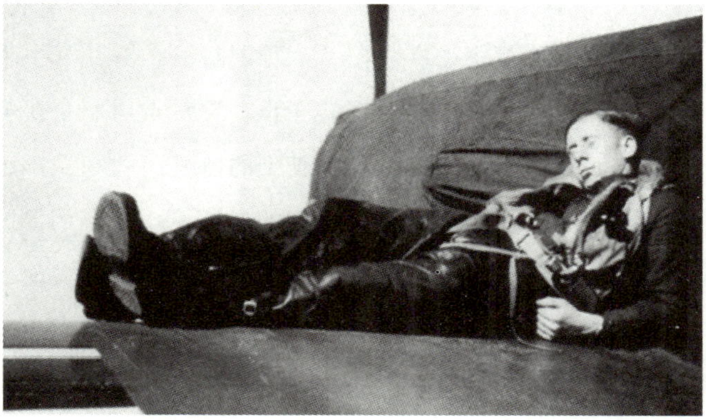

■ 这位在自己的飞机上尽情享受休闲时光的就是约瑟夫·毕格军士长。

1943年7月末到8月初的英军战损示意表

时间	城市	出动轰炸机(架)	损失数量(架)	战损率(%)
24/25日	汉堡	791	12	1.5
25/26日	埃森	705	26	3.7
27/28日	汉堡	787	17	2.2
29/30日	汉堡	777	28	3.6
30/31日	莱姆沙德	273	15	5.5
2/3日	汉堡	740	30	4.1
总计		4073	128	3.1

须尽快继续发展出新的技术和战术来保护自己的轰炸机群。

寻求对策

数量越来越多的4发重型轰炸机，先进的Gee系统和H2S机载地形雷达等导航装置及日趋成熟的轰炸引导战术，这些都显示了皇家空军轰炸机司令部日益强大的战斗力，德军的夜间防空因此也面临着更大的压力。

7月21日，也就是在汉堡遭受“汉堡战役”的第1次大规模空袭的前3天，德国空军米尔希元帅在写给德国重要的电子设备研究及生产商无线电讯公司罗特嘉特博士的信中陈述了对夜间战斗机部队今后发展的想法。他确信要想真正阻止英军的空袭，必须尽快在现阶段将击落率提高到20%－30%，远期目标则希望能达到50%。为了达到这个目标，如何尽快提高夜间战斗机电子装备的性能非常关键。无线电讯公司一直致力于这个领域的研究，米尔希要求他们尽快发展如明石SN2型等性能更好的机载雷达。

7月29日，在冯·罗森贝格上校的倡议下德国空军高层专门召开了一次关于夜间战斗机部队的会议，与会者包括米尔希元帅、德国中部防空最高指挥官魏斯上将、卡姆胡贝尔、战斗机总监加兰德和赫尔曼等。罗森贝格上校在会上陈述了他的计划：①动用夜间战斗机预备力量支援执行“天床战术”的夜间战斗机部队；②每个夜间战斗机中队至少有1架战斗机装备“Y”装置作为“联络者”来引导中队其他战斗机作战；③所有夜间战斗机尽快装备新的明石SN2型或者明石广角型机载雷达；④一旦英军机群离开了锡箔干扰条的保护，“联络者”立即向机群飞行，中队其他战斗机也跟随前进，随后，其他所有在空中的夜间战斗机也飞向英军机群进行“自由狩猎”；⑤“联络者”和地面引导站以及中队成员之间使用普通无线电频率联络；⑥在有效的空中敌我分辨装置投入使用前，为了避免误伤，禁止向非4发轰炸机开火。

罗森贝格上校还提出如下建议：①增强赫尔曼“野猪联队”的力量；②试验在单发战斗机上安装明石机载雷达；③让那些双发夜间战斗机也可以摆脱“天床战术”的束缚，自主采用“野猪战术”进行自由狩猎；④限制高炮部队的火力范围。他还提请与会者讨论是否撤除夜间战斗机的红外搜索装置，以便在英军机群上空投放专门的机载照明弹。与会者最后讨论并且通过了罗森贝格上校的报告，并且提交给戈林。

■ 罗森贝格上校。

随后在7月31日，米尔希、卡姆胡贝尔、魏斯、加兰德和施特莱伯等再次举行空军高层内部会议。他们在和卡姆胡贝尔进行了内部沟通后，魏斯上将通过电报对各夜间部队发布了命令：“不同寻常的严峻的夜间防空形势需要我们也采用不同寻常的防御手段，所有的夜间部队都必须全力以赴。我命令，根据协商，赫尔曼的‘野猪联队’可以参加任何一个目标城市上空的空战。此外，一旦没有更合适的作战目标，所有可动用的其他夜间战斗机部队都向高炮防空区域集中。一旦夜间战斗机到达目标上空，该处地面高炮的火力范围立刻限制在4500米以下。全力支援‘联络者’对来袭和返航的英军机群的跟踪行动。为了便于沟通，出动战斗机部队的战斗机师

■ 德国空军的一次内部会议，坐在正中的是德军战斗机总监加兰德战斗机将军，他左侧就是负责夜间作战技术研究的冯·罗森贝格上校。

立刻通告其他高炮指挥部和空军军区，而各个目标区域的高炮指挥部和空军军区也同样在发现英军机群投弹后及时通报给其他各单位。同时，必须严格确保中部防空指挥部和第12航空军的电报、电话等各种通信手段的畅通。”

卡姆胡贝尔虽然已经面临高层不信任的危机，而且他精心设立的卡姆胡贝尔防线也面临重重问题，但是他的夜间战斗机部队还在扩大，现在他手中的夜间空战力量已经增加到了16个大队，编制战斗机数量达到了700架，当然，实际能作战的战斗机数量依然远远低于这个数字，但是“汉堡战役”迫使卡姆胡贝尔投入越来越多的预备力量。面对“天床战术”的束缚问题，越来越多的夜间战斗机飞行员已经开始习惯在这种限制条件下尽可能使防空作战变得更为灵活：他们会根据实际情况飞到其他邻近的空域去参加那里的空战，当那些轰炸机飞出了自己的有效航程范围之后就不再追击，而是返航回到自己的规定空域，随后降落在自己的机场，现在这种战术也已经得到了德国空军高层的同意。德军夜间战斗机中的无线电通信员此刻承担的责任依然有限，因为在大多数时间下，飞行员都在地面引导下飞行作战。导航问题也是德军夜间战斗机部队必须面对的问题，虽然在德军轰炸机部队中已经得到广泛应用的Y－系统不失为一种简单而又有充分发展余地的选择，但是夜间战斗机部队却没有采用这种方法，而是继续依靠它们的维尔茨

Y—系统

Y－系统不是雷达系统，而是一个测距定向系统。它的原理是连续波测距的原理，该系统先由地面站将300或3000赫兹频率的连续正弦波信号经42.5兆赫载频调制，发出一束连续波信号，当机载设备接收到后立即发回一束46.9兆赫调制成相同频率的连续波，地面站在收到飞机信号后即与仍在发送的原始信号作相位比较，以计算出无线电的传输时间，然后再算出飞机距导航站的距离。Y－系统的有效工作距离可达250公里－300公里，每一个Y－系统有5个独立的定位站，分别采用不同工作频率。虽然连续波的发射和测量所涉及的设备相对比较简单，但缺点是无法确定在飞机信号晚到的时间里是否包含一个或几个周期的振动，也就是说，连续正弦波测出的距离中可能包含一个或几个长度为波长一半的不确定值（称为“道”，lane)，拿以上3000赫兹（波长100公里）的信号为例，单根据那个相位差，地面站并不知道飞机是在30公里外还是80公里外或130公里外！

但对于德国人来说不幸的是英国情报机构早已掌握了Y—系统的秘密，该系统的42兆赫－48兆赫测距波可以被BBC电台轻而易举地模仿发射，因此，在Y—系统推出的第1天就被有效地干扰了。

■ 施塔德（第2战斗机师）巨型指挥部外景。

堡型雷达。此时Y－系统也已经被昼间战斗机部队装备，用来跟踪并且指示美军轰炸机群的位置。冯·罗森贝格上校建议在夜间也使用这种系统，而夜间飞行员不愿意使用这种系统也是出于实战的原因：当使用这种Y－系统进行引导的时候，他们实际上也处于被“捆绑”的状态，他们必须稳定飞行以保持提供持续的引导信号，那么随之很快将会出现“英俊战士”或者更为糟糕的蚊式机来攻击他们。因此，最初只有中队长或者一些经验丰富的老夜间飞行员的战斗机装备了这种系统来引导队中其他“自由狩猎”的飞行员。

毫无疑问，现在“天床战术”需要其他战术方法的协助才能应对英军的空袭，因此除了Y－系统以外，德军的另一种简便有效的方法也开始被广泛应用：地面雷达站统一通报。这些雷达站将英军机群的位置、航线、数量、高度等必要信息通过无线电统一通报给夜空中的飞行员，让这些没有引导军官引导的飞行员尽可能自己寻找并且发现目标。相比较由引导军官固定引导飞行员的“捆绑式”引导方法，这种统一通报的方法是一种“非捆绑式”的自由度更高的引导方法，但是这种方法离不开德军通信技术发展的支持。锡箔干扰条曾经对德军地面引导军官带来了很大的影响，但是现在他们已经慢慢找到了应对的办法，因为在屏幕上出现的数以百万计的干扰信号事实上也在指引英军机群的航线。此时，德军已经拥有多个地面指挥中心来指挥防空作战，其中主要就是那些已经建立或者即将完工的各个战斗机师的指挥部：荷兰的迪伦（第1战斗机师）；施塔德（第2战斗机师）；法国的梅兹（第3战斗机师）；柏林附近杜伯利兹（第4战斗机师）；慕尼黑施莱斯海姆（第5战斗机师）。这些指挥部被称为“巨型指挥部”，每个指挥部其主楼的建筑面积达到60米×40米，高12米，附属楼的建筑面积为60米×8米，高9米；地下层深度都为4米。这两幢建筑都是钢筋混凝土结构的，水泥厚度达到1米，据估计使用的混凝土超过3.3万立方米，因此具备极强的抗损毁能力。

见以下示意图A－A部分则是几排如同剧院一样的座位，坐着空军妇女辅助队员。每人面前都有一部电话，各自负责与各个雷达站的即时联络，然后利用光点投射器获得的信息直接标示在地图上，红色光点表示敌机，绿色光点表示己方战斗机。

B－C上的1、2、3三个显示点分别显示：1——敌机群高度（信息来自于“红色巨人”维尔茨堡型雷达）；2——时钟；3——己方战斗机高度（信息来自于“蓝色巨人”维尔茨堡型雷达）。E处则是引导军官的位置，其中1——飞行信息联络，等同于战斗机指挥官角色；2——高炮信息联络，这2处的军官分别负责和各自的作战部队联络；3至14则是各个战斗机引导军官的位置，他们分别负责引导各自的战斗机；15至21则是级别较高的指挥部军官位置；其中，18是指挥部最高指挥军官，一般都为将军级。F处1至14则是无线电军官的位置，他们为使用Y－系统的战斗机飞行员提供空中位置和导航服务。G、H、I 3处则是负责指挥部技术支持服务的军官位置，如无线电预警；无线电－雷达干扰与反干扰等任务。除了那幅巨大的航空地图，还有其他一些信息显示板，分别为：a——空中预警信息；b——夜间战斗机准备情况；c——实时信息服务；d——出动战斗机数量；e——气象信息；f——总体信息。

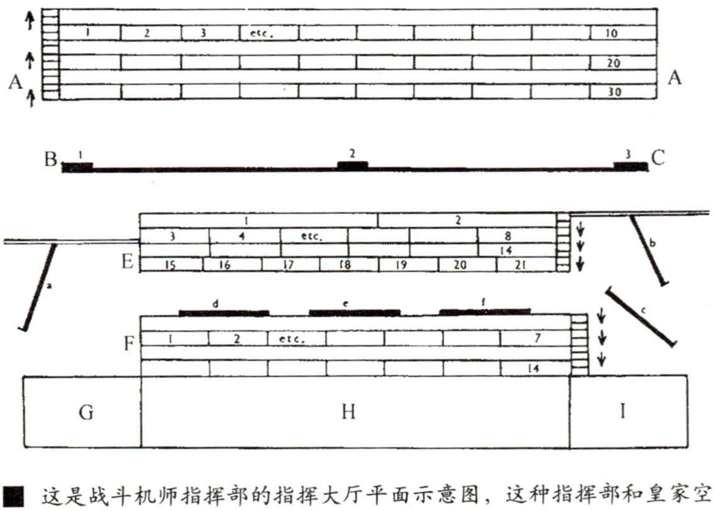

■ 这是战斗机师指挥部的指挥大厅平面示意图，这种指挥部和皇家空军在英国空战期间的战斗机指挥部很相似，但是在规模上更为庞大。指挥部负责昼夜间的作战指挥，B—C部分是一幅巨大的航空地图，长12米，高9米。可以显示指挥部负责空域的总体情况，例如，迪伦的第1战斗机师指挥部的这幅地图显示了整个荷兰包括德国鲁尔区部分的情况，包括城市、机场、雷达站、河流、海区，等等。

这个指挥大厅是指挥部的核心区域，其作战情况和现场场景曾被

■ 德军引导军官后面的黑板以及地图记录了夜间战斗机单位的部署及准备情况，包括基地位置、起飞时间等重要信息。

战斗机部队总监加兰德将军戏称为“卡姆胡贝尔歌剧院”。除了这个大厅，指挥部内还有很多其他不同功能的内部区域，例如，办公室、工具间、电话交换站、无线电中心，等等。在这个指挥部内的军官和辅助人员的数量相当惊人，例如，迪伦的第1战斗机师指挥部在正常情况下就有约1000人。

■ 正在“歌剧院”工作的空军妇女辅助队员，她们面前就是光点投射器。

此时，也是德军夜间战斗机部队的一个过渡期。一方面，其引导战术由引导军官的“捆绑式”引导方法开始向地面雷达站统一通报的“非捆绑式”引导方法转变；另一方面，德军也在改进现在装备的机载以及地面

■（左及右）指挥所大厅。

雷达，以减轻锡箔干扰条的干扰。

此外，赫尔曼的“野猪联队”也越来越受到军方以及民众的支持。戈林日益清楚地明白目前德国空军的实际情况，特别在汉堡遭到一系列猛烈空袭之后，他希望能找到解决目前困境的办法。为此，他多次举行会议商讨如何增强卡姆胡贝尔的夜间战斗机部队的作战效率，赫尔曼少校在戈林的亲自要求下得以参加这些会议。而卡姆胡贝尔依然拒绝赫尔曼的建议，即动用单发昼间战斗机参加夜间空战。为此，戈林极为不满，在其中一次卡姆胡贝尔缺席的会议上，他强烈批评了卡姆胡贝尔，并且对赫尔曼下达了令人惊讶至极的命令：“我把第12航空军指派给你！”只要他的战斗机部队需要的，赫尔曼可以指挥、调度所有设施和人员，甚至可以给卡姆胡贝尔下达命令！这个权限对于一名少校军官而言是难以置信的，他竟然可以指挥拥有少将军衔的战斗机师师长！

赫尔曼自己在1993年回忆道：“人们对于戈林当时任命我担任第12航空军的将军级指挥官都感到很惊讶。但是当时紧急的现状需要紧急的措施，也正是在这种情况下，加兰德将一名年轻的前线指挥官提升为战斗机总监。佩尔兹在轰炸英国前是一名斯图卡俯冲轰炸机飞行员，他从上尉直接晋升上校，进入高层指挥部担任对英国空袭的轰炸机部队的指挥官。当时的情况可以这样来形容，戈林半个身子已经陷入水中，我则成了他最后的救命稻草，因为他已经感觉到自己越来越受到希特勒的怀疑。我记得当时接到这样的命令后的确感到难以置信，我惊讶而小心

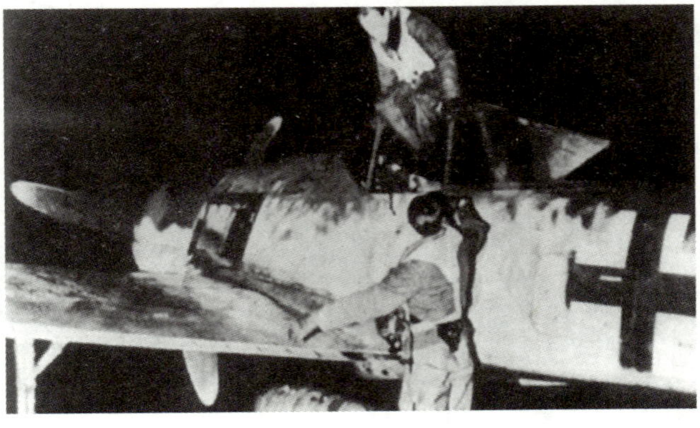

■ JG 300（野猪联队）装备的Fw 190战斗机。

地仔细询问戈林的副官长冯·布劳希奇上校到底发生了什么。

后来我奉命向戈林报到，戈林询问他的老战友——现任空军人事主管布鲁诺·吕尔策，应该给我什么职位，我则表示，我最适合的职位最高只能是战斗机师指挥官这个位置，并且直接受戈林指挥，而不需要通过卡姆胡贝尔或者中部防空司令部等中间指挥层的传递。” 极其善于人际沟通的赫尔曼决定用自己的方式来履行这个委派，他将尽可能和卡姆胡贝尔保持良好的合作关系，而不是站在上级的角度；然而，他也不能忽视戈林下达的正式的委任命令。但是最终，赫尔曼还是选择尽可能淡化戈林这个冲动的个人决定的做法，尽量低调展开自己的工作。一方面，赫尔曼并没有准备来超越卡姆胡贝尔的位置；另一方面，他也不希望他的“野猪联队”划归卡姆胡贝尔的指挥并且被整合到整个防空体系中去，为此，他坚持请求保持“野猪联队”的独立性。但是无论如何，被公认为戈林宠儿的赫尔曼将要扮演的角色将远远超过一个普通少校的位置，他已经被选中成为高级军官的接班人，并且在战争结束前继续获得高级职位的委派。

勇敢的战士

皇家空军的斯特林、哈利法克斯和兰开斯特机组成员一般包括飞行员、领航员、投弹员、无线电通信员、机械师和2名机枪手。飞行员和领航员一般直接从军官身份开始正式作战，其他成员在训练结束后以军士衔开始执行任务。他们中大部分都在其他英联邦国家或者美国完成训练，只有很少一部分从头到尾都在英国本土完成训练。他们在训练学校一般都飞双发轰炸机，主要是威灵顿，正式进入各个中队前都会先在一个过渡训练中队试飞4发重型轰炸机。泰瑞·伯特和凯隆纳都是这些皇家空军机组成员的一分子，其训练和服役经历也和大多数人一样。他们中没有“王牌”这个词，大家都是志愿者，自愿加入皇家空军，目的就是为了保家卫国。

泰瑞·伯特于1922年12月出生，当二战爆发时，他才16岁，是一个公务员的儿子。他父亲在一战时也是军人。伯特在高中毕业后，最初也打算和他父亲一样成为一名公务员。但是战争很容易就激起了年轻人的斗志，于是他在1941年5月报名加入皇家空军预备训练军，这是皇家空军刚刚在一年前建立的专门为那些年轻人提供基本训练的单位。一个月后，他就自愿加入轰炸机部队。最初的身体检查令他非常失望，因为他被检查出是色弱，这意味着他无法成为飞行员了。他后来成为观察员，当时领航员和投弹员的区分还没有像后来那样明确。1941年10月，他开始接受基本飞行训练和观察员专业的培训；1942年3月，他开始到其他英联邦国家接受训练，10月10日，他的训练全部结束，他和战友一同参加了毕业典礼。伯特接受的训练使他既可以当领航员也可以当投弹员。当时，皇家空军给他的选择是可以当4发轰炸机的投弹员或者去中东当领航－投弹员。他决定飞4发重型轰炸机。1943年2月，他开始接受实战培训，并且加入了一个机组，该机组的飞行员是桑德兰，领航员是普莱登戈莱斯特，无线电通信员是瓦尔特，机枪手是哈根。因为伯特现在飞的还是惠灵顿，是5人机组。他们在第1568过渡训练中队接受改飞哈利法克斯的培训，他的机组合作很好，但是很快就发生了意外。飞行员桑德兰在家中意外摔倒，直到第2天早晨才被发现，在送往医院途中死去。伯特新的飞行员是中队长德雷克·杜德少校，一名在1941年6月就已经获得优异飞行勋章的优秀飞行员。1943年5月，伯特到达第77轰炸机中队基地，这个中队隶属于第4轰炸机大队，装备哈利法克斯B MKII。作为轰炸机中队指挥官的机组，他们1个月一般只能执行3次－4次任务，这是为了保证指挥官的工作和服役时间，这也意味着他们这个机组完成30次空袭任务的时间比其他普通机组要长得多。

■ 泰瑞·伯特中尉，优异飞行十字勋章（DFC）获得者。

5月25日，伯特参加了第1次空袭，目标是杜塞尔多夫。此后，他陆续参加了“鲁尔战役”，其中，包括轰炸埃森、伍珀塔尔和克雷菲尔德等危险任务以及随后紧接而来的“汉堡战役”，期间经历了多次危险情况。

另一位我们将在文章中多次提到的皇家空军机组成员就是琼·凯隆纳，他于1921年出生，在16岁时高中毕业。战争爆发之初，他想加入海军，但是后来改变了想法，选择加入了皇家空军。1941年9月3日，他正式开始进入第9训练团开始接受基本训练，随后进入考文垂的飞行训练学校，后来，也到其他英联邦国家接受了训练。1942年底，他回到英国，随后继续接受飞威灵顿的训练，然后，也进入过渡训练中队，改飞曼彻斯特，接下来就是兰开斯特。1943年7月，他加入装备兰开斯特的第49轰炸机中队，隶属于第5轰炸机

■ 琼·凯隆纳少尉，1944年获得优异飞行勋章(DFM)，他的传奇经历就是：在柏林上空执行了11次空袭任务全都安全返航。

大队。此时，他的飞行时间达到了215小时。1943年8月9日－10日夜，凯隆纳第1次正式参加空袭，目标是曼海姆和路德维希港，这对于新手而言是个艰巨的任务。凯隆纳随后的战争经历将在后文继续介绍。

接下来看看德军方面，虽然德军夜间战斗机部队是一支新生力量，但是它的大部分飞行员都是早在战前就已经加入空军。我们此前也提到过，夜间战斗机部队的主体来自于原来的战斗机部队，因而都是德国空军中的佼佼者。而德军当时的飞行员和无线电通信员训练时间比皇家空军要长很多，其中一个原因是德国空军接受的训练中的陆军部分比皇家空军要多，飞行员必须首先学习军事理论、军事历史等课程。德国空军飞行员一般都会继续其军官生涯，因此首先在飞行训练正式开始之前还需接受军官－军士基本训练。当二战开始后，德国空军这套训练体制作了相应的改动，以至于到了后期，训练质量更是无法保证，时间、人员甚至燃料都成为难以解决的困难。皇家空军和德国空军在人员训练和使用上有着本质上的差别，德军飞行员是按照职业军官来挑选、训练和使用的；而皇家空军的选择范围更广，而服役时间也是一定的，例如，轰炸机部队机组完成30次空袭任务后就可以离开一线了。简单地说，德军飞行员是职业军人，皇家空军则更像是训练生产线上的产品，显然，后者更适合大规模长时间战争的需要。

此前提到过的皮特·斯普顿是在战争爆发时加入德国空军，他回忆道："我在1940年申请加入德国空军，我父亲在一战期间当过步兵，受了重伤，随后很早就去世了。在最初的飞行训练结束后，我们可以自由选择志愿，我之前最早想加入昼间部队，并且也接受了Bf 109的飞行训练。而我最终选择了夜间战斗机部队，因为我的家就在鲁尔区内，英国人长时期的空袭令我印象深刻。1943年6月1日，我正式进入5./NJG 5，作为新手我们通常只能第2或者第3波次起飞。第1波次属于诸如宣内特上尉、费雷勒上尉，随后是‘威姆’尤纳恩，然后才轮到我，而击落记录也意味着勋章：4个战绩可以得到一级铁质十字；15个战绩可以获得金质十字——我们称它为‘骑士十字刹车’或者‘荷包蛋’；25个战绩后就可以获得荣耀的‘骑士十字’了。这如同一场疯狂的竞技运动！”

已经获得了10个战绩的曹内尔比斯普顿大1岁，他于1938年从高中毕业并且完成毕业论文，这也是在德国申请军官的前提条件(现在的前提则是被大学录取)。随后，他参加了6个月的帝国劳动服务，这是每个德国人都要参加的，期间他也递交了加入空军军官训练的申请。一直渴望飞行的曹内尔只有通过加入空军才能实现自己的愿望，因为他的家境不允许他以私人身份学习飞行。1938年10月，他的申请得以通过；1939年3月，开始进入飞行学校，同时接受军官和飞行训练；11月，单发飞机飞行训练结束；随后，进入C飞行学校进行双发飞机飞行训练；1940年3月，他完成了11种机型的飞行训练，正式被选做飞行员。1941年3月，由于德国空军缺少多发飞机飞行员，他被挑选飞Ju 52 3发运输机，支援隆美尔元帅在北非的作战行动；同年9月，他还被调到了东线乌克兰战区。他自己回忆道：“此时，夜间战斗机部队正式成立不久，正在寻找志愿者以扩充规模，这个部队很适合我，因为我当时已经有了很多飞行小时的磨练，有了丰富的飞行经验，同时我也有盲飞证书，于是我立刻申请加入。1941年10月，我转入施莱斯海姆的昼间战斗机飞行学校，重新接受He51、Ar96和Bf 110型战斗机的训练；1942年1月，我进入在英格施达特的夜间战斗机飞行学校，接受了4个月的训练，但是东线的战况也使得我们的训练油料受到了一定的影响。1942年5月，我的训练结束了。此时的训练让我很惊讶，虽然我们是夜间战斗机部队，但是大部分训练却在白天进行，我一共飞了72个小时，其中只有16.5个小时夜间飞行训练。但是，我那时候还是享受到了一段美好时光：2次获得4个星期的假期。我首先加入Ⅱ./NJG 2，飞Ju 88。我们这些新手接受了那些老飞行员的理论和经验的传授，如威廷根施坦因这样的优秀王牌飞行员。我清楚记得2个要点：①当我们在夜间发现敌机时，必须充分考虑当时的气候、高

■ Ⅳ./NJG 1指挥官海因兹·沃尔夫冈·舒纳弗尔。

■ Ⅳ./NJG1的Bf 110。

度和方位等因素，以最小的风险接近；②攻击目标的具体部位：双发飞机是在机身和发动机之间；4发飞机则是2台发动机之间的部位，攻击这些部位的效果最好，一般一次射击就能让它起火。

1942年10月，我们转到丹麦一个机场。12月2日，我们进入东线，我成为了第2中队中的队长。按规定我们中队装备了Do 217，但是我很不喜欢这种战斗机，虽然它可以在空中飞行长达5个小时，但是机动作战性能却不如Bf 110。我的大队长威森菲尔德亲王总是将他的Bf 110借给我飞。通常情况下，如果英国人出现在海上，我就飞Do 217去拦截；如果他们已经出现在我们境内，我就飞Bf 110作战。1943年1月，我击落了第1架敌机。‘汉堡战役’期间，我是3./NJG 3的中队长，已经获得10个战绩。”

伯特、凯隆纳、斯普顿和曹内尔他们都是双方当时成千上万名年轻飞行员以及轰炸机组成员中的几位，都在德国血腥的夜空长期飞行作战，他们随后的个人经历将为我们提供不同角度的战场缩写。

摧毁V-1研发基地

皇家空军在“汉堡战役”系列大规模空袭结束后的2个星期只对德国曼海姆和纽伦堡各进行了一次常规空袭，战损率相对很小，只有约2%，但是这段时间的意大利则遭到了皇家空军的多次空袭。其中，8月7日－8日，轰炸机司令部在对都灵的空袭中，它们开始尝试使用新的技战术来提高空袭准确率。早在1943年5月对鲁尔区的空袭中，皇家空军轰炸机指挥官吉布森中校在完成自己的投弹任务后，继续在目标区域上空盘旋，通过无线电通信指挥自己的中队完成空袭。随后这个战术得到了皇家空军的重视，于是一些经验丰富的优秀机组被挑选出来执行类似的指挥任务，他们在完成自己的投弹任务后，继续在目标空域盘旋，指挥其他机组进行投弹。这种战术第1次正式的实战检验是6月对弗里德利希港的空袭，但是并没有取得有足够说服力的成功。

于是，都灵这个设防强度明显小于德国的意大利的城市被选为继续进行这种战术尝试的目标，虽然空袭效果依然没有质的进

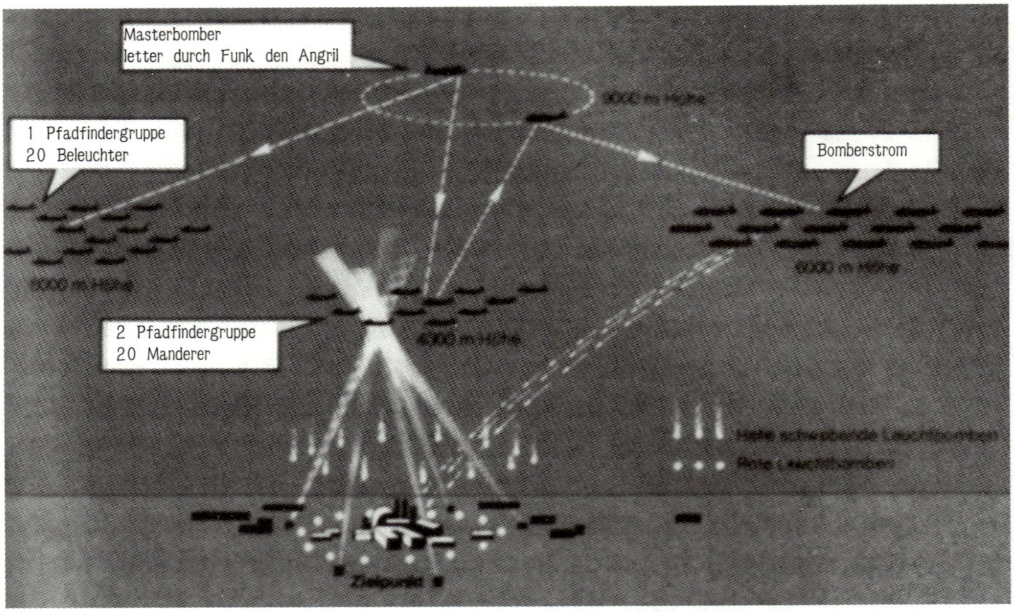

■ 皇家空军夜间轰炸战术示意图（使用Gee系统）：Masterbomber：轰炸指挥机，通过无线电指挥整个轰炸机群，9000米高度；1 Pfadfindergruppe：第1波次轰炸引导机“照明者”20架，投放照明弹，6000米高度；2 Pfadfindergruppe：第2波次轰炸引导机“可视指示者”20架，投放燃烧指示弹，4000米高度；3 Bomberstrom：主力轰炸机群“预备队”，6000米高度。

步，但是这种战术的可行性还是得到了皇家空军的肯定，这些被称为“晚会主持人”的轰炸指挥机机组在皇家空军以后的空袭中将扮演越来越重要的角色。而对于常规的轰炸引导战术，在皇家空军内部也存在一些不同意见，例如，第5轰炸机大队指挥官拉尔夫·寇兹雷恩少将就一直向哈里斯建议采用另一种轰炸定位技术——“时间－距离－投弹”定位战术，即预先对投弹点进行计算选择，然后各架轰炸机分别以各自计算选定的速度和航线飞行，在预定飞行时间后投弹。

此时，美国陆航还没有远程护航战斗机来对付德军的昼间战斗机，而保卫它们的轰炸机群，它们只能依靠自己强大的轰炸机自

佩内明德和V-1、V-2导弹

佩内明德，位于德国波兰边境波罗的海海滨梅克伦堡－前波莫瑞州乌泽多姆岛西北部的一个偏僻小镇，人口不足千人。从1935年开始，纳粹德国就在该镇秘密设立了导弹研制和实验基地，开始了导弹武器的研制工程。

1942年6月，由德国空军工程师勃列埃负责主持领导，开始进行V系列导弹（以前曾把导弹也称为火箭的，如将苏联的导弹部队称为战略火箭军。因此，在对V系列武器的称呼上有过导弹与火箭的混淆，而国内一般以有无制导作为导弹与火箭的区分标准，姑且不论这一区分的科学性，笔者以为，V系列应为导弹更为准确）的研制工作。

V是德文“复仇”（Vergeltung）的第一个字母，表示德国用这种新式武器来报复英国对其实施的战略轰炸。而在德军内部最早将V-1导弹称为弗赛勒Fi103或FZG76导弹，又因为其飞行过程中发出的“嗡嗡”声而有个“嗡嗡弹”的绰号。

V-1导弹实质是一种采用脉冲喷气发动机推进的无人驾驶飞机，具备了巡航导弹的主要特征。弹体呈纺锤形，前面的主翼和尾翼均为矩形平直翼，弹长7.76米，翼展4.9米，弹身最大直径0.82米，弹头内装850公斤高爆炸药，全重约5000公斤，发射重量2180公斤，最大飞行速度为640公里/小时，最大飞行高度为915米，最大射程320公里。1942年12月24日，V-1导弹的原型弹首次飞行试验成功，计划于一年后投入使用。V-1导弹在倾斜导轨上发射后，由自动驾驶装置控制按预定航向飞行，当导弹将到达目标上空时，阻流板打开，导弹减速俯冲奔向目标引爆战斗部摧毁目标。

V-2导弹由冯·布劳恩主持研制，已经带有现代弹道导弹的主要特征，不仅有发动机和燃料，还带有氧化剂助燃。弹长13.9米，弹身最大直径1.64米，弹头约重1吨，全重约13吨，最大飞行速度达到5800公里/小时，最大飞行高度4.8万米，

最大射程320公里。

1942年10月3日，V-2原型弹试验成功。V-2不需要导轨，垂直发射，由陀螺仪控制石墨舵按照预定航向飞行，依靠惯性以抛物线弹道下落。V-2在工程技术上实现了宇航先驱的技术设想，对现代大型火箭的发展起了承上启下的作用，成为航天发展史上一个重要的里程碑。

1943年7月，波兰和法国的地下抵抗运动将这种新式武器的情报告诉了英国，英国空军随即利用轰炸柏林时经过佩内明德的机会进行了航空侦察和拍摄。8月17日，英国空军出动596架轰炸机对佩内明德进行了大规模的轰炸，摧毁了该基地大量建筑，导弹装配车间和实验室被夷为平地，735人（其中包括178名技术科研工作人员）死亡或失踪。8月24日和25日又2次轰炸了佩内明德，迫使德国为了避免在轰炸中受损而将有关研制生产单位分散安置，大大延迟了导弹投入实战的时间。

1944年6月13日，德军V-1导弹发射部队(第155高炮团)才第1次进行了实战发射，从1944年6月13日到7月15日，德军向英国共发射了4361枚，其中，进入英国的约2500枚，被击落1241枚。由于英美空军对导弹发射阵地的轰炸和盟军地面部队的快速推进，德军开始改用轰炸机从空中发射。

从1944年9月到1945年1月，德军从空中向英国发射了1200枚V-1导弹，只有66枚打到了伦敦，其余均被击落，还损失了77架导弹载机。

1944年9月8日，德国首次使用V-2导弹攻击英国。至1945年3月，德国总共发射了约3000枚V-2，其中，1250枚攻击英国，1750枚攻击比利时的安特卫普。

1945年3月，德国最后一处导弹发射阵地被盟军占领，V系列导弹的袭击才告终结，德国总共发射V-1导弹约1.5万枚，V-2导弹约3000枚，造成了同盟国约3万人死亡，10万人受伤（绝大多数为平民），房屋损毁约3万幢。从军事意义上讲，V系列导弹并没有能起到一举扭转战局的决定性作用，因为此时，英美盟军已经在欧洲登陆，苏联红军也已打到德国本土，靠一两件先进的新式武器根本是无力回天的。V系列导弹唯一的作用就是迫使盟军调集大量战斗机和高射炮用于防御导弹袭击，牵制了盟军在欧洲战场的部分空中力量。

■ V-1导弹。

卫火力和编队战术来保护自己。而哈里斯依然继续要求美国陆航加大支持的力度，因此美军机群必须继续在德军严密的昼间防空力量的威胁下作战。

1943年8月，美军163架B-24从在非洲的机场起飞轰炸罗马尼亚的油田，揭开了对这个德国石油命脉的大规模空袭序幕。此时，从某种意义上讲，美军现在需要执行的是“另一种形式的，但是代价高昂的”支持皇家空军夜间空袭的支援任务。轰炸机司令部现在的目标单中除了那一长串地毯轰炸的“面积目标”之外，又多了一个重要的“点目标”——佩内明德。英军通过几个方面的情报确定这个基地就是德军的导弹发射以及试验基地，德军即将展开的对英国本土的导弹攻击将成为英国必须重视的一个巨大的威胁。哈里斯的任务就是尽快摧毁这个基地，尤其是其中重要的实验用装置及建筑，这个空袭计划代号为“九头蛇”（Hydra）。但是对于这样位于欧波系统有效距离之外的“点目标”，轰炸机司令部轰炸引导大队以及仅适用于地毯式“面积轰炸”的技战术都无法有效发挥作用。面对这种现状，哈里斯决定在可见度较好的明朗满月夜对该目标进行轰炸，以便尽可能获得良好的视野。而之前皇家空军一般都拒绝在这种夜晚出击，因为轰炸机将不得不面对德军夜间战斗机部队更大的威胁。轰炸机司令部中著名的轰炸机引导及指挥官琼·瑟尔比上校被指派具体负责这次空袭行动的轰炸引导以及轰炸指挥任务，他此时是第83轰炸机（引导）中队的指挥官。

这是一次高度保密的空袭计划，最初只有皇家空军高层极少数人知晓，那些执行任务的机组成员都不清楚他们要攻击的那个地方究竟有些什么，他们只是被告知，他们将一直执行这个任务，直到目标区域被彻底摧毁。

在接下来对佩内明德的空袭中，皇家空军将首次使用了113公斤的重型目标指示弹“火点”（Fleckfeuer），这种指示弹在900米高度爆炸，在目标点上空形成有色区域，并且可以持续燃烧20分钟。色彩可以选择红、黄、绿等，标定佩内明德的是红色。此时，双方都采取更多的欺骗干扰手段来影响对方：皇家空军通过欺骗德军的防空预警系统，使得德军将其夜间战斗机指派到错误的空域；而对应的德军方面则越来越多地采取各种地面伪装以及欺骗手段来干扰英军的轰炸。此时，德军方面在考虑英军空袭的目标的时候，自然关注于一些重要的政治经济工业中心，柏林毫无疑问是防御的重点。而哈里斯很清楚德军的想法，于是他在进行空袭的时候，往往会派出蚊式机对一些德国的重点城市进行骚扰性空袭，以此来干扰德军的判断以及防空部署。

8月17日－18日夜间，轰炸机司令部出动596架轰炸机（其中兰开斯特324架、哈利法克斯218架、斯特林54架）开始了对佩内明德的猛烈空袭，值得一提的是第6（加拿大）轰炸机大队第1次派出它的兰开斯特参加空袭：9

■ 被德军夜间战斗机击落的哈利法克斯轰炸机。

架都来自它属下的第426轰炸机中队。负责干扰任务的7架蚊式机先在主力机群之前飞往柏林方向，主力机群则飞往佩内明德，它们都施放了锡箔干扰条。此时，佩内明德却依然戒备松懈，这里的防空部队并没有感觉到残酷的空袭即将降临。这是泰瑞·伯特的第13次空袭任务，他回忆道："当我7月底刚休完假回来后，参加了对埃森和汉堡的空袭。8月17日夜间，我们的目标是佩内明德，在出击前的任务布置会上我们获知这是一个极其重要的目标：德国人正在那里研制秘密武器，但是我当时并不知道这里是德军的导弹研究基地。

当我们飞越丹麦海峡到达最后一个航线折点的时候，月亮开始完全出来了，借助月光我们确认了航线的正确性，随后开始低空飞向佩内明德。我们的目标是科研人员居住区，在当时的月光下，我们在1500米高度很容易就辨别出目标。轰炸指挥机通告我们绿色指示弹马上就要投放，随后我们根据指示弹的引导也开始投弹。

当投弹完成后，德雷克驾驶轰炸机爬升到6600米，同时转向西面返航。我们运气不错，因为属于第1波机群，德军夜间战斗机还没有出现。而倒霉的第3波则完完全全遭遇了德军，在明亮的月光下，它们损失惨重，当晚我们损失的40架轰炸机大部分属于这个机群。当轰炸指挥机离开的时候，佩内明德已经是一片火海，我们后来得知，德军V型导弹科研队伍的领导人瓦尔特·提尔博士和他的一些重要助手都在空袭中丧生。此外，研究所的绘图室也被完全命中，我们获得的这些战果严重影响了德国人的科研进度。" 但是最终皇家空军评估这次空袭只成功了一半，距离完全摧毁的目标还有一定距离。由于远比预计强烈的西风的影响，使得轰炸引导部队的目标指示向东偏离较大，而第5轰炸机大队部分选择采用"时间－距离－投弹"定位战术的轰炸机也因此受到了很大的影响。因此，在这次空袭中，佩内明德2个主要目标——研究发展中心和组装厂区都没有遭到严重破坏；但是第3个目标——科研人员和工人的住宅区则遭到了猛烈轰炸，总计超过700人丧生，其中，德国技术科研工作人员约150

人左右，外国劳工约为550人左右。

虽然空袭没有能够完成设想中的目标，但是依然对德国V-2的研制生产以及实战部署产生了一定的影响。关于这个具体的影响程度存在很多争议，但是英国方面一般估计至少使得德军V-2导弹攻击计划推迟2个月－6个月。对于皇家空军而言有一点则是没有疑问的，就是必须使用空袭手段来延缓敌方杀伤性武器的研制和生产。

皇家空军虽然在这次空袭中取得了一定成功，但是也付出了高昂的代价：40架轰炸机没有返航，战损率高达6.7%。德军的地面高炮在英军的干扰下战果有限。此外，这次英军机群的飞行高度也远远低于常规，只有2400米－3000米，这也成为一个重要影响高炮作战效果的因素。而德军夜间战斗机部队在最终赶到后才对皇家空军造成巨大杀伤。由于英军干扰行动的成功进行，德军防空体系一直没能确定皇家空军的真正目标，并且认为柏林是最有可能的空袭目标。“野猪联队”的3个中队起飞后都被派往柏林上空，还有将近150架夜间战斗机在指定空域等待进一步的命令。23时42分，柏林发出英军机群接近的警报；23时56分，柏林地区高炮部队开始射击。此时，皇家空军负责干扰任务的蚊式机也已经投下了“圣诞树”燃烧指示弹迷惑德军。此后，所有在空中的德军夜间战斗机得到明确命令：“所有第12航空军的夜间战斗机注意：转向柏林！”这些夜间战斗机中的大部分到达柏林后并没有发现目标，只能在空中盘旋待机，后来均由于燃料耗尽而不得不降落，无法赶去保卫佩内明德。就在德军夜间战斗机主力被成功吸引开后，1时09分，皇家空军轰炸引导机在佩内明德上空投下第1枚红色指示弹，真正的空袭开始了。

但是就在地面引导军官无法确认甚至误判英军机群的真正目标，并且指挥部已经明确命令飞往柏林后，依然有部分起飞较晚的夜间飞行员看到佩内明德上空出现来自英军的目标指示弹、炸弹以及德军高炮的火光后，置无线电引导命令于不顾，直接飞往佩内明德空域，成为了当晚德军能完成最后猎杀的主力。这个夜晚，德军夜间战斗机在佩内明德依然击落了约40架英军轰炸机，机组成员总数约为280人，德军则损失了8架战斗机，而这些战斗机的机组成员都通过跳伞或者紧急迫降得以幸存。

前面提到过5./NJG 5的皮特·斯普顿少尉就是那些置命令于不顾而获得战果的飞行员中的一员，他在这个夜晚取得了他的第1个夜间战果。他回忆道：“我紧急起飞后到达指定空域待机，等待师指挥部的命令。我们都认为柏林会是最终目标，这个晚上天气晴朗，我可以看到西面燃烧坠毁的轰炸机。我焦急地等待着，并且继续爬升，这时候我看到了北面的熊熊火光，但我不能肯定那是什么地方，可能是施代庭，也可能是罗斯托克吧！我决定离开我的指定空域，因为我之前在汉堡空袭之夜已经有了一次教训，那次我就是由于等待而错过了机会。这次，我终于在空袭结束前赶到了，并且击落了1架兰开斯特。我还没有装备‘斜乐’机炮，依然装备的是普通的前向机炮。我依照我们大队中的那些老手的经验，瞄准那架轰炸机左翼的1号、2号发动机之间的部位进行了一次长点射。这架轰炸机的机翼立刻开始燃烧，我跟着它向下俯冲。我当时如此关注命中的第1个猎物，以至于全然不顾周围的情况，没有继续寻找新的目标。最后我清楚地看着它坠毁在地面，随后我也降落到格莱夫斯瓦尔德机场。在那里我向基地指挥官借了1辆摩托车前往那个坠机点察看。现场惨不忍睹，飞机残骸还在熊熊燃烧，除了英军机组成员的尸体以外，还发现了一个幸存者，和我一样，他也是个年轻人。他除了告诉我他的名字、编号和军衔以外，闭口不言，显然他把我当成了审讯官。他叫斯巴克斯，是一名军士，在战后他给我写信，告诉我当时他及时跳伞才得以幸存。”

斯巴克斯的这架兰开斯属于皇家空军第5轰炸机大队第44中队，进行的是“时间－距离－投弹”定位轰炸战术的实战试验，因此它编入了最后一波轰炸机群。这个中队损失了它的13架轰炸机中的3架，属于第5轰炸机大队的117架轰炸机则损失了17架，而最后一波第6轰炸机大队的62架轰炸机中被击落了12架。只有第1波轰炸机在德军夜间战斗机赶到之前完成了投弹，受到的损失较小。轰炸机司令部总计损失的40架轰炸机中有27架都是在佩内明德附近被击落的。

Ⅱ./NJG 1大队长埃勒少校在这个夜晚击落了3架轰炸机，3./NJG 3的曹内尔中尉在这

■ 这是1架被英军远程夜间战斗机击伤而迫降的Bf 110，德军正在借助气囊提升以便于拖拽。

个夜晚取得了他的第11和12个战果——他在10分钟之内击落了2架兰开斯特。他回忆道这是他所有战果中最轻松的2个，因为当时月光明亮，视线非常好。他这架Bf 110是当时少数没有被指派到柏林空域的战斗机之一。由于基地上空的气候原因，他推迟了起飞，因此他直接被指派飞往已经开始返航的英军轰炸机群。曹内尔中尉并没有得到引导军官的引导，他能找到英军机群确有一些运气的因素。他感觉此时英军锡箔干扰条的干扰效果已经没有最初那样明显了，一个重要原因就是他的无线电通信员已经开始学会如何对干扰信号进行判断了。和往常一样，他的机载雷达很快发现了英军轰炸机，并且在1时53分击落了第1架兰开斯特，他看到轰炸机坠落到海中，只有一些机组成员跳伞逃生。随后，曹内尔中尉转向佩内明德，直到此时，他也不清楚究竟哪里是英军的目标。随后，他很快又目视发现了1架4发轰炸机。此时，他要做的只是飞到轰炸机后面，然后瞄准射击，这架轰炸机被打得凌空爆炸。曹内尔中尉击落的这2架兰开斯特很可能都是最后一波机群的，这个机群的轰炸是从1时43分开始，到1时55分结束，其中一架极有可能是皇家空军第57轰炸机中队哈斯基尔中校（优异飞行十字勋章获得者）驾驶的兰开斯特，另一架兰开斯特则是第426轰炸机中队（加拿大皇家空军）舒特勒沃斯上尉驾驶的。

赫尔曼的“野猪联队”这次在柏林上空没有获到杀戮的机会，因为来的只是皇家空军负责干扰任务的蚊式机。赫尔曼在自己的回忆录中写到，当时在柏林上空，他们只是发现了投放指示弹的蚊式机，随后应该到达的大机群却一直没有踪影，直到确定英军机群在佩内明德的时候，他的“野猪联队”已经没有机会去参加对英军的攻击了。

但是“野猪联队”还有一名飞行员却是个例外，他就是前面提到过的“大鼻子穆勒”。这位呼号为“野猪3号”的JG 300的元老飞行员在赫尔曼之后从汉格拉尔起飞，当他快要到达柏林南部空域的时候，他看到了佩内明德空域的熊熊火光，于是他立即决定飞到那里去！为此，他甚至需要穿越柏林上空的高炮火力区！他在佩内明德发现了足够的猎物并且最终击落了2架轰炸机。这个夜晚JG 300在柏林上空取得了1个战果：第1大队的威尔纳·哈肯斯军士驾驶他的Bf 109G-6击落了1架被探照灯锁住的蚊式机，这架蚊式机的2名机组成员分别是A.S.库克和D.A.H.迪克森。“野猪联队”付出的代价只有1架属于第2大队的Fw 190，飞行员马克思·克莱温克尔少尉在这架战斗机的燃料耗尽后不得不跳伞。虽然最初“野猪战术”受到的怀疑被“野猪联队”用自己之前实际作战的效果得以证明，但是佩内明德空袭的这个夜晚让德国空军意识到，最终到达佩内明德的夜间战斗机数量实在是太少了。

德国航空部于1943年8月20日在柏林召开了一次关于佩内明德空袭的总结会议，冯·罗森贝格做了以下记录：“8月17日－18日夜间，由于英军成功地进行了欺骗干扰行动，用少量的蚊式轰炸机就成功牵制了我们大量的夜间战斗机，使得我们在柏林上空集中了约148架夜间战斗机和55架‘野猪联队’的昼间战斗机。而我们对于佩内明德这个英军真正的目标的最终确定结论却很晚才得出，致使我们只有30架夜间战斗机飞临佩内明德上空，虽然它们在短时间内就击落了24架轰炸机。此外，那些自由狩猎的夜间战斗机则击落了另外的18架。这表明，双发夜间战斗机若在天气晴朗的夜晚采用‘野猪战术’也可以取得非常好的战果。”德军夜间战斗机部队在夜间继续扩大战果的同时，它们也遇到了其他的问题，尤其是在白天。8月17日，在皇家空军对佩内明德夜间空袭之前的白天，美国陆航对德国在施威因福特的轴承工厂和在雷根斯堡附近的梅塞斯密特工厂进行昼间空袭。德军一些夜间战斗机部队也参加了对美军机群的攻击，然而，这些相比昼间战斗机显得明显笨重的双发Bf 110和Ju 88在攻击自卫火力极为强大的美军重型轰炸机的时候，付出的代价更为惨重。美军火力强大的轰炸机群这次遭到了巨大打击，超过50架B-17型重型轰炸机被击落，第8航空队此后不得不进行较长时间的休整。但是德军夜间战斗机部队也为此付出了21架夜间战斗机的代价，而这些夜间战斗机原本在当天晚上就可以参加对英军机群的作战。加上由于其他各种原因不能升空的夜间战斗机，德军当晚能防御英军空袭的夜间空战力量被进一步地削弱。

■ 这位就是皇家空军著名的夜间战斗机王牌，第141中队指挥官布雷厄姆中校。

皇家空军战斗机司令部也参与夜间对德国的空袭，在对佩内明德的空袭行动前，哈里斯请求战斗机司令部尽可能地提供支持，最终得到了10架“英俊战士”和20架蚊式机的支援。这些战斗机的任务是干扰德军夜间战斗机部队的行动，采取的攻击方式包括在德军机场附近空域巡航猎杀德军夜间战斗机或者直接攻击机场的地面目标，尤其那些装备了“Serrate”装置的“英俊战士”战斗机能在夜空中搜索并且攻击德军夜间战斗机。皇家空军战斗机司令部的第141中队分2波出动了9架“英俊战士”战斗机，著名的夜间空战王牌，已经有15个击落记录的中队指挥官鲍勃·布雷厄姆中校亲自带领第1波4架“英俊战士”战斗机在轰炸机群之前起飞前往他们预计德军夜间战斗机会出现的荷兰北部空域进行猎杀行动。

德军第1夜间战斗机师在发现了第1架敌机后出动了属于Ⅳ./NJG 1的4架Bf 110前往拦截。这4架Bf 110由施瑙弗中尉指挥，另外3名飞行员分别是：卡尔·海因兹·施弗林、海因兹·温克和乔治·克拉夫特。他们将进行Y－系统的实战试验，施瑙弗中尉将负责使用Y－系统引导。但是这次实战试验却遇到了种种问题：施瑙弗中尉和施弗林的Bf 110由于发动机故障不得不提前返航，而温克和克拉夫特的Bf 110则被英军布雷厄姆中校击落，只有温克跳伞逃生，在海上漂流18个小时后被德军海上救援队的Do18型飞机救起。温克的运气的确不错，这点可以从布雷厄姆中校的回忆中看出来。

布雷厄姆中校的回忆录这样写道："在我的上方，我看到了另一架Bf 110，从飞行的方向看上去就要从侧面撞上它了。我略微拉了一下操纵杆，使它落入瞄准镜内，然后在很近的距离开火：大约45米。这架Bf 110几乎就在我面前爆炸，我立即转向脱离。此时，我的'英俊战士'的风挡上已经沾上了那架Bf 110的燃油！当我再次转回来，借助月光看到了一顶降落伞在空中飘荡，我当时热血沸腾，可能因为刚才几乎撞机的紧张时刻的刺激，也可能就是因为我快要筋疲力尽，我几乎失去理智。我对着舱内通话器喊道：'一个杂种好像快要逃生了，让我来了结他！'随后，我直直地对着这顶降落伞飞去！此时，杰克喊道：'鲍勃！就放过这个可怜虫吧！'这句话一下子让我清醒过来，我立刻为我刚才的冲动感到羞愧。当我准备返航的时候，看到这顶降落伞快要落到海里了，我心中想，我刚才几乎就要干掉这个家伙了，这个德国佬必须要感谢我的无线电通信员杰克——一个犹太人，而他的同胞正在被德国人屠杀——救了他的命。"

此外，布雷厄姆中校的"英俊战士"战斗机还击落了另外一架属于Ⅳ./NJG 1的Bf 110，这架Bf 110不参加Y－系统的试验，而是独立起飞作战，飞行员就是我们在前面已经提到过的年轻的迪特曼少尉，他的第1个战绩就是美军的B-17重型轰炸机。这次他和他的无线电通信员——同样只有20岁的邦德舒尔都没有幸免，双双阵亡。对于第4大队而言，这是一个极其糟糕的夜晚，他派出的5架Bf 110只有2架由于故障得以提前返航，其余都被英军的"英俊战士"战斗机猎杀，其中的6名机组成员只有1人幸存。

皇家空军这个第141战斗机中队在布雷厄姆中校的领导下取得了优异的战果，成为了德军夜间战斗机部队的危险杀手。例如，之前在6月份，他们这个中队总计击落了大约23架德军夜间战斗机，其中，大约一半战果都属于布雷厄姆中校和他的机组。而这些"英俊战士"战斗机的猎杀行动还将继续，7./NJG 1的一位有着53架战果的夜间飞行员盖格上尉在9月29日－30日夜间也成为了这种装备"Serrate"装置"英俊战士"战斗机的牺牲品，这次击落记录依然属于布雷厄姆中校，

■ 1943年秋季，威斯特法兰，赫尔曼陪同戈林元帅视察“野猪联队”，正在介绍他的“野猪”飞行员。

盖格上尉虽然成功跳伞，但最后还是溺死在须得海(即艾瑟尔湖)。

在德军8月击落的250架轰炸机里，202架是在“野猪战术”或者雷达通报战术下被击落的，只有48架归功于“天床战术”，因此“天床战术”的地位不可避免地继续受到怀疑。而现在的德国空军又不得不面临自己内部新的创伤。戈林元帅虽然是德国空军的最高指挥官，但是实际上负责指挥的则是从1939年2月就上任的空军参谋长汉斯·耶内克上将。戈林称之为“我的空军”的战绩自然都归功于他自己，而遇到失败或者挫折后包括耶内克上将在内的各级指挥官都将成为“替罪羊”。现在，德国本土的防空形势极其严峻，戈林的空军表现则越来越让希特勒失望。现在，德国空军的困难时期已经到来，白天的天空中美国人越来越多，而英国人在夜晚依然持之以恒，并且显示出越来越强大的力量。他们必须找到对策来应对这样严峻的现实。然而，戈林自然地又把这样的责任推给了空军参谋部。佩内明德空袭之后的第2天，也就是8月19日，无法继续承受这种非常压力的耶内克上将自杀了，他的遗言是：“我已经无法忍受和帝国元帅共事了，元首万岁！”他跟随的是2年前另一位空军重要人物的足迹——当时的空军战机总监恩斯特·乌德特上将，一位和戈林一样曾经获得蓝色马克思勋章的一战功勋飞行员。

目标——德国纵深

在“鲁尔战役”和“汉堡战役”中，皇家空军轰炸机司令部采用的空袭战术基本上得到了肯定。在1943年的最后3个月直到1944年初的这段时间内，这些战术没有根本性的变化。轰炸机司令部这些日益成熟而有效的空袭战术迫使德军夜间防空部队必须抓紧时间对它们一贯的战术进行根本性的改革，虽然德军这些战术已经取得了超过2000架轰炸机的战果。此时，德军夜间战斗机部队的那些王牌都已经成为德国民众心目中的英雄，尤其是以下这些著名夜间王牌：施瑙弗、威廷根施坦因亲王、兰特、施特莱伯、威森菲尔德亲王，等等。而另外一名传奇人物更是

柏林简介

柏林地处北纬13° 24'，东经52° 31'，正处在欧洲的中心，位于德国东北部的低地平原上，平均海拔约70米。施普雷河、哈韦尔河以及大量湖泊、运河点缀其间，充沛的水源使柏林地区植被茂盛，森林绿地面积约占城市总面积的1/3，整个城市在森林和草地的环抱之中，宛若一个绿色大岛。柏林属于温带大陆性气候，但是西欧的暖湿气流使其冬季温暖，夏季凉爽。柏林所在之处最初是易北河东北的一片沼泽地，有斯拉夫人部落的两个聚居点，名字分别是柏林和科恩。直到12世纪，日耳曼人驱逐了定居在这里的斯拉夫人后，于1237年由勃兰登堡边疆伯爵阿伯特在施普雷河畔建立了两个村镇，并沿用了其斯拉夫的名字。因伯爵的绰号叫"熊"，所以今天柏林的城徽图案就是一只站立的黑熊。其中的柏林位于施普雷河东岸，是商人的聚居区，科恩位于施普雷河西岸，是渔村。直到1307年，柏林和科恩合并成为柏林市，在阿斯卡家族的统治时期成为重要的商业中心。14世纪，柏林加入波罗的海和北欧的重要商业同盟——汉萨同盟，但是此时的柏林只是神圣罗马帝国的一个偏远荒蛮的城镇。1411年，来自德国西南地区的霍亨佐伦家族的腓特烈出任边境总督，并成为勃兰登堡选帝侯。从1415年起，柏林成为勃兰登堡选帝侯的首府。从1640年到1688年，腓特烈·威廉一世在柏林大兴土木，兴建了皇宫、军械库、教堂和波茨坦离宫，为柏林赢得了"施普雷河畔的雅典"之誉，开创了柏林的繁荣。1701年，腓特烈一世加冕为普鲁士国王，柏林也随之成为普鲁士王国的首都。18世纪开始，柏林在中世纪的老城区以西地区修建了大量的巴洛克式和洛可可式建筑，形成了被称为"腓特烈城"的新城区。柏林在七年

■ 柏林的象征勃兰登堡门。

战争中曾被奥地利和俄国军队占领，1806年被法国军队占领。但是很幸运的是在战争中没有遭到严重的破坏。从19世纪初开始，柏林再次进行大规模扩建。1837年起，普鲁士开始了工业化进程，在柏林建立起早期的现代工厂。1871年，柏林成为德意志帝国的首都。到20世纪初，柏林已经在工业、经济和城市建设上达到伦敦、纽约和巴黎的水准，成为又一个世界性的政治、经济和文化中心，1900年的柏林人口已经达到270万。一战没有给柏林带来严重的破坏，1920年4月，柏林与周围的8个城镇、59个村庄合并为“大柏林”，面积达到890平方公里，人口也增长了1倍，达到400万。

■ 今日柏林繁华的街景。

在纳粹德国统治时期，柏林是其帝国首都，也是二战的策源地之一。柏林在二战期间，由于盟军的空袭和苏联红军的进攻，遭到了毁灭性的破坏，市区90%的建筑被摧毁，树木全部被毁，水电系统也遭到破坏。1945年纳粹战败后，苏、美、英、法四个战胜国分区占领了柏林。此后，随着民主德国和联邦德国的成立，柏林便分为东、西两个城市，东柏林曾是原民主德国首都，西柏林原为英、法、美托管。1961年，德意志民主共和国修建了柏林墙，将东西柏林完全隔离开，柏林从此成为东西方意识形态交锋的最前沿。

1990年10月，德国重新统一，柏林墙被拆除。1991年，德国议会投票决定在2000年之前将首都从波恩迁回柏林。此后，柏林展开了大规模的重建工作。1998年，德国联邦政府机关及各国大使馆将陆续迁至柏林。1999年，柏林再次成为统一的德国首都。

1994年4月5日，柏林与中国北京结为友好城市。柏林因为大量的古典建筑和现代建筑群而成为旅游胜地，古典与现代建筑艺术互相映衬，相得益彰，充分体现了德意志建筑艺术的特色。始建于1788年的勃兰登堡门是柏林的标志性建筑，几乎成为了德意志兴衰的见证，这座依照希腊雅典卫城山门修建的凯旋门建筑高20米，采用了六根陶立克柱式支撑起两段式的平顶女儿墙，上面是驾驶战车疾行的胜利女神维克托里亚的青铜雕像。200年来的风雨已使原本乳白色的花岗岩变成了灰褐色，更显得饱经沧桑。柏林人对勃兰登堡门怀有特殊的感情，称它为“命运之门”。

广为传颂，他就是“野猪联队”的创始人赫尔曼少校，因为他和他的那些飞行员就是战斗在战况最为激烈的城市上空，他们冒着各种危险驾驶单发战斗机穿梭在炮火震天的血色夜空，完成一次次拦截。“野猪联队”的特殊性及其独立性更是为这些飞行员蒙上了传奇色彩，“野猪（联队）之歌”这首爵士乐在当时通过电台广为流传。

此时，德军采取的通过地面雷达站通报引导夜间“自由狩猎”的战术对应于“野猪战术”被称为“驯猪战术”，这套战术既不像“野猪战术”那样过于疯狂，也不像Y－系统战术那样过于谨慎，他的均衡性使其一直被使用到战争结束。而“野猪战术”也得到了充分的肯定，标准的双发夜间战斗机也开始使用这种战术，并且也一直使用到战争结束。而之前最主要的“天床战术”，现在几乎已经要被完全搁置起来了，因为这种受限于时间和空间的僵化战术越来越难以应对皇家空军日益灵活而迅猛的空袭了。

轰炸机司令部在对汉堡、意大利和V-2导弹基地佩内明德的一系列成功的空袭之后，哈里斯开始把注意力放到德国的其他城市，首选的重要目标毫无疑问就是柏林。虽然现在夜晚的时间依然不够长，无法保证轰炸机群能在天亮以前完成空袭返航，从而避免可能遭到的巨大损失。但即便如此，哈里斯在对勒沃库森进行了一次损失较小、战果也较小的空袭之后，还是正式开始对柏林的空袭了。

8月23日－24日夜间，轰炸机司令部出动了727架轰炸机对德国首都进行大规模空袭。这次带有尝试意味的空袭效果极为一般。其原因如下：第一，轰炸引导大队没有能够正确清晰地完成指示任务；第二，紧张的时间限制影响了机群完成正常投弹；第三，柏林这个巨大的区域也使得空袭密度和覆盖度无法得到保证，且它们的H2S机载雷达由于干扰回波太多而无法正常工作；第四，柏林所处的地理位置也缺少诸如海岸线等易于空中辨认的标志，而仅依靠市区内的河流等标记无法满足轰炸定位的要求。尽管如此，柏林还是遭受到那时为止最为巨大的损失：约900人在空袭中丧生。皇家空军为此付出的代价同样是惊人的，锡箔干扰条没有发挥像前几次空袭中那样的效果，出击的机群中有56架没有返航，战损率达到了7.9%，这是迄今为止轰炸机司令部在一个夜晚中的最大损失。德

■ 英军的1架兰开斯特重型轰炸机在目标上空。

军夜间战斗机击落了33架，其中有20架在柏林上空被击落。这次空袭轰炸机司令部没有采用干扰性的“欺骗”空袭，但是得到了战斗机司令部36架“英俊战士”夜间战斗机和蚊式机的支援，他们的任务依然是猎杀德军夜间战斗机。

这个夜晚也是德军“驯猪战术”的第1次正式出战，此外，赫尔曼的“野猪联队”也大规模参加了这次夜间血战。Ⅰ./JG 300在新任大队长格德·施塔姆普上尉的指挥下从波恩－汉格拉起飞，而赫尔曼则和他的副官“野猪2号”即纳罗斯卡上尉，以及联队技术军官“野猪3号”即“大鼻子穆勒”编成联队指挥部小队升空。他们飞行在不莱梅空域附近，此时，赫尔曼收到来自于明斯特地面雷达通报：“第1波敌机群靠近威瑟尔东部。”于是赫尔曼立即转向东部，此时，他需要确定自己的位置，通过观察地面高炮部队的指示弹，他看到了表示不莱梅（连续2发），布劳施威克（并列2发）和卡塞尔（连续3发）的信号弹。此时，他又收到新的通报“目标预计1－3”。这表示英军机群可能将到达东经13度，柏林就在这条经线上，同时报告现在机群位置在汉诺威北部。赫尔曼现在就在汉诺威南部，他现在已和英军机群处在平行同向的航线上飞行。当赫尔曼快要到达柏林的时候突然听到“大鼻子穆勒”的呼叫：“Horrido！”这表示穆勒已经击落了1架敌机！穆勒补充道，他已经发现英军机群，请跟着他飞。此时，赫尔曼也看到了1架被柏林地面探照灯锁住的轰炸机，但是密集的高炮炮弹也随之而来，灯光和炮弹爆炸的火光使得赫尔曼一下子丢失了目标，他随后继续试图进行攻击，但是他发现这架轰炸机在1架双发夜间战斗机的持续攻击下已经开始燃烧了。赫尔曼通过无线电通信得知穆勒已经取得了第2个战果。这时，他又发现1架被探照灯光和高炮炮弹笼罩包围的兰开斯特，他立即开始进行攻击。这架兰开斯特试图用“木塞螺旋起子”机动摆脱，但是没有成功。赫尔曼在极近的距离击落了它，但是他自己的战斗机同样也已经被这架兰开斯特的尾部机抢打得千疮百孔，使他不得不弃机跳伞，赫尔曼最后安全降落到柏林市区内。他庆幸自己能够幸存，而就在这天白天，他刚刚拒绝了戈林给他的作为获得骑士十字勋章的附属奖励假期。

对于其他德军夜间战斗机飞行员而言，这也是个收获颇丰的夜晚。5./NJG 5的皮特·斯普顿少尉从柏林以北的帕西姆起飞，希望在佩内明德获得的第1个战果后能继续增加自己的战绩。这位在二战后当了30年汉莎航空公司机长的飞行员在1989年回忆道：“我们奉命采用‘驯猪战术’，在师指挥部的指挥下作战。我驾驶的是1架Bf 110，起先我们在一个指定的空域盘旋等待进一步指示，短暂等待后，柏林被确定为英军机群的目标，我们立即飞向那里。我随后就采取‘野猪战术’，赫尔曼当时是我的偶像，但是他的联队需要的是经验丰富的飞行员，而我当时还达不到这样的要求。我也有驾驶单发飞机的执照，以我的经验我认为，驾驶单发飞机在诸如法兰克福这样的大型国际机场降落远比驾驶波音747更为复杂困难！赫尔曼就是一个天才，一个杰出的飞行员，而且是我们这些年轻飞行员可以信赖的榜样。

我们继续回到柏林上空的这个'自由猎杀'的夜晚。在柏林上空有不计其数的各种飞机，英军的轰炸机和我们的战斗机混杂在一起，地面探照灯光和高炮炮弹映照整个夜空，我在刺目的光线的干扰下，试图攻击多架轰炸机都没有成功。突然，我看到了1架距离很近的轰炸机，很可能是1架兰开斯特，我立即开始攻击，这次我命中并且击落了它。仅仅约10分钟后，我又获得了这个夜晚的第2个战果，以我的经验判断，这是1架斯特林。但是我也被这架轰炸机的尾部机枪击中，我们2架飞机都燃烧着向下坠落。我命令我的机组成员跳伞，但是没有得到回应，于是我只能自己艰难地尝试跳伞，因为我的大腿也被击中了。当我好不容易挣脱了束缚离开座舱的时候又撞到了飞机尾翼，并且被困在上面，随着飞机一起高速下坠。幸运的是，我最终还是得以挣脱，随后我也没有了记忆，因为当时我已经处于昏迷状态。当我醒来时，发现自己落在一户柏林居民的院子里，那颗子弹击穿了我的大腿，我的膝盖也严重受伤。倒霉的是随后这户居民就要打我，因为他们把我当成了英国飞行员！我赶紧用德语解释，气氛才得以缓和。我的机组中的无线电通信员也成功跳伞逃生，而我的机械师却没有能够跳伞，随着飞机一起坠毁。”斯普顿少尉后来被送到医院，并且接受了手术治疗。此后，虽然医生嘱咐他不能再飞了，因为他的一条腿已经短于另一条腿，但他还是于1943年11月初重新回到了自己的中队，并且在11月底同样在柏林上空取得了自己的第4个战绩。

参加这个夜晚的血战并且取得战果的还有Ⅳ./NJG 1的赫尔曼·格莱纳上尉，他击落了1架哈利法克斯——这是他的第10个战绩。Ⅲ./NJG 5的根特·沃尔夫少尉击落了2架轰炸机（1架兰开斯特和1架斯特林），但是战绩没有获得证实，原因就是其残骸无法正确核对。造成这种经常出现的情况的原因很多，例如，轰炸机燃烧或者爆炸造成毁损情况严重，此外，还有地面高炮部队也参与战绩清点。沃尔夫少尉自己回忆道："我必须上升，我不知道被谁击中了，但是我明白，肯定是自己的高炮，因为被英军击中的情况是完全不同的。我的座舱盖被打坏，右面的发动机也着火了。施密策和我跳伞了，我这架Bf 110只有2名成员，而有一些其他的Bf 110则多了一名机械师。我们跳伞的高度很高，我自由下坠了一段时间才打开降落伞，最后我成功降落到了柏林北部一个村庄……我选择飞夜间战斗机而不是昼间战斗机就是因为我无法忍受单发战斗机的众多空战特技战术动作，这会让我明显感到不适，并且出现航空病症状。然而这次，我不得不在6000米高度跳伞，然

■ 海尔穆特·菲舍尔军士长，总共有29个击落记录，4次紧急跳伞。

后估算着在3000米高度开伞，总共用了约10分钟我才降落到地面。由于地面燃烧产生的气流把我在空中推来推去，由此引起的航空病症状让我感到很不舒服，而且我也担心自己会降落到燃烧的建筑或者飞机残骸上。”

谈到夜间空战，人们自然都会关注那些飞行员，尤其是那些王牌，但是我们不能忽视其他机组成员，尤其是无线电通信员的贡献。德军一名无线电通信员需要担负无线电通信、导航、雷达搜索和操作机舱后部机枪这四项任务。在一次典型的成功攻击中，他首先需要在遭到严重干扰的雷达信号中辨认出目标，然后用简明的语言指引飞行员靠近；如果自己的飞机被击中，他需要尽量在坠毁前想方设法寻找并且引导飞行员飞向某个机场紧急着陆。皇家空军的领航员称自己的飞行员为“驾驶员”，而德军的无线电通信员则称自己的飞行员为“马车夫”。一个机组是否具备战斗力是需要机组共同的努力，英德双方也都是把机组最为一个整体来进行优劣评估的。

德军一名著名的无线电通信员就是Ⅰ./NJG 1的海尔穆特·菲舍尔军士长，1942年3月到5月间，他和科纳克中尉作为一个机组总共击落了6架轰炸机。此后，作为施特莱伯的无线电通信员，他们在1943年1月至6月之间击落了15架轰炸机。现在，他和飞行员布鲁诺·埃克麦尔军士长一组，埃克麦尔军士长原来是一名坦克车长，后来自愿要求加入空军。菲舍尔军士长早在1942年9月至10月间就曾和埃克麦尔军士长合作取得了2个战绩。在1943年8月24日－25日夜间的柏林上空，这对组合驾驶编号为G9+BK 的Bf 110采用“野猪战术”攻击英军轰炸机，菲舍尔军士长获得了他的第26个参与击落记录，但在这次他们也被击落了，且埃克麦尔军士长丧生了。此外，德军第1夜间王牌施瑙弗的机组更是配合默契，成为了著名的“骑士十字勋章机组”。

我们再看看皇家空军的机组成员对这个柏林夜晚的回忆。这次对“巨大的城市”——(皇家空军对柏林的称呼) 的空袭是

■ 1架属于第302"野猪联队"的Bf 109 G-6型战斗机，拍摄地点在芬兰赫尔辛基，该联队曾短期驻扎在这里。

凯隆纳的第3次正式空勤任务。他的兰开斯特挂载了一块大"饼干"——1812公斤炸弹，还在4个标准弹舱里各挂有150枚3.6公斤的燃烧弹，6个每个装有16枚13.6公斤燃烧弹的弹舱以及1个装有8枚13.6公斤燃烧弹的弹舱。他回忆道："最初有2架德军夜间战斗机试图攻击我们，但是他们没有坚持到底，而是转向别的目标。当我们靠近柏林的时候，我就暂时没有任务了。这时候，投弹手负责给出指令。此时，充满我脑子里的都是所有返航需要的航线、时间等数据。此外，我还要全力观察轰炸机周围的情况，这也是当时我唯一可以作的贡献了。编队指挥官告诉我们，绿色指示弹已经准确投下，我们准备开始根据指示投弹。当我们完成投弹准备返航时，我立刻回到自己的位置。当我透过机腹的舱盖向下观察时，看到了令我震惊的场景——烈焰下的柏林！之前，在对佩内明德的空袭中，我们这些新手只能在基地待着，中校告诉我们，我们的经验不足以参加这次空袭。这个夜晚对我们是个悲惨的夜晚，在如此猛烈的防空火力以及夜间战斗机的威胁下，我只能暗暗祈祷能安全返航。"虽然有瑟尔比上校这样优秀的轰炸机指挥官的现场指挥，但是这个夜晚皇家空军的很多轰炸机还是把炸弹投到了柏林城区之外。随后一周多时间内的另外两次对柏林的空袭再次证明，柏林的地理位置、城市规模以及强大的防空力量决定了它是一个艰难的空袭目标。在后2次对柏林的空袭中，轰炸机司令部损失了出击的938架次轰炸机中的69架，战损率依然达到了7.4%，如此高的代价换来的战果却是很小的。这3次对柏林的空袭中轰炸引导大队的指示准确度依然存在严重问题，致使轰炸效果较差，8月30日－9月1日夜间对柏林的空袭中，轰炸引导大队的指示偏差甚至超过10公里。

8月27日－28日夜间，柏林附近的纽伦堡遭到了轰炸机司令部621架轰炸机的大规模空袭，Ⅱ./NJG 1采用"野猪战术"参加了纽伦堡上空的空战；德军夜间战斗机和地面高炮继续表现出强大的战斗力，"驯猪战术"和"野猪战术"依然是德军的主要战术，为了支援赫尔曼的"野猪联队"，德军第1次出动Ⅰ./KG 7的Ju 88投掷照明弹帮助他们攻击目标：这些Ju 88轰炸机飞到英军机群上空，向机群中投下照明弹，这样可以帮助"野猪

■ 从1943年9月开始接替卡姆胡贝尔将军指挥夜间战斗机部队的约瑟夫·施密特中将正在检阅"野猪联队"的一个作战单位。

联队"更清楚地发现目标。英军的哈利法克斯和斯特林的动力和飞行性能不如兰开斯特，因此它们飞的高度也低于兰开斯特，于是它们不得不更多地承受德军各种防空火力的"格外照顾"：8月30日－9月1日夜间，在柏林上空，176架哈利法克斯中损失了20架；106架斯特林中损失了17架，战损率分别达到了11.4%和16%。随后，在9月3日－4日夜间，共有316架兰开斯特执行了对柏林的空袭任务。尽管如此，这次还是有22架没有能够返航。

为了干扰德军"驯猪战术"的地空通信，皇家空军开始大规模使用"金银丝带"通信干扰战术。皇家空军在一些轰炸机组中安排懂德语的通信员负责调试频率，当他们监听到德军地面引导和空中的无线电通信后，就打开装在1台发动机上的麦克风，利用发动机噪音来干扰德军通信。

从1943年9月开始，英国的监听站将一些德军通信的频率通告给轰炸机群，随后，机群就可以用发动机噪音来干扰德军通信了。这种后来被称为"特殊金银丝带"的通信干扰战术取得了很好的效果，并且一直被使用到战争结束。但是这种超短波干扰方法的作用距离有限，德军对此采取的应对措施则是：同时用包括超短波－短波－长波的多种频率给飞行员发送信息，这样飞行员就可以自己选择没有受到干扰的频率继续获得信息。锡箔干扰条现在只能起到有限的辅助干扰作用，而无法阻止德军夜间战斗机的攻击，因为对于已经适应这种干扰的德军无线电通信员和引导军官而言，密集

■ 照片摄于1943年9月，1架英军轰炸机的起落架残骸掉落在一户德国居民的花园中。

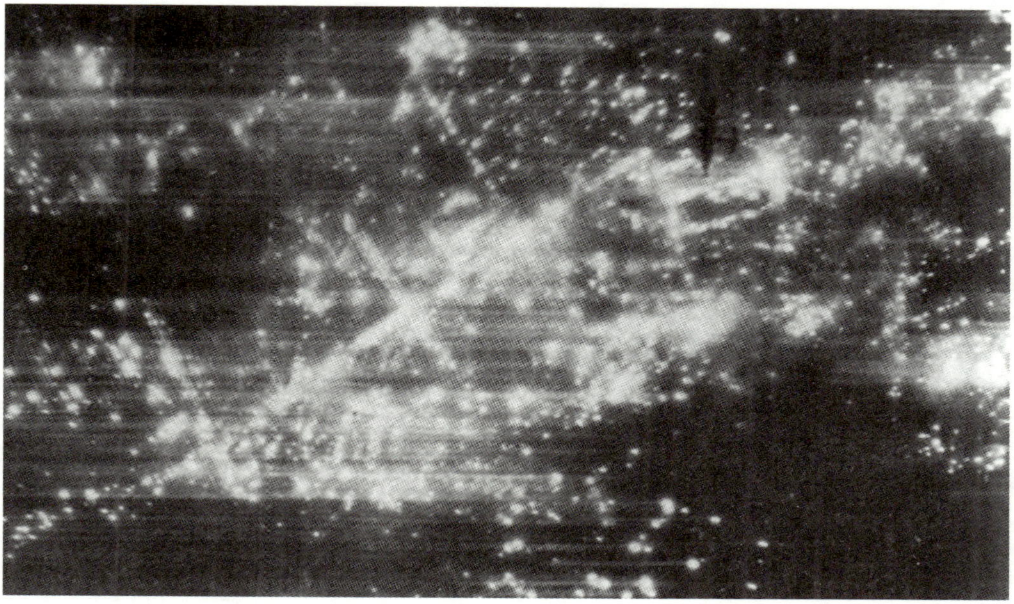

■ 英军轰炸机在目标上空。

的干扰信号本身就在指明机群的大小和飞行路线。德军的航空军指挥部发送总的雷达通报，而各个战斗机师指挥部也根据各自的实际情况给各自指挥的夜间战斗机发送雷达通报。这些通报内容除了英军机群的位置、航线、速度、可能的高度和目标等信息以外，还包括天气预报，航线上可能遇到的厚云层或者雷雨，关闭的机场等必要信息。当观察到英军的轰炸引导部队投放的指示弹或者轰炸机群而确定了最终的目标后，这个信息会以最快速度继续通报。而出动的夜间战斗机在起飞后立即以极高的爬升角度向上爬升，这样便于地面引导军官在屏幕上尽快地区分出敌我信号，不至于被搞混。然而此时，德军夜间战斗机部队内部人事也发生了很大的变动，卡姆胡贝尔由于和戈林意见不合，在1943年9月15日被解除了第12航空军（夜间战斗机军）指挥官的职务，由约瑟夫·施密特中将接替。卡姆胡贝尔在随后短期内还继续保有“夜间战斗机将军”的职衔。戈林曾经想让冯·罗森贝格担任这个职位，但是被罗森贝格拒绝了。

而赫尔曼少校的影响在继续扩大，他本人于8月底晋升为中校，他创建的“野猪联队”也在扩大。9月26日，戈林命令在2个补充联队的基础上建立JG 301和JG 302，其中，JG 301驻扎在拜仁，负责参与德国南部的防空；JG 302驻扎布兰登堡，负责加强柏林空域的防空。为了统一指挥这3个“野猪联队”，德国空军成立了第30战斗机师，指挥官自然就是赫尔曼中校。此外，Ⅲ./KG 3也划归赫尔曼指挥，这个大队的Ju 88负责执行空中照明任务。第30战斗机师的指挥部设在杜伯利兹，而这个师直接隶属于德军战斗机总监加

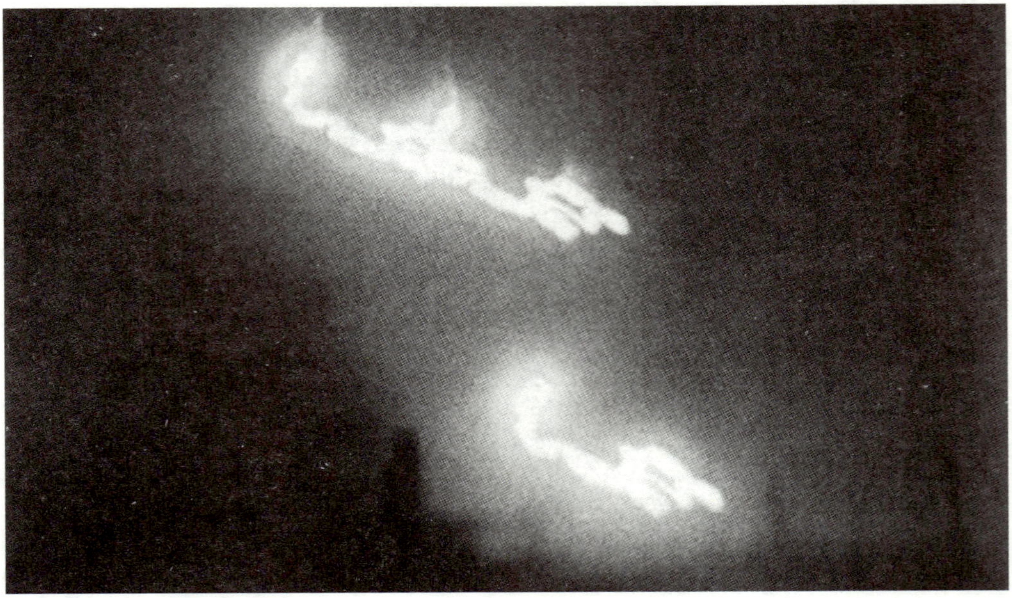

■ 德军投放的用于指示英军机群飞行路线的伞降照明弹，夜空的照明弹仿佛是通向地狱的指路明灯，引导着高射炮和夜间战斗机扑向自己的目标。

兰德“(战斗机)将军”。

10月中旬德国空军人事和部队的调整在继续，现在卡姆胡贝尔将军对于空军夜战部队的影响彻底消失了，因为他被指派为在挪威的第5航空队的指挥官。战争发展到了现在这个时期，这样几乎等于“退居二线”的委任说明了卡姆胡贝尔彻底失去了戈林的信任，他也从此离开了最重要的本土防空领域。但是卡姆胡贝尔的军旅生涯并非就此一蹶不振，1945年2月，希特勒面对陷入绝境的德国防空形势，再次想起了这位空军的防御和领导组织专家，并且重新任命他为“4发重型轰炸机防卫作战特别指挥官”。但是这个任命在当时只具有书面上的意义，因为卡姆胡贝尔已经无法起到实际作用了。战争结束后，卡姆胡贝尔也进入美军战俘营，1947年被释放后回到在拜仁地区的家乡，成为一名葡萄酒代销商。出人意料的是在赋闲9年后，卡姆胡贝尔再次承担起建设新的西德空军的重任，成为战后西德第1任空军总监。此时，施密特少将的第12航空军更名为第1战斗机军，所属部队也缩减为3个战斗机师，主要负责德国本土的防空；而第2战斗机军则负责法国被占领土的防空；第7战斗机师部署在慕尼黑附近，负责防御来自地中海方向的空中威胁。从此，“夜间战斗机将军”这个职衔被取消，夜间战斗机部队和昼间战斗机部队将统一隶属于“战斗机将军”——(即战斗机总监)指挥。而本来就不同意将夜间战斗机部队和昼间战斗机部队合并的加兰德(“战斗机将军”)对此则采取拖延等办法来“变相”拒绝他负责范围的扩大。不久，他就任命赫尔曼

■ “日冕”(corona)通信干扰工作现场，这个位于肯特郡克顿的一个小监听站使用缴获的德军接收器监听德军地空之间的高频通信，然后利用位于卢柏和利弗尔德的4台高功率发射器直接给德国夜间飞行员发布命令，以此干扰德军的通信指挥。“日冕”的干扰效果很不错，德军夜间飞行员经常收到错误的指令，这些说德语的英国“引导员”和真正的德国引导员纷纷宣称自己才是真的，飞行员们往往不得不自己判断哪个声音才是正确的命令，由此导致了许多激烈的交流，从而使地空通信陷入一片混乱之中，这让还要兼顾飞行作战的机组头痛不已。此后，当德军改用空军妇女辅助队员发布雷达通报的时候，英军也立即招募懂德语的妇女执行干扰任务，这些志愿者主要都是20世纪30年代离开德国来到英国的犹太人。

担任夜间战斗机总监来负责夜间作战，施特莱伯后来接替赫尔曼担任这个职务。

德国空军在技术方面也继续加紧前进的步伐，首要的重点就是电子及雷达方面的改进，以减轻那些引导军官和机组无线电通信员的负担。其中的一个应对英军锡箔干扰的尝试被称为“清除虱子”，相应的雷达被称为“乌尔兹虱子”，这种雷达的抗干扰原理简单来说就是根据轰炸机和其投放的锡箔干扰条之间存在的细微的频率变化来区分目标。此外，德军继续改进机载雷达，明石机载雷达新的发展型号被称为明石SN-2型，该改进型采用较低的工作频率，性能上有较大的提高，可以有效避免锡箔干扰条的干扰。

1943年9月，德军开始大量装备明石SN-2型机载雷达，到9月底就生产出了约2000台SN-2。到1944年初，已经有大量夜间战斗机装备了SN-2，随后SN-2又继续发展出了改进型SN-2b，明石系列除SN-2之外还有明石C-1型等各种改进型。然而此时，很多夜间战斗机上装备的“斜乐”机炮也已经成为一种可怕的攻击手段。He 219也越来越多进入现役，主要装备Ⅰ./NJG 1，在7月－8月期间，该大队大队长汉斯·迪特·弗兰克上尉驾驶这种夜间战斗机击落了7架英军轰炸机。而Ju 88和Bf 110依然是德军夜间部队的主力装备，这2位“老兵”总计在8月份击落了286架英军轰炸机。

而9月间，夜间部队的损失也在继续着，NJG 1在这段时间接连损失了几位王牌，弗朗克上尉在着陆时和弗利德里希上尉的战机相撞而丧生，最终个人战绩为55架；盖格上尉之前已经提到，他是被皇家空军夜间战斗机击落的。

10月4日，已经获得26个战绩的斯格蒙

德上尉在卡塞尔上空被己方高炮击落。皇家空军的凯隆纳第1次正式参加空袭的目标就是曼海姆，这个城市和他的姐妹城市路德维希港都属于空袭的“困难目标”，在9月23日－24日夜间，他又一次飞临曼海姆的上空，以下是他回忆的继续：“我们的尾部枪手皮尔斯毫无疑问是今晚的倒霉蛋！当我们在高空飞行时，他和往常一样在尾部炮塔都快被冻僵了，机枪也都冻住了，而他的机舱通话器也坏了。曼海姆这个目标对我们而言，决不是一个令人愉快的目标。在我看见指示弹的时候，也看到了我们的2架轰炸机已经被击落了，空中散开了几顶降落伞，而在右边，新的空战又开始了。德军探照灯的光束在夜空中快速移动，突然，我们的轰炸机也被罩住了，随后我们在曼海姆上空持续被照了将近5分钟！虽然之前我就看到不少别的被探照灯锁住的轰炸机，然而人就是这样，当我自己的轰炸机被锁住后，我就认为我的轰炸机将成为众矢之了！突然，我听到了‘梆，梆’的声音，这是高炮炮弹在周围爆炸的声音。幸运的是，这些炮弹都打得太高了。我们匆忙中立即开始投弹，突然，笼罩我们的探照灯一下子都移开了！原来1架德军夜间战斗机已经飞到我们的身后了，它已经发射了信号弹，所以这些探照灯都移开了，高炮也不再对我们射击了。现在轮到这架战斗机来攻击我们了。它在我们的左后方打了一串连射：机尾的皮尔斯被击中，我们的机身左侧被打出了12个洞，但是机舱没有被打中，也没有造成别的严重伤害。这架战斗机只进行了这1次攻击，我们幸运地保住了飞机。可怜的皮尔斯被击中了3次，但是总算是保住了性命，而我们的轰炸机也不得不下降了约300米，随后我们继续拼命地躲避德军探照灯、高炮，还有战斗机的攻击。在令人窒息的紧张飞行

■ 这架就是属于皇家空军第101中队的兰开斯特，其机身上部可以清楚地看到“飞行雪茄”的2根天线。

后，我们终于成功地返回了基地。皮尔斯及时得到了救护，但是从此以后几乎每次出击我们的尾部机枪手都会换一张新面孔！”

9月下旬，汉诺威也遭到2次大规模空袭，分别是9月22日－23日夜间和27日－28日夜间，总计有约1389架次轰炸机飞临汉诺威上空，其中有64架轰炸机没有返航。加上此前，我们已经介绍的轰炸机司令部在8月－9月间对柏林的3次空袭中其轰炸机数量总计7%以上的损失，可以清楚地看到这段时期德军夜间战斗机部队的威胁依然巨大，而且还有继续上升的趋势。此外，不能忽视的一点是这些空袭正是皇家空军在锡箔干扰手段这个新生保护伞下进行的，而德军还没有完全适应在这种干扰条件下作战。在柏林上空经历了惨重打击后，哈里斯的目标曾经短暂转回到鲁尔工业区，但是很快轰炸机司令部对柏林的空袭就将继续进行，因为哈里斯很清楚，鲁尔区和汉堡都是可以有效缩短战争进程的目标，而柏林则是能最终获得战争胜利的目标。

从1943年10月开始，轰炸机司令部对哈根(1日，243架兰开斯特和8架蚊式机)、慕尼黑(2日－3日，294架兰开斯特)、卡塞尔(3日－4日，547架哈利法克斯、兰开斯特、斯特林和蚊式机)和法兰克福(4日－5日，406架哈利法克斯、兰开斯特、斯特林和蚊式机)连续进行一系列空袭。一个重要的变化是现在4发重型轰炸机除了常规轰炸任务以外，也开始执行原来由蚊式机负责的干扰性空袭任务了。

10月4日－5日夜间，轰炸机司令部除了对法兰克福的主力空袭以外，还出动了66架对路德维希港进行干扰性空袭。这个夜晚，它们还有一个重要任务，1架蚊式机装备新的G-H导航系统进行实战试验，但是没有取得成功，这套系统在随后还是获得了成功。在这个星期，皇家空军另一种新的极为复杂的干扰装置“飞行雪茄”(简称为“ABC”)开始装备部队并且投入实战，这种装置被列为高度机密，只装备第1轰炸机大队的第101中队，其主要工作原理依然是由飞机上一名经过特殊训练的懂德语的无线电通信员负责搜索德军通信频率，然后开始发射同频率干扰信号。这些装备“飞行雪茄”的轰炸机作为普通轰炸机编入机群执行无线电干扰任务，然而皇家空军其他普通机组成员对这种特殊装备以及专门训练出来的无线电通信员毫不知情。在皇家空军对斯图加特的空袭中，由于这些装备“飞行雪茄”的轰炸机的参加，以及蚊式机对慕尼黑、埃姆登和亚琛的干扰性空袭和小规模兰开斯特机群对弗利德李希港的空袭的帮助，最后的空袭结果令德军夜间战斗机部队大为吃惊：343架参加空袭的兰开斯特只损失了4架，战损率只有1.2%!

但是轰炸机司令部的干扰性空袭也不是每次都能成功掩护主力空袭，在10月22日－23日夜间对卡塞尔的空袭中，主力机群由569架兰开斯特和哈利法克斯组成，而28架兰开斯特和8架蚊式机对法兰克福，12架装备欧波系统的蚊式机对鲁尔区分别进行干扰性空

■ 奥托·弗里斯和他的无线电通信员阿尔弗雷德·施塔法，他们最终的战绩是18架。

袭，同时，新的干扰手段“Corona”也第1次正式参战，干扰德军指挥。但是这次德军准确判断出卡塞尔是英军的真正目标，于是轰炸机司令部再一次遭到了惨重打击：43架轰炸机被击落，战损率达到了7.6%。

皇家空军第77轰炸机中队中队长德雷克·杜德少校驾驶的哈立法克斯参加了这个血腥夜晚的空袭，以下是他的投弹员泰瑞·伯特对这个夜晚的回忆：“我们的这第17次出击任务是极不寻常的。在我们完成对卡塞尔空袭后的返航途中，我突然听到机舱通话器里传来哈根的呼叫：‘右侧发现战斗机，距离800米，正在靠近，准备攻击！’我可以清楚地听到哈根的急促呼吸声以及他的机枪开火的声音，随后他再次呼叫：‘安全！我击中他了，他开始下坠了！’我吁了一口气，庆幸我们又躲过一劫！”随后，伯特的哈利法克斯再没有遭到攻击，得以顺利返航。这之前刚刚晋升为军官的哈根由于这次表现而获得了优异飞行十字勋章。这也是杜德少校的最后一次轰炸任务，他由此获得了优异服务勋章。

再看德军方面的回忆，奥托·弗里斯和他的无线电通信员阿尔弗雷德·施塔法驾驶他们的Bf 110G-4在这个夜晚击落了2架轰炸机，他们采用的是“驯猪战术”，通过雷达通报的引导飞行作战。很快他们就受到英军的干扰，巨大的发动机噪音使得他们很难听清楚通报的内容。但是现在的德军机组成员已经习惯于在这样的环境下作战，他们知道在关掉无线电通信时，干扰也停止了，然后当再次打开通信时会有短暂的时间不受干扰，利用这短短的时间就可能从通报中获得信息。弗里斯爬升到6000米高度，由于开始靠近冷锋，大气形成了涡流，飞机如同海浪中的小船，颠簸得很厉害。利用有限的通报信息，他们开始接近英军机群，突然施塔法观察到明石机载雷达屏幕上出现波折信号，他呼叫道：

■ 1943年10月，第49轰炸机中队韦伯军士长的机组合影，后排左起第2人是韦伯军士，第3人就是凯隆纳（当时为军士，担任领航员）。

“出现波折信号！”但是判断为锡箔干扰条，因为他们接近的速度很快。略微爬升点高度，全力关注！弗里斯开始爬升，在到达需要的高度以及进入东南方向的航线后，他开足马力加速飞行，速度表指示达到了430公里/小时。不久，施塔法又观察到了新的雷达信号，这次在穿过了锡箔干扰“云层”后，他们已经接近“猎物”。弗里斯回忆道：“那架斯特林越来越大了，我已经能够清晰地辨认出发动机的排气口，我们之间的距离不超过100米！施塔法说：‘快开火，否则就要被他们发现了！’我回答：‘冷静，再靠近点！’突然这架轰炸机机尾炮塔的4联机枪开火了，一梭梭弹道清晰可见，我猛然感到右侧小腿一阵剧痛。我意识到自己可能受伤了，但是不容多想，我立即加右舵，现在这架轰炸机的尾部炮塔进入了我的瞄准镜内，我一个短点射后，尾部炮塔就哑了。这是我空战生涯中第1次，也是唯一一次攻击轰炸机机身。”随后弗里斯又稍稍向左转，并且再次开火，用2个长点射命中这架轰炸机的左翼翼根位置，曳光弹帮助他确认弹道以及命中情况。这架轰炸机的机翼脱落了，机身主体坠落到地面并且猛烈爆炸！施塔法后来确认，这是1架满载炸弹的轰炸机，巨大的爆炸在地面形成了直径约22米、深约7米的大坑！

弗里斯幸运地没有受伤，那么那次剧痛是怎么回事呢？原来那架轰炸机机尾炮塔射出的一梭子弹中有一发命中他的驾驶舱，这颗子弹在穿透座舱的2层装甲板后，击中了弗里斯塞在军靴上的一发信号弹！他们需要感谢上帝，因为这发信号弹居然没有被引爆。

英军在卡塞尔上空损失的18架兰开斯特中，奥托·库兹纳军士击落了其中的2架。他第1次升空作战是在汉堡，第1次取得战果则是10月9日在汉诺威上空。这位新兵不像弗里斯那样有所顾忌，往往直接就对英军轰炸机的尾部炮塔开火。赫尔曼的3个“野猪联队”也依旧全力以赴，这次“大鼻子穆勒”不得不紧急跳伞，因为他的Bf 109G-6发动机着火了，幸运的是他只是受了轻伤。另外几名“野猪”队员也运气不佳，Ⅲ./JG 301的霍斯特·诺曼军士和库特·德根库伯军士都在这个夜晚阵亡。至此为止，“野猪联队”已经累计损失了52名飞行员，其中的46人在空战中阵亡，此外，还有12人受伤。而损失的战斗机数量更多，很多都是在紧急着陆时损毁的。分析“野猪联队”的这些损失，其中有相当一部分并非被英军轰炸机击落，而是由于导航错误、油料耗尽等各种原因坠毁的。“野猪联队”开始逐渐遭遇到悲惨的夜晚：8月31日－9月1日夜间，7架战斗机没有返航，7名飞行员中只有1人幸存；9月27日，损失了8架战斗机，8名飞行员中只有2人幸存，其中1人还严重受伤！

10月22日－23日的这个夜晚是汉堡空袭以来，德国遭到的损失最惨重的空袭，卡塞尔内城在空袭开始不久就变成一片火海，超过5600名居民丧生，大量工业设施遭到严重损坏，尤其是V-1导弹的研制生产和部署都受到了严重影响，不得不推迟对英国的大规模攻击。

从1943年10月开始，皇家空军在主力机群中开始大量装备H2S机载地形雷达，相应地对机组成员的培训计划也继续深入进行。但是H2S机载地形雷达依然属于绝密装备，这些培训也被称为“特殊无线电培训”。此时，德军也已经获得了不少相关信息，如期间有大量引导轰炸机被击落，德军从中获得不少实物资料，使得它们对其的了解得以不断加深。英军此时则继续改进H2S机载地形雷达，生产新的型号，之前的H2S机载地形雷达的工作波长为10厘米，因此在面对柏林这些大城市的时候，领航员只能看到一堆混杂的信号，无法进行判断，这个缺点迫使英国方面必须寻找新的对策，研制新的型号。随后，新的H2S MKII和MKIII型相继出台。MKIII型的工作波长减小到3厘米，于11月3日开始装备第1批3架兰开斯特，用于轰炸引导测试。然而此时，大部分轰炸机领航员能使用的还是工作波长10厘米的H2SMKII型。同时，英军也发展出配合H2S机载地形雷达的一种设备，于1943年10月开始投入战场。这种设备的创意是轰炸机司令部雷达技术负责人达德利·萨沃德上校提出的。他一直在思考：轰炸机在使用H2S机载地形雷达定位作业的时候，能否发现同一区域的其他飞机呢？于是新的“鱼塘”(Fishpond)装置就诞生了，它使用H2S机载地形雷达发射的电磁波和回波，然后在它独立的显示屏上显示同区域是否有其他飞机的信号，一旦出现快速接近的信号(不仅仅是敌机，只要是从下方快速接近的飞行目标)，它就会自动警告机组成员。这种装置的工作原理决定了它的探测范围是飞机下部，由于德军夜间战斗机的主要进攻位置也是在下方，因此这种装置还是具备相当实用性的。

德军也在努力寻找应对之策，自从1943年2月德军从英军轰炸机残骸得到了H2S机载地形雷达后，它们就组织了专门的技术小组，研究对付这种雷达的装置。很快它们就找到一个简单可行的方法，就是利用H2S发射的电磁波。于是一种新的接收装置“Naxos”(FuG350)就诞生了，最早于9月安装到夜间战斗机上进行测试。试验表明这种接收装置可以在最大15公里的距离指示敌方使用H2S机载地形雷达的轰炸机的大致方位。而到了11月份，经过改进的这种装置的探测距离达到了约100公里，虽然这种装置不能精确引导夜间战斗机接近某架轰炸机，但是它对于此时的德国夜间防空，尤其是“驯猪战术”的意义还是非常明显的。这个阶段德国夜间战斗机部队获得的另一个有效的雷达设备就是“弗莱森堡”(Flensburg) FuG227型探测装置，它的工作频率和英军的“莫尼卡”机尾告警装置一样，可以直接引导飞行员接近敌方轰炸机。具有更深远意义的“Naxos”探测装置可以探测到50公里以外正在使用H2S系统的导航轰炸机。此外，在地面也投入了一种新的雷达，它可以探测到英军执行“刺屏”任务的战机。

威廷根施坦因亲王上尉现在回到了西线，在东线他击落了27架苏联飞机。因为苏联方面对夜间轰炸的重视并不多，所以在东线夜间空战的环境相对较好，不用考虑对方花样繁多的电子干扰手段。同时，威廷根施坦因亲王上尉对于“斜乐”机炮的使用也是得心应手。现在，他又回到了情况复杂的西线夜空，这就完全不同了，但是这没有能够阻止他的战绩的持续上升。虽然有了勇猛的“野猪联队”的加入，那些传统的夜间战斗机联队也在继续全力抵抗，但是随着皇家空军力量的不断加强和技战术的继续提升，德国夜间防空形势依然愈加严峻，战果也开始下降。在8月份，德军夜间战斗机击落了290架轰炸机，这是一个峰值。随后的9月份，这个数字下降到178架；10月份则降到149架。而轰炸机司令部的战损率也由此大大下降：8月、9月和10月这3个月基本维持在3%左右，分别为3.7%、3.2%和3.2%。

从卡塞尔空袭到11月3日，皇家空军没有对德国进行空袭，但是蚊式机依然几乎每晚

■ 这架属于NJG 4的Bf 110保留了原来在战斗机部队的机头图案。在它的翼尖部位安装的就是“弗莱森堡”(Flensburg) FuG227型探测装置的天线。

都对德国进行干扰性的攻击，目的在于不给德军防空部队以任何喘息的机会。

11月3日－4日夜间，轰炸机司令部出动344架兰开斯特、233架哈利法克斯和12架蚊式机重新开始对德国的空袭，目标是杜塞尔多夫，干扰性空袭的目标则是科隆。对英国人而言这是一个寻常的空袭之夜。这个夜晚，德军的奥托·弗里斯依然采用“驯猪战术”获得了自己的第3个战果：英军第76轰炸机中队的1架哈利法克斯，它坠落在比利时与荷兰的边境上。不同以往的是，这架轰炸机的全体机组成员都跳伞得以生存，其中，费森军士一落地就被俘，其他人也在随后相继被俘，除了飞行员丹尼斯·洪塞(他在地下抵抗组织的帮助下辗转几周后到达西班牙)。

在这个夜晚凯隆纳继续执行他的第13次空袭任务，这次他运气依然不错，他自己回忆道：“杜塞尔多夫上空到处分布着我们的轰炸机，我们投弹的速度达到了72吨/小时！20分钟后投弹结束，这次投弹很准确，因为目标很清晰。”

在这次空袭中，皇家空军使用了新的导航系统“G-H”，这是继Gee系统和欧波系统以后出现的改进系统，G-H系统也是双台测距定位系统，但由于使用了机载主动发射装置，这样在飞机上就能同时拥有主动发射和被动接收装置，不像欧波系统那样主动发射组件需要设在地面上，因此该系统的灵活性大大增加，而且它可以同时引导多架飞机。此外，G-H系统使用较长波长的信号，作用距离比欧波系统远，但其精度比欧波系统略差，约为560米，而且使用操作更为复杂。

此时，哈里斯的目标已经完全转向他的内心一直放在首位的目标——德国首都柏林。轰炸机司令部经过长时间的探索和实战，踏踏实实、一步一步地向德国纵深迈进。它们现在已经有能力去实现摧毁德国首都这个目标了，虽然它们明白在柏林上空等待它们的将有更多的夜间战斗机、高炮和探照灯，而它们面临的如闯入地狱一般的艰巨任务，其历程也将变得更为漫长。但是它们士气依然高涨，因为它们相信胜利的曙光就在眼前。

第五章　柏林战役：从一个结束到另一个结束

向德国首都挺进

1943年11月中旬，德国上空夜间的血腥战斗进入到了一个新的更残酷的阶段，被军史学家称为“柏林战役”的对柏林系列大规模空袭正式拉开了帷幕。从1943年11月18日－19日夜间到1944年3月30日－31日夜间的这段时间，皇家空军对柏林进行了14次大规模空袭，对其他重要德国目标则进行了18次大规模空袭。此时，美军和英军对战略空袭的理解存在很大差异，美军关注的是如何对重要的军事及工业目标进行精确的轰炸，而皇家空军采用的则是标准的地毯式“面积轰炸”。哈里斯强烈要求美军也加入对柏林的空袭，但是一直到1944年3月，美国第8航空队才开始对柏林进行昼间空袭。面对美军的拖延，哈里斯毫不动摇自己的信念，他有明确的计划，如同他在上任伊始就坚信的那样：皇家空军轰炸机司令部将坚决走自己的路。哈里斯自己对于空袭柏林的预计是：在付出400架－500架轰炸机的代价后，将“从一个结束到另一个结束”地摧毁柏林。最终，皇家空军为此将付出约8000名机组成员的惨重代价。

1943年11月18日－19日夜间，皇家空军由440架兰开斯特和4架蚊式机组成的编队对柏林开始新的大规模空袭，正式揭开了“柏林战役”的序幕。这次空袭的战果依然有限，因为柏林上空阴云密布，轰炸引导部队的指示效果很差。干扰性空袭的目标选在了曼海姆－路德维希港地区。这次，执行干扰任务的机群却非常庞大，由分属于第3、第4、第6、第8轰炸机大队的248架哈利法克斯、114架斯特林和33架兰开斯特组成。干扰

■ 英国空军蚊式机战斗机。

误导效果很好，皇家空军在柏林上空只损失了9架兰开斯特，战损率约2%，而且大部分是被地面高炮击落的。恶劣的天气同样也是影响德军夜间战斗机出击的重要原因，很多战斗机都由于低厚的云层而无法升空迎战。但是在曼海姆上空德军夜间战斗机击落了23架轰炸机，皇家空军的战损率达到了5.8%，约22架蚊式机则继续执行干扰性空袭任务，目标是埃森、亚琛和法兰克福。

赫尔曼“野猪联队”中的JG 301只有少量驻扎在拜仁地区的战斗机升空，并且最后损失了2架战斗机，2名飞行员全部阵亡。其中一位就是JG 301指挥官海尔穆特·威因莱希少校，他原来也是轰炸机飞行员并且是赫尔曼的好友，曾经和赫尔曼一同在第30轰炸机大队服役。这位骑士十字勋章获得者在加入“野猪联队”之前已经执行了超过300次的轰炸任务。在这个夜晚，威因莱希少校驾驶的Fw 190在攻击1架英军轰炸机时被严重击伤，他试图驾驶飞机在法兰克福附近的莱茵－美茵机场紧急迫降时爆炸了。在这个夜晚，皇家空军的凯隆纳参加了他的第3次对柏林的空袭，这也是他的第16次空袭任务了。

随着深秋的到来，重新变长的夜晚时间使得轰炸机司令部的机群再次有了足够的时间在夜空的掩护下对德国进行空袭。此外，它们又有了更多更成熟的辅助掩护手段：干扰性空袭、远程夜间战斗机的猎杀行动和花样繁多的电子干扰对抗手段。德国空军对此新的回应手段仅仅是增加7个空中侦察中队来跟踪和报告轰炸机群的信息。在这段时间里，皇家空军那些机组成员的生命历程依然就是紧张－放松－紧张的简单重复，在全力投入空袭任务的同时等待着命运的选择。

皇家空军一名执行了111次空袭任务而奇迹般幸存的机枪手詹姆斯·高尔蒂军士长这样回忆道：“从起飞到着陆我一直都保持十分的警惕，毫不放松。我相信轰炸机剧烈机动规避是最有效的，因为如果我们被德国夜间战斗机的瞄准器套住了，那么我的布朗宁机枪和它们的机炮相比，火力就显得差多了。但是即便这样，我也会一直扣着板机不放，因为德国人也害怕我的机枪子弹。”

同样，在德国、比利时、丹麦、法国和荷兰，那些夜间战斗机飞行员也很清楚他们必须在每个夜晚升空，在寒冷的冬夜穿梭在英军的轰炸机火力甚至是己方的防空火力之下，和来自于海峡另一面的对手一起等待命运的选择。可能他们的生命就只剩下几个小时，能否看到第2天的日出或许就要看他们的运气了。

当空袭预警传达到德军各个空军基地后，那些大队指挥官就会对他的队员发布命令：“先生们，英国上空的天气很好，而我们这里的天气则很糟糕，因此，我们必须准备好迎击英军空袭的准备。监听站和雷达站都已经证实空袭即将到来。我们现在准备迎接那些庞大的机群，为此我们也已经做好了充分的准备。让我们通过无线电指挥在空中会面并且消灭英国佬吧！”随后，飞行员们就

■ 德国空军JG 300的Fw 190战斗机，机头可见“野猪联队”的标志。

各自开始准备工作，等待最后的出击命令。有的飞行员会写信，有的则选择读书来消磨紧张的等待时刻。当最后的出击命令通过电话传达到基地后，指挥官立刻宣布“准备出击！”第1波升空的飞行员们立刻坐车前往各自的战斗机，登机并启动发动机，在得到最后的出击信号后滑跑升空，随后在无线电命令的指引下开始漫长的夜间战斗。德军夜间战斗机部队的损失在节节上升，这些损失并不仅限于缺乏经验的新飞行员，而且会有更多有经验的飞行员被调入了夜间战斗机部队，目的是保证击落敌机的数目，但这本身却是一种恶性循环。好飞行员加入夜间战斗机部队越多，有经验的、不可替代的老手的伤亡率也就越大，尤其是一些夜间王牌的阵亡更是无法弥补的损失。11月17日，德军又一位重要的夜间王牌——Ⅱ./NJG 1指挥官埃勒少校由于着陆事故在圣托德基地丧生，当时在他完成夜间任务归来准备降落的时候，这个机场的灯光突然令人费解地熄灭了。

在11月结束之前，皇家空军继续对柏林进行了3次空袭，此外，还对法兰克福进行了一次空袭。尽管天气状况依然恶劣，但德军夜间战斗机部队依然还是全力迎战，继续取得战果，但同时也付出了相当的代价，主要原因就是因为恶劣天气造成的着陆事故、油料耗尽等。而皇家空军派出了越来越多的蚊式机执行攻击德军夜间部队机场以及在空中猎杀夜间战斗机的任务。赫尔曼的“野猪联队”由于装备的原因而受到天气的影响也是最大的。相对于装备完善并且还有一名专职无线电通信员的双发夜间战斗机而言，飞单发战斗机的“野猪”队员能依靠的帮助实在太少了。此外，即便装备了辅助油箱，那些Bf 109和Fw 190的滞空时间对于夜战而言依然太短了。于是，“野猪”队员们得到的命令是：“你们的首要任务是寻找并且击落英军轰炸机，而对你们自己的战斗机的考虑则是第2位的，因此，你们要尽可能长时间地待在空中寻找机会。当你们的油料告急又迷失方向或者找不到降落机场的时候，就跳伞！不要尝试紧急迫降！”于是，跳伞就成了“野猪”队员们的家常便饭，这也引起了那些传统的昼间飞行员的轻视，认为“野猪”队员跳伞次数比他们的击落次数还要多！而“野猪×号，我跳伞了！”也成为一种“野猪联队”特有的极其频繁的呼叫。

戈德·施塔姆普曾经担任Ⅰ./JG 300大队长，他这样回忆自己的战斗历程：“恶劣的天气给我们的作战造成了严重困难，我曾经是轰炸机飞行员，因此接受过盲飞的训练。但是我改飞Bf 109的训练时间非常短，而Bf 109的驾驶完全需要手动，和我曾经飞过的各种飞机相比，Bf 109是一种不成熟的战斗机。但是，我们必须在任何一个英军轰炸机来袭的夜晚起飞迎战，无论是否适合出击。赫尔曼为我们做示范，虽然他可以做到的，其他很多人都做不到，但是，他绝不是一个‘办公桌’指挥官。‘10分钟预备’意味着我们都已经坐在驾驶舱里，但是发动机并没有起动，因为当时油料已经开始紧张了。当我们紧急起飞的时候，我们往往并不清楚目标在哪里，直到我们从地面通报中获知具体遭到空袭的城市。但是当英国人开始干扰我们的通信时，问题就变得更加复杂了。虽然我们可以得到地面探照灯、带降落伞的信号弹、高炮射击等一系列指示手段的帮助，在空中辨认出各个大城市，搞清楚自己的位置和飞行方向，但问题是，当你被英军轰炸机击中的时候，无论在哪里或者想去哪里，你都必须立即下降，这时候，你最大可能性的选择只能是跳伞。虽然按照规定我们将和地面高炮和探照灯部队协同作战，但是实际上，一切都经常陷于一种混乱状态，我们不得不面对己方火力的威胁。例如，我们和高炮部队有各自的攻击高度的规定，但是当你攻击的1架轰炸机下降到了高炮的火力范围，难道你会放弃吗？‘野猪联队’没有固定的战术，我采用的个人战术是以我以前当过轰炸机飞行员的经验为基础的。我会选择从轰炸机后部下方约20米的高度开始攻击，因为如果采取俯冲的攻击手段，高度下降太快，而且攻击机会稍纵即逝。一般我会在100米－50米的距离内上开火，再远的距离攻击是没有效果的。近距离攻击开始后，我和对手的生命都将交给命运，可能是我成功，也可能是我被击中。返航则是我们完成攻击后必须再次面对的危险，当我们由于燃料关系无法返回自己的基地的时候，我们有一系列的机场可以选择。隐藏在机场上空黑夜中的英军蚊式机是我们必须要警惕的。当降落时，我们会发射信号弹提示地面，但是我们一般不和机场控制塔联络，反正它们也帮不了我们。我曾经在返航降落后才发现自己的战斗机的发动机已经停车了。但是我们认为，我们用廉价的单发战斗机和一名飞行员去和英军的重型轰炸机以及多名机组成员交换是值得的！”

“野猪联队”的损失记录只是包括阵亡或者受伤的统计，而很多时候的跳伞或者迫降中飞行员并没有受伤，于是就不记录在案。在1943年7月到11月底，这张统计名单上有84个名字，其中有64人阵亡，有33个记录的原因是“油料告急，迫降”、“迫降中坠毁”、“迫降中起火”、“坠海，最大原因是恶劣天气造成的”，等等。“野猪联队”越来越多的损失也给作为它们战斗机“出借者”的那些昼间战斗机联队造成了麻烦，于是这些昼间联队开始模糊地登记自己可以提供的战斗机数量，由此来减少在夜间损失的可能性，最明显就是昼间联队“晚上至第2天早晨的维修记录”越来越多。

和那些标准的夜间战斗机联队相比，“野猪联队”的战绩确认也是一个严重的问题，这方面的原因我们在前文中或多或少也提到了一些。主要原因就是“野猪联队”的攻击大多在城市上空进行，而那里的情况最为混乱，可能涉及战果分配的包括地面高炮部队、多架战斗机多次攻击一个目标，等等。因此“野猪联队”无法和那些夜间战斗机联队一样，对每个战果进行多方面地联合确认。目前，相对较为客观的战果估计是：JG 300、JG 301、JG 302这3个“野猪联队”在1943年7月到1944年3月总共击落了约330架轰炸机，而它们自己的记录数字则要高得多。例如，JG 300的威尔特中尉的个人记录为61架，但是其中很多都无法证实。具体而言，他的记录中包括25架蚊式机，但是其中得到正式确认（包括英军记录）的只有6架：即他驾驶Fw 190和Me 262喷气式战斗机分别击落了3架。

从1943年秋季开始，赫尔曼发明新的战术来对付英军轰炸机，这个新战术被称为“裹尸布”：即在云层浓厚的夜晚，用专门的飞机在英军机群上方投放照明弹。这样在云层下方可以清晰地看到云层上方飞机的投影，此外，加上地面探照灯的协助就可以很

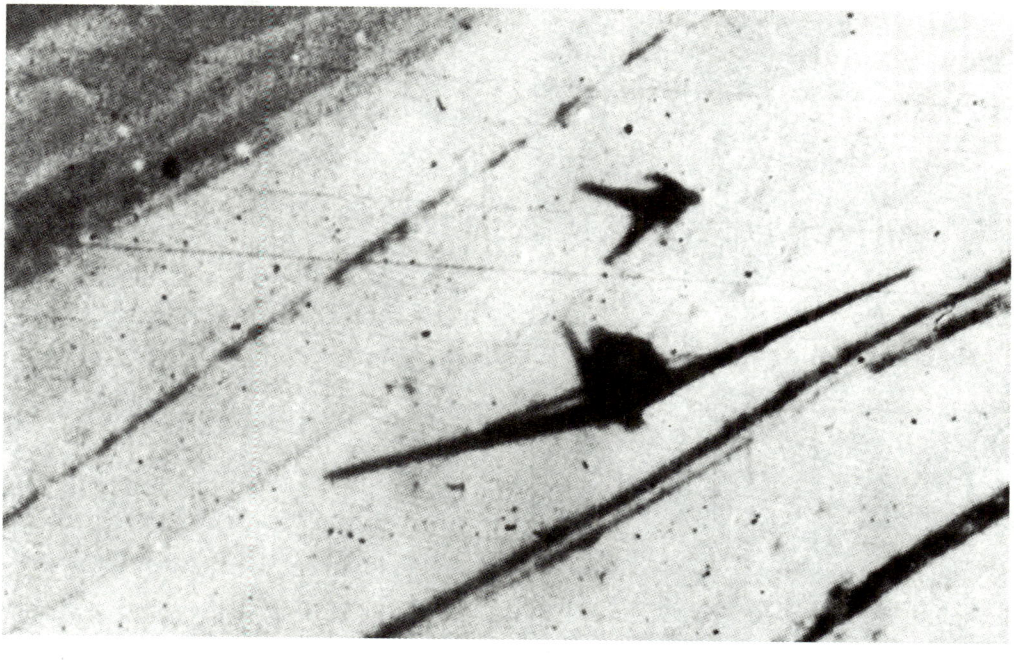

■ 照片显示了1名德军飞行员从他的Fw 190战斗机跳伞的情景，不过这架战斗机属于第2“里希特霍芬”战斗机联队。

好地帮助“野猪”队员发现目标。11月，德国夜间战斗机部队的战绩有了下降，它们击落了128架轰炸机，皇家空军的战损率降到了2.4%。毫无疑问，恶劣的天气是其中一个重要的原因。但是德军那些夜间王牌的战绩依然在持续上升：兰特、威廷根施坦因亲王、施特莱伯、曼菲尔德·穆尔勒这几位的战绩都上升到50架－60架之间。此外，施瑙弗、吕克、马丁·贝克尔（这位贝克尔被战友戏称为“缇诺”，以区别于已经阵亡的路德维希·贝克尔，这位王牌几次创下了德军夜间战斗机部队一个晚上击落数字的记录：1944年3月30日－31日纽伦堡：7架；1年以后的3月14日－15日夜间吕兹肯多夫上空：9架！）等人的战绩也正在节节上升。德军改进的SN-2型雷达

■ 贝克尔中尉和他的爱犬，背后就是他那架装备了SN-2型雷达的Bf 110夜间战斗机。

■ “野猪联队”的根特·米基军士和他的机械师，他驾驶Fw 190使用“野猪战术”击落了8架轰炸机。

和“斜乐”机炮继续显示出强大的战斗力，随着对这些装备的熟悉，德军夜间飞行员中在一个晚上击落几架轰炸机的人数也越来越多。Ju 88由于续航力高于Bf 110，装备比重越来越高，但是He 219的装备数量不多依然表明皇家空军还是幸运的。

11月22日－23日夜间，皇家空军继续出动764架轰炸机（兰开斯特469架、哈利法克斯234架、斯特林50架、蚊式机11架）对柏林进行大规模空袭。这次，有5架安装了新的H2SMKIII型雷达的兰开斯特参加空袭，这种新的H2S机载地形雷达的工作波长缩短到3厘米，按计划在11月6日和16日轰炸机司令部分别得到3架安装了这种新型机载地形雷达的兰开斯特。这天的天气状况适合英军的空袭行动：英国本土上空的天气足以满足机群起降的要求，而在德国上空恶劣的天气则可

以有效阻碍德军夜间战斗机升空。虽然柏林上空依旧阴云密布，但是这次皇家空军的引导部队却出人意料地精准地完成了目标指示任务，不过云层依然对皇家空军的战果评估造成了不少困难。现在的柏林已经切切实实地感受到了战争的残酷：超过17万人无家可归，城内包括各国大使馆在内多处重要建筑被毁。而在恶劣天气的掩护下，皇家空军战损率只有3.4%——26架轰炸机。随后紧接着在第2个晚上，皇家空军出动383架轰炸机（兰开斯特365架、哈利法克斯10架、蚊式机8架）继续对柏林进行空袭，这1次的天气状况适合德军夜间战斗机出击，而轰炸机群的航线依然和前1个晚上一样，因此德军这次得到了准确的确认，“野猪联队”及时部署到了柏林上空，皇家空军为此付出了5.2%的损失。

■ 鲁道夫·察德宁斯中尉，第3夜间战斗机联队第7中队中队长，最终战绩为12架。

7./NJG 3的鲁道夫·察德宁斯中尉击落了1架轰炸机，他自己的记录是1架哈利法克斯，这很可能是他的判断出现了差错。他击落的可能是1架兰开斯特，因为这个夜晚皇家空军出动的哈利法克斯全部安全返航了。不过，要在夜空中准确分辨兰开斯特和哈利法克斯的确不是一件容易的事，因为这2种轰炸机在外形上非常相似。已经成为8./NJG 3中队长的曹内尔中尉也继续扩大了自己的战果：1架兰开斯特，这是他的第13个战绩。他在自己的回忆中认为，现在的“驯猪战术”和“野猪战术”都要比原来的“天床战术”效率高。之前提到的斯普顿少尉伤愈归队也重新加入夜战，并且获得了自己的第4个战果：1架兰开斯特。施瑙弗中尉这个夜晚击落了2架负责轰炸引导的兰开斯特。

皇家空军在这几次空袭中也遇到不少问题，在11月22日夜间，参战的50架斯特林有12架因为各种原因不得不提前返航，其余38架中损失了5架。在英军内部很早就明白斯特林的飞行性能以及可靠性都不如兰开斯特和哈利法克斯，它的战损率也相对较高。因此，飞斯特林的机组成员的士气也必然受到影响。而和斯特林一起参加空袭的兰开斯特和哈利法克斯的机组成员则多了一点安全感。最终，哈里斯决定将斯特林撤下第1线，这意味着10个轰炸机中队需要进行换装。而哈利法克斯在各方面性能也不如兰开斯特，因此在战损率上也高于兰开斯特，尤其在执行远距离空袭任务的时候。从汉堡空袭开始到1943年12月，兰开斯特总的战损率为3.2%，而哈利法克斯达到了5.9%。而以对柏林空袭的统计数据对比，两者的损失差距更大，哈利法克斯达到了8%，兰开斯特则只有2.9%。不过，皇家空军依然继续对哈利法克斯进行改进，1943年，新的哈利法克斯MKIII型进入4个轰炸机中队服役，其中，第4轰炸机大队第466中队装备了这种轰炸机并于12月1日第1次执行布雷任务。

在连续2个夜晚的大规模空袭后，轰炸机司令部也需要休整一下，于是哈里斯在11月25日－26日夜间只对法兰克福进行了一次中等规模的空袭，损失了262架轰炸机中的12架。然后，在26日－27日夜间，哈里斯的目标又转回到柏林：出动了443架兰开斯特轰炸柏林，21架兰开斯特轰炸引导机和157架哈利法克斯则对斯图加特进行大规模干扰性空袭。这2个机群一起飞到法兰克福北部后才分开，飞往各自的目标。虽然德军部分夜间战斗机被吸引开，但是轰炸机司令部依然在柏林上空损失了28架轰炸机，战损率达到了6.2%，超过14架兰开斯特在着陆时毁损；干扰机群则损失了6架哈利法克斯。为了减少引导轰炸机在高炮火力下的损失，轰炸机司令部采用一种新的战术：由少量快速的蚊式机

■ 1943年，比利时圣托德，德军两位超级夜间王牌会面：左侧为兰特上校，右侧为IV./NJG 1的施瑙弗中尉。

在引导轰炸机附近投放锡箔干扰条，干扰德军的高炮指引雷达。柏林在英军的这3次大规模空袭中总计4000人－5000人丧身，9000幢建筑被毁，还有105000幢民居被毁。

轰炸机司令部在11月份的大规模空袭到此就结束，在随后的28日－29日和29日－30日夜间只有少量蚊式机进行骚扰性空袭；在11月30日－12月1日夜间，第192中队的4架威

灵顿执行了无线电干扰任务，这次任务具有重要意义，他们属于新建的第100特殊大队。现在皇家空军已经建起一个强大的辅助支持轰炸机群的体系，包括：干扰性空袭，主要是蚊式机和“英俊战士”战斗机（远程夜间战斗机）对德军基地的攻击和对德军夜间战斗机的猎杀；各种电子干扰等。为了有效整合众多辅助力量，轰炸机司令部决定成立一个新的大队，专门负责指挥这些特殊作战力量，这个大队的任务是：①攻击德军夜间战斗机基地，猎杀德军夜间战斗机；②干扰德军的雷达，无线电通信和空战引导；③监视德军的进攻性和防御性雷达，以便于研究对抗方法；④研究德军夜间战斗机战术，帮助轰炸机群寻求对抗战术。

第100特殊大队于11月23日成立，大队指挥官就是爱迪森少将，这个大队属下的第1个中队就是原属于战斗机司令部的第141战斗机中队，装备安装了“锯齿”装置的蚊式机，负责猎杀德军夜间战斗机。到了12月中旬，这个大队已经拥有5个特殊任务中队以及3个特种小队，其中有2个哈利法克斯中队，B-17型和B-24型轰炸机中队各1个，大队指挥部设在比拉府第（位于诺福克郡东迪勒姆附近一处著名的度假胜地）。随后建立的第192中队编有哈利法克斯、威灵顿和蚊式机等各种机型，负责在空中搜索探测德军可能采用的新的雷达信号。但是编有懂德语的无线电通信员，在“飞行雪茄”帮助下负责监听干扰德军通信的第101中队却没有编入这个大队。第100特殊大队拥有自己的类似中队，装备B-17和B-24轰炸机执行电子干扰任务，其中一个是装备了B-24轰炸机的第223中队。他们使用2种新的干扰装置：“拥挤”（Jostle）和“风笛”

■（上）第100特殊大队属下第192中队的1架哈利法克斯正在执行搜索探测德军雷达信号的任务。
■（下）第100特殊大队属下第223中队的1架经过改装的B-24轰炸机。

(Piperack)。“拥挤”装置基本上就是“飞行雪茄”改进型；而“风笛”装置则可以干扰德军的明石SN-2型机载雷达，此外，锡箔干扰条则是标准装备。曾经在第233中队服役的史东军士这样回忆道：“轰炸支援任务是非常刺激紧张的，我们大家都必须轮流上阵。基本的作战情况是：我们先于主力机群5分钟到达目标上空，然后在它们结束轰炸返航后，我们必须继续在原处待5分钟，那么加上投弹至少需要的5分钟，我们在目标上空至少要待15分钟。这可不是闹着玩的，这15分钟我感觉如同几个小时那么漫长。一般我们的飞行高度在机群上方600米－1200米，负责干扰德军地面指挥高炮和探照灯的雷达、德军夜间战斗机的无线电通信和电子导航。”这个大队属下各有特色的中队在以后的空袭中发挥了巨大的作用。

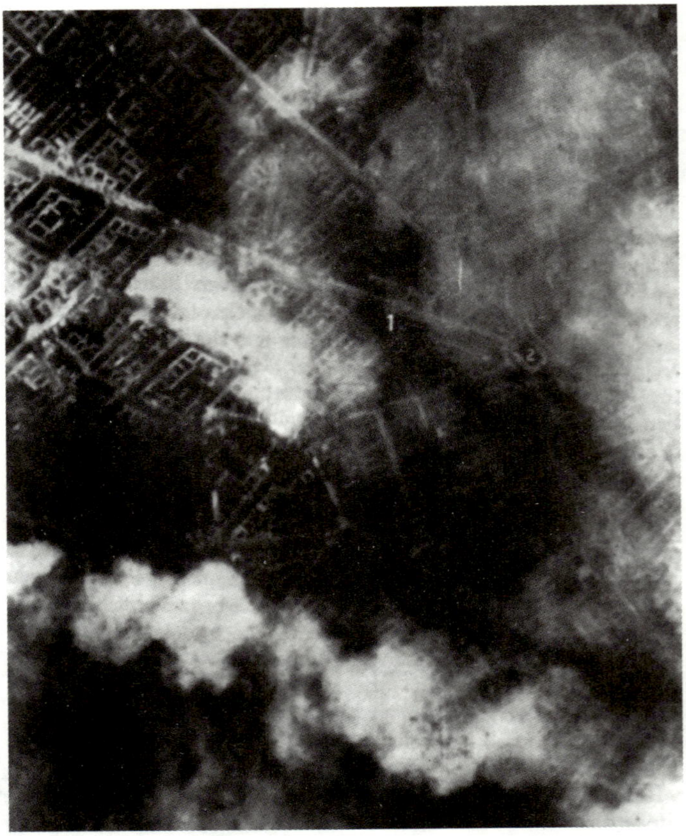

■ 1943年11月，遭到皇家空军空袭8小时后的柏林，部分地区依然在燃烧，图中1为克费斯坦德姆区，2为著名的威廉一世纪念教堂。

12月2日－3日和3日－4日夜间，轰炸机司令部连续对柏林和莱比锡进行了2次大规模空袭，由此拉开了12月的夜战序幕。这次，对柏林的空袭问题多多，恶劣的天气和错误的天气预报使得机群的行动遇到很大困难，大量轰炸机不得不提前返航。由425架兰开斯特、15架哈利法克斯组成的机群中，总计有43架轰炸机因为各种原因提前返航，第139中队的18架蚊式机也参加了这次空袭，这个成立于1943年6月的中队隶属于第8（轰炸引导）大队，被称为“支持中队”，它既可以执行轰炸引导任务也可以执行轰炸任务。

到了1943年12月，第8大队拥有4个蚊式机中队：第105和第109中队执行“欧波”系统引导任务；第139和第627中队则执行其他各种支援任务。本内特坚持称呼自己的这些蚊式机中队为“轻型夜间空袭力量”，然而出于各种原因这个称呼从来没有得到正式官方认可。现在，最重要的决定天气状况的因素就是在北海上空的冷锋，以及由此引起的雨雪雷电。这是双方的空中力量都必须面对的。这次，在对柏林的空袭中，皇家空军的机群就遇到了这样的情况。冷锋造成风速和风向的强烈变化使得英军的导航计算以及编队都遇到了严重困难，编队因此偏离航线甚至被打散。而德军夜间战斗机部队则继续顽强抵抗，并由于提前确定了柏林就是英军的目标，因此取得了极大的胜利。皇家空军为此付出了40架轰炸机——近10%战损率的惨重代价，其中，第460（澳大利亚）轰炸机中队损失了25架兰开斯特中的20%。

8./NJG 3中队长鲍尔·曹内尔中尉在这个柏林之夜继续他的战果记录，从1943年11月开始，他的这个中队换装Bf 110G，装备了新的能对抗锡箔干扰的明石SN-2型机载雷达。这个夜晚是他第1次驾驶着这种新战机升空作战，曹内尔中尉和他的无线电通信员海因兹·威克于18时44分从吕内堡起飞，当时的雷达通报引导出乎意料的清晰，他很快就找到了正确的航线，威克也很快在雷达屏幕上发现了一个目标，高度约为5400米。但是曹内尔进行一次倾斜急弯转向后，和目标的雷达接触就丢失了（这种情况经常发生），但是很快目标又出现在雷达屏幕上。这次曹内尔没有放过这个目标：他击中了这架兰开斯特的左翼。19时24分，这架兰开斯特坠毁在迪普霍兹附近，这是曹内尔中尉的第14个战果。这次攻击使得曹内尔中尉丢失了英军主力机群的踪迹，他立刻转回到东向航线上。他的选择是正确的，因为他很快就看到了炙烈的高炮火力、燃烧坠落的轰炸机和燃烧的火光烟雾——他到达了目标城市柏林的上空。20时24分，曹内尔看到1架完成了投弹的兰开斯特，这架轰炸机正在转向，曹内尔很快绕到目标身后，一个短点射，攻击的还是其左翼。20时29分，这架轰炸机坠毁在柏林西南。紧接着第2个夜晚，哈里斯再次出动527架轰炸机对莱比锡进行空袭，这次皇家空军成功地干扰了德军的判断，机群一直向着柏林的方向飞行，使得德军一直认为柏林是它们的目标，直到最后机群才转向南面向着莱比锡前进，同时，9架蚊式机则继续飞向柏林，进行目标指示投弹来欺骗德军。因此，大量德军夜间战斗机最初都飞向了柏林，但是“驯猪战术”迅速修正了部署，指挥夜间战斗机前往莱比锡。轰炸机司令部最后依然遭到了相当大的损失：220架哈利法克斯中被击落了15架；307架兰开斯特中被击落了9架。这意味着又有约170名机组成员阵亡或者被俘。刚刚接替威廷根施坦因亲王担任Ⅱ./NJG 3大队长的保尔·察麦塔特上尉用5个击落记录来完成自己的就任仪式。威廷根施坦因亲王早先于1943年8月担任Ⅱ./NJG 3大队长，到1944年1月1日他正式升任NJG 2的指挥官时，他的战绩也已经迅速上升到了65架，仅次于已经成为NJG 3指挥官兰特的75架战绩。

12月4日－15日期间轰炸机司令部没有对

德国进行大规模空袭，但是干扰性空袭一直没有停止，其中，本内特大队的蚊式机执行了多次任务。12月12日－13日夜间，已经担任德军Ⅰ./NJG 1大队长的穆尔勒上尉驾驶He 219A-0击落了1架蚊式机，这是当晚对埃森进行空袭的20架蚊式机中的1架。现在，穆尔勒的个人战绩也已经达到了60架，但是他的生命也只剩下不多的时间了。

12月16日－17日夜间，轰炸机司令部继续对柏林进行大规模空袭，这次哈里斯投入的力量包括15架蚊式机和483架兰开斯特，哈利法克斯没有参战。而由26架斯特林、12架蚊式机和9架兰开斯特组成的小机群则轰炸了德军部属在法国北部的2个V-1导弹基地。此时，轰炸机司令部已经固定形成了自己的一套战术，满月夜一般不进行空袭；但是16日－17日这个夜晚，英军气象部门预告德国本土将有阻碍夜间战斗机起飞的浓雾，因此哈里斯最终决定出击，为此英军精心选择了出击时间和航线，以期尽可能减少机群遭德军夜间战斗机攻击的危险。

再看德军方面，虽然指挥部早已收到来自监听站和雷达站的警报以及相关信息，但是考虑到之前皇家空军的多次干扰欺骗行动，德军还是暂缓确定柏林就是英军的真正目标。和英军预计的一样，在比利时、荷兰

■ 1943年，隶属于5./NJG 3的保尔·察麦塔特上尉机组合影，1944年1月2日，他们在获得29个战绩后被击落，全部丧生。

和德国北部都笼罩在浓雾之下，但是这没有能够阻碍有经验的夜间战斗机飞行员驾机出击，不过他们必须穿过浓雾和云层。在吕瓦登机场上空的天气状况尤其恶劣，只有1架夜间战斗机起飞，这就是已经取得36个战绩的12./NJG 1中队长施瑙弗中尉。他驾驶的Bf 110编号为G9+DZ，机组成员依然还是无线电通信员隆佩哈德和机枪手盖斯勒。当时，视野条件很差，云层高度只有60米，地面温度只有0℃。施瑙弗中尉17时35分起飞，穿过厚厚的云层，直到5000米高度时，情况才有所改观。在起飞26分钟后，施瑙弗中尉就击落了他在这个夜晚的第1架轰炸机：皇家空军第7轰炸引导中队的1架兰开斯特，飞行员是沃特森军士长。这架轰炸机坠毁在艾瑟尔湖（荷兰）东北，没有人员幸存。仅仅几分钟后，施瑙弗中尉击落了第2架轰炸机：英军第101中队的1架负责无线电干扰的兰开斯特，飞行员雷诺德·麦克法兰上尉，优异飞行勋章获得者，机组成员也全部阵亡。施瑙弗中尉这个夜晚击落的第3架兰开斯特属于英军第49轰炸机中队，飞行员是拉特克里夫少尉，这架轰炸机于18时23分坠毁到地面。随后，施瑙弗中尉继续击落了第4架轰炸机：英军第432轰炸机中队的1架兰开斯特，该机于18时41分坠毁。施瑙弗中尉所有这些战果都在短短1个小时内获得，这显示了他的装备的巨大杀伤力：SN-2机载雷达和“斜乐”机炮。施瑙弗中尉虽然是在“天床”引导军官的引导下作战，但是他很有可能也已经偏离了自己的航线而恰好躲过英军锡箔干扰条的干扰区，因而能够轻松地发现并且击落4架轰炸机。NJG 1的另一个战果是由罗纳德少尉取得的，他在18时15分在荷兰海岸线后方击落1架英军第7轰炸引导中队的兰开斯特，飞行员是弗朗西斯·鲁什中尉。另外30架（主要是NJG 5的）采取“野猪战术”的BF110在目标区域上空等候英军飞机，这些飞行员总共击落了18架。

而德军这个夜晚的雷达通报则非常失败，在英军干扰下，这些地面通报引导夜间战斗机先飞往奥斯纳布吕克，然后转向奥登堡，最后飞向汉诺威，而这段时间英军机群正在向东飞行，致使德军能够拦截英军机群的夜战力量显得十分薄弱。但是和先前的估计一样，英军机群在返航时由于机场上空的恶劣天气也遇到很大困难，结果令轰炸机司令部惊讶：它们在返航中损失了34架兰开斯特。皇家空军在这个夜晚的统计表明：在起飞的483架兰开斯特中，约6.2%由于各种原因提前返航没有参加空袭；5.2%被击落；7%在返航时损失，159名成员由于德军攻击而阵亡，136人则在返航时阵亡。代价是极其高昂的！但是当晚轰炸机司令部获得一个具有重要意义的战果：第141中队的1架装备“锯齿”的蚊式机成功猎杀了1架Bf 110，获得该中队转隶第100特殊大队后的第1个正式战果。

气象资料无论对于空袭计划还是具体执行都是非常重要的，风速、风向、温度、云层和可见度这些数据都极为关键，但是气象

■ 海尔格特和他的机组正在做出击准备。

部门的预报准确性总是存在问题。在12月20日－21日夜间皇家空军对法兰克福的大规模空袭中，气象部门预报法兰克福上空无云，但是当引导部队的轰炸机飞临时却发现城市上空云层密布，指示精度和轰炸效果也就可想而知了，主力机群的队形也因此变得极为散乱。德军夜间战斗机自然不会放过这样的良机，散乱的轰炸机更加容易猎杀。而对曼海姆的干扰性空袭这次也没有能够引开德军的注意力，因此皇家空军再次遭到惨重打击：650架轰炸机中的41架没有能够返航，其中哈利法克斯的战损率达到了10.5%，远高于兰开斯特3.6%的战损率。NJG 3曹内尔中尉将他的战果提升到16架，Ⅰ./NJG 4大队长威尔姆·海尔格特上尉在这个夜晚取得了惊人的战绩，他从比利时的弗洛雷纳起飞后击落了8架轰炸机，使其个人战绩超过了40架！海尔格特上尉在加入夜间部队之前飞驱逐机，并曾取得了12个战绩。现在德军夜间飞行员最为信赖的武器就是明石SN-2型机载雷达和“斜乐”机炮，而对“驯猪战术”的运用也更为熟练。对于那些夜间王牌飞行员而言，只要雷达通报能正确引导他们飞到英军机群的航线，那么一次击落几架轰炸机就不是很困难了，且自身被英军轰炸机命中的危险也很小，因为当时英军大部分轰炸机依然没有机腹炮塔来防卫来自下方的威胁。直到战争结束，英军为这个缺陷所付出的代价是极其惨痛的。

凯隆纳这次继续执行他的空袭任务，在他的日记中写道：“我在10分钟内就看到我们的4架轰炸机被击落。我们飞临法兰克福，但是投弹很混乱，偏差目标很远，布莱克摩尔少尉和萨威勒军士都阵亡了。”凯隆纳看到的很可能就是被海尔格特上尉击落的那些轰炸机中的一部分。泰瑞·伯特在9月份晋升为少尉。这次，他第2次作为比克迪克少校驾驶的轰炸机的投弹手执行他的最后一次空袭任务。他们于21时起飞，横穿比利时，经过鲁尔区到达法兰克福。他回忆道："20时32分我按下保险开关，准备投弹，透过瞄准器我可以清晰地看到红色的指示弹，随后当瞄准器十字对准后，我按下了投弹钮。现在一切正常，航空相机也已经拍下了目标照片。我感觉很好，因为我们的任务完成了，危险也将会越来越小。突然一发高炮炮弹在飞机前方爆炸，我赶紧爬回机首枪位，守着我的机枪，目不转睛地盯着天空。我看到我下面的1架轰炸机遇到了麻烦，它右外侧的发动机着火，正在做剧烈的机动飞行动作，试图摆脱右后方的1架Bf 109的攻击，但是很快发动机燃烧的烟雾使得它从我的视线中消失了。"此时，伯特看到了飞机前方有照明弹，他立刻警告飞行员，接着第2次执行空袭任务的机身炮塔枪手比尔·库克伯恩大声呼叫："准备向左急转……转！"比克迪克立即驾驶飞机向左急转，此时，1架德军夜间战斗机掠过，攻击没有命中。随后，他们继续向西飞行，再次来到鲁尔区上空。此时，机尾枪手报告看到了不明物体，伯特继续他的回忆："没有人说话，库克伯恩认为这是1架返航的轰炸机，没有危险。但是这次他错了，当他发现并且呼叫：'向右急转！！快！！'的时候，一切都晚了，我们的右机翼已经被击中了。"

■　德军夜间战斗机部队的损失也在节节上升，这是时任12./NJG 1中队长的施瑙弗中尉正在主持其队友的葬礼。

此时，比克迪克命令全体准备跳伞，领航员打开紧急出口，并且按下由他负责的Gee系统自毁开关，随后比克迪克正式下令跳伞。最后，这架哈利法克斯的幸存者只有伯特和机械师弗兰克·绍尔。绍尔腿部受伤被俘，而伯特则侥幸逃脱，于1944年6月底返回英国。

在残酷的1943年即将结束的时候，轰炸机司令部继续对柏林进行了2次大规模空袭。一次是在12月23日－24日夜间，这次轰炸机群中由7架哈利法克斯、8架蚊式机以及364架兰开斯特组成。作为对主力机群的支援，哈里斯派出了28架蚊式机分别对莱比锡、杜伊斯堡和亚琛进行干扰性空袭。恶劣的天气和众多干扰性空袭使得德军的指挥遇到很大困难，那些“驯猪战术”引导下的夜间战斗机飞行员很难找到目标，但是尽管如此，他们还是击落了英军379架兰开斯特中的16架。其中有3架是被曹内尔中尉击落，他的个人战绩上升到了19架。恶劣的天气也同样使英军的轰炸效果同样很差，很多炸弹偏离目标，有的落到了柏林东南的森林之中。

12月29日－30日夜间则是轰炸机司令部在1943年的最后一次空袭，这1次有252架哈利法克斯加入机群，使得机群规模达到了712架。这也是一次常规意义上的空袭，机群于20时到达柏林上空，干扰性空袭的目标为杜塞尔多夫、马格德堡和莱比锡，加上恶劣天气的掩护，英军的损失较小，为2.8%，其中，哈利法克斯和兰开斯特的战损率分别为3.6%和2.4%。但是空袭效果依然一般，恶劣的天气也同样严重影响了英军的轰炸引导和轰炸精度。

1943年对于皇家空军而言这是代价昂贵的一年：总计损失2225架轰炸机，还有5177架严重受伤，其中有348架完全损毁。人员的损失保守统计约为1.4万人。根据德军的记录，其夜间战斗机部队击落了1816架，占其全部战果的81%。比较英军的记录，这2225架损失的轰炸机中只有1537架有明确的损失原因统计：964架被夜间战斗机击落；547架被高炮击落，16架由于其他原因如撞机事故等损失。不难看出，英军数据中德军夜间战斗机和高炮部队的战果比例约为2：1；而德军数据中这个比例约为4：1。这个情况从某种意义上讲说明英军对德军夜间战斗机部队的威胁估计依然偏小。

在战术上，皇家空军使用的锡箔干扰手段最初起到了明显的掩护效果，但是随着德军对这种方法的熟悉，锡箔干扰反而成了引导德军夜间战斗机的信号源。新式轰炸机和武器装备以及无线电干扰技术的发展都有力提升了轰炸机司令部的战斗力。其干扰部队的发展对德军的威胁也越来越大，蚊式机继续成为干扰力量的主力，而它们执行的专门针对德军夜间战斗机的猎杀任务更是让德军头痛不已。

德军夜间战斗机部队则越来越多地使用“驯猪战术”，和“天床战术”相比，“驯猪战术”的灵活性和适应性更强。此时，成本高昂的“天床战术”成为夜间部队那些高级

■ 德军夜间战斗机部队的Bf 110G。

军官尤其是著名王牌的专用战术，以便他们继续稳定的提升个人战绩；而“驯猪战术”的对象则主要是那些新手和资历较浅的军官，这才是构筑德国夜间防空的主体力量。此时，夜间王牌的名单中出现了一些新人，如曹内尔，但是这个名单的主体依然是那些“老鸟”：兰特、威廷根施坦因亲王、施特莱伯、穆尔勒、宣内特、弗朗克（阵亡）、盖格（阵亡）、威森菲尔德亲王等，这些夜间王牌的个人战绩都在50架以上，第1位兰特的战绩为76架，威廷根施坦因亲王的战绩为68架，紧随其后，但是在这些王牌的成绩背后，德军夜间战斗机部队的损失也在节节上升，尤其是由于战机性能特点导致它们在极不适应的昼间任务中损失尤为惨重。

柏林的新年

截至1943年12月底，皇家空军总计对柏林进行了4000架次的空袭，损失了184架轰炸机，战损率为4.5%，勉强在可以承受的范围之内。柏林总计约有5600人因此丧生，但是和汉堡相比，这个损失还是相对较小，其中一个重要原因就是天气影响了英军的轰炸引导和投弹精度，并且英军的战果评估也受到了一定的影响。

“柏林战役”还将继续，从现在开始，柏林还将遭受到8次大规模空袭，其中，1月份6次，2月和3月份各1次，而德国其他城市则将遭到13次大规模空袭。除此之外，法国将成为皇家空军越来越重视的目标，主要原因有2个：①盟军计划1944年开始登陆法国；②德军V-1导弹基地对英国本土日益严重的威胁。为此，在这3个月，皇家空军在各方面继续增加对德国的压力：第100特殊大队的无线电干扰任务和蚊式机的远程攻击和干扰任务都迅速增加。而德军方面，它们的夜间战斗机部队也将要达到其战绩的顶峰，虽然英军想方设法保护其轰炸机部队，同时，尽可能加大对德国防空体系的打击压力，增强对德军夜间战斗机的攻击，限制德军夜间战斗机部队的作战潜力，但是轰炸机司令部的轰炸机群依然继续遭到惨重打击。1月份，轰炸机司令部还对施代庭、布朗施威克和马格德堡进行了大规模空袭，这些空袭中遇到的问题依然延续了1943年底的情况：漫长的冬夜有利于皇家空军进行远程空袭，然而恶劣的天气虽然能有效掩护英军机群，但是它们的轰炸精度也同样受到明显影响。1944年新年伊始，轰炸机司令部就连续对柏林进行了2次大规模空袭，总计出动了约800架次轰炸机，但是对柏林造成的损失则无法和投入的力量成正比：柏林只有100幢房屋被毁，约100人丧生。而轰炸机司令部为此付出的代价却是高昂的：55架兰开斯特没有返航，由此损失了约400名机组成员。

1月1日－2日这个夜晚是凯隆纳最后一次作为领航员执行空袭任务，目标还是柏林。这个夜晚，轰炸机司令部损失了28架兰开斯特，其中有6架被威廷根施坦因亲王少校击落，他在1月1日刚刚晋升为少校，并且被任命为NJG 2的指挥官。

原来担任威廷根施坦因亲王无线电通信员并同他一起获得43个战果的海尔伯特·库莫利兹现在暂时离开第1线，去接受高频技术的培训了。此时，威廷根施坦因亲王的新无线电通信员是弗里德里希·奥斯特海默，他和库莫利兹一样认为威廷根施坦因亲王是一名略显古板、高傲但是极有纪律性的二战中最成功的夜间飞行员。1990年，奥斯特海默回忆道：“我和亲王一同飞行了3个月，在这段时间我们击落了16架轰炸机。我记得有1次我们的Ju 88的1台发动机熄火，因此我们必须准备紧急迫降。按照条例，只有1台发动机的Ju 88在迫降时必须采用机腹着陆，但是对自己技术有绝对信心的威廷根施坦因没有遵循条例，而是用1台发动机完成了一次完美的降落。1943年12月，有1次我们在柏林上空攻击英军轰炸机，我在雷达屏幕上发现了目标并且引导亲王飞行，突然我们遭到了攻击，我环顾四周，在前方发现了1架兰开斯特，它的机身炮塔机枪手正在向我们射击！这令我们大吃一惊，亲王命令我暂时停止雷达搜索工作，目视跟踪目标，因为亲王在夜间的视力并不是很好，他往往需要我们机组成员帮助他寻找目标。随后，一切都是按照惯例进行：我们平行飞到这架兰开斯特下方，用‘斜乐’机炮开始攻击……”

在随后的第2个夜晚即1月2日－3日夜，轰炸机司令部在柏林损失了27架轰炸机，战损率为7%。曹内尔在这个夜晚驾驶自己装备了明石SN-2型机载雷达的Bf 110G型夜间战斗机获得了自己的第20个战绩：他在5700米高度用常规的前向机炮攻击1架兰开斯特，命中了它的左翼，这架轰炸机于3时10分坠落在鲁肯瓦尔德地区。

德军另一名夜战新手威尔姆·绍斯少尉在这个夜晚获得了自己的第1个战绩。这位战后成为教授的飞行员回忆道：“我从1936年开始飞滑翔机，当时飞行就是我的一切。战前我报名加入空军，于1939年4月正式被空军招收。最早我接受的是单发战斗机的训练，随后继续进行双发战斗机和盲飞的培训。我的培训时间长于我的预计，原因就是东线的需求导致我们的训练油料不足。随后，我必须选择自己的服役部队：我选择了夜间战斗机部队，因为我自己感觉我不适合飞昼间战斗机，那对空战技术和反应能力的要求更高；此外，我个人则对夜间战斗使用的电子技术如雷达导航系统等更加感兴趣。但是我现在也无法说明我这个选择的决定性因素。于是我在1943年1月开始接受夜间战斗训练，7月开始正式进入3./NJG 4服役。随后，NJG 5成立，我们这个中队都转入这个新联队。但是我在很长一段时间都没有正式获得出击任务：因为那些‘夜间王牌’是‘天床’的优先支持对象，他们将在夜间首先出击，我们这些‘菜鸟’则只能等待出击命令。我最早飞Do 217，随后改飞Bf 110。我对第1次驾驶Bf 110飞行的记忆很深刻，那是在1943年8月20日，我的飞机上没有无线电通信员，我飞了一圈后返航着陆。当我降落后慢慢滑行经过1架停着的Ju 52的时候，突然发现这架Ju 52被击中了！我马上意识到：英军的轰炸机在进行低空空袭！于是我立即跳下飞机寻找掩护。随后，我就发现我的Bf 110也被击中了！我对那些英国轰炸机飞行员非常崇敬，他们都是‘空中英雄’，他们的纪律性和勇气令人惊讶。而我则是一个胆小鬼，我经常感到恐惧，有时甚至是一直发抖，只有握住操纵杆后我才会稍稍冷静下来。当时，我一直试着不去多想，但是在晚上我依然经常失眠。”

此时，戈林希望赫尔曼能充分发挥领导作用，因而禁止他亲自出击作战，但是赫尔曼对此置若罔闻，他依旧亲自率领“野猪”队员升空作战，在天气恶劣的夜晚，他会禁止年轻飞行员出击，而自己则依然继续起飞作战。现在，在得到柏林可能遭到空袭的警报后，他和往常一样只带领经验丰富的老鸟们出击。他驾驶Fw 190在雷达通报的引导下飞到英军机群的航线上，并且升到6900米高空避开云层的干扰。他很快就发现了英军轰炸机：1架正在投放指示弹的兰开斯特。他立即开始攻击，并且很可能击落了这架轰炸机。7分钟后，他又击落了1架兰开斯特，这个战果是毫无疑问的。但是他的飞机很快也被命中了，攻击他的是英军远程夜间战斗机，赫尔曼的大腿被击伤。他开始大量失血并且出现意识模糊，他勉强驾驶飞机向西飞行，并且尝试和地面进行无线电联系，希望能找到可以降落的机场。现在他的飞行高度降到了300米，于是赫尔曼明白，他唯一可以依赖生存的就只能是降落伞了，幸运的是，他这次依然得以成功跳伞并且安全降落到地面。第2天，希特勒的副官冯·布劳上校专程探望了赫尔曼，转达了元首的慰问，几周后希特勒为赫尔曼的橡叶骑士勋章加上了双剑。但是戈林对此的看法则完全不同，他对赫尔曼轻易违抗他的命令感到极为不满，要求赫尔曼给出解释。

夜战亲王阵亡

柏林经过这2个夜晚之后，暂时获得了

约3个礼拜的短暂平静，虽然在4日－5日，5日－6日，10日－11日，14日－15日这几个夜晚遭到了蚊式机的小规模空袭，但都是轰炸机司令部为了掩护自己的主要空袭目标而进行的干扰性攻击。在5日－6日夜间，轰炸机司令部出动了358架轰炸机（348架兰开斯特和10架哈利法克斯）对施代庭进行空袭，而德军在蚊式机的干扰下一直无法确定柏林是不是真正的目标。但即便如此，轰炸机司令部还是损失了4.5%的轰炸机，曹内尔在这个夜晚击落了2架哈利法克斯。在14日－15日夜间，轰炸机司令部496架兰开斯特和2架哈利法克斯的目标是布朗施威克，但是这次德军很早就发现并且确定了英军动向，于是它们的夜间战斗机也早早就捕获到了猎物。当晚，轰炸机司令部损失的38架兰开斯特中有11架是轰炸引导机，因此这次空袭显然无法获得成功，因为德军夜间战斗机出现得太早，轰炸引导受到了严重影响。德军这个夜晚最成功的夜间飞行员是Ⅱ./NJG 2的布洛伊克尔少尉，他击落了6架轰炸机。斯普顿在这个夜晚也击落了2架轰炸机。此外，NJG 1的格莱纳和NJG 3的察德宁斯也各自击落了1架轰炸机。

6天后的20日－21日夜间，柏林继续成为轰炸机司令部的真正目标，这次空袭基本和前几次一样，轰炸效果一般。不同的是，这次哈里斯更换了飞行路线，选择了北部航线，飞越北海，然后右转以东南航线进入柏林上空。这次轰炸机司令部的损失在可以接受的范围之内，原因依然是恶劣的天气将许多德军夜间战斗机困在了地面上。英军的哈利法克斯由于各种原因曾经一度退出对柏林的空袭任务，只有少量新型的哈利法克斯B MkIII型作为轰炸引导机参与。

在20日这个夜晚，有264架老式哈利法克斯MK II和MK V型再次加入总数为769架的机群轰炸柏林，但是这次的结果依然是悲惨的：22架哈利法克斯没有返航，战损率依然高达8.3%；而兰开斯特的战损率只有2.6%——13架兰开斯特没有返航。其中，装备哈利法克斯的第102轰炸机中队尤为悲惨：它损失了出动的16架中的5架，另有2架在返航时坠毁在英国本土。

德军在这个夜晚的第一王牌是Ⅱ./NJG 5的菲雷勒上尉，他击落了5架轰炸机，而曹内尔这次击落了2架哈利法克斯，使个人战绩增加到了24个。威廷根施坦因亲王少校在这个夜晚也继续为自己的战绩增加了3架兰开斯特，其中，他先用“斜乐”机炮击落了2架，他的无线电通信员弗里德里希·奥斯特海默这样回忆第3个战绩及返航经过：“我们开始攻击第3架兰开斯特，这架飞机很快就着火了，它的飞行员很可能在继续试图操纵飞行并且借助火光看到了我们，随后它就向我们俯冲，很可能想撞击我们，与我们同归于尽！很快，这个巨大的家伙就已经离我们很近了，我大声喊道：‘它来了！’它急速冲向我们，以极近的距离从我们头上掠过，我估计此时我们之间的距离不会超过2米！我清

■ 迫降对于夜间战斗机飞行员而言是家常便饭，这是威廷根施坦因亲王上尉在1943年底的一次迫降，图中是他的因受伤而迫降在文洛基地的Bf 110座机。

晰地看到他那巨大的螺旋桨几乎就要打到我们了。由于这次近距离撞击，我们也失去了对Ju 88的控制。我们之前的高度为7500米－8000米，后来直到大约1000米高度的时候，亲王才再次控制住飞机。这架Ju 88虽然还能飞，但是已经接近极限了！于是我们离开柏林空域转向南面，我尝试和地面进行的无线电联络，但是我没有接受到任何柏林以南地区机场的信号。亲王对此非常恼怒，他极其不满地对我说道：‘你究竟在干什么，你必须联络到什么啊！’

我尝试和科隆空中管制中心联络，它们要引导我们降落到萨费尔德机场，但是麻烦的是我的地图上没有标出萨费尔德！于是我请求科隆将埃尔福特－宾德斯雷本机场的密码提供给我，我的地图上有这个机场。很快我就得到了密码，这个密码由3个字符组成，中间这个字符就可以告诉我这个机场的无线电频率。随后，我用这个频率呼叫：‘SOS！’那么其他所有用这个频率的飞行员都将立刻保持静默，这样，我就可以测定埃尔福特的方向位置了。此时，天气很糟糕，埃尔福特机场向我们通报了天气状况，随后，我们进入机场航线。但是由于云层太厚，我们错过了机场地面信号而飞过了头，不得不再次转向折返。当亲王放下起落架并且开始减速的时候，飞机猛然下坠，于是亲王不得不再次拉起飞机，绕机场盘旋，并且上升到1000米左右的高度。然后，他继续尝试减速，但是减速依然无法控制飞机的下坠。这时候，亲王询问我们的意见：跳伞还是紧急迫降，最后我们一致决定紧急迫降。当我们进入着陆航线的时候，我们抛掉了座舱盖，随后飞机就着地了，地面扬起的尘土充满了我们的座舱。之前，我们就已经将我们的情况通报给了机场，当我们着陆后，看到机场的消防车和救护车都已经就位。幸运的是，我们安然无恙，不需要他们的救援。现在我们可以好好吃一顿并且睡个好觉了。我们后来才知道那架兰开斯特的螺旋桨在离我们的机翼约2米的地方脱落了。这次危险经历的结尾却是很有意思的，当晚还有1架NJG 2的Ju 88在埃尔福特降落。于是，在亲王的强烈要求下，我们在第2天得以驾驶那架飞机返回基地，而那架飞机的机组就只能坐火车返回了。”

紧接着在第2个晚上，轰炸机司令部再次出动648架（哈利法克斯426架、兰开斯特226架和蚊式机3架）轰炸机对马格德堡进行空袭。选择的航线还是绕道经过汉堡，直接对着柏林飞，在距离德国首都还有65公里的时候主力机群突然90度转向径直飞向真正的目标——马格德堡！而13架蚊式机和20架兰开斯特继续飞向柏林进行干扰性空袭。但是这次空袭没有获得成功，目标上空的云层浓厚导致轰炸引导无法精确完成，在H2S地形雷达上的目标信号也很差，投弹散布很广，只有少量命中目标区域。而轰炸机司令部为此付出的代价依然高昂：它们损失了57架轰炸机，战损率8.8%，其中，哈利法克斯的战损率更是高达15.6%！此外，还有3架在返航着陆时坠毁。回到英国的飞机中有50架严重受伤：其中有30架被高炮击伤，20架被夜间战斗机击伤。

德军“驯猪战术”的表现是可靠的，在皇家空军轰炸机群起飞不久，预警雷达已经发现目标，驻扎在法国东部和德国南部的夜间战斗机得到命令即可起飞，因为引导军官希望这些距离较远的夜间战斗机能尽快赶往目标区域。随着轰炸机群继续向东接近，越来越多的夜间战斗机相继起飞，最后总计大约有169架夜间战斗机在天空待命。在英军轰炸引导机进入目标区域之前，虽然夜间战斗机的无线电通信已经遭到强烈干扰，充斥着各种噪音甚至还有希特勒的演讲，但是他们中的很多人已经通过各种方法（如明石SN-2型机载雷达、弗莱森堡探测装置，甚至直接根据发现的轰炸机航迹等）找到了英军机群，并且混杂于其中开始攻击。

在前一个夜晚，皇家空军第102轰炸机中队遭到惨重打击之后，这次轮到了同样装备哈利法克斯的第77轰炸机中队，它们损失了5架哈利法克斯。英军领航员康德尔军士对这个夜晚大量的夜间战斗机和猛烈的地面高炮攻击印象深刻，他回忆在他们完成投弹后立刻就遭到1架夜间战斗机的攻击，在激烈的规避动作之后，他迷失了自己的位置。随后，他们在返航时又一次经过了一个防空严密的区域，他判断很可能是汉堡上空。这1次的规避动作使得康德尔更加难以判断航线了，但是他明白，他很快就会收到Gee信号，这样他就可以进行调整了。随后，康德尔的飞行员皮尔斯看到1架艰难飞行的轰炸机，皮尔斯在它下方约600米处飞行。就在康德尔全力搜索Gee信号的时候，机身机枪手爱德华兹看到这架轰炸机摇摇晃晃地坠落到海中，皮尔斯降低高度飞过这架轰炸机的坠海区域，并且打开方向灯向那些可能幸存的机组成员发出信号，表示他已经看到了全过程。20分钟后，康德尔终于接收到了Gee信号，但是由于无线电干扰，无线电通信员无法和本土基地取得联系。但他们安全返回基地后立刻报告了这个情况。后来他们得知，这架轰炸机的成员都得救了。康德尔自己回忆道：“如果我们没有在这个时候恰好因为迷航而飞到那个区域，那么这些成员的命运就完全不同了，因为若想在寒冷的冬季在海中活下来，必须尽快地得到救援。”

这个夜晚，不仅对皇家空军来说是悲惨的，而且德军同样付出了巨大的代价。虽然它们在这个晚上只损失了4架战斗机：德国方面确认2架Ju 88和1架Bf 110被击落，另一架没有返航的He 219则并不在英军的击落记录之内，但是损失的人员中包括2位重要的前线指挥官：穆尔勒和威廷根施坦因亲王双双阵亡。截至1943年底，德军排名前4位的夜间王牌是：兰特 (76架)、威廷根施坦因亲王 (68架)、施特莱伯 (63架)、穆尔勒 (62架)。到这个夜晚，1944年1月21日，时任 I./NJG 1大队长的穆尔勒已经将他的战绩提升到了65架，而一直紧随兰特的威廷根施坦因亲王也已经将自己的战绩提高到了78架，但是他还是没有能够超过兰特，此时，兰特的战绩已经达到82架。穆尔勒上尉在一次攻击中命中了1架兰开斯特，但是这架轰炸机在下坠 (或许也是机动规避) 时撞到了他驾驶的He 219，双方所有的机组成员全部丧生，穆尔勒上尉最终的个人战绩定格在65架。而威廷根施坦因亲王终究也没有机会活着完成自己赶超兰特成为夜间第一王牌的目标。

威廷根施坦因亲王刚刚在21日凌晨经历了和兰开斯特的相撞，随后不得不在埃尔福特紧急迫降。在返回迪伦基地后，他的无线电通信员弗里德里希·奥斯特海默和机械师马特楚莱特都希望能得到一小段休息时间来调整。但是他们很快就失望了，在当天下午威廷根施坦因亲王给奥斯特海默打电话，告诉他已经得到了晚上英军空袭的预警，他准备驾驶联队技术军官的战斗机升空作战，并且命令奥斯特海默和马特楚莱特做好准备。当晚，英军的空袭如期而至，当机群穿越海峡的时候，德军的夜间战斗机也起飞了。作为联队指挥官的威廷根施坦因亲王有权自行决定出击与否，一直希望能赶超兰特的他毫不犹豫地就起飞了。很快在22时就击落了他在这个夜晚的第1架轰

■ 正在确认自己战果的威廷根施坦因亲王。

炸机——1架兰开斯特，20分钟后击落了第2架兰开斯特，这架兰开斯特的左翼被打得脱落，一头坠毁；随后，又击落了第3和第4架，间隔才不过10分钟。无论这时候他是否清楚，但是事实就是，此时，他的战绩已经和兰特持平，成为了当时并列的夜战第一王牌！威廷根施坦因亲王还在向东继续战斗。此时，奥斯特海默在明石SN-2型机载雷达屏幕上又发现了第5个目标，威廷根施坦因亲王则继续他的标准作战模式：先驾驶他的Ju 88飞到这架轰炸机的机腹下后方，然后用“斜乐”机炮将它“点燃”。随后，这位孜孜不倦的超级王牌的生命也快到了尽头。奥斯特海默自己回忆道，突然传来一阵猛烈的“乒乓”撞击声，他看到一串子弹击中了飞机，左侧机翼很快就开始了燃烧，随后座舱盖也飞掉了，他听到了威廷根施坦因亲王的一声吼叫。当奥斯特海默摘下自己的氧气面罩和飞行帽的时候，他感到自己仿佛是被抛出了飞机，刹那间，天旋地转，他在空中不停地旋转翻滚并且向着地面急坠，奥斯特海默伸开双臂才勉强控制住自己的身体。他往下看到了如同白雪覆盖的大地一样的厚厚云层，他还能听到飞机发动机的声音，他很担心自己会被飞机部件撞到。此时，他接受的跳伞训练开始产生效果了，他清楚在高空不能马上开伞，因为这里的氧气不足，必须尽快降低高度。随后他检查了自己的伞包，此时，他依然还在云层之上，随后，他就坠入云层了。当他能看到地面的时候，他先发射了一发信号弹，再打开降落伞，随后，他安全降落到地面。当他尝试行走的时候，感到右脚非常痛。他随后的经历也是很多跳伞的德军飞行员遇到的：他必须拼命用德语呼喊和解释，向那些居民证明自己是德国飞行员。2天后，人们找到了威廷根施坦因亲王的尸体，就离他的Ju 88残骸不远，他的降落伞没有打开。当时人们估计，很可能他在准备跳伞的时候撞到了飞机的某个部位导致昏迷而无法打开降落伞（这跟德军另一名富有传奇经历的王牌昼间战斗机飞行员“非洲之星”马尔赛尤的死法一模一样）。威廷根施坦因亲王在几乎达到自己目标的时候阵亡了，他的机械师马特楚莱特和奥斯特海默一样得以跳伞幸存。已经获得橡叶骑士十字勋章的威廷根施坦因亲王在确认阵亡后次日被追授双剑。

究竟谁命中了威廷根施坦因亲王的Ju 88则很有争议，奥斯特海默自己确信是遭到1架专门猎杀夜间战斗机的蚊式机的攻击，但是皇家空军的蚊式机在这个夜晚没有任何击落记录。因此，一种可能性是1架英军的轰炸机偶然命中了威廷根施坦因亲王的Ju 88，另外也不排除是1架德军夜间战斗机的误击。此外，根据皇家空军的记录，第156轰炸机中队的1架兰开斯特的尾部机枪手于这个夜晚在马格德堡空域附近击落了1架夜间战斗机，是否就是他呢？答案依然无法确定，因为威廷根施坦因亲王坠机的地点在荀豪森，距离玛格德堡有将近50公里，而根据奥斯特海默的回忆，他们在没有任何准备的情况下被来历不明的火力命中后，几乎是垂直坠落的。最后还有人猜测这次攻击来自于1架负责照明的轰炸机。皇家空军在这个夜晚派往马格德堡空域执行支援任务的蚊式机数量很少，只有3架：其中有2架来自于第141中队；1架来自于第239中队。其中，第239中队的这架蚊式机的飞行员希特辛少校在返回基地后报告自己没有遇到任何敌机。第141中队的2架装备“锯齿”的蚊式机则被派到马格德堡和柏林之间的布兰登堡空域执行猎杀任务，这2架蚊式机飞行员最后的报告则说明他们中只有1架发现一个敌机目标：这架蚊式机FII型飞机编号为DZ303，飞行员是斯纳普军士；雷达引导员是弗洛尔中尉，他们于1月21日晚21时35分起飞，约4小时后返回基地。

第141中队的作战日志有如下记载：“执勤空域布兰登堡。22时05飞越德国海岸线，随后，到达并且在目标空域巡航，23时15在布兰登堡南部6000米高度发现敌机，雷达信号显示目标在我们左侧20度稍高。采用雷达指示跟踪飞行3分钟－4分钟后，在约200米距离目视发现目标，继续以340公里/小时的速度接近，可以看到这架敌机（是Ju 88吗？）的方向灯灯光。攻击开始，命中这架敌机驾驶舱后部的机身，攻击持续4秒－5秒，但是评估照相枪的记录，没有击落这架敌机。返航途中没有发现任何敌机，0时39分再次飞越德国海岸线回航，1时20分着陆。天气状况：浓厚云层高度在6000米以下，6000米以上高度视野良好。” 根据这个作战日志的记录，这次攻击就是发生在威廷根施坦因亲王坠机的地点，在时间上也基本吻合。最后，还要再来关注Ju 88的方向灯问题，这很可能是威廷根施坦因亲王的一次个人疏忽，他在完成对最后1架兰开斯特的攻击后没有关闭方向灯，而这次失误很可能就是致命的。

终结柏林

轰炸机司令部接下来用3次连续对柏林的大规模空袭来作为1月份的结束：27日－28日；28日－29日；30日－31日。这3个夜晚，它们的平均战损率依然保持在6%以上，在总共出动的1726架次轰炸机中有112架没有返航。这3次空袭依然由于柏林上空恶劣的天气而成效不大，但是28日－29日夜间的这次则由于柏林上空云层出现了空隙使得轰炸引导得以相对顺利地完成，取得的空袭效果也是这3次中最好的。德军方面则继续全力抵抗，

■ 1944年1月29日，威廷根施坦因亲王葬礼现场，图中1为洛克军士，2为奥斯特海默军士，3为艾利希·荣中尉。

在27日夜间，我们已经熟悉的“威姆”尤纳恩击落了4架轰炸机，皮特·斯普顿也击落了2架，他在30日夜间又继续击落1架，把他的战绩提升到了9架。

德军Ⅳ./NJG 5的威尔姆·绍斯少尉这样回忆27日－28日的这个令他终身难忘的夜晚：“这个夜晚风速达到了约180公里/小时，我无法返回在埃尔福特的基地，因为我的无线电通信员扎科柴威斯基没有能够正确地完成导航，我们当时在莱比锡空域，在寒冷的夜空中已经飞行了3个多小时，油料告警灯也已经亮起，我呼叫了SOS并且决定跳伞，这是当时我们唯一的选择。但就在那时候却发生了一个导致严重后果的问题：我的机械师还在机舱内就拉开了降落伞的开伞索！而我对这个情况一无所知！当我抛掉驾驶舱舱盖，站起来准备跳离飞机的时候才听到机械师的喊叫：‘少尉，少尉，我出不来了！’而我此刻却无能为力，因为我们此时的高度已经很低了。我只能继续我的跳伞步骤: 我把操纵杆向前一推，随着飞机向下向前的加速使自己能够被甩出飞机。而机械师只能随着飞机坠毁，这对我而言是一个极其痛苦的经历，这一幕是我永生难忘的。”

皇家空军装备哈利法克斯轰炸机的中队则继续着悲惨的命运。在28日－29日夜间，第77轰炸机中队在继马格德堡上空的惨重打击后再次损失了4架哈利法克斯。在这短短的一周时间内，这个中队就损失了占出动架次11%的哈利法克斯，同时，损失了163名年轻的机组成员。

凯隆纳结束了他一周短暂的假期后回到了部队，继续完成他的30次出击任务。就在新飞行员上岗前，他临时作为H2S雷达装置的教官培训那些新手。到了1月30日，他重新接到了出击命令，现在和他合作的飞行员是特雷佛·约普，还有2位原来的机枪手：弗雷德和伤愈归队的皮尔斯。他们随着主力机群飞临柏林上空，此时，他们这架轰炸机遭到了德军1架Bf 110的2次攻击。幸运的是，弗雷德和皮尔斯都准确及时给飞行员约普发出进行机动规避的信号，成功地避开了攻击，并用他们的7.7毫米机枪击伤了这架战斗机。今天已经是凯隆纳的第25次出击任务，其中对柏林就有10次，这个成绩对于当时的轰炸机组而言是相当不容易的，这次任务后，他将很快获得晋升少尉军官的任命。

轰炸机司令部在进行了连续大规模空袭后，自身损失也很大，急需休整，因此1月份后14天内它们没有对德国进行大规模空袭。它们的损失是巨大的，尤其是装备哈利法克斯的轰炸机中队，现在必须利用这短暂的休整来补充部队和调整战术。但是这段时间，蚊式机针对德军夜间战斗机的猎杀行动和对德国城市的干扰性空袭行动依然没有停歇，目的在于消耗德军的防空力量，并且不给德国平民喘息的机会，让他们无法离开防空洞。

曾经负责攻击水坝的第617中队在新任指挥官莱昂纳德·切斯希尔中校的指挥下，于

2月8日－9日夜间攻击了法国的一个飞机发动机厂，4天后再次攻击了法国和意大利之间的一座铁路桥。这个中队继续尝试进行针对点目标的精确轰炸，但是装备“欧波”系统的蚊式机的轰炸引导指示效果依然有限，于是切斯希尔中校决定依然采用低空飞行－目视瞄准的战术。这2次攻击正是他对这种战术的实战检验，而法国目标相对较弱的防空力量也适合进行这些试验。在2月8日－9日夜间的空袭中出动了12架兰开斯特，其中有11架装备了5444公斤的炸弹。切斯希尔中校在轰炸开始前驾驶他的兰开斯特多次低空掠过目标上空，使得那些法国工人有足够的时间撤离。在第4次低空飞行时，他精确地投下了14公斤的燃烧指示弹，这次空袭取得了较为成功的战果，这个飞机发动机厂遭到了严重毁坏。而在随后对那座铁路桥的空袭中则遭到了地面防空火力的猛烈抵抗，虽然切斯希尔中校表现出非凡的勇气，冒着猛烈的炮火进行了6次低空飞行后才精确地投下指示弹，但是参加这次空袭的9架装备5444公斤炸弹的兰开斯特最终没有能够命中目标（作者注：开着兰开斯特这样笨重的轰炸机冒着防空炮火进行低空飞行真是种疯狂的行为，而且一连飞了6次，除了令人感叹切斯希尔中校的勇气和飞行技术老练到不可思议的地步的同时，地面防空火力的指挥官和炮手们也实在够弱智的。更气人的是切斯希尔中校的战友们居然白白浪费了中校冒着生命危险给他们创造的机会，竟没有一架飞机能命中目标，实在令人哭笑不得）。

2月15日－16日傍晚，哈里斯经过2周休整后再次出动他的主力机群对柏林进行空袭。这次的机群总共有891架轰炸机，其中

■ 对德国空袭的兰开斯特轰炸机。

有561架兰开斯特、314架哈利法克斯和16架蚊式机，这也是此时轰炸机司令部能出动的几乎所有力量了！比较最初在1942年5月对科隆的千机轰炸时所投放的1455吨炸弹，现在这875架4发重型轰炸机就携带了约2700吨炸弹，而且空袭目标的距离也更远。辅助主力空袭的各项支援行动也有条不紊地进行着：包括蚊式机的猎杀和攻击德军夜间战斗机基地的行动；斯特林和哈利法克斯的布雷行动；第100大队的电子干扰行动以及由24架兰开斯特组成的小机群对法兰克福（注：这是同名的另一个城市，不是我们熟知的德国工商业中心法兰克福）的干扰性空袭。柏林继续承受着日益猛烈的打击，大量平民已经撤离城市疏散到其他地区，而很多政府部门也迁移到其他空袭危险较小的地区。但是德国的工业生产在采取了疏散等多种紧急措施后并没有受到致命的伤害。这个夜晚的空袭效果依然受到天气状况的限制，大量轰炸机偏离目标投弹，对工业目标的损害很小，对平民的伤害则相对较大。

这个夜晚，凯隆纳再次飞临柏林上空，他的机组成员中除了飞行员约普，现在又多了2张新面孔，都是来自于澳大利亚的机枪手：阿尔伍德和豪普斯。他自己回忆道："这次情况不同于以前，战友们都情绪高涨！4名机枪手都全神贯注地注视着夜空，弗雷德和皮尔斯轻易不开火，他们清楚如果攻击1架还没有威胁到自己的德军夜间战斗机，很可能会引火上身，使自己成为攻击目标。而2名澳大利亚机枪手则几乎无时无刻不在射击，他们几乎对每个横掠而过的德军夜间战斗机都要进行射击！"

对于这次空袭的细节，凯隆纳也无法全部清晰地回忆出来，但是他清楚地记得这是他最后一次参加对柏林这个恐怖城市的空袭任务。在他之前执行的26次空袭任务中有11次是在柏林上空，在这11次对柏林的空袭中，轰炸机司令部总共损失了340架轰炸机，约2400名机组成员没有返航，而凯隆纳则非常幸运地活了下来。

虽然随后在2月19日－20日的夜间是轰炸机司令部损失最为惨重的空袭之一，但是凯隆纳的运气在这个夜晚对莱比锡的空袭中仍在继续。参加空袭的包括561架兰开斯特、255架哈利法克斯和7架蚊式机，最后有78架轰炸机没有返航，战损率达到了9.5%，其中，哈利法克斯损失了34架，大部分为老式的MKII型和MKV型，战损率达到了13.3%，而兰开斯特的战损率也达到了7.8%。

这次损失惨重的空袭也迫使哈里斯决定对德国境内纵深目标的空袭中暂时不再使用哈利法克斯。毫无疑问，德军夜间战斗机部队在这个莱比锡之夜取得了优异的战绩，轰炸机司令部斯特林和哈利法克斯小机群布雷行动只是干扰误导了少量夜间战斗机。由于顺风风速远远大于天气预报，使得主力轰炸机早于轰炸引导机到达莱比锡上空，它们只能盘旋等待轰炸引导机的到来。因此，德军地面高炮部队也取得了相当的战果，他们宣

■ 哈利法克斯轰炸机在空袭中损失惨重，迫使英军在以后对德国境内纵深目标的空袭中不再使用。

称击落了20架轰炸机，大部分都是这些盘旋在城市上空的轰炸机。而在随后的空袭中，浓厚的云层使得轰炸引导的效果也很差，后续轰炸机甚至无法看清目标指示弹，轰炸准确度自然可想而知。而德军夜间战斗机部队的一个重要功臣是1架高空侦察机的飞行员，他在英军机群飞越荷兰海岸线的时候就成功观察到了英军机群的飞行航线，并且通报了地面引导指挥部，使得采用"驯猪战术"的夜间飞行员得以被成功引导到正确的位置。德军夜间战斗机部队的海因兹·芬克军士长和弗朗克军士各自都击落了5架轰炸机，曹内尔上尉则在30分钟内击落了1架兰开斯特和3架哈利法克斯，将他的个人战绩提升到了30架。

凯隆纳这样回忆莱比锡之夜中的1架德军负责空中照明的飞机："1架Do 217和我们平行飞行，沿着我们的航线投放照明弹。突然我听到了机枪声，尾机炮塔的阿尔伍德成功地击落了这架飞机！我想，这是我们之前没有做到的，至少皮尔斯不会这么干，他的座右铭就是'蹑手蹑脚，明哲保身'。现在我们离目标还有一段距离，但是这样毫无阻碍地击落1架照明机则是我从来没有遇到过的，这些澳大利亚小伙的锐气令我吃惊。我当时认为，和这些年轻的小伙子一起，我可以平安度过我的最后3次空袭任务。"

凯隆纳最终将成功完成他在皇家空军的空勤生涯，而这个时刻已经距离不远了。在莱比锡之夜之后再有3次，他就可以完成"30次空袭"这个光荣而又艰巨的任务了。

在2月接下来的9个夜晚，皇家空军继续着大规模的空袭，目标分别是斯图加特（598架）、施威因福特（734架）和奥格斯堡（594架），战损率分别为1.5%、4.5%和3.6%。凯隆纳参加了全部这3次空袭，他回忆道："对斯图加特的空袭是一次平常的行动，天气依然恶劣，地面积雪清晰可见，整个行动过程很平静。"对轰炸机司令部而言，这次空袭也是"平静"的：只有9架轰炸机没有返航。哈里斯继续创造并且尝试着新的干扰战术，2月20日－21日夜间，他派出了大量的训练和后备飞机飞临北海迷惑德军，7架蚊式机则在慕尼黑投放了大量锡箔干扰条来模拟大机群信号，此外，蚊式机对德军夜间战斗机基地的攻击也继续进行。

2月24日，盟军进行了一次密切的空袭合作，行动代号是“决定性礼拜”，目标是施威因福特的滚珠轴承工厂。白天，美国陆航第8航空队的266架B-17轰炸机作为行动的一部分先期进行轰炸，损失了11架轰炸机和10架护航战斗机；夜晚，则由皇家空军734架轰炸机继续进行空袭。施威因福特在盟军的这一系列空袭中遭到了严重破坏，生产能力急剧下降，进而影响了其他军工生产。这个晚上，法兰克福的高炮部队的作战日志有一段记录则描述了轰炸机一旦脱离自己的大部队后将可能面临的悲惨境地。当时，1架孤独的轰炸机试图飞越这个城市上空：“敌机高度5300米，23时21分，雷达发现目标；23点22分，探照灯和目视相继发现目标。6个高炮连同时开火，总共发射了129枚105毫米高炮炮弹和288枚88毫米高炮炮弹。这架被确认为哈利法克斯的轰炸机完全被弹幕包围，在持续的火力下迅速失去高度。在探照灯光下，可以看到它尾部拖着浓烟燃烧坠毁，此时的时间为23时25分。”这是怎样的场景：1架轰炸机在5个探照灯连的照射下被6个高炮连（其中有2个为重型高炮连）同时攻击！飞行员连挣扎的机会都没有！

在对施威因福特的空袭中，哈里斯继续采用新的战术。他将轰炸机分为2个批次，间隔2小时飞临目标上空，第1波由392架轰炸机组成，第2波则有342架。但是轰炸机司令部最终还是付出了总共33架轰炸机的代价。曹内尔继续着他的击落记录，这次他击落了5架兰开斯特。

凯隆纳的兰开斯特这次则差一点被1架夜间战斗机击落，令人吃惊的是这架夜间战斗机不属于德国空军，而是属于皇家空军！他回忆道：“24日我们的目标是施威因福特，但是我们起飞后不久就在布莱敦附近遭遇到了我们自己的1架蚊式机的攻击！当时，我们

■ 美军B-17轰炸机编队正在飞往目标途中，背景处可以看到1架脱离了编队的B-17正在遭到德军1架Fw 190D-9的攻击。

正好飞临仙女崖（布莱敦附近一片连绵不断的白色断崖），一名机枪手喊道：‘我们被探照灯罩住了。’我觉得这倒没什么问题，反正都是自己人，但是出乎意料的是1分钟后，我们就遭到了攻击！机枪手看到我们背后就有1架蚊式机，这架蚊式机把我们当成了猎物！这次攻击命中了我们机身的下部，损坏了氧气管和压缩机，幸好这架蚊式机没有继续攻击，否则我们就不可能返航了。我们在沃什湾附近投放了炸弹，以便安全返航。最后，我们在威特林着陆，当时这里是美军的一个基地。我清晰地记得在第2天我们再回到自己的轰炸机时，看到1架停在我们边上的美军‘空中堡垒’轰炸机的机鼻少了一块！这是德国空军昼间战斗机的‘功劳’，他可能直接命中了机首炮塔以及机枪手，因为机鼻残余部分上遍布着人的脑浆和鲜血。”

2月25日－26日夜间，轰炸机司令部的空袭目标是德国的历史名城奥格斯堡。在这之前奥格斯堡还没有遭受过大规模空袭的洗礼，只有在1942年4月在它附近的Man柴油发动机厂遭到过空袭，因为奥格斯堡并不属于战略目标。这次，哈里斯依然采用2批次战术，在其他干扰空袭的支援下，轰炸机司令部仅损失了594架轰炸机中的21架，但令人惋惜的是至少有4架因为撞机而损失。这个夜晚很晴朗，轰炸引导得以顺利完成，地面防空火力也很微弱。这也是凯隆纳的最后一次空袭任务，他的空勤历程即将结束了。他回忆道：“我们属于第2波机群，大约有400架轰炸机，当我们达到的时候可以看到奥格斯堡在熊熊燃烧，火光冲天！”

回顾皇家空军在2月的作战历程，在对德国重要城市如柏林的空袭中战损率一直居高不下，平均在6%－7%之间，只是2月底皇家空军新的战术起到了明显的效果。但是没有迹象表明皇家空军在随后的岁月里就可以坦然面对德军的抵抗，事实上，随后到来的3月对皇家空军而言依然是黑色的，不过德军夜间战斗机部队在3月也付出了沉重的代价。

纽伦堡——伊达和奥托大猎场

然而，3月的开始却是明朗的，1日－2日夜间，轰炸机司令部在对斯图加特的空袭中只损失了557架轰炸机中的4架。恶劣天气依然是德国夜间战斗机部队的最大敌人，它们无法及时找到英军机群。但是恶劣天气这次却没有影响到皇家空军，它们的轰炸取得了明显成效，斯图加特的重要工业设施遭到了严重破坏。随后为了避开月圆晴朗的天气，轰炸机司令部对德国境内纵深的大规模空袭直到15日－16日才继续进行，斯图加特再次成为863架轰炸机的目标。虽然这次德军夜间战斗机发现英军轰炸机群的时间依然较晚，但是它们没有放过英军，轰炸机司令部为此损失了37架轰炸机。德军NJG 6当晚的作战日志有如下记录：“起飞较早，导致后来机载燃油紧张。出动26架Bf 110和3架Ju 88，确认击落3架轰炸机，不确定的击落记录为2个。5架

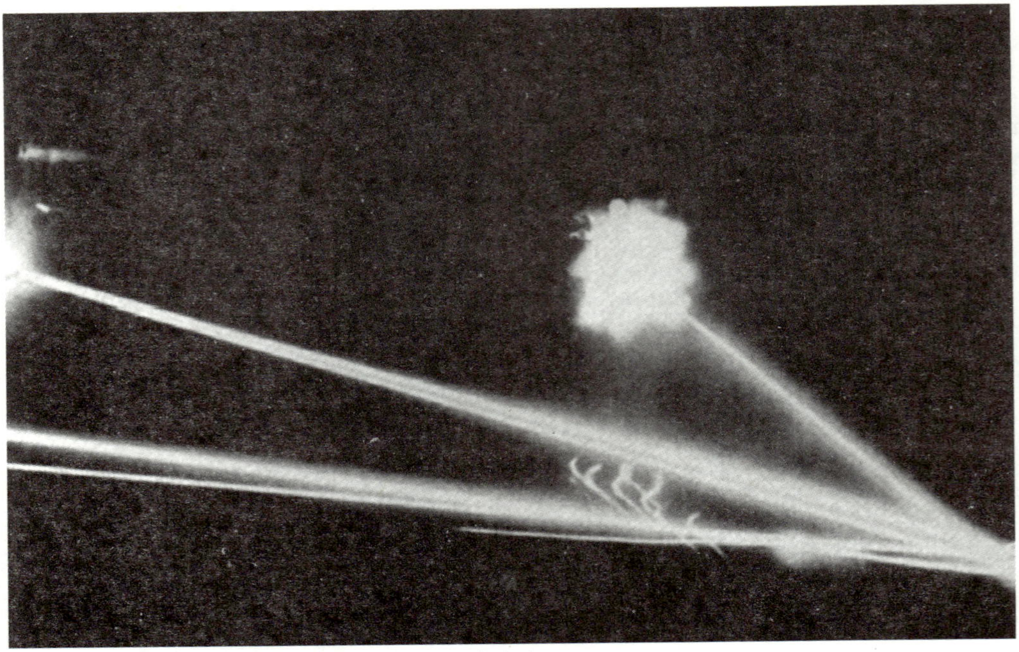

■ 3月24日－25日是德军高炮部队最成功的一个夜晚之一。

Bf 110由于燃油耗尽坠毁，1架紧急着陆，1架迫降到瑞士苏黎世地区。”

此时，德军高炮部队在空袭中起的防御作用越来越小，虽然他们能够继续击落轰炸机，但是无法阻止铺天盖地的炸弹落下。米尔希元帅之前2月23日在柏林的一次讲话中明确了这一点：“我们知道英国人的计划，至少大规模空袭柏林25次以上，现在已经进行了15次，那么剩下的10次也将很快到来。此外，我们也知道，像哈勒、莱比锡这样的工业城市也是他们的目标。为了防御英国人的进攻，方法只有一个，那就是夜间战斗机部队。而我们不需要再对高炮部队的作用抱太大的希望，因为我们清楚，必须要干扰敌人的轰炸，把他们驱赶到高空，这样他们就无法准确投弹。”

法兰克福现在开始成为皇家空军日益重视的目标，一方面，这个城市的地理位置决定了德国空军很难保证有足够的时间来确认英军机群并且引导夜间战斗机进行攻击；另一方面，这个城市的地面防空也相对较为薄弱。3月皇家空军对其他目标如法国境内目标的空袭受到的损失也很微弱，其中，在对勒芒火车站的空袭中所有轰炸机都安全返航了。而柏林在这段时间则依然是蚊式机的重点目标，但是轰炸机司令部的黑色夜晚却很快再次到来，它们的战损率将再一次直线上升。

3月18日－19日和22日－23日夜间，法兰克福连续遭到2次大规模空袭，再次遭到严重破坏。轰炸机司令部分别出动846架和816轰炸机进行空袭，总计1662架次轰炸机中损失了55架，平均战损率约为3.3%，对于皇家空军而言这已经是这段时期一个相当不错的可以承受的损失率了。德军Ⅰ./NJG 6的马丁·贝克尔上尉和他的无线电通信员约翰森于22日夜间在法兰克福美因茨空域击落了6架轰炸机。值得一提的是，其中有3架是约翰森的功劳，他用火力较弱的后向机枪击落了这3架轰炸机！

曹内尔这位夜间王牌在这2个夜晚则继续获得自己的第36和第37个战绩。而在3月24日－25日夜22时53分，曹内尔击落了自己的第38架轰炸机，但是这次击落记录却让他记忆深刻，因为他花了九牛二虎之力才得以完成。他对这架倒霉的兰开斯特总共进行了5次攻击才击落这架轰炸机：3次使用“斜乐”机炮，2次在这架轰炸机尾部约100米距离进行直接攻击。

轰炸机司令部在这个夜晚的目标再次回到柏林，哈里斯依然投入他手头的所有力量——811架轰炸机，而柏林依旧是轰炸机的梦魇之地。它们损失了44架兰开斯特和28架哈利法克斯，战损率又一次飙升到9%。轰炸效果无法令人满意，机群投弹极为分散，大量炸弹散布到了居民区以及柏林周边的小城镇和村庄。该晚北风的强度远远超过天气预报的估计，核心风速达到了160公里/小时，而轰炸机的平均飞行速度也不过480公里/小时。因此，皇家空军的轰炸机群编队飞行受到严重影响，特别是在返航的时候，机群已经非常分散了，它们的导航装置在这种天气状况下的表现也是非常糟糕的。很多偏航的轰炸机不得不飞越德军地面防空力量极其强大的鲁尔区，经受来自于地面的火力洗礼，很多轰炸机因此成为了德军高炮部队的牺牲品。风速对双方飞机的影响是公平的，因此德军夜间战斗机在这个夜晚的战绩也受到了明显影响。最终的胜利者是高炮部队，它们大约击落了48架轰炸机，这是它们最成功的一个夜晚之一。

3月26日－27日夜，轰炸机司令部出动705架轰炸机（兰开斯特476架、哈利法克斯207架、蚊式机22架）对埃森进行空袭，这次它们较为幸运，只有9架轰炸机没有返航。轰炸引导精确完成，保证了后续机群的投弹密度和精度，埃森的工业设施遭到了严重破坏。同时，由来自第3、第4、第6、第8轰炸

■ 纽伦堡是皇家空军重点空袭的目标，这是在战争结束时，其老城一景，可见其受破坏的程度了。

纽伦堡简介

纽伦堡，位于德国巴伐利亚州中法兰克盆地佩格尼茨河畔，是德国南部巴伐利亚州第二大城市。纽伦堡曾是德国第1条铁道线，同时是世界上第1只怀表和第1支单簧管的家乡，其工业和高技术的底蕴绵延至今。今天以纽伦堡市为核心的纽伦堡地区是德国的通信、多媒体、交通技术、物流技术以及医药领域中心，也是德国第七大经济区。

纽伦堡地处欧洲中心，因此成为巴黎－布拉格、伦敦－布鲁塞尔－维也纳、斯德哥尔摩－苏黎世－米兰、柏林－罗马等几条高速公路的交汇点上；纽伦堡还与欧洲高速轨道网连接在一起，是欧洲铁路网的重要枢纽，特别是连接欧洲东部和东南部的交通枢纽；纽伦堡国际机场每天有50条直达线路通向20几个欧洲的中心地区；而纽伦堡港则是北巴伐利亚最重要的运输枢纽，每年的总货运量达900万吨；流贯市区的莱茵河－多瑙河运河从1992年起成为连接莱茵河与多瑙河、北海与黑海的一个环节。其交通中心的地位使纽伦堡成为德国南部最重要的物流中心。

纽伦堡不仅充满中古世纪风情，被誉为“中世纪明珠”，而且一年一度的玩具博览会和著名的圣诞市场，更是吸引着无数客商和游客。

二战中，纽伦堡也是德国被毁坏最严重的一个城市，80%的建筑物毁于战火，但大部分都在战后按原样重建。纽伦堡近郊的希特勒第三帝国总部旧址，现在已经成为二战博物馆。据说，希特勒之所以将总部建在这里，主要是由于这里是欧洲的中心，历代德意志帝王都曾来纽伦堡的最高处皇帝城堡（也是纽伦堡的标志）小住。占地2.7万平方米的日耳曼国家博物馆，是德国最大的博物馆，陈列着各个时代的乐器、飞机、汽车、轮船、发动机等代表人类文明的标志性物件。

真正使纽伦堡青史留名的是二战结束后对纳粹战犯进行庄严的历史审判的国际军事法庭所在地，史称“纽伦堡大审判”，从1945年10月至1946年10月，历时一年，对24名纳粹的主要战犯进行了审判。

机大队的70架哈利法克斯、32架斯特林和7架蚊式机引导机组成的机群在没有损失的情况下完成了对比利时境内铁路目标的空袭。但是这次空袭的精度则较差，一些居民区被命中，造成252名平民丧生，而被破坏的铁路在3天后就恢复运行了。这个夜晚，德军升空的约100架夜间战斗机部队只击落了6架轰炸机，却损失了20架战斗机，其中，部分是皇家空军轰炸机自卫火力的牺牲品，也有少部分被自己的高炮击落，更主要的原因则是各种意外事故。

德军NJG 6作战日志这样分析失利的原

因："英军入侵和返航航线都没有得到正确的判断，因此夜间战斗机无法捕捉到机群，而敌机群的航线突变和猛烈的对风更加给作战造成了困难。第1中队最早起飞，有强烈冰冻现象的报告。21架Bf 110执行'驯猪战术'，3架Bf 110由'天床战术'引导，1架Ju 88执行侦察任务。3架Bf 110因为燃油耗尽坠毁，1架迫降。"

皇家空军专门负责猎杀夜间战斗机的第100大队属下的蚊式机中队没有击落记录，只是在埃森附近击伤了1架Ju 88。曹内尔击落了这9架轰炸机中的3架兰开斯特。前文提到过的威尔姆斯少尉也击落了1架，这是他个人的第2个战绩，也是他第1次使用"斜乐"机炮获得的战果。他自己回忆道："我这次飞的不是我自己的战斗机，我自己的还没有装备'斜乐'。使用'斜乐'进行攻击并不困难，只要悄悄接近敌机机腹下后方，再瞄准左侧或者右侧机翼下的2台发动机之间的部位开火就可以了。至于为什么选择这个部位，我也不是很清楚，这只是我从那些前辈夜战高手那里获得的经验之谈。" 比较轰炸机司令部之前几天的那些空袭，柏林上空的损失显得极为突出，那么是否空袭德国其他城市的代价就能保持在较低的水平呢？3月30日－31日的夜晚将会给出一个答案，当然这是哈里斯的轰炸机司令部不愿意得到的。这个夜晚，哈里斯出动约800架轰炸机对纽伦堡进行空袭，这个城市的战略意义不仅仅是他的工业设施，更为重要的是其政治意义。

■ 这张照片显示的是科隆的地面防空火力，同纽伦堡相比，科隆的遭遇更为悲惨。而英国皇家空军在纽伦堡的损失也远甚于科隆。

第8（轰炸引导）大队的6个中队和41个轰炸机中队参加了这次空袭，第100特殊大队的20架装备了“锯齿”的蚊式机负责猎杀行动。另外，来自于第2轰炸机大队的35架蚊式机则负责对德军基地和鲁尔区的一些目标进行干扰性攻击，同时出动的50架负责布雷的轰炸机也希望自己能吸引德军的注意力。但是纽伦堡的地理位置决定了皇家空军机群无法找到一条能避开德军防空重点的航线，哈里斯只能寄希望于德军夜间战斗机能被吸引开。但是皇家空军依然不清楚的是，此时，德军对于“驯猪战术”的运用已经非常熟练，而“野猪联队”也将继续全力出击。

天气依然是轰炸机司令部在制订空袭计划时必须重视的问题。气象预报表明德国境内较高的云层将会有效减弱月光，它们的空袭计划也是基于这个信息制订的。但是实际情况却再次证明了天气预报的不准确性，德国上空预期的高空云层并没有出现，而预计无云的目标上空则阴云笼罩。此外，风速情况也出乎气象部门的预计，这也使得英军的机群将会受到明显影响。

而反观德军方面，它们在30日早晨和中午就侦测到英军的大量无线电通信，并且准确预计夜晚将会有大规模空袭。德军估计在这样的月光明朗的夜晚，皇家空军会进行一次航程较短的空袭，目标很可能就是鲁尔区。德军夜间战斗机部队整装待发。23时，德军预警部队发现第1架英军轰炸机，随后确认英军机群以东南航线飞行，这个情况基本证实了德军的预计。于是德军夜间战斗机部队立即出动，现在对于轰炸机司令部而言，真正的目标是鲁尔区或者更加东面的城市都已经不重要了，它们的命运已经无法改变了。现在德军的那些地面引导军官正在全力引导那些夜间战斗机靠近英军机群，而此时，英军投放的锡箔干扰条能起的干扰作用已经很有限了，德军已经能够根据这些干扰熟练地判断英军机群的位置和航线。同时，德军也有越来越多的夜间战斗机已经改装了防锡箔干扰的S明石N-2型机载雷达以及“斜乐”机炮，而皇家空军对德军的这些改进却知之甚少。当皇家空军机群的航线从向南部拜仁方向转向东面的时候，德军夜间战斗机就已经开始捕捉到它们。德军多次分析和演练的结果表明，英军机群采用的航线多次通过德军在亚琛附近的一个代号为“伊达”的夜间战斗机无线电向标点附近空域。但是德军对这个评估的准确性判断过高，事实上，当时无论英军机群采用什么航线，必然会通过德军的某个或者几个夜间战斗机无线电向标点。德军地面引导军官真正采取的正确的战术是首先将那些夜间战斗机主力部署到“伊达”和“奥托”（法兰克福附近，也是英军机群多次通过的空域）这2个无线电向标点，当英军机群继续飞行的时候再慢慢聚拢更多的夜间战斗机，如果在晴朗的夜空，则英军轰炸机的冷凝尾迹将清晰地标示出它们的航线。当晚德军4个主要的战斗机师（第1、第2、第3和第7战斗机师）都指挥自己的夜间战斗机到达这2个无线电向标点附近，升空集合的夜间战斗机数量达到了246架，分别来自于21个大队。因此在这个夜晚，所有一切几乎都满足了德军的要求和战术部署，而不准确的风速预告则再次影响了皇家空军的编队飞行。于是，皇家空军的灾难也就不可避免了，在他们到达目标上空投下第1枚炸弹之前已经损失了约80架兰开斯特和哈利法克斯！主要都是德军夜间战斗机击落的。此时的机群极为分散混乱，一方面，是由于超过预计的风速造成的；另一方面，也是为了躲避德军夜间战斗机攻击。纽伦堡上空的云层使得英军的轰炸引导和投弹精度都无法得到保证，而混乱的机群更是使得情况雪上加霜，有的轰炸机甚至将炸弹投到了施威因福特——距离纽伦堡足足100公里！而纽伦堡本身的损失则极为微弱。但是德军依然无法及时准确判断英军的最终目标，这对于皇家空军而言总算是不幸中的万幸。因为德军的“野猪联队”JG 300、JG 301、JG 302在这个夜晚依然没有能够准确地部署到目标空域，因此战绩极为有限。只有少量单发战斗机发现并且闯入英军机群，击落了2架轰炸机，但是却损失了3名“野猪”飞行员：Ⅲ./JG 301的威利·罗斯军士、Ⅲ./JG 302的弗里德利希·希尔军士和埃尔威因·弗科尔军士。Ⅲ./JG 302很早就从奥登堡起飞，而当时德军估计的目标区域依然是鲁尔区。随后出动的Ⅲ./JG 301也接到同样的命令，认为英军机群在继续向鲁尔区进发。

当轰炸结束后，皇家空军机群在返航时再一次遭到德军夜间战斗机的猎杀，最终英

■ 哈利法克斯轰炸机在对德夜间空袭中再次遭到德国夜间战斗机的无情猎杀。

军统计的数字表明它们总共有95架轰炸机没有返航，还有12架坠毁在英国本土，37架严重受损。这其中就有第578轰炸机中队巴顿少尉，他的这架哈利法克斯坠毁在达勒姆县附近，他被追授维多利亚十字勋章。很多勉强返回基地的轰炸机也是遍体鳞伤，受伤的机组成员更是不计其数。受到惨重打击的轰炸机中队包括：第101中队损失了6架兰开斯特；第51中队损失了5架哈利法克斯；第158和第514中队各自都损失了4架轰炸机。这是皇家空军在二战期间损失最为惨重的夜晚。而相比之下，德军夜间部队付出的代价则显得非常微小：5架战斗机被击落，5架受重伤。人员损失包括：3人阵亡，1人受伤，8人失踪。

德军第1航空军的作战日志这样总结成功的原因："较早的预警，在英军机群离开基地后准确估计了它们的航线；及时向所有能出动的双发夜间战斗机发出起飞命令，并且给出了正确的无线电向标点；英军机群进攻航线正好穿过我们的战斗机无线电向标点，使得我们有充分的时间和机会进行攻击；明石SN-2型机载雷达抗干扰性很好；夜空晴朗，在高空可视度很好，部分轰炸机在1000米处就能被目视发现；第1架轰炸机被击落在波恩－科布伦兹一线空域，它和随后最早被击落的几架轰炸机在空中燃烧坠落的残骸为其他夜间战斗机提供了目标指示；长时间持续攻击和追踪。"

毫无疑问，在这个夜晚，德军夜间战斗机部队的收获是丰盛的，很多飞行员都取得了多个击落记录。Ⅰ./NJG 6的贝克尔上尉写下了他的击落记录，这次他很早就找到了英军机群，在30分钟内击落了3架兰开斯特和3架哈利法克斯，之后他在降落补充了燃料后再次起飞，这次他在一名引导军官采用"天床战术"的指引下找到了1架返航的哈利法克斯。随后很快就击落了第7架轰炸机。他在这个夜晚的第8个也是最后一个战绩是英军第429轰炸机中队 (隶属于第6 (加拿大) 轰炸机大队) 的1架哈利法克斯。这架轰炸机的全体机组都在飞机坠毁前跳伞，其中5人被俘，2人成功逃脱并且返回英国。

贝克尔上尉之后很快就获颁骑士十字勋章。之前已经有过痛苦难忘经历的NJG 5的威尔姆·绍斯少尉在这个夜晚击落了4架轰炸机。他回忆道："我当时属于11./NJG 5，驻扎在埃尔福特。我在这个夜晚之前已经获得了假期，只要在23时还没有警报，我想应该就太平无事了，那么我在第2天早上就可以出发休假了。我当时感觉应该不会出什么意外，因为那个夜晚月光明亮，英军按理不会出动的。但是警报还是出乎我意料地响了起来。我的作战日记记录，我是23时17分起飞的，根据命令飞往奥芬巴赫空域，即'奥托'无线电向标点。当我刚到那儿，就看到了轰炸引导机投下的'圣诞树'。随后，我就看到1架轰炸机坠落了，很快又是1架，几乎是连续不断地坠落。我就看到1架被探照灯锁住的兰开斯特，我立刻就击落了它。我同样可以用我自己的明石SN-2型机载雷达找寻目标，但在此时，这已经是多余的了，因为英军机群就在右侧不远处，于是很快我又击落了2架。当我再次飞到1架轰炸机下方准备用‘斜乐’机炮攻击的时候，却发现机炮已经没有弹药了，我的无线电通信员说必须更换弹鼓，这需要3分钟－4分钟的时间，而我继续在这架轰炸机下方跟随飞行，那架轰炸机依然没有发现我。之后，我伺机继续开火，这架轰炸机很快就开始燃烧了。之后，我仍然有机会继续攻击那些轰炸机，猎物足够多，但是我感觉自己的神经已经受不了，持续的紧张几乎快使我崩溃了，于是我决定返航。当我在埃尔福特降落后，1架蚊式机突然出现在机场上空，并且开始进行俯冲攻击，我的Bf 110的螺旋桨也被打出一个洞，幸运的是我们都没有受伤。”

之前，我们提到过的根特·科布利希中尉和他的无线电通信员瓦尔特·海登里希也参加了这个夜晚的空战，他们属于Ⅱ./NJG 2，此时，科布利希的个人战绩已经达到了12个。他们现在的Ju 88R-2已经装备了明石SN-2型机载雷达和“斜乐”机炮，当他们飞临科隆上空的时候，海登里希在明石SN-2型机载雷达上发现了敌机信号，并且通告了科布利希。于是他们慢慢地接近，海登里希发现雷达信号异常强烈，这是他之前从没有遇到过的状况，当他们接近到1000米之内，准备用目视搜索的时候，雷达信号显得更为异常。很快他们就找到了原因：原来是2架靠得很近飞行的兰开斯特！科布利希立刻驾驶飞机飞到它们的下方，用地面背景作掩护慢慢跟随，瞄准目标后开火，出乎他们意料的是这次“斜乐”机炮射出的竟然全是曳光弹，科布利希被这闪光晃了眼，几乎暂时失明。通常情况下“斜乐”不使用曳光弹，因为这不仅会干扰己方飞行员，而且更为危险的是会向敌机指明自己的位置。但是攻击仍然是准确的，这架兰开斯特很快开始燃烧。科布利希迅速向一边侧转，以避开敌机可能发生的爆炸，并且立刻飞到另一架兰开斯特的下方开始第2次攻击。这次射出的还是曳光弹，但是同样精确地命中目标。海登里希自己回忆道：“很

■ 返航后正在和部下交接的NJG 2指挥官保尔·瑟姆劳中校。

短的时间过后，这2架兰开斯特就先后燃烧着坠落，2架先后坠落在一个河坝的两侧。当它们撞击到地面的时候，我清晰地看到红绿黄各色燃烧弹向四方燃烧蹦射的场景，我认为这2架都是轰炸引导机。但是我们这次攻击的战果没有得到证实，我也不清楚他们是否找到了这2架飞机的残骸，我也不知道是否有机组成员能够跳伞逃生，虽然我认为他们还是有时间有机会跳伞的。”事实上，这2架兰开斯特中确实是有幸存者的：一名无线电通信员。和海登里希的估计一样，这2架都是轰炸引导机，是第156轰炸机中队当晚损失的4架兰开斯特中的2架。其中一架的飞行员是澳大利亚军士杰克·墨菲，另一架的飞行员是挪威上尉约翰森。这2架轰炸机的机组都是经验丰富的老手，其中墨菲已经执行了50次空袭任务！

纽伦堡这个血腥的夜晚也为柏林战役画上了句号。二战后，对哈里斯这一系列空袭计划，尤其对“柏林战役”的评价众说纷纭、褒贬皆有。皇家空军用惨重的代价来换取对柏林的破坏是否值得，是否具有足够的战略意义，是否真正意义上摧毁或者动摇德国人的抵抗意志这些问题并不能简单给出肯定或者否定的答案。哈里斯之前的几个判断只有部分得到了证实。例如，他预计将会付出400架－500架轰炸机的代价，事实是在1943年11月到1944年3月期间损失了466架轰炸机；但是他预计这次空袭计划会使德国屈服，这一点却没有得到证实，实际上哈里斯的预计过于乐观，也过于急切，因为此时距离德国彻底崩溃的时间还有一年，血腥的夜间空战还将继续。

第六章　德国夜间防空最后的喘息 1944年4月–8月

诺曼底前夜：1944年4月－6月

1943年12月，盟军决定在欧洲登陆开辟第二战场。1944年4月，盟军开始准备登陆法国作战计划——“霸王行动”。面对德国日益紧迫的V-2导弹的威胁和支援登陆计划的要求，英美轰炸机部队的目标重点也逐步转向法国。针对法国的空袭计划被称为“运输线计划”，目标是摧毁敌军在法国地区的后勤补给线。

在哈里斯的努力下，轰炸机司令部空袭重点由德国逐步转向法国的过渡进行得很顺畅。德国方面也在寻求对策，1943年，德军开始频繁调动战斗机部队来应对英美的空袭威胁。当英美将空袭重点转向法国的时候，德军很清楚盟军的登陆只是时间问题，尽管如此，这些昼间和夜间战斗机部队依然必须调往法国和比利时地区以应对盟军的空袭。因此，原来划归负责德国本土防空的帝国航空队指挥的那些战斗机大队现在要转归负责法国防空的第3航空队指挥，由此引发的战斗机部队以及各辅助部队机构的转属调动规模庞大。此时，德军夜间战斗机部队在生产上的优先权已经完全转给了昼间战斗机部队，同时，也面临其他越来越多的困难。尽管如此，它们依然继续对皇家空军保持着强大的威胁，同时，也有不少夜间战斗机大队被调往法国，其中主要有NJG 1的第2、第3大队和Ⅰ./NJG 5等。

一位夜间战斗机飞行员在这段时间的经历可以为我们提供当时的一个缩影。Ⅱ./NJG的一名技术军官弗里斯少尉已经驾驶Bf 110获得了不少战果。1944年初，他所在的大队调往法国，新的基地是圣迪济耶。作为一名技术军官，弗里斯少尉并不喜欢这个基地。整个机场显得太狭窄，而且四周都有河流或者水渠，负责维护战机的库房则在机场另一面，因此需要维护的战机必须通过一座木桥才能到达库房。弗里斯少尉很不习惯开着飞机通过这座拱形木桥。

4月6日－7日夜晚，弗里斯少尉所在的大队在晚上11时左右接到战备命令，这个夜晚将没有皇家空军的重型轰炸机来袭，只有蚊式机继续执行它们的例行干扰任务。但是弗里斯少尉和他的队友还必须在这个寒冷的夜晚站在各自的战机边上，等待出击或者解除警报的命令。最终，他们得到的是起飞命令，于是弗里斯少尉迅速发动战斗机滑行。

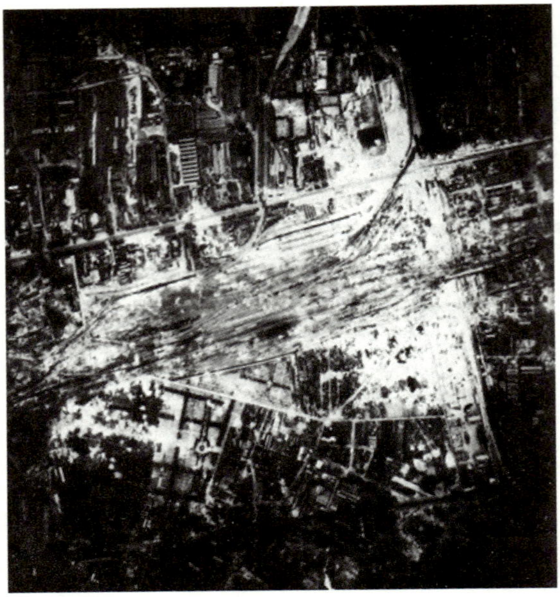

■ 法国境内一个遭到空袭的铁路枢纽目标，时间是在诺曼底登陆前。

按照常规，首先是大队长指挥机的无线电通信员通报机场开灯，然后指挥机首先起飞，紧接着就是弗里斯少尉。没想到，就在他的无线电通信员通报机场开灯，然后滑行准备起飞的时候意外发生了。弗里斯少尉看到自己飞机左侧闪过一道闪光，几乎与此同时自己的头部不知道被什么东西击中，几乎失去了意识，幸好他很快反应过来，立刻紧急刹车减速，避免了和大队长冯·波宁少校的Bf 110相撞，然后滑行回到自己的机位，最后和自己的机组一起检查飞机的损伤情况。他们遭到了1架蚊式机的突然袭击，流弹击穿了无线电通信员和机枪手之间的舱盖玻璃，但是2人都没有受伤，击中弗里斯的竟然是1块混凝土碎块！这很可能就是蚊式机投下的炸弹在跑道上爆炸激起的碎片，击穿驾驶舱玻璃后命中弗里斯的头部。这架Bf 110也是伤痕累累，它的雷达天线已经弯曲，机腹、机翼和尾翼下有许多大大小小的洞，最后这架战斗机用了足足一个星期才修复。

在刚刚过去的这个冬天，恶劣的天气，有经验的具备盲飞技术的飞行员的缺乏和经常性的地面错误指挥严重影响了赫尔曼“野猪联队”的作战效率。而他的第30战斗机师随后在1944年3月16日被解散，原因主要有以下几点：首先，夜间战斗机部队“驯猪战术”表现出了充分的可靠性，而双发夜间战斗机对“野猪战术”已经能够熟练应用了；其次，白天对单发战斗机的需求日益上升，而“野猪联队”在夜间则消耗了不少昼间空战力量，不少损失并非由于敌机而是自己的事故所造成的。此后，只有极少量大队或者中队规模的单发战斗机还执行夜间任务，包括一些试验性的任务。

在1944年初，德军专门成立了一个新的夜间战斗机大队：第10夜间战斗机大队，负责进行新的夜间空战装备和战术的试验任务，原来JG 300的一部分改编为这个大队的第1中队，指挥官就是“大鼻子”穆勒上尉。而第30战斗机师的第300、第301、第302这3个“野猪联队”则转变角色，从夜间战斗机联队转为全天候战斗机联队。赫尔曼转而接手指挥在度伯利兹的第1战斗机师，这个师包括昼间和夜间战斗机部队，负责防卫柏林空域。二战后，战斗机总监加兰德将军在自己的回忆录中认为，他同意让昼间战斗机执行昼夜双重任务是一个严重的错误，因为它们虽然在一定程度上弥补了夜间防空力量的不足，但是对人员和装备的消耗太大了。尽管如此，第300、第301、第302这3个“野猪联队”还是为第三帝国的夜间防空起到了不小作用，而它们此后仍将在各种恶劣天气下对抗盟军机群，一直战斗到战争结束。

1944年4月，皇家空军轰炸机司令部平均每天可以出动的作战力量继续保持在1000架轰炸机左右，而且数量还在持续稳定增加，其中只有少量老旧的哈利法克斯MKII型和MKV型。相对哈里斯的空袭力量，德军施密特将军指挥的防空部队大约有80个大队及其相关的作战单位，分布在德国、法国、荷兰、比利时和丹麦。从表面上看，双方的力量依然大致相当，但是实际上德军的作战实力远远低于这个标准，它们此时能够出动的夜间战斗机数量平均只有400架左右。

轰炸机司令部在经历了纽伦堡上空的血腥之夜后，继续在4月11日－12日夜晚对德国进行了一次大规模空袭，这次由来自第1、第3、第5、第8轰炸机大队的341架兰开斯特和11架蚊式机组成的轰炸机群的目标是亚琛。这段时间，轰炸机司令部空袭的目标都没有深入德国境内，法国目标成为新的重点，因此德军夜间战斗机部队获得的作战机会尤其是作战时间都很少，取得的战果也很少。它们只是在4月10日－11日夜间获得了一定的战

■ 1944年4月，德国夜间战斗机部队使用的Bf 110G。

果，当皇家空军轰炸圣康坦附近铁路目标的时候，它们击落了10架哈利法克斯。

在这个夜晚，皮尔斯驾驶编号为LL126.KN-W的哈利法克斯MK V型参加空袭，当他完成投弹返航时经历了一次惊险的空战。他回忆道："1架敌机突然出现在我们的后方，尾部机枪手伊夫报告：'敌机距离400米，继续靠近，关闭舱灯，准备木塞螺旋起子机动！' 随后，我从通话器内听到尾部机枪的射击声，敌机很可能也已开火，但是还没有命中我们。我对飞机后面的情况一无所知，只是紧张地等待，一旦伊夫报告，立刻开始机动规避。但是什么信息也没有传来，我判断伊夫很可能被击中了，于是我焦急地询问他有没有事。机械师阿克博德也很担心，他准备跑到后面去察看到底发生了什么，就在这个时候，伊夫的声音再次传来：'保持航线，我们没事了！' 这个回答更令我惊讶，我问道：'究竟怎么了？不用机动规避了？' 伊夫回答说他在敌机靠近到300米的时候击落了它，这架飞机在空中爆炸。这次攻击持续了很短的时间，机身炮塔的布洛克斯证明了伊夫的报告，而他由于飞机尾翼的阻碍无法参加这次攻击。我随后得知，这次伊夫干得非常漂亮。在正常情况下，当敌机咬尾攻击的时候，他应该及时发出作机动规避的提示。但这次他没有，因为那架德军的战斗机似乎也很聪明，他瞄准的是我们上方稍高的位置射击，而一旦我们向上做机动，可能正好被击中。而伊夫表现得更为镇定和聪明，他冷静地等待，并且把握住了时机，准确地干掉了这架战斗机。其他机组成员也看到了这架燃烧坠落的敌机，我把飞机向一边倾斜，也看到了已经坠落到地面还在熊熊燃烧的敌机。伊夫由于这次沉着冷静的表现，拯救了大家，因此他随后就获得了优异飞行勋章。"第77轰炸机中队在这个夜晚也是幸运的，它们没有损失1架轰炸机，但是它们的每个机组几乎都看到了其他中队的轰炸机被击中坠毁。

哈里斯在出动主力机群对德国和法国目标进行空袭的时候，仍然继续派出蚊式机进行各种干扰性攻击行动，蚊式机的优异性能使其损失很小，其中1架蚊式机在4月20日－21日夜晚，被德军的曹内尔上尉击落。这个夜晚，轰炸机司令部主力机群的目标是科隆，这次出动的341架兰开斯特只有9架没有返航。而这9架兰开斯特则是由2位德军夜间飞行员击落的：Ⅲ./NJG 4的贝格曼上尉击落了7架；Ⅳ./NJG 1大队长施瑙弗击落了2架。

奥利弗·布洛克斯军士是皇家空军第15轰炸机中队的一名飞行员，驾驶斯特林轰炸机。他第1次执行任务是在1943年10月，这是一次布雷任务。他第1次执行对德国城市的空袭任务则是在同年11月22日－23日夜，目标是柏林，这也是斯特林轰炸机最后一次参加对德国境内目标的空袭。12月，该中队换装兰开斯特。

1944年1月20日，晋升为少尉的布洛克斯第1次驾驶兰开斯特执行空袭任务，目标依

■ 1943年11月22日－23日夜空袭柏林，是斯特林轰炸机最后一次参加对德国境内目标的空袭。

然是柏林。3月30日－31日夜晚，他也参加了对纽伦堡的空袭，此时，他总共已经执行了16次空袭任务，在这个血腥的夜晚，他的兰开斯特遭到了1架Ju 88的攻击，但是他成功驾驶受伤的轰炸机返回了基地。4月22日－23日夜晚，他再一次出击，目标是杜塞尔多夫。这个夜晚杜塞尔多夫遭到了惨重打击，尽管大量平民躲进了防空洞，依然有超过1000人丧生。轰炸机司令部出动了来自于几乎所有轰炸机大队（除了第5轰炸机大队）的596架轰炸机，最后损失了29架。曹内尔上尉在这个夜晚击落他的第29个4发轰炸机战果——1架兰开斯特，他的总战绩已经达到了43个。格莱纳上尉也击落1架，他的个人战绩达到了20架。杜塞尔多夫的地面防空火力依然极其猛烈，现在已经改为全天候战斗机部队的“野猪联队”也有少量战斗机参加了这个夜晚的空战。

布洛克斯的这架兰开斯特MKIII型的编号是ND763，使用梅林发动机，他的机组成员共有8人，比常规的7人机组多1人，这名多出来的成员是约翰·法比恩上尉，中队领航军官，他正在搜集实战操作明石H2S型机载雷达的必要经验，而布洛克斯的这架兰开斯特是全中队第1架装备了明石H2S型机载雷达的轰炸机。

任务进行得很顺利，他们在6600米高度飞行，准确地根据轰炸引导机的指示开始投弹，炸弹精确地落向红色的指示区域。就在这时候，突然有1架“野猪联队”的Fw 190开始从后面向他们进行攻击，布洛克斯这架兰开斯特的左外侧发动机被击中并开始燃烧，飞机的液压系统遭破坏，导致自卫机枪无法操作。几乎同时，1发重型高炮炮弹也在机腹下方爆炸，对飞机造成了严重伤害。投弹手阿伦·格拉德因此身受重伤，不到1分钟就死亡了。无线电通信员巴内斯军士长也被弹片击中，大腿几乎被打断。机身炮塔机枪手威尔森军士的耳朵和领航员平库特军士长的手指也都被击伤。这一系列攻击使得飞机内部电力供应中断，这架兰开斯特的操纵遇到了极大麻烦，不停地下坠丧失高度，布洛克斯拼命试图重新控制飞机，终于在高度表显示4200米的时候再一次控制住了飞机。同时，威尔森也已经扑灭了机舱内的火焰，但是大火烧毁了3个降落伞包，全体机组成员跳伞已经不可能了。此时，威尔森和法比恩则在努力救助大腿严重受伤的巴内斯，试图帮他止血，但是回天乏力，巴内斯很快也死了。

布洛克斯驾驶这架严重受损的兰开斯特沿西北航线摇摇欲坠地向着英国本土飞行，飞越荷兰海岸线时候的高度只有900米，速度还不到160公里/小时。在海面紧急迫降也是不可能的，因为飞机携带的充气救生艇也已经被弹片击毁而无法使用。布洛克斯只能寄希望于能到达英国东海岸3个紧急迫降机场中的1个——伍德布里奇，那里有足够长的跑道，并且准备了充足的各种救援力量——消防车、救护车、工程救援车，等等。现在的领航员由法比恩上尉临时担当，原来的领航员平库特军士长则临时担任无线电通信员，拼命地呼叫SOS，稍后他就报告说由于飞行高度过低，他已经无法收到基地信号了。这架兰开斯特现在只有2台发动机还在工作，因此，飞机上所有不需要的东西统统被扔出舱外，在他们的努力下，这架伤痕累累的飞机终于飞越了英国海岸线，而此时的高度只有150米了！

英国本土总共有8个紧急迫降机场，跑道都是东西向的，以便于受伤返航的轰炸机不用再做额外的转弯动作就可以直接迫降了。伍德布里奇迫降机场的跑道有4100米长，230米宽，而普通机场的跑道一般只有2000多米长，45米左右宽。

这里的第1个“顾客”是1943年7月18日迫降的1架美军B-17重型轰炸机。那些白天在这里迫降的飞行员可以轻松地看到一个巨大的水泥跑道，周围的建筑物也很少，这对

■ 紧急迫降机场的除雾设备，1架轰炸机正在它的帮助下起飞。这些机场挽救了大量受伤返航的轰炸机及其成员。

■ 皇家空军的授勋仪式，授勋者是英国国王乔治六世，正在接受优异飞行十字勋章（DFC）的是第15轰炸机中队的布洛克斯上尉，照片左侧就是日后的伊丽莎白女王。

于紧急状况下的飞行员而言心理压力较小。而机场在夜晚也会提供足够的灯光标示，绿色表示南面跑道，白色表示中间跑道，黄色表示北面跑道。一般情况下，英国飞行员都被告知，如果飞机没有受损，仅仅因为燃料不足则降落到北面跑道；轻微受损的飞机则降落到中间跑道；而严重受损的则降落到南面跑道。因为只要时间允许，在南面跑道尽头就可以准备泡沫“地毯”来迎接他们。从1944年6月开始，机场跑道两侧还设置了除雾装置，这种装置的原理很简单，在跑道两侧埋设燃油管道，利用燃烧来加热地表空气，形成向上的气流来驱散浓雾，提高可视度。而机场的紧急救援设备和人员更是极为齐全，这些迫降机场正是那些伤痕累累的轰炸机回家的最后希望。

布洛克斯的兰开斯特此时状况极其悲惨，尾部方向舵和升降舵已经部分脱落，起落架放不下来，炸弹舱盖锁定在打开的状态，燃料也所剩无几，不过这样也减小了在迫降时起火燃烧的危险。

布洛克斯最终奇迹般驾驶这架残破的兰开斯特平缓地用机身迫降在伍德布里奇机场，幸存的机组成员都安然无恙，他们伤痕累累的飞机则迅速被拖出跑道，以便为可能继续到来的轰炸机腾出迫降位置。或许我们都认为经历了如此艰难历程的布洛克斯机组应该得到至少是短时间的休息，但是事实是，在此后第3个夜晚（24日－25日夜间），布洛克斯机组在补充了2名新成员后再一次出击，目标是卡尔斯鲁厄。这1次，他们同样经历了重重危险，他们的兰开斯特2次被探照灯锁定，并且遭到德军1架夜间战斗机的攻击，但是这1次攻击被布洛克斯避开了。他自己回忆道：“我们的指挥官瓦特金斯中校以前当过轰炸机观察员，现在他就作为一名普通的投弹员和我们一起执行任务，他是一名已经获得极高荣誉的卓越的指挥官。当我们从杜塞尔多夫勉强迫降英国并且返回自己的基地之后，新的任务就来了。此时，他毫不犹豫地爬上我们的飞机，作为机组普通一员和我们一起出发飞往卡尔斯鲁厄，他就是这么个家伙！”最后轰炸机司令部出动的637架轰炸机中损失了19架。

布洛克斯由于在杜塞尔多夫空袭中的卓越表现在5月被授予优异飞行十字勋章，他于6月21日执行了自己的最后一次空袭任务。法比恩上尉和平库特军士长也由于各自的优异表现分别被授予优异飞行十字勋章和优异飞行勋章。6月5日，英国国王乔治六世在金顶大厅亲自为布洛克斯和平库特挂上了勋章，他们受之无愧!

50多年以后，布洛克斯对于自己这个荣誉的回忆却是异常的平淡，他说："我想说的是，只要是幸存者，无论是受到至高无上荣誉还是平淡无奇的表扬，都是幸运的。像米奇·马丁、沙农、吉布森、切斯希尔这些飞行员都是光荣的飞行员，同样，他们也都是极其幸运的人。我每每想到他们，会觉得自己的运气和他们相比简直糟透了。我只是飞了30次而刚刚完成任务罢了，而他们中的一些人飞了超过100次，而且当他们负责轰炸引导任务的时候，往往需要多次飞越目标，有时候甚至是低空飞行，在目标上空待的时间也比我们长多了。而相比之下我们只需要飞到目标上空，投下炸弹就可以返航了……"

法国的铁路目标在这段时间一直是皇家空军的空袭重点，4月22日－23日夜晚，在杜塞尔多夫遭受英军主力机群空袭的同时，法国兰斯 (法国东北部城市) 附近的火车站也遭到了空袭。Ⅱ./NJG 1的弗里斯少尉在这个夜晚驾驶他那架刚刚安装了"斜乐"机炮的编号为C9+GC的Bf 110击落了1架轰炸机。当时，他在经过长时间等待后终于得到了英军机群的确切航线位置等信息，他迅速飞向那里，很快他的无线电通信员施塔法就在明石SN-2型机载雷达屏幕上发现了英军轰炸机信号。

弗里斯慢慢靠近这架轰炸机的下方，确认是1架斯特林。这是他第1次使用"斜乐"作战，还很不习惯这种机炮的瞄准方式。他必须转头观察瞄准装置是否套住了敌机，与此同时还必须操纵飞机。当他瞄准以后立刻开火，可是"斜乐"没有任何动静，倒是前向机炮开火了。原来他按错了按钮！弗里斯

■ 这架属于第158轰炸机中队的哈利法克斯能返航本身就是一个奇迹，命中它的不是德军的机炮，而是被自己友机投放的炸弹砸到了，它的机身炮塔已经完全毁损，更让人惊讶的是炮塔内的机枪手还是活了下来，只是受了擦伤。

自己回忆道，操纵杆上有2个击发开关，分别被称做“勺子”和“按钮”，分别控制“斜乐”和前向机炮。“按钮”就在操纵杆头部，用右手拇指按下就可以击发“斜乐”机炮射击了。为了防止2种武器的误操作，“勺子”就安装在“按钮”上，如同一个护盖。因此，在使用“斜乐”开火前先要翻开这个“勺子”，才能按到“按钮”射击。但是这也使得操作复杂化，弗利斯对此就很不习惯，他在情急之下忘记了按照步骤先翻开“勺子”，再按下“按钮”击发，而是直接就按下了“勺子”，而这样就击发了前向机炮。幸运的是，那架斯特林的机组成员没有发现这次走火，这对他们而言则是致命的。随后，弗里斯没有再犯错误，他清楚地看到“斜乐”机炮命中了这架斯特林左侧机翼2台发动机中间的部分，接着看到了有7顶降落伞在空中散开，而这架斯特林则斜着坠落，很快就爆炸成为夜空中的一团火球。

4月24日－25日夜晚，轰炸机司令部主力机群对卡尔斯鲁厄的空袭的同时出动了由16架蚊式机和244架兰开斯特组成的机群对慕尼黑进行干扰性空袭，为此损失了9架兰开斯特。机群中除了10架兰开斯特之外其余轰炸机都属于第5轰炸机大队。该大队指挥官寇茨雷恩对于轰炸引导方法的意见与本内特不同，他支持第617中队指挥官切斯希尔中校提倡的引导指示战术，即低空精确指示。这次第617中队的成员驾驶4架蚊式机在切斯希尔中校亲自指挥下执行引导任务，他们以烟囱高度飞临目标上空，切斯希尔中校全神贯注地避开地面高炮火力，以“之”字形几次飞越目标上空，直到他确认目标，并且精确地投下指示弹。这次成功的指示使得后续机群的空袭进行得非常准确。切斯希尔中校以他多次极其勇敢的表现获颁维多利亚十字勋章。2天后，施威因福特再次成为皇家空军的目标，这次负责轰炸引导的是第627中队，这个蚊式机中队刚刚从本内特的轻型轰炸部队划归到第5轰炸机大队，但是这次他们没有很好地完成任务，同时，由于风速依然比预计的强很多，影响了主力机群的飞行。当它们到达目标上空时，指示弹已经燃烧完了，而德军夜间战斗机部队则捕捉到了英军机群，击落了21架兰开斯特，占英军出动飞机总数的9.3%。

在经受了纽伦堡这个残酷的夜晚之后的4个礼拜，哈里斯又一次选择月光明朗的夜晚出击对德国境内纵深目标进行空袭，目标是弗利德里希港。这个位于德国西南部的城市也是一个重要的工业目标。这也意味着英军机群将再次面对大量德军夜间战斗机的考验。为了分散德军注意力，掩护323架轰炸机组成的主力机群，哈里斯这次派出了159架训练飞机飞往北海，模拟对德国北部的空袭，24架蚊式机则攻击了斯图加特。此外，还有2个分别由223架和144架轰炸机组成的机群轰炸了法国境内的铁路枢纽目标。在这些努力下，纽伦堡的悲剧没有重演，德军夜间战斗机没有能够及时拦截到英军轰炸机，但是他们最终还是击落了18架兰开斯特。而部署在法国的德军夜间战斗机也击落了那个144架轰炸机机群中的15架，使其战损率达到了10.4%，这是到目前为止轰炸机司令部在法国最大的损失。弗利德里希港在这次空袭中遭到了惨重打击，城区大面积被毁，一些重要的军工企业也遭到了严重破坏。

曹内尔上尉在这个夜晚继续为自己增添了3个击落记录，库兹纳击落了第11架轰炸机。4月28日凌晨0时48分，第5中队中队长“威姆”尤纳恩中尉驾驶他的编号为C0+ES的Bf 110G-4起飞，这架飞机装备了明石SN-2型机载雷达和“斜乐”机炮，他的机械师就是最早帮助宣内特在Bf 110上改装“斜乐”机炮的马勒军士长。他原来的无线电通信员休假了，顶替这个位置的是大队通信军官卡姆普拉斯少尉，他还没有正式执行过空战任务，因此也没获得过勋章。他热切地想获得1枚铁十字勋章，而这要求至少在夜间参与击落1架轰炸机。

卡姆普拉斯少尉很肯定和“威姆”尤纳恩中尉一起出击就能完成自己的心愿。而

■ 1944年4月28日，“威姆”尤纳恩上尉驾驶Bf 110G-4升空作战，在空战中受损后迫降到瑞士，图示就是这架Bf 110G-4。

令尤纳恩中尉不知道的是，马勒军士长告诉卡姆普拉斯少尉这个新丁，通常他们会在机舱里准备一瓶法国白兰地作为庆祝击落敌机的犒赏。不久卡姆普拉斯少尉就在雷达屏幕上发现了敌机信号，并且很快引导尤纳恩中尉目视发现了这架兰开斯特。现在明朗的可见度和白云的映衬对双方而言都是有利的，因此尤纳恩中尉和那架兰开斯特的尾部机枪手几乎同时发现了对方。当尤纳恩中尉开始射击时，这架兰开斯特也向左下方做“木塞螺旋起子”机动规避。但是尤纳恩中尉的反应更快，他在对方机动脱离前，飞到这架轰炸机的机腹下，并且立即用“斜乐”开火。随后，他就清楚地看到这架兰开斯特燃烧坠落，同时，数到了8顶降落伞在夜空中飘落。随后，尤纳恩中尉又靠近1架兰开斯特并且击落了它。此时，他要求卡姆普拉斯少尉提供进一步的信息，可是没有回应，他又呼叫了马勒军士长，依然没有回应。随后，他在舱内通话器中竟然听到了“咕咚咕咚”的声音——这2位老兄竟然已经一起在喝酒庆祝了！尤纳恩中尉火冒三丈，他立刻开始驾驶飞机作剧烈的机动，于是机舱内很快传来酒杯滑落破碎的声音，随后，就是这2位战战兢兢的应答声。此后，尤纳恩中尉在弗利德里希港上空击落了第3架轰炸机，此时，他又转到了博登湖上空并且捕捉到了第4个目标。但是当他飞到那架轰炸机下方准备攻击的同时也被其尾部机枪命中，油箱被击穿，左侧发动机也开始燃烧。尤纳恩中尉及时扑灭了

大火，这时候，他突然被地面探照灯锁住，他赶紧射出指示信号后这些探照灯才移开。这时候，地面发出了绿色信号，机场灯光也打开了，毫无疑问是告诉尤纳恩可以降落。尤纳恩中尉此时确认自己已经在瑞士上空，但是他的飞机状况已经不允许他再作选择，他只能准备立即降落。更为紧张的是，有探照灯就意味着必定有高炮，他也无法就此脱身。最终尤纳恩中尉只能迫降在苏黎世附近的杜本多夫机场，降落后他看到机场上还有不少美军的B-17和B-24重型轰炸机，都是受伤后迫降到这个中立国机场的。

尤纳恩中尉自己回忆道："当我们降落后，看到一个美国人从军官俱乐部出来迎接我们，我们一起走进这个俱乐部，此时，大约凌晨两三点。这个美国军官告诉我们，他的战争已经结束了，因为他不会被交换回国。他是听到了警报后跑出来的，随后就看到了我们。这个俱乐部里一派节日气氛，美国军官、德国军官、瑞士军官聚集在一起，我们一直玩到早上7点，大家都很和谐。我不得不说，那些瑞士人非常友善。1944年的我们都明白战争已经输了，只是我们都闭口不谈而已罢了。我不明白元首为什么不简单地告诉国民，我们已经输掉了这场战争，而是寄希望于那些所谓新式武器，还要继续让无辜的人不断死去……"

瑞士当局对尤纳恩中尉机组非常友善，德国驻瑞士大使馆也迅速和柏林联系，却没有强调尤纳恩中尉是紧急迫降到这里的。于是柏林方面误认为尤纳恩中尉机组是叛逃，盖世太保立即逮捕了他们3个人的家人，事后才发现是一场严重误会。5月底，尤纳恩机组在瑞士这个中立国度过了一个短暂假期后得以返回德国。为了弥补他们家人受到的无辜伤害，施密特将军专门给尤纳恩中尉的父亲写了道歉信，1944年11月，尤纳恩中尉在继续取得战果后获颁骑士勋章。柏林方面作出如此过激的反应的原因就是因为他们认为，这架Bf 110装备了明石SN-2型机载雷达和"斜乐"机炮等还不为盟军熟悉的最新装备，柏林为此还专门制订了破坏这架Bf 110的计划，其中一个计划就是动用伞兵空降杜本多夫机场，但是这个计划很快就被取消了，因为毕竟瑞士中立的立场对德国的好处更大。希特勒也希望维持和瑞士友善的外交关系。

此后，在双方斡旋下，虽然瑞士方面拒绝归还这架Bf 110，但是答应毁掉这架飞机；作为交换，他们可以以极优惠的价格从德国

■ 返回德国的马勒军士长（正中）正在向他的中队战友讲述他这次惊险而又麻烦重重的迫降瑞士的经历。

■ 这是“木制奇迹”中的一个代表，这架系列号为LR503的蚊式机的机头标志显示了它在两年中执行了203次空袭任务，主要是使用“欧波”系统进行轰炸引导。到战争结束，它还将继续添加10个出击记录。

得到12架Bf 109G6。5月18日，瑞士军方毁掉了这架Bf 110。第2天，就得到了Bf 109的供货。但是令瑞士方面不知道的是，这些Bf 109装备的都是旧的发动机。更有意思的是，到了1951年德国法庭判决生产商梅塞斯密特和戴姆勒－奔驰公司必须为此向瑞士作出赔偿。

在弗利德里希港空袭后的1个月内，轰炸机司令部的主要目标依然是法国。直到5月下旬，它们才继续对德国境内目标进行大规模空袭，如21日－22日夜间，510架兰开斯特和22架蚊式机时隔约1年后再次轰炸杜伊斯堡，29架兰开斯特被击落；22日－23日夜间，361架兰开斯特和14架蚊式机空袭了多特蒙德，18架兰开斯特没有返航。而法国境内的防空力量相比德国而言比较薄弱，因此轰炸机司令部在整个5月的损失相对也较小，总计出动了11353架次轰炸机，损失了274架。但是英军蚊式机对德国境内目标高空高速的袭击一直没有停止过。反观德军方面，夜间战斗机要应付针对法国目标的较小规模的英军机群则较为吃力，但是根据德军记录，英军损失的这274架轰炸机中依然有243架是被夜间战斗机击落的，只有31架是高炮部队的功劳。有意思的是英国方面的记录则是137架被德军夜间战斗机击落，50架被高炮击落，剩下的则是原因不明。虽然德军方面的记录必然存在着准确性的问题，因为其夜间战斗机部队的战绩往往被高估，但是不可否认的是，直到现在皇家空军仍然在一定程度上低估了德军夜间战斗机部队的实力。

对于皇家空军轰炸机而言，此时的威胁不仅仅来自于德军夜间战斗机和高炮，它们自己在晚上的密集编队飞行本身也很危险。

1944年5月，第51轰炸机中队的泰瑞军士作为机枪手，2次参加了对法国的空袭，他的飞行员是罗伯特森中尉，在5月10日－11日夜间，他们的哈利法克斯III参加了对法国朗斯的铁路设施的空袭。泰瑞军士回忆道："朗斯是一个交通目标，这次空袭是为'D-Day'准备的，和德国相比，这里要安全多了。地面高炮火力很微弱，我也没有看到夜间战斗机，我们投完炸弹就转向返航了。但是就在这个时候，我们却遇到了麻烦，突然，我们的飞机好像被重锤了一下，随后，我们就失去了高度，坠落了好一会儿，罗比（罗伯特森）才重新控制住了飞机。机身炮塔机枪手报告说是1架哈利法克斯撞击了我们，我们的右翼严重受损，尾翼右侧方向舵上半部分直到升降舵都被刮掉了，升降舵也已经无法工作了。不幸中的万幸，发动机没有受损，虽然现在我们飞机整个右侧的操纵都已经失灵，但是罗比还是决定飞回英国。我们的紧急呼叫没有得到回应，但是我们看到了一个亮灯的机场，罗比命令大家坐好并且系紧安全带，只有机枪手还在各自位置帮助罗比进行降落控制。罗比的降落漂亮极了，这里是美军第8航空队的一个基地。"撞击泰瑞军士这架轰炸机的是第4轰炸机大队第10轰炸机中队的1架哈利法克斯，他们也得以幸运返航。

对德军而言，蚊式机一直是一个难以应付的麻烦，虽然他们在5月击落了4架蚊式机，但都不是Bf 110或这Ju 88这2种主力夜间战斗机完成的。5月6日－7日夜间，NJG 13中队的巴克中尉驾驶He 219A-2击落了1架攻击勒沃库森的蚊式机；5月24日－25日夜间，第10大队著名的"大鼻子"穆勒上尉驾驶Fw 190A-6也击落1架蚊式机；而其他的击落记录也都是到现在数量依然很少的He 219的功劳。1./NJG 1的鲍尔军士，他击落了英军在这个夜晚失踪的3架蚊式机中的2架，这也是德军在整个二战期间唯一一次一名飞行员在一个夜晚击落2架蚊式机。而蚊式机在5月出动的超过1000架次中只有12架没有返航，蚊式机的威胁和其生存能力对于双方的夜间空战而言具有重要意义。到1944年5月，皇家空军总共有14个蚊式机中队可以出击，其中7个

■ 1944年5月5日，希特勒在戈林陪同下接见并且为夜间王牌授勋，和希特勒握手的是Ⅰ./NJG 4指挥官海尔格特少校，海尔格特已经获得了14个昼间和49个夜间击落记录，也在他的骑士十字上添上了橡叶。图片中的其他夜间王牌还有：左起第1人NJG 2指挥官拉都士上校；左起第3人第10夜间战斗机大队指挥官宣内特少校。

■ 皇家空军第51轰炸机中队的1架哈利法克斯MK Ⅲ型(编号MH-L),1944年5月10日,在对法国铁路系统的空袭中,它和第10轰炸机中队的1架编号为ZA-E的哈利法克斯在空中相撞,图中清晰可见它机翼和机身上的撞伤痕迹,幸运的是这2架哈利法克斯都安全着陆了。

属于第100特殊大队,6个属于第8轰炸引导大队,另外的1个第627中队则属于第5轰炸机大队,这些蚊式机中队可以满足多种任务的要求,是名副其实的“夜间幽灵”中队。

1944年5月24日,德国空军负责训练任务的冯·阿科斯特海尔姆中将专门写了一份名为“和‘飞镖’敌机作战”的报告,重点叙述了英军空袭中轰炸引导的威胁和精度问题,并且细致介绍了英军引导战术和如何正确识别蚊式机中队的问题。他写道:“我们的飞行员直到现在也无法在那些蚊式机开始轰炸引导或者投弹之前击落它们。”他得出一个结论是,在可以看到的未来中,唯一可以对蚊式机构成威胁的武器只有高炮。

另外,“大鼻子”穆勒上尉的第10夜间战斗机大队第1中队也开始作为专门的蚊式机猎杀中队进行改建以及训练,穆勒自己在阿科斯特海尔姆中将的报告递交后不到1天就在荷兰上空击落了1架蚊式机。此后,作为夜间战斗机部队对这份报告的回应,由兰特少校在4月就击落1架蚊式机开始,包括穆勒等在5月的战果,他们总计击落了7架蚊式机:其中,Bf 110击落4架;He 219击落2架;Bf 109击落1架;Fw 190击落1架。

5月24日-25日夜间,轰炸机司令部出动442架轰炸机轰炸了连接鲁尔区和法国的重要铁路枢纽亚琛的铁路设施,为此损失了18架哈利法克斯和7架兰开斯特。哈利法克斯的战损率为11%,依然远远高于兰开斯特的2.7%。Ⅳ./NJG 1指挥官施瑙弗14分钟内在比利时上空击落5架轰炸机,其中有4架哈利法克斯。这次空袭的主要目标是亚琛西火车站和罗特-厄德火车站,但是只有后一个目标遭到了严重破坏。于是3天后(27日-28日夜间),哈里斯再次出动8架蚊式机和162架兰开斯特继续对这个区域进行了空袭,损失了12架兰开斯特。这也是皇家空军在诺曼底登陆前对德国进行的最后一次大规模空袭,随着这次具有重要意义的登陆的开始,德国上空的空战也进入了一个新的阶段。

霸王行动:石油——导弹基地 1944年6月-8月中旬

从现在开始轰炸机司令部的中心任务毫无疑问就是全力支援盟军的登陆计划。6月最初的几个夜晚,它们陆续轰炸了德军在海

■ 1944年6月5日，法国境内一个遭到盟军猛烈空袭后的铁路枢纽。

岸线的监听站以及重要的铁路线路。在6月5日－6日夜间，即诺曼底登陆正式开始的这个夜晚，他们出动了1211架次轰炸机执行空袭任务，只损失了8架。其中，约1000架兰开斯特和哈利法克斯重点轰炸了诺曼底海岸的德军目标，尤其是德军海岸炮兵部队，而第100特殊大队属下的各个中队则执行了干扰任务。在这个夜晚，德军只有约59架夜间战斗机参与作战，只取得1个战果，即1架来自于3./NJG 1的飞行员海因兹上尉驾驶He 219击落1架轰炸机。而其他空战战果则都属于德军第51轰炸机联队的1架Me 410，Me 410是作为一种重型驱逐机和高速轰炸机研制发展的。从1943年开始，KG 52的2个大队开始装备这种多用途重型战机，执行针对英国的轰炸和战斗轰炸任务。在6日凌晨，这个联队的艾伯施拜契上尉驾驶1架Me 410升空，击落了3架轰炸机。

■ 被德军战斗机击落的英军威灵顿轰炸机。

虽然在登陆作战期间，法国是皇家空军的核心目标，但是德国城市在夜晚依然无法得到安宁。第100特殊大队和其他轻型轰炸机中队的蚊式机无时无刻不在夜空中闪现其鬼魅一样的身影。真正能对蚊式机构成威胁的也只有He 219。

3./NJG 1的无线电通信员哈比希特这样回忆这2种战机之间的较量："我的飞行员是中队长纳布里希中尉，所驾驶的是1架经过改装的He 219。为了提高速度，我们撤下了机舱装甲板和4门机炮，希望可以更好地追捕蚊式机。从1944年春天开始，我们就执行了多次不同于以往任务的猎杀行动，为此我常常处于极不舒服的境况：纳布里希中尉经常飞到自己高炮火力的范围，进行长时间的转弯追逐，而一般双方都不会轻易开火，更头痛的是我经常不得不忍受航空病症状带来的不适。6月10日22时，我们飞行在艾瑟尔湖上空约9800米高度，静静等待猎物的出现。突然我们接到通告，一个英军轻型轰炸机编队在

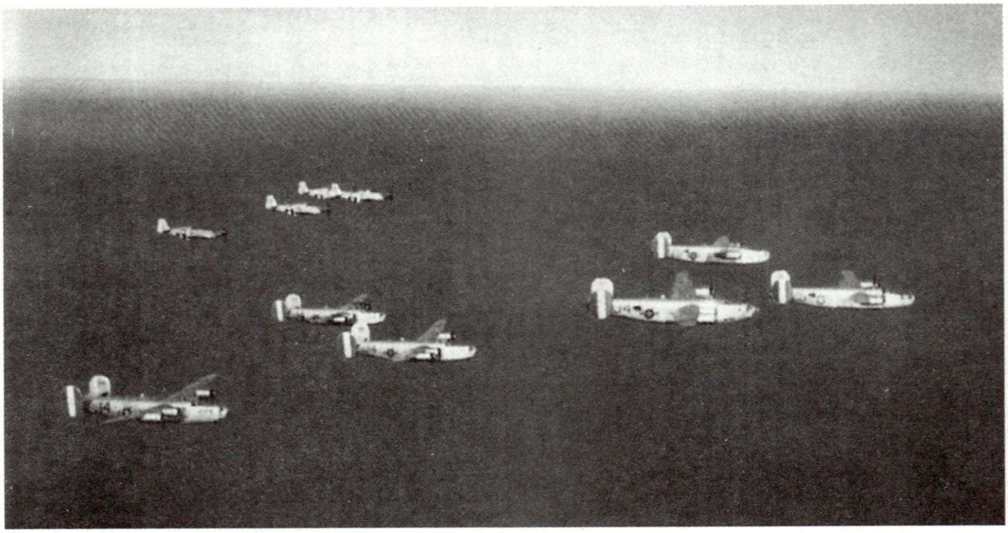

■ 美军第8航空队的B-24机群在P-51战斗机群的护卫下执行空袭任务。

靠近。我们立即向它们靠拢，几分钟后我就在明石SN-2型机载雷达上清晰地发现了距离约为6公里的一个目标。这个目标的速度极其快，我们利用高度的优势才在奥斯纳布吕克上空逮到它，之后在它后下方约30米的距离，确认这是1架蚊式机。我们如同逮鸽子一样蹑手蹑脚地靠近、瞄准，纳布里希中尉终于开火了，击中了它的左翼以及发动机。这架蚊式机已开始剧烈燃烧，一会儿火势变小，如同萤火虫在空中盘旋，慢慢失去高度。我们立刻开始俯冲进行第2次攻击，这次纳布里希中尉没有放过它，将它凌空击爆！而我们此时的高度也只有不到4000米。返回基地后获知我们的战果得到了地面部队的确认。第2天，人们只找到了这架蚊式机的大量碎片，爆炸使其彻底解体。那2名英国飞行员则幸运地跳伞逃生但被俘虏。他们还认为自己是被地面高炮打下来的，因为蚊式机在这种高度还从来没有被德军夜间战斗机击落过。

不到24小时后，在11日夜23时，我们再次出击猎杀蚊式机，方向是柏林。这次，我们同样花了很长时间才升到9700米高空接近蚊式机。我随后引导纳布里希中尉飞行，直到他目视捕捉到目标，但是这次我们无法很好地瞄准，因为这架蚊式机在做剧烈的机动飞行。最后，纳布里希中尉终于抓住机会2次点射准确命中它， 不过我们等了好一会儿才看到这架蚊式机在云层下方爆炸的火光，这才确认击落了它。当我们向基地报告这个击落情况的时候，我们的右侧发动机开始‘罢工’了，原因就是长时间的满负荷运行导致其过于疲劳而发生了故障。我们现在必须尽快降低高度寻找可以降落的机场。幸运的是我们最终得以安全迫降在培勒贝格机场。更令我们惊讶的是，机场上竟然有很多军官和

■ 皇家空军第462轰炸机中队的哈利法克斯B.MK Ⅲ型正在飞往轰炸鲁尔区石油设施的途中。

手持鲜花的少女在迎接我们，原来他们已经得知我们这个来之不易的战果。”

在诺曼底登陆之后的6个夜晚，哈里斯出动了3279架次轰炸机对法国海岸周围的桥梁进行轰炸，以支援盟军的登陆作战。为此，他损失了79架轰炸机。这次相比以前较小的损失也大大鼓舞了英军的士气，因为他们看到了胜利的曙光。而现在战局的发展也使得盟军的轰炸机部队需要开始扮演新的角色，哈里斯对此则继续坚持他的意见，即真正的战略空袭就是继续持之以恒的轰炸德国的工业城市目标。

盟军初步在欧洲大陆立稳脚跟之后，对于空军战术支援的需求相对不像之前那么紧迫了，于是盟军空袭目标的重点得以继续对准德国。此时，德国的石油工业被提到了目标清单的优先位置。美军轰炸机群对在白天对德国的威胁越来越大，它们除了自身强大的自卫火力，还拥有了远程护航战斗机的保护，德国昼间战斗机部队为了拦截它们所付出的代价日益高昂。加兰德在其回忆录中有这样的描述：“在1944年1月－4月间，仅仅昼间战斗机部队就损失了超过1000名飞行员，其中包括许多优秀的中队、大队甚至联队指挥官。这是无法弥补的巨大损失……”

皇家空军则可以利用“欧波”系统和Gee系统的帮助在夜间对德国较近的石油目标进行空袭，这对于已经经历了德国纵深目标考验的轰炸机司令部而言相对要轻松不少。随着盟军地面部队的推进，它们的目标将再次向着德国纵深挺进。之前，盟军战略轰炸的优先目标是德国的轴承和飞机生产基地，后来成为美军欧洲战略轰炸部队最高指挥官的斯巴兹中将则一直认为石油目标是最好的目标。原因很简单，石油是维持战争机器运转的原动力。斯巴兹和哈里斯的性格很相似，都很坚持自己的意见。于是从5月开始，美军就对德国的石油目标开始了大规模空袭，而随后很快就可以看到这些行动产生的巨大效果。

美军驻扎意大利的第15航空队从1944年4月开始轰炸罗马尼亚的普罗耶施蒂大油田。5月，美军开始从英国出发对德国境内的石油目标进行空袭，如在莱比锡附近的劳纳。盟军通过各种渠道搜集的情报证明这些空袭取得了很好的效果，一直双线作战的德国对于石油的需求是巨大而紧迫的，现在它们更加面临油料紧张的威胁。英军泰德上将也确信通过攻击德国的石油目标将有效影响德国的战争机器的运行，于是他开始用他的影响力对哈里斯施加压力，让轰炸机司令部加大对石油目标空袭的支援。6月12日－13日夜间，第1、第3、第8轰炸机大队的303架兰开斯特和蚊式机对格莱森克尔辛的燃料生产基地进行了猛烈空袭，同时，另外的671架轰炸机则继续轰炸法国的后勤运输线。皇家空军在法国损失了23架轰炸机，战损率3.4%，而对德国格莱森克尔辛的空袭则损失了17架轰炸机，战损率达到了6.1%。这2次空袭的轰炸引导和主力机群的投弹精度都完成得很好，自然战果也很明显，德国的报告显示这个生产基地的生产在空袭后陷入停顿状态，并且严重影响了之后几个星期的产量。此后，在6月间，轰炸机司令部继续对德国的石油目标进行了2次空袭。

6月16日－17日夜间，轰炸机司令部出动第1、第4、第6、第8轰炸机大队的321架轰炸机对德国鲁尔区施泰尔科拉德的燃料生产基地进行了轰炸，为此付出了31架轰炸机的重大代价，战损率接近10%，其中有20架被德军夜间战斗机击落，10架毁于地面高炮。而同时对法国的V-1导弹基地的空袭则没有损失。很明显，对于英军那些机组成员而言，此时，晚上去德国还是去法国就成了生和死的不同选择。第77轰炸机中队的25架轰炸机参加了对施泰尔科拉德的空袭，皮尔斯回忆道：“我们在晚上11时起飞，飞机内挂载了

■ 1944年7月3日，第77轰炸机中队的皮尔斯机组成员合影，背后就是他们的哈利法克斯III MZ697。

15225公斤的重型炸弹。在荷兰我们穿越了一个巨大的云层，飞临目标后我们上升到4800米高度。此时，我们很难确认目标，因为那些在云层下的指示弹看上去已经很模糊了。随后，引导机再次投放了在较高高度爆炸的绿色指示弹，借助这些指示，我们于1时26分在6000米高度投下了炸弹。我们周围那些高炮炮弹不停地爆炸，但是很幸运我们什么事也没有。在我们安全返回基地后才得知这次我们的损失很大，31架轰炸机没有回来，300多名机组成员也下落不明。第4轰炸机大队的情况最糟糕，它们损失了93架轰炸机中的12架，这意味着12%的战损率！随后在我们自己的总结会上我得知，我们第77中队出动的25架轰炸机中有7架没有回来。”

第77轰炸机中队的25架轰炸机中有2架在起飞后不久就由于机械故障提前返航，7架在目标上空被击落，1架在返航时由于重伤迫降海上坠毁，最终返航的是15架轰炸机，其中有3架迫降到了其他机场，最后总结中有3架机组报告了和德军夜间战斗机的作战，2架机组报告目视看到了德军夜间战斗机。德军马丁·德雷威斯上尉在0时35分从吕瓦登起飞后击落了2架轰炸机，其中有1架很可能就是第77中队这架返航时坠毁的轰炸机，这架轰炸机的机组成员在迫降后全部得救。他们报告其重伤了德军1架Ju 88，而德雷威斯上尉的这架Ju 88也在返航时坠毁，没有幸存者，因此，德雷威斯最后的个人战绩定格在了52架。德军夜间部队的无线电通信员海登里希现在和一名新的飞行员艾利希·荣少尉一起飞行，他的搭档科布利希已经在4月美军对他们机场的空袭中丧生，他们这对搭档一起获得的战果为12架。海登里希现在这架Ju 88的第3个成员是机械师汉斯·莱纳格尔军士长，他所在的Ⅱ./NJG 2现在部署在距离巴黎以东约50公里的库洛米耶机场，参加诺曼底地区的作战。这个夜晚，他们的任务是起飞后飞向海岸线，在迪耶普空域巡航，猎杀随机发现的目标。

荣少尉回忆道：“这是我们第19次一起执行任务，我们这段时间一直在巴黎南部空域执行巡航任务。我们很清楚，除了部分还在我们手里的区域会给我们提供一些灯光指

■ 艾利希·荣中尉（中间）和他的机组成员：无线电通信员瓦尔特·海登里希军士（左）；机械师汉斯·莱纳格尔军士长（右）。这个机组于1945年3月16日在纽伦堡上空30分钟内击落8架兰开斯特。该照片摄于1944年4月28日，他们正在卡塞尔火车站，准备坐火车返回基地，就在前一晚，他们在弗里德李希港上空击落1架兰开斯特后在返航降落时发生事故，战机被烧毁，不过他们都没有受伤。

引之外，其他空域都无法得到灯光指示的帮助。当晚2时到2时30分之间，我们在迪耶普空域转向南－南－东航线，高度为5000米左右，准备返航。此时，我们的明石SN-2型机载雷达搜索到了一些正在靠近的目标。约30分钟后，海登里希引导我继续靠近目标。现在目标和我们相向飞行，随后，我进行了急转，径直飞到那架4发轰炸机的下方。这架轰炸机向着英国飞行，奇怪的是它的各个炮塔的机枪都垂着，看上去没有人在操纵。我当时认为可能这些成员都认为自己已经安全了。我没有放过这个机会，用‘斜乐’机炮精准地命中了这架轰炸机。莱纳格尔很快调整并做好了再一次攻击的准备，但是我没有立即开火，因为在开火前必须观察好目标动向，以便确定射击部位，并且考虑好脱离方向。莱纳格尔到现在已经参加了多于300次的夜间任务，参加击落了53架敌机；海登里希也已经参加了超过70次夜间任务，参加击落了22架敌机。而我到现在只执行了38次夜间任务，击落了3架敌机。因此和他们这些老手相比，我还属于初出茅庐的菜鸟。现在，我们继续观察这架轰炸机，我们和它的距离很近，我们也不能肯定它能否就这样飞回英国。我们之间开始了讨论这架轰炸机还有多少人活着？是否只有一个人在飞？都是英国人吗？他们结婚了吗？几个小孩？可能他们的家人就在基地等待他们归来。汉斯说道，他4岁的女儿也在等他回去。于是我们一个急转脱离了这架重伤的轰炸机，向着基地方向返航。汉斯关上了武器系统，我们都陷入了沉思，到着陆前谁都没有说话。”英国方面的记载表明当晚没有轰炸机飞越这条航线，这架轰炸机很可能是属于第5轰炸机大队的1架兰开斯特，它在完成对法国的一个燃料目标的空袭后受伤返航。

在对施泰尔科拉德空袭的这个夜晚，皇家空军第100特殊大队第199中队第1次装备“刺屏”干扰装置执行干扰任务。组成这种“保护屏”的飞机在海上盘旋来掩护自己的机群，它们不停地发射覆盖较大一段频率的干扰信号，使德军无法利用雷达准确判断英军机群的位置和航线。这种干扰方法很快就将被皇家空军频繁使用。

6月13日，德军准备很久的V-1导弹攻击终于开始了，第1次发射的10枚导弹中有4枚命中伦敦，造成6名平民死亡。随后，在16日，德军继续发射了74枚导弹攻击伦敦。于是轰炸机司令部受到越来越大的压力，要求它们摧毁德军这些发射基地。不过，对于那些机组成员而言，执行这个任务就像散步一样轻松，因为它们为此受到的损失微不足道。例如，在6月16日－17日夜间，400架参加对法国V-1导弹基地空袭的轰炸机全部安全返航。而在德国上空还无法享受这样的轻松，6月21日－22日，轰炸机司令部的目标回到德国——在科隆南部的威瑟林和鲁尔区的绍尔汶－布尔的燃料生产基地。其中，对布尔这个目标使用欧波系统导航，对威瑟林则使用H2S型地形雷达。尽管如此，由于云层等影响，使得轰炸引导依然没有很好地完成，总共出动的256架轰炸机中很多都没有命中目标。德军夜间战斗机则继续大量猎杀英军机群，轰炸机司令部总计有45架轰炸机没有返航，其中，第5轰炸机大队的3个兰开斯特中队：第44、第49和第619轰炸机中队都各自损失了6架轰炸机。这次，超过12%的战损率是轰炸机司令部在二战期间最高的战损率之一，德军NJG 1的2个大队：第1大队和第2大队总计击落了20架，其中有5架属于莫德罗上尉。到了大约1个月后，这2个燃料生产基地再次成为英军的空袭目标。不过，这次空袭的效果很好，损失也很小，364架轰炸机中只有5架没有返航。

在6月22日以后的1个月内，轰炸机司令部的主要目标继续停留在法国，其中的首要目标就是V-1导弹基地和铁路交通线。因此，德军夜间战斗机部队也很难有机会大量捕获英军轰炸机，但是也有例外。例如，在7月7日－8日夜晚，轰炸机司令部出动208架兰开斯特和13架蚊式机轰炸在圣勒代塞朗的V-1导弹基地。这次，它们被Ⅰ./JG 301的单发战斗机截获并且被击落20架，最后总计29架兰开斯特和2架蚊式机没有返航——14%的战损率又一次创下高峰纪录！其中，第106轰炸机中队损失了16架兰开斯特中的5架，而第630轰炸机中队更是损失了它们的指挥官，那就是已经拥有69次出击记录的迪亚斯中校。

艾利希·荣少尉、海登里希和莱纳格尔这个机组在这个夜晚驾驶他们的编号为4R+AP的Ju 88 R-2参加了在圣勒代塞朗上空的作战，并且击落了2架轰炸机。他们从库洛米耶机场起飞，在返航时，准备降落到距离巴黎东南40公里的维拉罗什机场，但是当他们在机场上空盘旋时，机场告诉他们需要等待20分钟。然后，他们在150米高度转向东北方向，并且以蛇形路线机动飞行，这是为了防备英军远程夜间战斗机的标准飞行动作。他们很快就到达了机场上空，海登里希通过无线电和机场联络请求降落。一切似乎都井然有序，然而，危险就隐藏在夜空中。荣少尉自

■ 德军一个遭到盟军猛烈空袭后的V-1导弹基地。

己回忆道："我们取消了在维拉罗什的降落后，维拉罗什机场立刻通知库洛米耶，我们将降落到那里。很可能就在这时，后面1架英军的远程夜间战斗机就已经盯上了我们，而我们还浑然不知。当我们看到了机场后，我就驾驶飞机准备着陆，就在我们调整飞行姿态的时候，这架英军战斗机就抓住了我们这短暂的直线飞行的破绽，它们攻击时机的选择和攻击的准确度都太棒了！我们的左翼在发动机和驾驶舱之间的部分被击中，很快燃起了大火。我感觉我们如同一个被打开的沙丁鱼罐头一样向后翻滚坠落。莱纳格尔的反应最快，他立刻用脚揣掉了舱底入口处的舱门，然后拽着海登里希离开座位，让他先从这个舱底出口掉下去；随后就开始拽我离开座位，他用力抓着我的胸口和身体侧面把我拽到舱底出口，最后我们几乎一起掉下了飞机。在我坠落并且打开降落伞的时候，我看到了这架蚊式机又对我的飞机进行了第2次攻击。我们3个人最后降落的位置和我们战机残骸的距离分别是：海登里希200米；莱纳格尔100米；我500米。莱纳格尔的表现之所以如此镇定，是因为这已经是他第7次紧急跳伞的经历了。"

此时，"大鼻子"穆勒指挥的试验性质的大队（即第10夜间战斗机大队）属下的第1中队的弗利兹·克劳斯中尉在7月7日－8日夜间成功击落了1架蚊式机。克劳斯中尉驾驶的是1架Fw 190 A-5，这架战机试验性地安装了FuG217型雷达。他于0时40分从柏林东北部的一个基地起飞，当时地面指挥部指示1架蚊式机正在飞向柏林，随后，克劳斯上升到8500米高度。1时48分，他通过地面探照灯的光线发现1架双发敌机几乎就在他下方不远，于是他立刻机动咬住这架蚊式机，在距离约200米处开火，命中其右侧发动机。地面高炮也在

■ 第10夜间战斗机大队第1中队的弗里兹·克劳斯中尉的FW190A-5夜间战斗机"白色11"装备了FuG217 J2"Neptun"机载雷达，最初作为重型战机的机尾告警装置研制发展，J2型则改进为安装在单座战斗机上的机载雷达，克劳斯中尉在1944年7月7日－8日夜间驾驶这架"白色11"成功击落了1架蚊式机。

持续射击，克劳斯在发射了信号指示弹后继续进行第2次攻击，他还进行了2次攻击，直到约2000米高度目视失去目标为止。克劳斯在返回基地后发现他的Fw 190上甚至已经沾上了那架蚊式机的燃料，地面也很快证实了他的这个战果，这架蚊式机的一名成员桑德斯上尉幸存。

这段时间，德国对英国的V-1导弹攻击一直继续着，它们在6月份总计发射了约2000枚导弹，造成英国方面约2000名平民丧生。从7月开始，发射密度达到了120枚/天。而此时，法国空域白天的制空权已经基本被盟军掌握，德军昼间战斗机部队很难再对盟军轰炸机群构成实质性的威胁，盟军轰炸机的战损率也大为下降。轰炸机司令部现在几乎可以不受干扰地执行在法国上空的任务，例如，支援地面部队、攻击战术目标、轰炸V-1导弹基地等。但是当哈里斯考虑继续对德国境内目标进行大规模空袭计划的时候，他依然必须重视德国的夜间战斗机部队。虽然这支部队的战斗力现在一直在下滑，但是在夜空中依然是皇家空军的头号大敌。

7月18日－19日夜间，第1、第3、第5、第8轰炸机大队的253架兰开斯特和10架蚊式机轰炸欧奈和雷维尼的铁路设施，而这个夜晚让轰炸机司令部再次感受到了夜空的残酷。第5轰炸机大队的主力编队被德军夜间战斗机捕获，24架兰开斯特被击落。第619轰炸机中队出动了13架兰开斯特，只有8架返回。德军方面当晚的最高战果是Ⅲ./NJG 3的赫尔伯特·阿特纳尔军士，他击落了5架兰开斯特。

盟军对德国石油目标的空袭也在持续进行，轰炸机司令部对德国鲁尔区及其附近在“欧波”系统有效工作范围内的石油设施目标进行了多次空袭，但是德国境内目标依然是困难而危险的。7月20日－21日夜间，轰炸机司令部第1、第3、第8轰炸机大队攻击洪堡石油设施的158架轰炸机中的20架兰开斯特没有返航，其中有2架被格莱纳上尉击落，这是他个人的第35和第36个战绩。此时，虽然皇家空军的优先目标是V-1导弹基地、石油目标和对盟军地面部队的支援，但是哈里斯依然在7月底对德国境内的城市进行了4次大规模空袭：第1次是在7月23日－24日夜间，629架轰炸机组成的机群的目标是基尔，这次空袭中皇家空军电子干扰、干扰欺骗性空袭等各方面都配合得非常完美，令德军无所适从。最终它们只损失了4架兰开斯特，而基尔这个重要的港口和潜艇基地则遭到了惨重打击。轰炸机司令部夜间空袭的总体战损率从最近几个月开始逐步下降，同时，它们的轰炸机生产数终于大大地超过了损失数，更为重要的是皇家空军对人员补充训练问题的极大重视也开始获得巨大收获，人员补充源源不断。这些条件使得轰炸机司令部已经可以有能力腾出手来对付那些并不在优先位置的目标了。

哈里斯随后的3次空袭的目标都是斯图加特这个工业中心：7月24日－25日夜晚，出动614架轰炸机；25日－26日夜晚，出动550

架；28日－29日夜晚，出动496架。为此，它们总共损失了72架哈利法克斯和兰开斯特，平均战损率达4.3%。其中，28日－29日夜晚的损失最大，达到了39架。

我们之前提到过的德军引导军官科尼克麦尔上尉现在已经成为NJG 1的作战军官，他这样回忆7月28日－29日的这个夜晚：“在斯图加特之前受到的空袭中，我们的表现很差，为此，帝国航空队参谋长威特曼上校专门给我打了电话，建议我如此部署联队：第1大队在文洛；第2大队在艾恩德霍芬；第3大队在吕瓦登；第4大队在比利时的圣托德；联队指挥部依然在迪伦。同时，他命令我准备继续到斯图加特上空执行任务，因为已经得到了英军继续空袭这里的预警。他再次告诫我，我们这次绝对不能再出问题，戈林对我们之前的软弱表现已经极为不满了。为此，我们已经在斯图加特西部20公里处设立了一个新的指挥部，部署最新的‘战斗机城堡’型雷达，这在当时是革命性的新一代雷达。此时，我们总共只有3台可以投入实战，其中有1台就在斯图加特，1台负责保卫柏林，还有1台则负责汉堡区域。这种雷达工作波长在厘米区域，因此在显示屏上的信号光点很小，它的探测距离达到了120公里，在当时我的眼中这是一种完美的雷达，会成为引导军官手中最先进的利器。但是当时我们还必须面临一个问题，就是操作这些雷达的技术军官的实战经验极为有限，也没有经过专门的引导军官的训练。我对于这种状况感到不可理解，为什么那里就没有专门的有经验的引导军官来帮助引导战斗机靠近敌机群呢？我在了解情况之后确信他们还没有和海岸区域的雷达系统形成紧密可信的联系，这对预警是一个严重问题。我也很难细致地描述我们当时犯的根本性错误以及对这种优秀的雷达极为不明智的使用方法。我当时最担心的就是各个中队在防卫斯图加特的作战部署问题以及对英军机群的航线的判断问题。在当晚很晚的时候，英军的机群才出现，我记得我们当时已经得到了关于它们的航线的详细信息。我想英军主机群会穿越法国，然后分为3个小的机群。当时我和联队的飞行员的配合已经非常熟练，我成功地引导他们捕获了英军机群，取得了很多击落记录。我记得英军也对这次打击极为震惊，在随后的2个星期内没有进行大规模空袭。而我随后在和施密特将军谈了对于如何有效发挥‘战斗机城堡’雷达作用的看法后被派往该雷达部署区域协助那些雷达军官熟悉夜间作战的一些经验，尤其是如何引导战斗机的问题。”

轰炸机司令部在这个夜晚的确付出了惨重代价，除了在斯图加特损失的39架轰炸机，对汉堡空袭的307架轰炸机也被击落了22架。皇家空军为265名死亡的德国平民付出的代价是154名机组成员，战损率达到了7.2%。哈利法克斯的损失依然最为惨重，它没有参加对斯图加特的空袭，但是187架对汉堡空袭的哈利法克斯损失了18架，战损率约10%。损失最重的中队是隶属于第6（加拿大）轰炸机

■ 1944年7月—8月间，希特勒在“狼穴”的授勋仪式，两位昼间和夜间战斗机第一王牌一起获得宝剑橡叶骑士十字勋章，左起第1个就是昼间第一王牌哈特曼，第2个就是夜间第一王牌施瑙弗。

大队的第431中队，它们的17架轰炸机中有5架没有回来。科尼克麦尔上尉的回忆基本是正确的，这个夜晚之后，皇家空军的确在一个多星期内没有再对德国进行大规模空袭，但是原因并不是他所认为的损失造成的，此时，对于哈里斯而言人员装备都是极为充足的，损失已经不是重要原因，真正的原因是法国目标依然是轰炸机司令部的重点，在7月最后一个星期，盟军在诺曼底站稳脚跟后开始向法国内陆挺进，他们极需轰炸机部队的支援，因此，这段时期对地面部队的支援一直是轰炸机司令部的首要任务。例如，在7月30日，轰炸机司令部在白天投入了662架轰炸机和30架蚊式机支援美军地面部队的进攻；8月1日，777架轰炸机轰炸V-1导弹基地，2天后轰炸机司令部再次出动1114架轰炸机对V-1导弹基地进行空袭；8月7日－8日夜间，1019架兰开斯特、哈利法克斯和蚊式机精确地轰炸了德军的一个部队集结地，表明皇家空军在正常的条件下依靠“欧波”系统和训练有素的机组已经可以精确地完成轰炸任务。

随着德军在法国防线的崩溃，哈里斯的注意力回到了德国本土。8月15日白天，他出动了1004架轰炸机轰炸德军在荷兰和比利时的夜间战斗机基地，付出的代价很小，只损失了3架兰开斯特。而德国此时已经四面楚歌了，在德国本土，无论白天还是晚上，德国空军都已经无法获得制空权，它们不得不面对在残酷的空战中慢慢被消耗殆尽的现实，而德国人民也切切实实地感受到了失败距离他们已经越来越近。

第七章　最后焦点：重返德国纵深1944年8月中旬–12月

绝望的消耗

皇家空军最近一段时间全力支援盟军诺曼底登陆作战，而且1944年上半年的一系列空袭行动也证明现在重型轰炸机群已经具备对点目标的精确轰炸能力，并且随着盟军空中力量的优势越来越大，皇家空军也开始在白天执行空袭任务。此时，德国石油工业目标依然是盟军最重要的目标，但是哈里斯从来也没有忘记过对德国本土城市的空袭。美国的斯巴兹将军和哈里斯的看法不同，他并不认为轰炸德国城市可以削弱德国的抵抗意志，他利用越来越多的“空闲”力量全力打击德军的战斗机部队，方法则是地面空中一起施压：在全力摧毁德国军事工业的同时也利用自己强大的重型轰炸机群和护航机群在空中打击日益羸弱的德国空军。

到8月中旬，随着盟军在法国战场的节节胜利，轰炸机司令部的主力也可以重新回到对德国本土的空袭中。8月16日－17日夜间，哈里斯动用他强大的空袭力量继续对德国展开猛烈攻击，这个晚上他总共出动了约1200架轰炸机，其中，461架兰开斯特的目标是施代庭；195架兰开斯特和144架哈利法克

■ 1944年5月31日，美军第15航空队的B-24J型轰炸机机群正在轰炸罗马尼亚的石油设施，地面猛烈的高炮火力清晰可见。

■ 残酷空战中的1架正解体坠落的B-24轰炸机。

斯的目标是基尔。此时，对于轰炸机司令部而言，一个晚上出动千架轰炸机已经属于正常情况，而且机群的组成也已经大大不同于1942年“千机大轰炸”的那个时候了，现在由蚊式机、兰开斯特和哈利法克斯III型组成的机群无论在空袭强度和精度上都已经有了质的提高，而遭受的损失也大大降低了。这个晚上，它们在这2个城市只损失了10架轰炸机。

德军夜间战斗机部队虽然曾经在1944年3月还获得了相当的成功，但是其力量已经不可避免地在持续滑坡。对它们而言，即便之前在战术上曾获得过一定的成功，但是在战略上，它们最终也无法阻止皇家空军的进攻，完成保卫德国夜空的任务。施密特将军的这支夜间战斗机部队战斗力日益减弱的原因有很多，首先，原来它们赖以成功的主要战术就是依靠地面引导军官卓有成效地指引来发现并攻击英军机群，但是现在这个杀手锏已经由于盟军空中力量尤其是皇家空军电子作战力量的提升以及自己控制区域的缩小而大大受到限制；其次，德军油料的短缺已经严重影响了空军的正常运作，不仅仅实战部署受到限制，而且连正常的训练飞行也已经无法得到保证；而那些经验丰富的夜间王牌和老手的损失也无法得到弥补，越来越多升空作战的都是那些缺少训练和实战经验的“菜鸟”，而对手的战斗力则越来越强大，因此它们需要付出的代价是高昂的。此外，随着轰炸机司令部力量的日益强大，哈里斯能派出去执行干扰性空袭的轰炸机也越来越多，这对于德军的引导和指挥都产生了巨大的影响。7月期间，德军1架装备了明石SN-2型机载雷达的Ju 88迫降到英国的事件更是雪上加霜，因为英国很快就可以由缴获的明石SN-2型机载雷达进行研究从而采取有针对性的干扰。面对皇家空军近乎全方位的攻击，德军夜间部队只能勉强支撑。

德军夜间部队此时的主要战术依然是“野猪战术”和“驯猪战术”，以前的“天床战术”只在特定的某些空域还在使用。而主要的作战武器除了明石SN-2型机载雷达，还增加了一些其他电子装备，例如，FuG217型“Neptun”机尾告警雷达、可以捕捉英军轰炸机“莫妮卡”预警装置信号的“弗莱森堡”FuG227型探测装置以及其他一些敌我分辨装置“Erstling”和“Neuling”，但是在英军第100特殊大队的频繁干扰下，德军夜间飞行员的作战环境依然越来越严峻。

德军无线电通信员此时必须使用更多不同的频率来进行通信联系和引导。首先地面指挥通信频率就有联队级别和大队级别这2种，此外，他还必须接受地面雷达站的通报，再加上其他的一些不同的指挥引导频率，这些使得无线电通信员的压力非常大。此外，夜间飞行员还可以利用其他的一些方法来帮助作战，例如，利用城市电台来进行空中定位以及获得一些敌情通报。此外，德军还多了一种新的引导办法——“安娜-玛丽”士兵电台，这个电台播放不同音乐作为遭到空袭空域的提示，让那些无法找到不受干扰的频道的夜间飞行员多一种选择：舞曲表示柏林空域；海军歌曲表示汉堡；华尔兹表示维也纳，等等。还有一些联队则采用“头狼”战术，由经验丰富的老飞行员负责寻找英军机群，其他年轻飞行员则在他引导

■ 安装了“Neptun”FuG217型机尾告警雷达的Fw 190A-5型战斗机，属于第10夜间战斗机大队第1中队。

下寻找目标。

但是面对英军范围越来越广，强度越来越大的电子干扰，德军飞行员们还是经常不得不依靠眼睛了。地面高炮部队发射指示弹标示不同城市的做法依然继续保留，探照灯部队则继续在地面作出各种不同的指引标示，这样至少能帮助夜间飞行员找到着陆的机场。德军主要由Ju 88组成的负责空投照明弹指示英军机群位置和航线的引导机也继续努力工作。英军第100特殊大队在经过长时间的实战和训练，此时表现出了强大的电子干扰作战能力，德军的电子作战环境越来越恶劣，尤其对于那些新手而言夜空变得愈发混乱。皇家空军损失的减小也意味着有经验的机组越来越多，而德军的情况正好相反。NJG 1的汉斯·昂格斯巴赫的经历可以为我们提供一个当时德军的缩影：他1943年初志愿加入空军，同年9月作为机械师编入JG 30，飞Ju 88；1944年3月14日，他第1次参加对英国伦敦的空袭；同年6月，他这个机组继续参加了4次对英国的空袭；随后，Ⅲ./JG 30解散，他的机组编入夜间战斗机部队；经过很短时间的训练后，他这个机组在8月28日正式加入Ⅰ./NJG 1，还是飞Ju 88。2天后，当皇家空军对施代庭空袭的时候，这个“菜鸟”机组就不得不参加实战了。当它们飞到3000米高度的时候，1台发动机熄火，于是它们这个机组：飞行员卡尔格尔、无线电通信员鲁兹和他自己都不得不跳伞，降落后，3人都受了不同程度的伤，必须去医护队接受治疗。这就是德军“菜鸟”机组初次实战的一个实例。

但是在8月29日－30日夜间，皇家空军还是遭受了一次重大损失：损失了对施代庭空袭的402架兰开斯特的5.7%；对科尼希斯堡空袭的189架兰开斯特的7.9%，大部分还是被德军夜间战斗机击落的。这表明，皇家空军对德国纵深目标的空袭并非从此就彻底一帆风顺了。9月开始后，皇家空军的昼间空袭也越来越多，例如，在9月5日－10日，轰炸机司令部出动大量重型轰炸机对法国勒阿弗尔连续进行了6次昼间轰炸。在荷兰的6个德军夜间战斗机基地则在9月3日遭到了英军由663架兰开斯特和哈利法克斯以及8架蚊式机组成的机群的轰炸。这天天气很好，空袭进行得相当成功，只有1架哈利法克斯没有返航。而这只是皇家空军对德国空军机场越来越多的空袭中的一次。德军文洛基地遭到了严重破

■ 德国空军也在抗击英军空袭的战斗中付出了不小代价，这是1架受伤迫降的Ju 88C-4。

坏，不得不停止工作2天来进行修整，而那些德军飞行员和士兵也越来越强烈地感受到了失败即将降临，士气自然不可避免地受到严重影响。

Ⅰ./NJG 1一名年轻的无线电通信员在自己的日记中这样写道："1944年8月31日：我已经不会再去多想什么胜利了，我只是开始觉得，德国抵抗得越久，我们这些士兵的生存希望就越小，我现在能做的似乎只有等待，等待我们被击败…… 1944年9月1日：昨晚让我很恼火，因为我们没有取得战绩，而当时英军机群空袭科隆的航线已经确定，月光很明朗，地面探照灯也找到了目标，原本是个取得战果的好机会，但是我们什么也没有得到。凌晨，基地再次响起警报，敌军的3架战斗轰炸机进行了一次突袭，机场上到处可以看到火光。

1944年9月2日：我们这里来了很多新的战友，大部分都来自于那些解散的轰炸机部队。但是光有人又有什么用？又没有更多的战斗机和油料。穆德洛上尉昨天刚刚从师长那里获得了骑士勋章，施奈德得到了金十字勋章并且晋升为军士，在几个月前他还是和我一样的新兵，而现在他已经是戴着金十字勋章拥有30架战绩的军士了。

1944年9月4日：昨天是星期天，汤米们似乎不放假，他们又来了。最早是战斗轰炸机，一个小时后来了70架4发轰炸机！它们从3000米高度一个接一个地飞下来投放炸弹！我们可以清楚地看到'鸡蛋'是怎样从'篮子'里面一个一个掉出来的。我看到1架轰炸机被高炮打下来，最后我们的高炮总共打下来3架。但是空中没有战斗机，那些汤米没有护航战斗机！这样的话，我们的He 219应该有机会的啊！它们投下了那么多炸弹，机场跑道到晚上也还是坏的！现在基地到处都在准备打包收拾，芬兰也离开我们了，我们还能坚持多久？

1944年9月10日：我们要返回德国了，文洛基地也完成了它的使命被关闭了，从5号、6号开始我们就在准备收拾离开，现在最后一架飞机也升空离开了。路上一片狼藉，而我们一路上都胆战心惊，天知道下个路口会不会有汤米的坦克在等着我们。我听说有个刚刚度假回来的军士长不顾已经受损的跑道，还是执意驾驶他那架原本应该炸毁的Ju 88成功起飞了。我们从早上到下午一直在赶路，目的地是明斯特机场。然而，我们到达之后看到的情景令我们大为吃惊：这里也是到处一片狼藉，破损的建筑，遍地的碎石碎渣，毁坏的跑道……难道这是明斯特－航道弗机场吗？……"

皇家空军对德国各个机场的空袭越来越频繁，现在连这个NJG 1用于后撤部署的机场也已经伤痕累累。德国空军昼间战斗机部队现在几乎无力抵抗盟军日益强烈的空袭，而哈里斯仍然没有减弱夜间空袭的强度，而且目标城市的选择范围也越来越大。

9月11日－12日夜间，他派出第5轰炸机大队的226架兰开斯特和14架蚊式机对德国相

■ 德国空军的末日。

对较小的城市达姆施达特进行了空袭。这个城市直到这天之前相对还是比较平静和安全的。我们前面介绍过，这个大队的指挥官寇兹雷恩采用的不是本内特的轰炸引导战术，在良好的天气条件下，寇兹雷恩的战术也体现出巨大的威力，达姆施达特遭到了巨大损失，约1.5万人丧生，总计约12万幢建筑中的7万幢被摧毁。这个城市的位置大约在德国中部，因此，德军日益羸弱的夜间战斗机这次还是有了足够的集结时间，并且取得了一定的战果，击落了12架兰开斯特。NJG 6的皮特·斯普顿这次击落了2架。随后，在9月12日－13日夜间，德军夜间战斗机部队再次击落了英军对法兰克福空袭的387架轰炸机中的17架兰开斯特和对斯图加特空袭的217架轰炸机中的4架兰开斯特。

轰炸机司令部此时的轰炸引导和精度都已经能够得到充分保证，他们使用的导航手段也越来越成熟，例如，Gee导航系统现在已经能够覆盖德国纵深地带。3天以后，轰炸机司令部出动的第1、第4、第6、第8轰炸机大队的490架轰炸机对基尔的空袭取得了极大的成功，引用当时媒体的报道：基尔再次成为一片火海。那些英军机组成员在返航途中距离基尔约200公里的时候依然可以清晰地看到那里的火光。这次，轰炸机司令部的损失只有2架兰开斯特和4架哈利法克斯，而且大部分估计是被地面高炮击落的。德军夜间战斗机部队的表现则令人失望，重要的原因就是皇家空军令人捉摸不定的干扰战术，例如，当晚有44架蚊式机对柏林和其他一些城市进行了空袭，164架轰炸机则分别飞临北海、挪威和丹麦上空进行干扰任务，第100特殊大队也继续全力加入这个干扰队伍。不过，皇家空军为这些干扰行动也付出了5架战机的代价，从战损率来看，比主力空袭还高。

现在再看英军机组的回忆和一年前的感觉已经大不相同了。以下是英军参加当晚空袭的皮特·查尔斯沃斯的描述：“在出发前的准备会上，林中校说这是对基尔的每月例行的礼节性拜访。我的轰炸机携带了900公斤级别炸弹和一些燃烧弹。为了避开冷锋干扰，同时，也给敌人一个出其不意，我们最初以650米高度飞行，直到接近目标才爬升到6500米的攻击高度。我可以清晰地看到德军的高炮火力和探照灯的光束，我们继续靠近目标，同时，不断改变航线和高度来避开德军的地面火力。突然，机枪手高喊：‘向左规

■ 橡叶骑士勋章获得者格莱纳上尉和他的无线电通信员基辛，格莱纳最后的个人战绩为50架轰炸机。

避！马上！！’

我一下子被掀离座位，地图也从我手中掉落。这是1架朝我们径直飞来的Fw 190！幸运的是我们很快避开了它。随后，我们还看到1架双发战斗机在我们面前横穿而过——很可能是Bf110，显然，它的目标不是我们。随后，一切都没有什么危险了，完成轰炸后，我们继续以650米高度返航，降落后，就意味着随后一天的假期即将开始。”

皇家空军在9月的空袭可以用这样的规律来大致描述：白天空袭法国境内剩余目标，晚上则继续对德国境内进行轰炸。9月17日，盟军开始空降安恒的作战行动，轰炸机司令部参加支援行动。

3个月前，晋升为上尉的德军Ⅳ./NJG 1大队长格莱纳在当晚从多特蒙德起飞，这是他这个大队从原来的荷兰境内基地后撤以后的新基地。格莱纳上尉现在的个人战绩已经达到了37架，但是这次起飞后不久他就在没有任何警觉的情况下被1架蚊式机击中，发动机开始燃烧。尽管如此，他还是成功地控制住了飞机，但这架紧随不放的蚊式机立刻开始了第2次攻击，结果又被格莱纳成功地避开了。随后，格莱纳命令他的无线电通信员基辛军士长跳伞，但是没有得到回应，格莱纳明白，基辛很可能已经受了重伤。在这种情况下，格莱纳不愿意放弃自己的战友，他决定准备迫降。他幸运地找到了杜塞尔多夫的一个机场并且成功迫降，但是遗憾的是，基辛已经因头部中弹身亡。

随后的9月19日－20日夜间，皇家空军则遭受到了一次重大的人员损失。这个夜晚第1、第5轰炸机大队的237架轰炸机轰炸的目标是门兴格拉德巴赫和雷德特这2个位于杜塞尔多夫和荷兰边境之间的姐妹城市，最后损失了4架兰开斯特和1架蚊式机，战损率依然不高，但是这架蚊式机的驾驶员却是皇家空军极其重要的轰炸机指挥官吉布森中校，他驾驶蚊式机负责这次空袭的指挥任务，返航途中坠毁在荷兰，他的领航员瓦维克少校也同机阵亡。这位战功显赫的王牌轰炸机飞行员的战斗生涯从此画上句号。似乎王牌的命运总是带有神秘色彩。这次也不例外，人们同样不清楚，吉布森的蚊式机究竟发生了什么。吉布森在整个空袭期间都在目标上空指挥，他并没有通报自己遇到了什么麻烦。他的战机是英军当晚失踪的唯一一架蚊式机，而德军方面当晚也只有一名飞行员通报自己击落了1架蚊式机：10./JG 300的威尔特中尉，“野猪联队”最著名的王牌之一，他当晚驾驶的是1架Fw 190A-8。在这之前，他已经取得过击落蚊式机的战绩，英军方面也证实那次有1架空袭不莱梅的蚊式机失踪。在随后的9月27日－28日夜间，威尔特中尉击落了第3架蚊式机，但是皇家空军当晚的记录则是对凯泽斯劳滕空袭的蚊式机全部安全返航。威尔特中尉被认为是德军第一蚊式机猎手，在他总计61个战绩中有6架蚊式机，曾经还有资料宣称他击落了25架蚊式机，和皇家空军的记录核对，这个数字明显过高了。不过，作为单座夜间战斗机飞行员，对于战绩的确认比较困难，不像那些双座或三座战斗机，还有一名无线电通信员或者机械师可以相对专心地观察现场情况，此外，如同我们之前提到过的，“野猪”飞行员的作战区域决定了他们的战绩还要面临地面高炮部队的质疑和“争夺”。更换了无线电通信员的格莱纳上尉在门兴格拉德巴赫和雷德特空袭当晚继续取得战绩，击落了英军损失的4架兰开斯特中的2架。

从1943年末组建到现在——1944年9月，第8轰炸机大队（轰炸引导）的轻型夜间空袭部队已经成长到了5个中队，它们可以在一个晚上出动60架，甚至更多的蚊式机执行各种任务。在9月，它们总计在22个晚上出动攻击德国目标，每次出动的蚊式机数量都在50架左右。本内特的主要目标还是柏林，但是他已经开始把目标扩大到了整个德国，他希望以此来干扰整个德国的夜间防空，削弱德国人的抵抗意志。而蚊式机表现出的战斗力也的确令人惊讶：在整个9月总计约1000架次任务中，只有7架蚊式机没有返航，而它们对整个德国造成的混乱和压力则是极其巨大的。在9月的最后一个晚上，63架蚊式机起飞攻击德国，其中有46架飞往汉堡，6架飞往阿沙芬贝格，6架飞往海尔布朗，5架飞往施特卡德，最后完成任务并全部安全返航。

汉堡消防警察部队上尉布隆斯维希这样描述这个晚上，也是汉堡开战以来遭到的第169次空袭：21时08分，第1架轰炸机飞临，根据其速度判断为蚊式机，警报持续了45分钟，总计遭到了约107枚炸弹和180枚燃烧弹的攻击，103人死亡，259人受伤，空袭结束后还确认了约95人死亡。此时，这样的损失按照德国的评估是“轻型轰炸”，但是我们可以和几年前作个比较，显然这些蚊式机造成的伤害丝毫不亚于当时那些庞大的重轰机群。哈里斯曾经估算，如果要想通过空袭使德国最终屈服，则至少需要4000架重型轰炸机。但是这个数字对于皇家空军而言实在是太高了，无论从原料、生产、后勤能力还是人力资源看，这样规模的轰炸机部队都只能存在于纸面。哈里斯在自己的回忆录中提到，他在指挥轰炸机司令部期间可使用的轰炸机平均数量从来没有超过1000架，而哈里斯一直也没有放弃他的目标：从空中彻底击败德国，而不需要地面部队最终对德国的进攻。当然现在到了战争的最后关头，哈里斯手中的力量已经大大超过了1000架这个数字，而德国的空中抵抗也已经奄奄一息了。皇家空军和美国陆航现在的实力已经强大到德国根本无法抵抗的程度，而盟军这2个战略轰炸部队指挥高层也已经取得了基本一致的意见：通过对德国石油工业目标、铁路交通和军工生产基地的空袭来引出并且消灭德国空军的战术对于战争进程已经没有太大的意义了，哈里斯一直坚持的理念——即通过空袭来摧毁敌人的抵抗意志而获得最终胜利，得到了盟军高层更大的支持，并且得到了正式的肯定。盟军最高指挥部发布了代号为“台风”的空袭命令，要求盟军空中力量集中全力轰炸鲁尔区，以显示盟军强大的空中力量，摧毁德国的抵抗意志。

于是在10月14日白天，轰炸机司令部出动超过1000架轰炸机轰炸杜伊斯堡，同时，美军的1250架轰炸机则空袭了科隆和其他一些城市，这些轰炸机群都得到了强大的护航战斗机群的保护，最终轰炸机司令部损失了14架，美军损失了6架轰炸机。在紧接着的晚上，轰炸机司令部继续出动1005架轰炸机再次对杜伊斯堡进行空袭，这次损失了7架轰炸机。在这24个小时内，轰炸机司令部总共出动了2589架次轰炸机，投下了超过1万吨炸弹，却只损失了24架轰炸机。

1944年10月，盟军向着最后的胜利又前进了1个月，法国和比利时都已经完全被盟军控制了，夺取荷兰也只是时间问题。东线的苏联红军也势如破竹，已经攻克了保加利亚、罗马尼亚和匈牙利的部分。德国已经陷入穷途末路，即使在本土境内也无法得到喘息的机会，因为盟军的连续空袭是没有间歇的。皇家空军牢牢地把握着德国空军昼间战斗机部队几乎崩溃的现状，在10月进行了总共6724架次的昼间空袭，只损失了50架轰炸机；在夜间也一样，在总共8072架次中只损失了58架轰炸机，而这个数字在1月份超过了300架！平均低于1%的战损率大大提升了轰炸机部队的士气。而此消彼长，德国空军夜间部队的士气不可避免地严重下滑，很多飞行员已经对战争前景失去希望了。他们获得的出战机会越来越少，战绩也越来越少，偶尔在油料允许的情况下，起飞后却面对的是庞大的英军机群和下方熊熊燃烧的城市，一切都显示着失败的降临。这个月对于德军夜间部队而言，雪上加霜的是它们再次损失了一

■ 这是兰特的葬礼，左起第1人是亚布斯，第2人是宣内特，右侧第1人是拉都士，都是联队指挥官级别的夜间王牌。

位极其重要的王牌指挥官——战绩排名第二的夜间王牌兰特上校。他于1944年10月5日驾驶他的Ju 88C-6在一次飞行事故中受重伤，于10月7日死亡，和他同机的无线电通信员库毕士、克吕斯中校以及战地记者卡克少尉也一同在坠机中死亡。

崩溃的边缘

时间很快就到了11月，轰炸机司令部以493架轰炸机对科隆的空袭作为这个月的开始。随后，在11月2日－3日夜间，轮到杜塞尔多夫来承受夜间的恐怖时光，轰炸机司令部出动的992架轰炸机中有19架没有返航。杜塞尔多夫遭到了自4月份以来的最大损失，城市建筑遭到巨大破坏，平民伤亡惨重。杜塞尔多夫的官方记录作了如下描述："在这次空袭中，皇家空军的轰炸如此坚决而猛烈，我们的防卫努力对他们而言仿佛不存在似的。" Ⅰ./NJG 1的威利·莫尔洛克军士长是当晚最成功的德军飞行员，他驾驶He 219从明斯特航道弗机场起飞，是当时飞到目标上空的大约10架夜间战斗机之一。他发现并且攻击了英军机群，击落了6架轰炸机，但是2天以后他就在空战中阵亡了。驻扎在科隆附近的Ⅱ./NJG 2在这个夜晚也获得了一些战果，期间即将晋升为该联队指挥官的大队长保尔·瑟姆劳中校是这其中最成功的飞行员，他在19时17分击落第1架轰炸机，23分钟内他就取得了当晚的4个战果！荣中尉击落了3架，此外，奥伯海德军士和库佩茨军士也各自击落了1架轰炸机，对于库佩茨军士而言，这是他的第1个个人战绩。

2天以后，德军夜间战斗机部队继续努力试图抵抗对波鸿空袭的749架轰炸机组成的机群和对明斯特北部进行干扰性空袭的176架兰开斯特和蚊式机。轰炸机司令部最后总共损失了23架哈利法克斯和8架兰开斯特，大部分是德军夜间部队的战果。Ⅱ./NJG 2继续担当了当晚的主力，瑟姆劳少校将自己的战绩扩大到了43架，荣中尉的战绩也达到了16架，奥伯海德军士和库佩茨军士分别获得了各自的第4和第2个战绩。除了这个大队，在卡塞尔的Ⅰ./NJG 2的海因兹·吕克上尉击落了4架；在多特蒙德的Ⅳ./NJG 1的汉斯·海因兹·奥根施坦上尉击落了3架，该大队的格莱纳上尉击落

■ 空袭后的明斯特北部，这张航空照片摄于1944年，显示了皇家空军不断提高的轰炸精度。

了2架；Ⅲ./NJG 1的新手诺曼军士则取得了自己的第1和第2个战绩。

Ⅰ./NJG 11装备单座战斗机，负责对付皇家空军装备“欧波”系统的轰炸引导机，主要对象就是蚊式机。这个大队的弗利兹·克劳斯中尉曾经于7月8日在柏林上空击落1架蚊式机。不过他的运气很糟糕，3天后，他就在柏林上空8100米高度被自己的高炮打了下来，不得不跳伞逃生。9月8日，他不得不再一次借助降落伞逃生，这次他驾驶的Bf 109H高空战斗机的戴姆勒－奔驰605型发动机在9000米高度意外爆炸了。

克劳斯中尉这样回忆11月4日夜晚在鲁尔区中心地带上空的作战：“这是我的第213次出击，依然驾驶Bf 109H高空型，而我更喜欢Fw 190系列战斗机。晚上驾驶Bf 109起飞和降落都太困难和危险了，甚至可以这么说，让飞行员晚上飞Bf 109简直是变相犯罪！很多飞行员已经因此丧生了，特别是那些新手。我们总是希望能驾驶一个可靠的飞机在夜空中飞行作战。驾驶单座战斗机在夜间飞行是极其危险的。飞行员经常无法确定是否在水平飞行，因此我们必须全身心注意自己的飞行仪表。在探照灯笼罩的情况下，作战也是极其困难的，机舱玻璃的反光和强光导致的暂时失明都是极其危险的。此外，当你进行转弯机动的时候，有时候很难分清楚天上的星星和地面的灯火。虽然现在我们也已经装备了机载雷达，但是对于我们单座飞行员而言，这意味着需要完成正常情况下那些双发战斗机3人机组完成的工作。这个晚上，我还是比较顺利的，起飞不久就捕捉到1架兰开斯特并且击落了它。我记得当时我还没有达到正常的作战高度，如果想要猎杀蚊式机，我必须继续爬升。我攻击那架兰开斯特的高度大约是3600米，驾驶Bf 109这样的轻型战斗机攻击兰开斯特这样的大家伙是很刺激的经历，我常常陷入它们产生的气流之中，而我们必须接近到足够近的距离，一般都采取抬高机头由下往上的攻击方式。当时，我的攻击位置很好，我进行了2次－3次射击后，看到它开始燃烧冒烟。我当时全心关注这个目标，竟然没有注意到另一架兰开斯特就在我的右侧飞行。那架兰开斯特开始向我射击，我没有机会躲开了。我被命中了多发子弹，仪表盘也被打坏，我能做的只有掀掉舱盖，

■ Ⅰ./NJG 10的弗里兹·克劳斯中尉和他的FW190A-5夜间战斗机“白色11”。

拉高机头准备跳伞。我记得我在大约3000米高度跳伞，大约在雷姆塞德东部上空，这已经是我这段时间的第3次跳伞经历了，幸运的是这次我还是只受了轻伤。”

轰炸机司令部当晚损失的哈利法克斯主要属于第4和第6（加拿大）轰炸机大队。其中第51轰炸机中队损失了20架哈利法克斯中的3架，自由法国的第346轰炸机中队损失了16架哈利法克斯中的5架。克劳斯中尉击落的可能不是兰开斯特，而是1架自由法国的哈利法克斯。我们已经提过，在夜间准确区分哈利法克斯和兰开斯特是很困难的。

1944年11月以后，轰炸机司令部的轰炸目标和战术都有了一定的改变，一般对一个城市空袭的机群不超过300架。在月初，进行了最后的一些700架－900架轰炸机对一个城市的空袭后，在30日夜间，对杜伊斯堡空袭的576架轰炸机已经成为这期间最大的空袭机群规模。白天的情况也差不多，哈里斯白天的主要目标还是德国的石油工业目标。皇家空军的另一个转变是第3和第5轰炸机大队越来越多地执行特殊空袭任务，其中，第3轰炸机大队大量装备G-H装置负责进行精确的点轰炸；第5轰炸机大队则使用H2S型地形雷达依照它们自己的低空指示战术进行空袭。轰炸机司令部在11月的损失和10月相比略有上升，但是依然是在较小的范围之内。轰炸机司令部在11月总共执行了9000架次空袭任务，损失了98架轰炸机，战损率超过1%。其中有47架是在杜塞尔多夫和鲁尔区上空损失的，蚊式机的表现继续令人惊讶：在1700架次任务中只损失了10架。德军夜间战斗机部队在11月总共击落了87架轰炸机。轰炸机司令部在白天4500架次的空袭中损失了43架轰炸机，而蚊式机所有171架次的昼间任务则没有遭到任何损失。

前面提到过的NJG 1的汉斯·昂格斯巴赫的第2次夜间任务不像他第1次任务那样倒霉，不过依然没有取得成功。他们机组新的无线电通信员也是个新手，他无法在雷达上准确地找到目标，飞行员卡尔格尔只能依靠自己的眼睛在夜空中穿越云层，找到自己的机场返航。11月4日，他们执行了第3次夜间任务，目标是空袭鲁尔区的英军机群，昂格斯巴赫回忆说看到了地面的火海，但是他们到达得太晚了，依然没有捕捉到轰炸机。11月11日，他们这个机组第4次驾驶Ju 88升空飞往多特蒙德，但是这次霉运依然伴随着他们。他们在城市上空被己方高炮击中而不得不跳伞。飞行员卡尔格尔受了重伤，必须进入医院治疗。这也是这个机组的最后一次夜间实战任务，他们在4次任务中没有取得任何战果，却不得不2次弃机跳伞。11月份，德军夜间战斗机部队总共损失了约45架战斗机。

轰炸机司令部在12月份的作战情况和之前的2个月基本相似，主要目标集中于德国的交通、石油设施和城市，此外，它也执行了大量的规模较小的支援性空袭任务，如布雷、电子干扰、蚊式机部队夜间干扰空袭和猎杀行动等。夜间空袭数量还是超过昼间约

2倍，总共出动了12500架次轰炸机和2000架次蚊式机，在白天损失了30架兰开斯特和哈利法克斯，夜间损失了104架轰炸机，战损率依然维持在1%左右这个较低的数字，而蚊式机只损失了9架。德军夜间战斗机部队击落了81架轰炸机和4架蚊式机，显然它们在继续衰弱下去。从战斗机装备来看，德军还是具备一定实力的，其战斗机生产能力甚至还有一定的增长，例如，1944年1月的战斗机产量为1550架，到了5月这个数字达到了2213架。到了1944年12月，德军还有约980架夜间战斗机可以出动，但是油料的紧缺和飞行员的训练不足却都无法有效解决，这些都是严重制约它们战斗力的瓶颈问题。而盟军白天由战斗轰炸机，夜间由蚊式机执行对机场的攻击则在继续削弱德军战斗机部队。面对英军强大的猎杀行动，同时，由于天气和人员等其他原因，德军夜间战斗机部队在这个月损失了114架夜间战斗机，此外，还有相当数量的战斗机被摧毁在地面。德军很多新手都没有能够活过这段时期，很多大队都不断出现新面孔，又不断在短时间内消失，这个恶性循环和皇家空军在1943年底的状况很相似。同时，德军的那些夜间王牌飞行员也在不断阵亡，在12月，总共有7名夜间王牌飞行员阵亡，他们的战绩之和达到了172架轰炸机，约等于皇家空军7个完整的轰炸机中队。他们是：NJG 2的海因兹·施特吕宁上尉 (56架)、NJG 1的汉斯·海因兹·奥根施坦上尉 (46架)、NJG 4的汉斯·卡尔·坎普上尉 (23架)、NJG 3的赫尔曼·劳宇博上尉 (22架)、NJG 1的海因兹·罗兰德少尉 (15架) 和沃尔夫冈·童中尉 (10架)。而反观皇家空军，现在，哈里斯在一个晚上已经可以出动1300架轰炸机，例如，在12月17日－18日夜间，他出动了1310架轰炸机对杜伊斯堡、乌尔姆和慕尼黑进行了空袭。

■ 运气不好的“菜鸟机组”：最左侧就是汉斯·昂格斯巴赫。

12月16日，德军开始进行在西线的最后的反扑——阿登反击，恶劣的天气影响了轰炸机司令部对地面部队的直接支援，因此白天主要由战斗轰炸机执行近距离地面支援任务。但是轰炸机司令部还是尽自己的力量作出了贡献，它们在12月19日空袭了科布伦兹这个德军重要的后勤补给基地，随后，

■ 1944年末，为德国几乎陷入绝境的防空形势而担忧的拉都士中校（左，时任NJG 3指挥官）和亚布斯中校（右，时任NJG 1指挥官）。

在圣诞节期间，还对阿登地区进行了一次空袭。1945年1月1日，德国空军开始了支援阿登反击的“底板”行动，德国空军为这次最后的反击投入了超过1000架的战斗机和战斗轰炸机，但是很多都是缺乏经验的新手飞行员，他们攻击了盟军在比利时、法国北部和荷兰南部的空军基地。德军夜间战斗机部队也投入了它的战斗机中队作为空袭的引导部队，基本可以确定的参战夜间部队包括NJG 1的第5、第7、第9中队；NJG 3的第4、第9、第10中队；Ⅱ./NJG 101。这次行动对于德国空军而言依然是一次失败的灾难性行动，它们虽然在空中和地面摧毁了盟军大约200架战机，但是自己却付出了约300架战机的代价，其中的大部分飞行员同机阵亡，如夜间战斗机部队各个参战部队总共损失了16名飞行员，且其中有3人被俘，其余的13人阵亡或者失踪。此外，这次行动也消耗了大量无法再补充的油料。“底板”行动标志着德军昼间和夜间战斗机部队最后的进攻作战力量消耗殆尽，而德国的本土防空作战也进入了最后的关头，一切都显示着它们最后的失败已经为期不远了。

■ “底板”行动的一个缩写，这架“长鼻子”Fw 190D-9属于10./JG 54的尼贝尔少尉，由于和飞鸟相撞而不得不迫降，他本人被俘。“底板”行动的第1天，德军就有大量战斗机因为各种意外而坠毁，这也清楚地表明了德国空军已经日暮西山。

第八章　尾　声 1945年1月-1945年5月

最后一个冬天

在战争结束前半年，皇家空军于1944年11月对其轰炸机司令部下达的命令包括两个重要的目标：全力摧毁德国的燃料生产基地(尤其是汽油生产) 和铁路交通体系，后一个目标的重点区域则是鲁尔区。由于天气或者实际情况的限制如果无法对上述两个目标进行轰炸的话，则皇家空军将继续对德国其他重要工业区域进行其他战术的空袭。哈里斯认为这个命令规定得过于详细，但他还是有办法在他的职权范围之内进行“调和”，以继续执行他自己的既定目标——摧毁德国城市，例如，对于“重要工业区域”这个概念在正式命令中并没有详细写明，因此对这个概念的理解和划分就有相当的余地，哈里斯依然可以选择自己的目标城市进行空袭。具有讽刺意义的是：美国陆航也收到了同样的命令，这意味着它们也可以实行盲视空袭，虽然它们一直主要采用目视的精确点轰炸战术。不过哈里斯还是相当认真地执行了11月的命令，主要轰炸德国的石油和铁路交通目标，很少直接空袭城市。而随着皇家空军电子技术的继续发展，盲视轰炸的精度也逐渐提高，当然它们的空袭精度得以提高的另一个重要原因就是，德国空军的抵抗越来越微弱了。

进入1945年后，德国空军力量进一步被削弱，其昼间战斗机部队在白天只能进行象征性的抵抗。1月底，德国在西线最后的希望“阿登反击”也以失败告终。德国的末日为期不远了，虽然德国宣传部长戈培尔还在继续鼓噪依靠新式超级武器赢得“最终胜利”的谬论。不过这段时间德国还是大规模投入

■　改装为夜间战斗机型的Me 262喷气式战斗机，图中这架依然是单座试验型。

■ 改装为夜间战斗机型的Me 262B-1双座喷气式战斗机。

了两种新式武器：一种是Me 262喷气式战斗机，这种战斗机的数量有了很大的增加；另一种是装备了水下通气管的新型潜艇，这些装备对盟军构成了一定的威胁。于是，盟军再次修改了战略空袭的目标排序，德国的飞机制造厂和潜艇基地再次排到了前面。

此时的德国面临着东西两线的同时打击，而本土制空权的丧失更是使得盟军的轰炸机群无论白天还是夜间都几乎畅行无阻，唯一能拖住它们进攻的只剩下天气的影响了，尤其是1月－2月间的恶劣天气。盟军除了规模庞大的轰炸机群外，那些战斗轰炸机的规模也越来越大，它们不停地对德国各种目标进行低空攻击，包括各种车辆等地面活动目标、机场、部队集结地、雷达站、船只等。但是在这种绝境下希特勒依然没有任何投降的打算，盟军依然必须全力进攻。然而德国平民，尤其是那些盟军重点空袭下的城市居民的抵抗意志已经被击得粉碎。在这战争的最后关头，绝望中的德国普通平民已经无法抗拒命运，只能默默承受，或许1940年的英国本土平民才能理解这种在持续不断空袭下的生活。但是最大的区别在于，那时候英国人还有最重要的希望没有失去，而现在的德国人却连这点精神财富也没有了。他们能希望什么，苏联红军还是美英盟国的部队？此时，华沙也已经被苏联红军攻占了。到了3月，科隆也被盟军占领，而到4月份，维也纳被苏联红军攻占。红军还在向柏林继续推进，鲁尔区也将被占领，美苏部队将要在德国本土会师。皇家空军的空袭也将继续不停歇地进行，德国残存的夜间战斗机部队将进行最后的毫无希望的抵抗。

轰炸机司令部在1月继续进行一系列夜间空袭，当然它们在白天的空袭也在继续，不过规模上相对夜间而言要小很多，一般不超过150架轰炸机，白天主要目标还是鲁尔区，平均战损率仍然保持在1%左右，而夜间空袭的损失还是要高出不少，在总计约7300架次中损失了134架轰炸机，战损率约1.8%。德军夜间战斗机部队的战绩统计则是117架。哈里斯的空袭目标进一步延伸到德国纵深腹地，包括慕尼黑、马格德堡和纽伦堡等城市，夜间空袭最大的损失是在1月5日－6日夜间对汉诺威的空袭。这个夜晚，皇家空军损失了23

架哈利法克斯和8架兰开斯特，战损率少有的回升到了4.8%。德军当晚最成功的夜间飞行员是格莱纳上尉，他在1944年11月接替升任NJG 4指挥官的施瑙弗担任Ⅳ./NJG 1大队长，他在当晚19时12分到19时22分之间在汉诺威上空击落了4架轰炸机，其中有3架兰开斯特，1架哈利法克斯。这个晚上，威尔特中尉也击落了1架蚊式机，而轰炸机司令部当晚出动的138架蚊式机中的4架没有返航。此时，威尔特的座机已经换成了Me 262型战斗机，他驾驶这种喷气式战斗机在1月初这段时间击落了2架蚊式机。威尔特在1944年底奉命指挥一个小的作战单位，依然隶属于赫尔曼，这个被称为“威尔特指挥部”的小单位负责进行Me 262型战斗机执行夜间任务的实战尝试。赫尔曼早在1943年就已经飞过Me 262，他对这种战斗机的高速和机动性能印象深刻，因此，他向戈林建议在夜间使用这种战斗机，但是被戈林拒绝了。直到现在，战争的最后关头，赫尔曼的这个建议才被采纳。威尔特最早获得的2架Me 262是经过改装的双座教练机型，装备了明石SN-2型机载雷达和H2S型地形探测装置“Naxos”（FuG350），随后，用Fu G216 NeptunV型雷达替换了明石SN-2型机载雷达，“Neptun”最早是作为机尾告警装置发展的，后来改进为专门安装于单座战斗机上的机载雷达，它只有一个显示屏，以便于飞行员观察。“威尔特指挥部”后来改编为10./NJG 11，威尔特自己驾驶Me 262型战斗机击落了3架蚊式机，也是他这个中队为数不多的战绩之一，对于德军夜间战斗机部队而言，Me 262型战斗机的出现实在是太晚了。

威尔特此时的无线电通信员就是海尔伯特·库莫利兹，原来是威廷根施坦因亲王的无线电通信员，他回忆道：“我在1945年1月调入威尔特的中队，威尔特当时经过改训已经能够熟练驾驶Me 262型战斗机了。最早Me 262型战斗机是单座战斗机，但是实战表明，夜间战斗机至少需要2名机组成员，因此双座并且装备机载雷达的Me 262型战斗机才是真正可以在夜间使用的。而我们这个中队的损失很快就继续证明这个事实，要么是坠机，要么是不得不跳伞，如同赫尔曼的‘野猪联队’以前经常遇到的情况。于是我们最终获得了双座并且装备了明石SN-2型机载雷达的Me 262型战斗机，当我到达的时候，中队已经有了4架－5架这种战斗机，于是我们立刻开始训练操纵这种喷气式战斗机在夜间作战。虽然我们也还是会遇到坠机之类的事故，但是前景是好的，只要有训练充分的机组来驾驶就可以取得很好的作战效果。问题

■ 编号V056的Me 262B-1a型单座试验夜间喷气战斗机是威尔特的座机，也是全世界独一无二的1架保存至今的Me 262型夜间喷气式战斗机。

夜空幽灵：喷气机夜战头号王牌库特·威尔特

乍看之下，库特·威尔特在德国空军的“骑士勋章俱乐部”里可能排不上号，但是盟军蚊式机的机组成员们却对他是再熟悉不过了。因为他是德国空军真正的蚊式机杀手！威尔特是一个老资格的战斗机飞行教员，专长就是教授夜间战斗飞行技巧。尽管他一再提出申请要求到第一线作战，但上级在1943年底才将他派往有战斗机会的“野猪联队”。到了战斗部队才短短3个月，威尔特中尉就在40场空战中击落了33架敌机！他希望更高的挑战和刺激，不过航空部对他的要求不予考虑。但他竟然抓住了一次与希特勒会面的机会，说服元首批准他驾驶喷气式的Me 262型战斗机进行作战而不必顾及德国空军将Me 262型战斗机主要作为轰炸机发展的现实！库特·威尔特随即成立了以他的名字命名的“威尔特飞行队”(Kommando Welter)，一边接受飞机，一边培训新飞行员。该部队后来改编为10./NJG 11，这也是德国战时组建的唯一一个装备Me 262型战斗机的夜战中队。威尔特在1944年12月12日驾驶Me 262型战斗机首次升空就打下2架蚊式机。到1945年2月19日为止，他共击落了5架英国飞机——这架独一无二的试生产型夜间喷气战斗机在库特·威尔特的手里，主要作试验目的。但是仍然取得了5个战果：2架兰开斯特和3架蚊式机。也许是天生和“蚊子”有仇，威尔特在被确认的27架战绩中竟然有25架是蚊式机，而且他一共在喷气式战斗机上只飞行了83个架次！这也证明了战友对他的一个称呼：“非人类”(Non-human)，在漆黑冰冷的夜空中，一边操作难以控制的Me 262型战斗机，一边搜寻连雷达都不易发现的木制蚊式机，这种作战方式绝非普通人所能掌握的，而威尔特却轻松地做到了！难怪敌军也给了他一个“夜空幽灵”的诨号。关于他的战绩说法非常多，特别是在喷气式战斗机上，更是从8架到35架都有。目前，公认的是25架蚊式机和2架轰炸机，加上他在活塞式飞机上的战绩共63架，此外，他还和战友共同击落过2架敌机。1945年3月11日，威尔特中尉成为德军第769名橡叶骑士勋章的获得者。在德国战败时，他是第10中队中队长，被认

■（左）威尔特的Me 262B-1a型夜间喷气式战斗机正在进行战前准备。
■（右）威尔特（右起第1人）和战友们在一起。

为是和海因茨·巴尔齐名的Me 262型战斗机尖子。可能空战王牌都和汽车有仇（据不完全统计死于车祸的王牌飞行员就有：格尔德·巴尔克霍恩、提奥多·维森伯格、海茵茨-沃尔夫冈·施瑙费尔，他们在天空纵横驰骋，却死在了马路上），威尔特于1949年3月7日死于车祸。值得一提的是，即使在战后很长时间内，威尔特都是喷气式战斗机个人战绩的绝对纪录保持者。据称至今为止，只有一位以色列空军飞行员超过他。

只是，现在这么4架－5架Me 262和少量机组对于夜间防空是远远不够的。通常情况下，这种喷气式战斗机需要约2000米长的跑道才能保证安全起飞，但是现在盟军频繁的空袭对我们造成了很大的麻烦。例如，原来我们驻扎的马格德堡机场遭到空袭破坏后，我们又不得不转到吕贝克。但是很快这个机场也不能用了，我们不得不在汉堡－吕贝克的高速公路上起飞，转场到施莱斯维希，而那时也已经到了差不多4月份，战争很快就要结束了。我们后来向英国移交了4架－5架完好的Me 262型战斗机，我不清楚我们这个中队究竟击落了多少架敌机，我自己在这个中队参与过的空战就没有胜利过。在战争最后时期，我有这样的印象：威尔特认为自己已经做得足够多了，他想活下去，因此他更多地进行组织和日常工作，而不是频繁地起飞执行空战任务。”

1月份，德军夜间战斗机部队117架的战绩是自1944年9月份以来最好的，其中的一个客观原因是随着德国占领地的日渐缩小，盟军现在的空袭都必须在德国境内进行。皇家空军原来采取的一些规避和干扰战术都无法继续使用，参战机群都必须飞越德国纵深，这样德军夜间战斗机获得的作战机会反而增加了，它们有足够的时间发现并且攻击英军轰炸机群。皇家空军损失超过10架的目标城市分别是汉诺威31架、慕尼黑15架、马格德堡17架、蔡兹10架、劳纳10架，但是德军夜间部队也为此付出了巨大代价：损失了47架战斗机。

摧毁德累斯顿

在2月份，轰炸机司令部在白天执行了2700架次任务，而在夜间则出动了超过1.3万架次，其中有超过1.05万架次是4发重型轰炸机。德军夜间战斗机部队在付出了47架战斗机的代价后击落了185架轰炸机，这和皇家空军的记录有较大的偏差，皇家空军的记录是损失了164架。在这期间，德军夜间部队中的那些残存的优秀飞行员继续取得了多个战果，其中，根特·拜尔和施瑙弗都有在一个夜晚击落7架轰炸机的记录，格哈德·拉特、尤汉纳·哈格和海因兹·吕克则都曾在一个晚上击落6架轰炸机。而皇家空军损失最大的一个晚上则是在2月21日－22日夜间对杜伊斯堡、沃姆斯等目标的空袭，皇家空军在空袭中总共损失了34架轰炸机。德军NJG 1、NJG 2、NJG 3、NJG 4和NJG 6总计出动了129架夜间战斗机，其中有多名飞行员在这个夜晚都获得了多架击落记录，如拜尔军士长（NJG 6，7架）、施瑙弗（NJG 4指挥官，7架）、哈格上尉（Ⅱ./NJG 1，8架）和吕克上尉（2./NJG 2中队长，6架），仅他们4人总共就打下了28架轰炸机，格莱纳上尉在这个夜晚获得了自己的第47和第48个战果，斯普顿获得了第20个战绩。此外，当晚隶属于“威尔特指挥部”的装备明石SN-2型机载雷达的Me 262B-1A/U1型喷气式夜间战斗机第 1 次正式起飞执行拦截蚊式机的任务。它们在柏林上空总计击落了3架蚊式机。德军夜间部队当晚的损失是4架，机组中4人丧生，2人受伤。

轰炸机司令部在1945年或者也可以认为是在整个二战期间最著名也是最有争议的大规模空袭是在2月份进行的，目标就是德累斯顿。皇家空军早在1944年8月就由参谋长波特尔领导制订了代号为“霹雳”（也称“雷击”）的大规模空袭计划，目标就是摧毁一系列经过选择的德国城市。要说明这个计划诞生的背景则需要回顾1944年的战争进程，自从1944年盟军登陆欧洲大陆的同时，苏联红军也在东线全力进攻的情况下，盟军认为胜利就在眼前，然而，德国的抵抗却没有停止的迹象，甚至给人这样的错觉：只要一有机会德国人还会进行反击。德国的新式武器还在生产并投入战场，战争还要继续进行下去。为此，盟军认为有必要继续加强战略空袭的力度，于是“霹雳”空袭计划就此诞生。

到了1945年，这个计划再次被提上议程，现在又多了一些新的因素：苏联红军继续猛烈进攻德国，因此，它们要求美英提供更多的战略战术支持。于是，波特尔的这个计划很快开始付诸实行。现在，剩余的能够打击德国抵抗意志来支援苏联的主要目标已经不多了，盟军选择目标清单包括柏林、莱比锡、德累斯顿和开姆尼兹这些主要的战略

■ 此外，2月21日－22日晚，隶属于“威尔特指挥部”的装备明石SN-2型机载雷达的Me 262B-1a-U1型喷气式夜间战斗机第1次正式起飞执行拦截蚊式机的任务。

■ 茨温格尔宫是德国最典型的后巴洛克式建筑，由奥古斯特一世修建，1732年完工，19世纪扩建。宫殿四周的建筑围起一个广场，广场中有很多精美的雕塑。最著名的要数女神喷泉旁的一排14个出浴女神雕像。这里早在1831年就成为萨克森的国家美术馆，此后不断增设展厅及扩建宫殿规模。1847年，由著名建筑师戈特弗里德设计建设塞姆佩尔画廊，现在已经是欧洲最著名的美术馆之一，古代大师画廊（Gemadegalerie Alte Meister），收藏着15世纪到18世纪意大利、法国、荷兰、德国等国大师如乔尔乔涅、提香、丁托列托、鲁本斯、丢勒、伦勃朗、华托、普桑、凡·艾克的作品，其中最具艺术价值的则属拉菲尔的名作“西斯庭圣母”。二战中，茨温格尔宫也在大轰炸中塌毁。

交通枢纽。盟军希望不仅仅通过摧毁这些目标的交通设施和道路来破坏德军在东部前线的作战运作，也希望能以此彻底杜绝德军对西线可能的作战部署以及机动。雅尔塔会议最终决定了德累斯顿等这一系列德国城市的命运。

英国人诺贝尔·弗兰克兰德的《对德战略空袭》一书中对此有这样的描述：“并非哈里斯坚持轰炸德累斯顿，虽然德累斯顿很早就已经列入轰炸目标清单。为了加快战争结束的进程，继续进行大规模空袭是当时盟军高层考虑最多的一种手段。丘吉尔的意见是必须尽快选择制订切实可行的能彻底摧毁德国抵抗意志的空袭计划，这个目标如果不是柏林的话，那么在德国东部还有什么目标能具备相近的效果？而且空袭这个目标需要付出的代价远远小于柏林？”于是德国萨克森州州府德累斯顿这个“易北河上的佛罗伦萨”将不可避免地成为在战争即将结束时的牺牲品。

2月13日－14日夜间，“霹雳”空袭计划正式开始，轰炸机司令部出动总计796架兰

德累斯顿——易北河畔的佛罗伦萨

德累斯顿位于德国东部，是萨克森州的州府，人口约50万人，面积237平方公里，为德国第十二大城市。

公元1000年左右，罗马帝国的奥古斯特皇帝向北方扩张版图，罗马军队渡过莱茵河和多瑙河，企图吞并日耳曼。但却遭到了顽强的抵抗，罗马军队战败后为了对付日耳曼可能的乘胜进军，便沿莱茵河和多瑙河修筑了长达550公里的“防线”，并在这条防线上按照罗马风格建了一座又一座城市，德累斯顿便是其中之一。奥古斯特大帝把这里当成他的驻跸之地，为了显示他是一位“不只有军力和权势，也是一位有文化和艺术修养”的人，更是将德累斯顿规划成一座“理想”城市，为此不惜重金聘请当时最著名的建筑家波贝尔和雕刻家贝尔摩塞尔主持建造了华美的宫殿、教堂、剧院。而德累斯顿市的大规模建造是在1206年至1216年间，1485年起成为萨克森王国的都城，在1519年至1529年被改建成为一处军事要塞。17世纪萨克森王国国王腓特烈·奥古斯特一世（1697年至1733年在位）和18世纪时的奥古斯特三世倾心仰慕甚至有几分崇拜当时的意大利文化，因此吸引了许多意大利及法国艺术家前来，他们设计巴洛克风格的建筑，提倡巴洛克雕刻风格及绘画流派，并发扬宫廷风格的古典音乐及歌剧，使整个德累斯顿充满着意大利文艺复兴时期的气息，也使德累斯顿城市建设中留下了众多巴洛克风格建筑和新文艺复兴风格的建筑，被誉

■ 德累斯顿是公认的德国最美丽的城市。

为“易北河上的佛罗伦萨”和“巴洛克明珠”，成为享誉欧洲的文化艺术之都。

易北河从城中穿过，河的右岸为旧城，左岸为新城。旧城是文化艺术汇集之地，有很多巴洛克风格建筑、美术馆、博物馆、歌剧院和教堂，最著名的圣母教堂也叫格奥尔格·贝尔女子教堂建于1726年至1734年，其直径达23.5米的钟型圆顶石头建筑是中部德国巴洛克建筑艺术的独特范例，成为德累斯顿的标志性建筑。但是这座美轮美奂的建筑艺术珍品在1945年2月13日的大空袭中化成了一片废墟，被称为“德国最美的废墟”遗址，二战后被改建成纪念碑。1994年，德国政府决定出资进行重建圣母教堂，建成后，参加了2006年德累斯顿建市800周年的庆典。

德累斯顿是公认的德国最美丽的城市，1749年，温克曼就曾留下一句名言：“谁没有见过德累斯顿，谁就没有见过美！”欧洲有不少充满巴洛克风格的城市，不过德累斯顿在绮丽高贵的气派中却别具一份精致，特别是那曲折坎坷的历史遭遇，又带有另一种撩人的哀伤，这一份历劫后的沧桑重生，尤其是站在悠悠流淌的易北河岸上，在水面轻拂的徐徐微风里，想起这座城市的伤痛，越发能感到在美丽之中，那份触动心弦的颤动。

而对德累斯顿造成毁灭性破坏的就是1945年2月13日夜至2月14日上午的大轰炸，英美盟军先后出动2134架次轰炸机在大量战斗机的护航下，对德累斯顿进行了3个波次的大轰炸，总共投下了3750吨炸弹，德累斯顿市区被夷为平地，中心城区几乎化为片瓦不存的一片废墟，轰炸引起的大火连续燃烧了几昼夜，平民被炸死约13.5万人，约35470幢建筑遭到破坏，茨温格尔宫、圣母教堂、塞姆佩尔美术馆、安东尼宫、日本宫、歌剧院等古代优秀经典建筑全部被毁。

空袭之后，纳粹德国宣传部长戈培尔操纵下的舆论机器声称空袭造成了20万平民的死亡，叫嚣要用毒气回击英国。英国议会也对此产生了争议，丘吉尔首相后来对哈里斯说：“看来，对德国城市的空袭有些过分，也许将给我们带来负面影响。”更有人认为这次大轰炸是不顾人道主义原则的“恐怖主义行动”，把指挥空袭的英国轰炸机部队司令哈里斯称为“屠夫”，而哈里斯也承认，这确实是对无辜平民的杀戮，但是他强调轰炸计划并不是他制订的。

此后，每年2月13日20时15分，德国东部的各个教堂都会响起沉闷的钟声，以纪念这次给平民和人类文化艺术带来巨大灾难的大空袭。

■ 德累斯顿某处城区轰炸后和该处城区现在的对比。

开斯特和9架蚊式机分成2个波次间隔3个小时空袭德累斯顿，同时，还有一个强大的编队(属于第4、第6、第8轰炸机大队的326架哈利法克斯、34架兰开斯持和8架蚊式机）对莱比锡附近的燃料生产基地进行轰炸。第1波主要由第5轰炸机大队的244架兰开斯特组成，大约在22时到达目标上空并采用其特有的低空指示战术开始轰炸，投下超过800吨炸弹。由于目标上空笼罩着厚厚的云层，这次轰炸的精度和效果都没有达到预期。午夜后，属于第1、第3、第6、第8轰炸机大队的529架轰炸机组成的第2波再次飞临这个可怜的城市，这次城市上空的云层已经散开了，第2波的轰炸战术还是常规的轰炸引导战术，这次轰炸极为精确和密集，投下了超过1800吨炸弹。和1943年7月的汉堡一样，在这里也产生了猛烈的“火焰风暴”，因为这次机群中的兰开斯特携带了大量的燃烧弹，几乎占了总携弹量的45%。随后，在次日白天，美军出动1350架轰炸机在大量P-51野马战斗机护航下，第3次空袭了这个城市，投下了约1100吨炸弹。但是在这3个波次的连续空袭中，皇家空军第2波空袭造成的破坏最大。当时，美国陆航一

■ 德累斯顿大轰炸后，市民在清理废墟。

名参谋副官巴顿少校这样回忆道："空袭德累斯顿是一段悲惨的历史。皇家空军的空袭极其猛烈，制造了强烈的'火焰风暴'。我们的轰炸机群也参加这次空袭计划，目标主要是德累斯顿的铁路枢纽。白天当我们飞临目标上空的时候，由于'火焰风暴'产生的浓厚烟雾影响无法看清楚目标，投弹精度自然无法保障，很多炸弹也都投到了市区，但是这不是我们所希望的。平民不是我们的目标，我们希望摧毁的是德国的战争潜力。"英国历史学家迪彼德·阿宾格对德累斯顿大轰炸的损失作了比较客观的评估：死亡约13.5万人，约3.5万幢建筑被毁，城市中心约30平方公里范围几乎化为一片废墟，其损失情况仅次于日本广岛遭到的原子弹袭击！

德累斯顿的防空力量很薄弱，因为这个德国城市关押着2.7万名美英盟军战俘，美英盟军一直没有对该城进行过大规模的空袭，所以没有被列入德军的重点防御城市名单，甚至其本来就为数不多的高炮还被抽调一部分补充到其他地方。在英军第100特殊大队的强烈电子干扰下，当晚只有少量夜间战斗机接到了出击命令，而且这些战斗机即便升空了也没有找到英军机群。皇家空军最后只损失了8架兰开斯特，其中有2架坠毁在法国境内。2天后，哈里斯进行了第2次"霹雳"空袭，这次的目标是开姆尼兹，位于德累斯顿西南约65公里处。这次，轰炸机司令部也是分成2个波次间隔3个小时出动717架轰炸机(属于第1、第3、第4、第6、第8轰炸机大队的499架兰开斯特和218架哈利法克斯)，同时，也有另一个来自于第5轰炸机大队的224架兰开斯特和8架蚊式机组成的机群轰炸莱比锡附近的燃料生产设施。此外，轰炸机司令部还出动了367架其他战机执行各种干扰支援任务，包括197架蚊式机和21架电子干扰机。德军夜间战斗机部队虽然继续遭到强烈干扰，但是这次它们的表现要好于2天前，它们总计击落了23架轰炸机。这次空袭同样由于云层影响这个老问题而没有获得在德累斯顿那样的成功。

这也是皮特·查尔斯沃斯的第23次轰炸任务，他回忆道："空袭开姆尼兹总共需要8个小时，真是漫长的飞行啊！我以前的任务一般都只有5个－6个小时就完成了。我也无法精确回忆这个夜晚，因为飞行、引导、轰炸一切都遵循惯例。只有飞行时间长这一点是特别的，长时间飞行也意味着恐惧和不安的增加。我自己就是这样，在起飞前我就感觉到比以前要紧张得多。我们被告知，如果在空袭中轰炸机严重受伤的话，可以飞向东面，进入苏联控制区域后再跳伞，而那些地方距离地面作战的前线很近，为此我们都得到一张写有斯拉夫语'我们是英国人'的卡片，以便在紧要关头向苏联士兵出示。幸运的是，这个晚上我不需要用到这张救命卡。战争毫无疑问快要结束了，我当时强烈希望自己可以活到这一天。" 10天以后，又一个德国城市遭遇到了和德累斯顿一样的悲惨之夜。这次是普弗尔兹海姆，一个此前也没有

纪念德累斯顿大轰炸60周年的风波

2005年2月13日，德累斯顿所在萨克森州州长、德累斯顿市市长及美国、英国、法国驻德国大使均出席了当天在德累斯顿举行的大轰炸60周年纪念活动，并向死难者敬献了花环。此外，巴格达、华沙、汉堡、纽约等12个城市的代表也到德累斯顿参加纪念活动。同一天，5000余名来自德国各地的极右翼分子汇集到德累斯顿州议会办公大楼前，举行示威游行。他们举着火把，奏着哀乐，抗议英美盟军的大轰炸，声称英美盟军轰炸德累斯顿并给该市及其人民造成的毁灭和伤害无异于纳粹的大屠杀。

当天下午，在德国工会、民主政党和一些社会团体组织下，德累斯顿数万市民走上街头，以声势更为浩大的游行反对极右翼势力借德累斯顿轰炸60周年纪念日之机歪曲历史。

对盟军在战争最后阶段选择德累斯顿作为轰炸目标的做法，一直存在争议。德国极右翼势力更是竭力利用这一事件，借悼念受难者的机会，企图歪曲历史真相。德国总理施罗德在接受德国《星期日世界报》专访时呼吁采取一种负责任的方式纪念德累斯顿遭轰炸事件，“对历史负责意味着不能把罪行与伤害相互抵消，我们将不能容忍将根源与结果混为一谈”。

而在二战后，德累斯顿圣母教堂的重建最能体现化剑为犁的民族和解精神。德累斯顿的英国友好城市考文垂(也是二战中遭到空袭而蒙受巨大损失的城市）为重建圣母教堂捐助了资金，圣母教堂顶上的新十字架由英国的“德累斯顿基金会”出资修建。一位当年参与空袭的英国飞行员的儿子亲手为新十字架涂上了金漆。不过很多当年幸存下来的受害者以及这些受害者的亲友至今仍然没有从痛苦中解脱出来。对此，圣母教堂的神父弗里茨表示，“我认为，无论是哪里的受害者，什么样的受害者，他们都有权表达自己的痛苦，说出命运对自己的不公正。每年2月13日，我们都

■ 圣母教堂建于1726年至1734年。

会给这些人留出空间，让他们倾诉。我们也必须给他们机会，让他们倾诉。但是人们不能把这种痛苦变成神话。有人说德累斯顿是一座无辜的城市，它是一座巴洛克城市，一座文化城市，完全没有军事意义。但这里曾是铁路枢纽，有纳粹，这些事情我们也不能闭口不谈。如果记得60年前发生的事情，就应该对暴力、战争、种族主义以及我们周围的不公正感到反感，并且尽量防止这些事情的发生。也正因如此，我们每年2月13日都会从那些仍受战争暴力之苦的地方请人来德累斯顿。那些亲身经历过残酷战争的人听到空袭，有人死去，有人无家可归，他们会感同身受。”

正因为战争是如此残酷，所以我们才不会爱上它！

受到过大规模空袭的城市。但是在2月23日－24日的这个夜晚，一切都改变了，皇家空军约400架轰炸机向这个古老城市投下了超过1500吨燃烧弹和普通炸弹，这个老城上空也出现了“火焰风暴”，大约1.8万人丧生。皇家空军为此付出了12架兰开斯特的代价，其中有2架被德军斯普顿中尉分别在20时11分和20时14分击落，他回忆道：“当美国人加入战争后，我爸爸就告诉我，我们要取得胜利是不可能的。英国人还是几乎每晚都来，我们只有继续不断地出击来进行抵抗。我记得普弗尔兹海姆遭到了极其猛烈的轰炸，20分钟内它的8万名居民中就有1.8万人丧生，很多都是妇女儿童，我无法描述当时我看到的场景，我当时感到很无助，我无法帮助那些废墟下的居民。当战争结束后，我明白这样的悲剧在伦敦和华沙也都上演过，这就是战争。”

1945年2月，盟军还进行了其他的昼夜间空袭，天气状况在慢慢好转，而德国昼间战斗机部队已经彻底奄奄一息了，无法构成实质性的威胁。3月的总体情况是，盟军进行了超过9000架次的昼间轰炸，而夜间轰炸则是8000架次。德国燃料生产基地被列为首要目标之一，鲁尔区和莱茵地区的城市也是重点目标之一，现在的空袭在很大程度上是战术意义上的，因为这些目标距离前线都很近，例如，科隆在3月2日遭到大规模昼间空袭后的第4天就被美军夺取了。就在这战争快要结束的时候，英国本土遭到远程战斗机的攻击的危险却再一次出现，而对此皇家空军已经基本放松了警惕。

自从1941年希特勒认为需要在德国本土而不是在英国上空击落英国人以后，德军的夜间远程战斗机部队的使命就结束了。但是到了1944年末，德军重新开始重视这种夜间远程作战战术，并且为此制订了“基塞拉计划”。

1945年3月3日，皇家空军出动2个中等规模（200余架）的轰炸机编队分别空袭鲁尔区东部的卡门和拉德贝根附近的一座桥梁，当然同时的各种干扰任务也在进行。轰炸卡门的编队没有损失，另一个编队则被德军夜间战斗机击落了7架兰开斯特。与此同时，德国的“基塞拉计划”也开始了，大约200架夜间战斗机起飞飞往英国方向，这些夜间战斗机全部都是Ju 88型，它们最后击落了皇家空军的20架飞机，并且造成了其他一些破坏。但为此付出了惨重的代价，约40架Ju 88或者被击落亦或者严重受伤，很大部分都是在返航时由于恶劣天气和缺少导航的低空飞行而坠毁。

一位参加这次“基塞拉计划”并且幸存的飞行员根特·沃尔夫少尉，他家在距离德累斯顿约8公里的一个小村庄，在德累斯顿遭到毁灭性空袭的那个晚上他就在自己家中。他回忆道：“德累斯顿被实实在在地命中了，这个场景对我们夜间飞行员而言并不陌生，只不过之前我大多在空中看到燃烧的城市，而这次我是在地面上观看。幸运的是轰炸离我很远，我当时的感觉很难表达，因为我现在除了观看什么也不能做，我没有办法升空去保护这个城市。这种感觉远比在天空中面对要难受得多，因为在空中我至少还能做点什么。”在“基塞拉计划”这个晚上，他击落了1架兰开斯特，他这样回忆那个夜晚：“在这次行动中我们在吕内堡上空集合，我们夜间飞行员早已经习惯飞到指定的空域集合这样的做法，但是随后则是我没有经历过的，我们要飞越北海，为此我们的Ju 88都携挂了一个副油箱。我们先要经过汉堡上空的防空火力线和阻塞气球区域，然后在17时15分先降落到威特蒙德港，23时21分我们再次起飞，直到第2天凌晨2时56分再返回这里。我们采用低空飞越海峡，并且各自保持独立飞行，不采用编队，以减少被英军雷达发现的可能性。我们这样在海面上飞了约30分钟，这里的天气很好，我可以清楚地看到海面。当我们靠近海岸的时候，我开始加力并且爬升，突然我发现我们就在返航的英军机群下方，因为我们可以在雷达上看到它们。在海岸线上有很多探照灯，当我穿越海岸线的时候可以看到这些探照灯在不停地搜索天空，同时，我也看到一些固定朝向天空的探照灯，很可能就是英军用来指示机场位

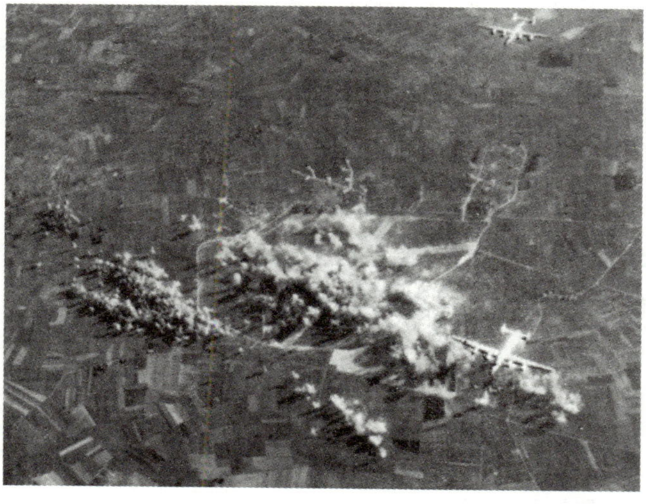

■ 1945年初，盟军轰炸机已经可以随意进入德国上空，播撒死亡和毁灭了。

■ 参加“基塞拉计划”的德军Ju 88C-2型飞机。

置的，于是我向着它们飞行并到达了一个机场的上空，这里正好有1架兰开斯特在盘旋准备降落，机场灯光也都已经打开了。我放下减速板和起落架，为了尽快减速以保持和那架兰开斯特差不多的速度飞行。随后，我开始射击，并且击落了它。在返航的时候我们以极低的高度沿着河流飞越汉堡空域，我直接就参照着一个船队飞行，但是它们驶向南面了，同时，它们也开始用极其热烈的火力‘欢迎’我们，我不得不立刻避开，这段经历持续了2分钟，我一直认为我马上就会被击落的，这2分钟是我在战争中经历过的最紧张的时光。我随后遇到的问题就是天气预报不准确引起的，我们按照既定航线飞行，结果导致了实际上的偏差。我们一直无法和威特蒙德港取得无线电联系，我透过云层缝隙终于看到了一个指引灯光，但是我们在地图上没有找到这个标记，这时候我的无线电通信员告诉我，这里是吕瓦登！难以想象，我们竟然向南偏了那么多！幸运的是，我们的燃料还足够修正航线。随后，我们安全降落到了威特蒙德港。我们在这个夜晚损失了很多战友，很多都是因为油料耗尽而不得不迫降或者跳伞，有1架在荷兰海岸线坠毁，因为它飞得太低了。造成损失的最主要原因就是天气和燃料问题，而英军几乎没有对我们构成威胁。我们认为英国人并没有搞清楚究竟发生了什么，于是我们强烈要求第2天继续进行这样的攻击，但是当时的指挥高层对此已经不感兴趣了。”

此后不久，沃尔夫少尉继续扩大个人战绩，这次是在德国上空的1架兰开斯特，战斗发生在3月7日凌晨，在他的作战日志上写的地点是“汉堡”，但是这个夜晚皇家空军并没有在汉堡上空的作战记录，他遇到的很可能是第5轰炸机大队轰炸小港萨斯尼兹的191架兰开斯特中的1架。另一位在3月7日凌晨有作战记录的是库兹纳，他击落了1架哈利法克斯，但是区别在于沃尔夫少尉安全返航了，而对库兹纳而言，则是最后一次飞行。库兹纳军士也是一位夜间王牌，他属于NJG 3，虽然曾经受过重伤，但是在很多次迫降中都活了下来。此外，他还有2次跳伞经历。

他这样回忆这个夜晚：“1945年3月7

日我驾驶编号为D5+BZ的Ju 88起飞，差不多是在9点，当我们到达目标空域的时候，轰炸也差不多已经结束了。但是我决定继续留在这个空域盘旋等待，很快我们就获得了机会——1架掉队的哈利法克斯，我攻击并且命中了它。为了观察它的坠落，我驾机跟随，飞入了基尔的防空火力区域。因此，我不得不放弃继续观察，而准备返航。这里的夜晚现在已经很平静，我们德国现在只剩下奥德和莱茵这部分，我们向着南面飞，寻找可以着陆的机场。但是我想那是一个有点云层的天气，因为我们并不能完全看到地面。后来，我们看到了一个机场，但是我们并不能肯定这个机场是否已经被占领。我们掠过跑道，发现这条跑道对于Ju 88的夜间降落而言太短了。于是我们接着向南飞，但是依然没有找到机场，没有办法，我们只好再次折返。这次，我们对跑道长度进行了一次掐表计算，看看到底能不能成功降落。这时候，地面亮起了绿色灯光，表示我们可以降落，而这个时候，我们还没有发射红色的迫降信号弹，因为我们还有点燃料，万一不行，还可以爬升然后跳伞。我最终决定尝试进行迫降。随后，发生的我也无法完全回忆起来，后来，我知道这个机场是哥廷根，跑道长度不能满足夜间降落的要求。我醒来的时候发现自己浑身上下绑满绷带躺在一张地下室的病床上。我的头部也受了重伤。当我恢复意识的时候，我感觉不到自己的胳膊。我依稀记得当时地面有2排火车，后来我才清楚自己掠过了第1排，但是很可能我的起落架撞到了第2排。于是飞机如同被绊了一下，翻滚坠毁。我的机械师其实在那个时候就已经死亡了，飞机在燃烧，弹药也开始爆炸，救援人员很难进行抢救，我能活下来已是个奇迹了。而我刚醒来的时候对此已经一无所知了。我的情绪非常暴躁，一直喊着让自己的同伴帮我从绷带的束缚中解脱出来，于是护士只能时常给我注射镇静剂。医护人员当时都被告知不能说我的同伴都已经丧生这个事实，就是为了避免再次刺激我。一周后，我的左腿伤口开始严重溃烂，不得不进行截肢手术，由于同样的原因我的右脚也畸形残废了。直到现在，他们才告诉我，他们已经竭尽全力救援我的同伴，但是没有成功，同时也告诉我，我是非常幸运的，因为迫降在了哥廷根(德国著名的大学城，尤其是在化学、医学领域更是全球闻名)，在大学医院的努力下才能在受了如此重伤的情况下保住性命。除了腿部，我的头部、胳膊、眼睛也都受了重伤，很可能我就直接撞到了瞄准器上。从1945年3月直到1947年5月，我先是待在哥廷根治疗，随后转到巴登劳特贝格的医院，直到那时我才逐步复原。此后，我先回到在马格德堡的家中和父母一同居住，1953年我离开了民主德国，去了联邦德国。直到那时，我还梦想能重返天空，但是我渐渐明白，这只能是梦想，我能做的或许只有享受现在能够享受的生活。”

■ 1943年5月，施莱斯维希，NJG 3，左起机械师布施军士、飞行员库兹纳军士、无线电通信员克劳兹军士。1944年12月，他们的Ju 88坠毁，只有库兹纳军士重伤幸存，其余2人都阵亡。而短短几个月后，库兹纳军士不得不再次经历这样身体和感情的双重痛苦经历。

最后的纽伦堡

1945年3月，皇家空军轰炸机部队的损失主要都是在夜间。在下半月，虽然它们只出动执行了3次大规模空袭任务，但是每次的损失都超过了10架轰炸机。这3次的目标分别是：3月14日－15日夜的吕兹肯多夫的炼油厂（第5轰炸机大队的244架兰开斯特和11架蚊式机）；15日－16日夜的哈根（第4、第6、第8轰炸机大队的134架兰开斯特、122架哈利法克斯和11架蚊式机）；16日－17日夜的纽伦堡（第1、第8轰炸机大队的277架兰开斯特和16架蚊式机），分别损失了18架、10架和24架轰炸机。不过这也是战争中皇家空军轰炸机部队最后的重大损失了。德军夜间战斗机部队也取得了它们在战争中最后的夜间战绩：在吕兹肯多夫上空，Ⅰ./NJG 6的马丁·贝克尔上尉击落了9架轰炸机，正好是皇家空军当晚损失的一半，这也是德军夜间战斗机部队最高的单晚战绩。此外，贝克尔的无线电通信员卡尔·路德维希·约翰森少尉用后向机枪击落了其中的3架，这也是1个记录。2天后，约翰森少尉由此获得了骑士十字勋章，他也是为数不多的获得这一荣誉的无线电通信员之一。在15日－16日夜晚的哈根上空也有一位飞行员击落了英军损失总数一半的轰炸机：5架，他是Ⅰ./NJG 2的格哈德·拉特上尉。

最后的单晚最高战绩记录属于荣中尉和他的无线电通信员海登里希、机械师莱纳尔德。16日－17日夜间，皇家空军轰炸机司令部出动277架兰开斯特轰炸纽伦堡，其中有231架属于第1轰炸机大队。荣中尉击落了它们中的8架，其中1架是海登里希用后向机枪打下来的。在英军机群到达目标上空以前，德军夜间战斗机就已经捕捉到了它们并且开始攻击。第1架被击落的兰开斯特是第576轰炸机中队的PB785，它于21时和30分钟前才从比贝林根（属于斯图加特区域）机场起飞的Ju 88在空中相撞，7名英军机组和4名德军机组成员全部丧生。这架Ju 88的飞行员是Ⅰ./NJG 6大队长格哈德·弗利德里希少校，他的最终个人战绩为30架。除了荣中尉，还有其他几位飞行员在这个晚上获得了战果，分别是：Ⅰ./NJG 5大队长霍夫曼少校击落了3架、NJG 6指挥官赫尔伯特·吕提少校击落了1架、施密特军士长击落了自己的第12、第13和第14架轰炸机、贝克尔击落1架、“威姆”尤纳恩也击落1架。

皇家空军第12和第626轰炸机中队的32

架兰开斯特都参加了这个夜晚的空袭，虽然纽伦堡位于德国纵深，而且之前皇家空军已经在这个城市上空付出了惨重的代价，但是这些机组成员对于这次任务却没有太大的担心。但是最后第12中队有6架、第626中队有1架兰开斯特没有返航，此外，有6架返航的机组报告曾经和德军夜间战斗机交手并且击落敌机，这些报告也得到了其他机组的证实。

第626中队的约翰·考克斯当晚驾驶他的编号为PD393 UM-N2的兰开斯特参加了这次空袭，他回忆道："我的机组差不多都已经完成了规定的出击次数的2次－3次，经验已经非常丰富了。1945年1月2日，我们已经到过纽伦堡上空了。这次，我原来的尾部机枪手因为一天前发生交通意外而无法参加。替换者是一名比利时人，我们都不认识他，不过他的嗓门够大。根据出发前的任务布置，我们将从21时30分开始分3波轰炸，每个波次有3分钟时间投弹，随后撤离。我们属于第2波，在21时33分至21时36分投弹，投弹高度6000米，轰炸引导机会在21时26分投下指示弹。我们携带了1枚1810公斤炸弹和6480枚燃烧弹。当晚，德军夜间战斗机很活跃，特别是在斯图加特南部空域，我已经看到我们有飞机被打了下去。虽然地面高炮火力也很猛烈，但是我们更加害怕夜间战斗机。当我们的尾部机枪手报告发现1架在他射程之外的Ju 88的时候，我立刻开始机动规避飞行。当我们靠近纽伦堡上空的时候，我可以清楚地看到大量的探照灯光。21时24分，我们距离投弹点已经很近了，我们开始投弹准备，在没有任何预警的情况下我们就遭到了来自于下方的攻击，我们的机腹中部开始燃烧，火势就着破口处的气流迅速蔓延，我从机内通话器里听不到我的机组成员的声音。几乎就在这时，我也失去了对飞机的控制，我们几乎垂直向下坠落，我确信飞机已经解体或者机翼控制面已经被毁。我直到今天也不清楚当时我们携带的炸弹为什么没有爆炸，因为我记得，燃烧弹已经开始燃烧了。我立刻下令全体成员跳伞，但是我也不清楚我的同伴是否听到这个命令。投弹员、领航员、尾部机枪手、机械师随后都成功跳伞，但是机身机枪手和无线电通信员没有跳伞。投弹员和尾部机枪手落地后被俘。机械师阵亡，我估计他很可能被飞机碎片击中了。领航员的降落伞没有打开。我自己跳伞的时候，高度只有100多米了，我感觉地面飞快地向我靠近，并且我的飞机很快就坠落到地面上爆炸了。最后，我降落的地点距离燃烧的飞机残骸只有不到300米。我的右腿严重受伤，此后，在皇家空军医院接受了长达3年的治疗。这次，德军夜间战斗机很早就找到了我们，并且进行了成功的攻击，纽伦堡一直都是一个艰难的目标。"

考克斯的这架兰开斯特是被荣中尉击落的，这是荣中尉在当晚击落的第3架轰炸机，也是他个人的第23个战果。我们再来看看荣中尉的报告，作一个比较是很有意思的。他的报告这样写道："1945年3月16日，我们

■ 皇家空军的约翰·考克斯上尉和他的机组成员。他们于1944年3月16日在对纽伦堡的空袭中被击落。他们这架轰炸机是德军夜间部队的荣中尉在当晚击落的8架轰炸机中的1架。

机组——荣、海登里希、莱纳格尔驻扎在朗根迪巴赫。这个机场虽然谈不上好，却至少能满足使用要求，但是在美军白天对这里进行了轰炸后，情况就变得很糟糕了。跑道已经不能用了，只有一块长约800米的南北向的平坦土地还可以用，不过这只能满足起飞要求，我们必须寻找别的机场着陆。”荣的报告写明他们于20时14分驾驶编号为4R+AN的Ju 88G-6起飞，此时，报告英军机群正在飞越法国上空。荣飞到“奥托”空域，并且在那里巡航待机，随后，海登里希收到新的通报：前往达姆施达特附近“达赫斯”空域，这证实了英军机群一直在向东飞。编号为4R+AN的Ju 88G-6开始转向，继续接近英军机群。报告继续写道：“飞了大约20分钟后，我们发现了英军机群航迹，并已经处于机群中间，大约有20架－30架轰炸机出现在我们的视线中，遍布周围，它们正在飞往纽伦堡。它们并没有注意到我们这架Ju 88。”随后，荣中尉机组在20分钟内击落了7架兰开斯特，一些是荣中尉用“斜乐”机炮打下来的，一些是用前向火力击落的，还有1架属于海登里希的后向机枪。在击落7架飞机后，荣中尉开始检查燃料和弹药情况，此时，弹药已经所剩无几了，于是，他们决定寻找机场降落，最后的弹药用于应付突发情况。报告继续写道：“我们飞往莱因－美茵区域，在距离维尔茨堡约20公里的位置，莱纳格尔发现右上方有一个运动的亮点。很明显，这是1架没有关闭方向灯的兰开斯特。我开始转向调整位置靠近它，准备从后方攻击它。突然它的尾部机枪开火了，这是今晚我们遇到的第1次抵抗！

我们都听到了自己飞机的左翼被命中的声音，但是我们也已经击中了这架兰开斯特，它很快就燃烧着坠毁了。我们必须马上找到可以降落的机场，但是由于左翼发动机转速器受损，我们相继错过了2个机场，于是我们只能继续飞往蔡尔豪森机场。20分钟后，我们看到了美茵河，很快也看到了距离不远的蔡尔豪森机场微弱的跑道灯光。我进场的高度稍高了点，跑道两侧的灯光飞快地向后掠过，之后我的起落架才落到地面，我们最终有惊无险地成功着陆了。”

海登里希这样回忆当晚自己的这次击落经过：“我击落的是我们当晚的第2或者第3架轰炸机。我们曾经多次在夜空中捕捉到英军轰炸机，1架、2架或者一些小机群。而这次我们周围全是轰炸机，多得令人难以置信！我已经多次向轰炸机开火，可是我的MG机枪每次射出3、4发子弹后就卡壳。这次，当又有1架轰炸机出现在我的瞄准器中的时候，我告诉飞行员：‘现在我的位置很好，让我再尝试一次，减速！’这次，我的机枪也很配合，我一口气打出了94发子弹！我看到那架轰炸机的左翼开始燃烧，如同一个火炬一样向下坠落，这个场景直到今天我都历历在目，难以忘怀。这也是我作战生涯中自己击落的唯一一架轰炸机。当晚，我们无法通知其他的队友并且引导他们加入攻击行列，因为这是突发情况。我们只有信号手枪和一些信号弹，我们希望有人来帮忙，可是最终我们还是只能独自面对。”

荣中尉当晚8架战绩在德军夜间部队单晚击落记录中排名第3，之前的是马丁·贝克尔和威尔海姆·海尔格特。荣中尉的个人战绩也提高到了28架，这也是他在这场战争中的最后

1945年3月间，皇家空军第51轰炸机中队部分机组成员合影，对他们而言，战争就快要结束了。

■ 战争后期，由于缺乏燃料，德军大量战斗机无法起飞作战。

一个战果。他的这架编号为4R+AN的Ju 88G-6此后再也无法起飞，直到美军的滑翔机部队在蔡尔豪森机场降落时，被德军地面部队爆破摧毁。纽伦堡之夜的空战也标志着德军夜间战斗机部队作战能力的彻底耗尽，它们有组织的抵抗到此为止。之后，它们进行的只能是小规模的象征性抵抗，例如，NJG 5残存的力量曾全力攻击柏林地区的苏军阵地；而NJG 4在最后一个月损失了50架战斗机，其中有5架被轰炸机自卫火力击落，30架被蚊式机击落或者在地面被摧毁，15架由于各种原因不明的事故损毁。皇家空军轰炸机司令部现在真正可以在夜空中畅通无阻，除了它们在5天以后对莱比锡附近炼油厂的空袭中遭到的损失：9架兰开斯特，这是由第5轰炸机大队进行的一次非常精确的轰炸。在4月份，轰炸机司令部的目标依然还是德国最后的燃油生产设施，此外，也对德国北部的港口如汉堡和基尔进行了“面积轰炸”。如同拳击比赛，德国已经被逼到了死角，倒下只是时间问题，哈里斯则继续不停歇的攻击。白天是英美联军的天下，其中皇家空军出动了约4000架次，而晚上则是皇家空军固定的舞台，它们出动了约5500架次。它们的总体战损率只有0.6%！

真正的结束

1945年5月3日－4日夜间，皇家空军的蚊式机编队继续对基尔进行空袭，因为它们确信还有德国部队试图坐船逃往挪威，第100特殊大队的89架飞机继续执行电子干扰任务。

当晚，2架哈利法克斯和1架蚊式机没有返航。这2架哈利法克斯都属于第199轰炸机中队，它们不是被德军击落的，而是自己在基尔南部空域相撞坠毁的。16名机组成员全部丧生，这也是轰炸机司令部在整个战争期间在欧洲上空损失的约5万名机组成员中的最后一批。但是无论如何，对盟军而言结束战争的目的达到了，最后的胜利也终于到来了。德国空军夜间战斗机部队发布的最后一条命令，是施瑙弗对他的联队所讲的话："我的第4联队的队员们，当你们处在一个非常时期，即德国最艰苦的时期，你们每一个人都有着最坚定的信念，竭尽你们所能来为德国赢得这场战争。"这句话可以作为整个德国夜间战斗机部队最恰当的墓志铭。对德军夜间飞行员而言，战争也在混乱中结束，他们在经历了战俘生涯后大多重新回到了自己满目疮痍的家乡。

一些我们已经认识的飞行员的经历可以为我们提供一个当时的缩影。察德宁斯中尉在战争结束时担任7./NJG 7中队长，他在3月3日夜晚参加了"基塞拉行动"，在北海上空遭到一支护航船队的猛烈防空火力攻击，这个船队很可能也就是曾经让沃尔夫深感恐怖的那个船队。察德宁斯最后驻扎在汉堡东北的于特森机场，他回忆道："我的最后一次出击任务是在战争结束前不久的4月8日，我们从汉堡起飞，我的队员鲁普击落了1架轰炸机。5月3日，我最后一次起飞，转场飞往胡苏姆，我们在4时45分起飞，因为英国人已经到了易北河，并且开始攻击于特森机场了，最后我们在胡苏姆机场经历了战争的结束。英军的先遣指挥官很快到了，他给了我们雪茄，我们也回赠了一些东西。第2天，我们把

■ 美军战地摄影师蹲在德军He 219夜间战斗机的机翼上拍摄巴顿将军的坦克部队正在行进。

■ 1945年5月，在丹麦的德军Ju 88轰炸机已经被拆去了螺旋桨，等待着最后的归宿。

拆除了升降舵和方向舵的飞机排成一列，然后进入一个临时的营地，大约1周后，我们都被送往在埃德施达特的战俘营。”

曹内尔少校在战争结束时的个人战绩达到了59架，在德军夜间战斗机部队王牌中名列第7。他从1944年10月开始担任Ⅱ./NJG 100大队长，驻扎在维也纳。他回忆道：“1945年2月，我们转到林茨机场，美军地面部队距离我们只有10公里－12公里。1945年5月4日，我们奉命前往布拉格－鲁兹茵机场，基地当时很混乱，我得到转场命令后，由于天气很差，我没有下令全体起飞，而是让我的队员自己决定是否起飞。总共10名队员自愿和我一同起飞，我们在5月8日投降。我们那时候已经没有燃料了，因此我无法用自己的方式来抵抗：起飞作战，我们只能借助车辆向西撤退。后来，我们到达了美军战线，但是我们被拒绝通过。于是我和我的队员只能返回，7天后，苏军到了，我们全部进了苏军战俘营。直到1950年1月，整整5年后，我才被释放返回家乡。”虽然曹内尔在苏军战俘营被关了5年，但是他的境遇还是要比“野猪联队”指挥官赫尔曼要好。赫尔曼当时实际上担任了一般为少将级别的航空师指挥官，因此在苏军眼里他是将军级军官和战犯，他被关押了10年（为此，他专门写了一本关于他战俘生涯的回忆录）。

斯普顿上尉1945年时是23岁，已经得到了24个战绩，并且于1945年3月接替阵亡的格哈德·弗里德里希少校担任Ⅰ./NJG 6大队长。他当时得到了联队指挥官吕提的命令，在地面保卫慕尼黑北部的施莱斯海姆基地。斯普顿还有一些Ju 88，但是也已经没有燃料可供起飞了。机械师已经将飞机上的机枪和

■ 二战后，在英国阿伯丁试验场上的Ju 88R-1，机身上已经涂上了英国皇家空军的机徽。

20毫米机炮拆了下来，部署到基地的防御阵地上。斯普顿回忆道："我们大约还有200人，大部分是老人和地勤人员，年轻人之前就已经被送到东线了。虽然我是他们中最年轻的，但是他们都很信任我，没有任何军纪松懈的状况。我预先宣布，只有在得到我的命令下才能开火。4月29日凌晨，我们左右两侧的公路上出现了成百辆美军坦克，正在向慕尼黑进发，我们这些飞行员和地勤人员在战争中从来没有见过这么多坦克。到了10时许，美军大约有7辆军车和500名步兵开始向我们的机场前进。我们隐蔽得很好，在我们头顶的美军战机一直没有发现我们。如果这个时候我下达开火命令，那么将会有大量美军葬身于20毫米机炮和机枪之下，但是我也很清楚，我们这样做的话，最终也将被美军坦克碾个粉碎。于是我问道：'谁有白色布条？'随后的场景我终生难忘：我从来没有见过这么多白色布条！原来他们早已经将降落伞布撕裂，准备了很多白布条，原打算作急救布。我随后爬出掩体，向美军挥动白布条，做这件事让我感觉非常不舒服。很快一位美国大兵挥动头盔表示回应，我们随后就进了战俘营。"

我们再来看看夜间战斗机部队那些低级别成员的经历：汉斯·昂格斯巴赫军士长，他的最后一次出击任务是在1944年11月，当时，他不得不跳伞逃生。他回忆道："我们从战报得知，海尔斯费尔德西北正在进行激烈的战斗。我们在白天到达施塔德，在那里经受了一次轰炸，我在地面再次看到了'圣诞树'。随后，我们到达威斯玛。后来是雷利克，在那里一位将军给我们作了一次演讲，告诉我们祖国正在遭受最大的威胁，我们必须在易北河全力抵抗，但是他的讲话被我们用笑声回复了。现在帝国将我们安排到了易北河，在白天遭受盟军战机的低空空袭，伤亡不断出现。随后，我们到了一个桥头堡阵地。我们前面面对着超过100辆坦克，且必须承受随后的进攻。美国人的进攻很猛烈，地面和空中火力压得我们无法喘息。我曾经幸运地躲过一劫，我刚刚爬着离开一个散兵坑不到20米，这个坑就被炮弹直接命中！有一队晚上试图接近我们的美军侦察兵被我们俘获。到了白天，盟军猛烈的火力再次降临，在我们右侧上空有3架侦察机在盘旋，它们和战斗轰炸机配合得很好，不停精准地攻击我们。我所在的部队曾经试图通过一片空地，但是接踵而来的炮弹逼得我们只能躲进树林。到了晚上，我们距离美国人非常近了，我甚至能听到他们的对话。第2天，一切都在继续——‘前进，同志们，我们必须回去！’(这是当时著名的一段话，德国曾有以此为题的著作)。我们继续经历着地狱一般的归途。

1945年5月3日，一切都结束了，我们都进了战俘营。5月30日，我终于可以回家了。”

这场持续了将近6年的夜空血战至此结束。

附录一　德国地图

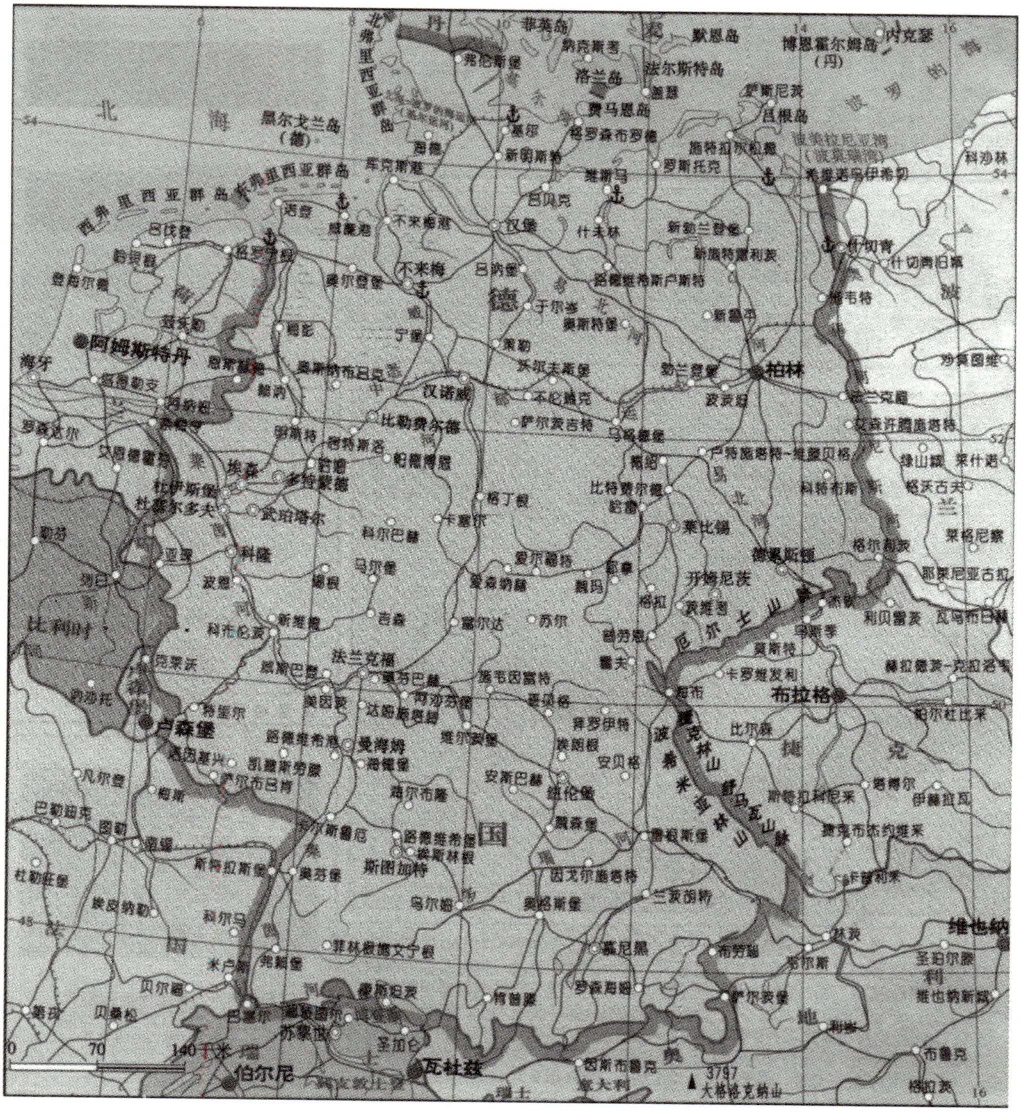
北
海
丹
菲英岛
默恩岛
博恩霍尔姆岛
(丹)
内克瑟
纳克斯考
法尔斯特岛
洛兰岛
费马恩岛
基尔
吕根岛
罗斯托克
维斯马
吕贝克
汉堡
什未林
新勃兰登堡
什切青
不来梅
德
于尔岑
新鲁平
阿姆斯特丹
海牙
汉诺威
柏林
奥斯纳布吕克
沃尔夫斯堡
马格德堡
比勒费尔德
埃森
多特蒙德
杜伊斯堡
杜塞尔多夫
武珀塔尔
格丁根
卡塞尔
比特费尔德
哈雷
莱比锡
德累斯顿
开姆尼茨
科隆
波恩
科布伦茨
比利时
卢森堡
法兰克福
美因茨
达姆施塔特
曼海姆
海德堡
卡尔斯鲁厄
斯图加特
纽伦堡
雷根斯堡
因戈尔施塔特
奥格斯堡
慕尼黑
乌尔姆
萨尔布吕肯
斯特拉斯堡
弗赖堡
巴塞尔
苏黎世
伯尔尼
瓦杜兹
因斯布鲁克
萨尔茨堡
林茨
维也纳
布拉格
比尔森
捷
克
波兰
斯特拉科尼采
厄尔士山脉
波希米亚林山
舒马瓦山脉
布劳瑙
奥
地
利
瑞士
意大利
大格洛克纳山
3797
0
70
140千米

附录二
德国主要城市名中英文对照

亚琛	Aachen
柏林	Berlin
波恩	Bonn
不莱梅	Bremen
德累斯顿	Dresden
杜塞尔多夫	Duesseldorf
埃尔富特	Erfurt
埃森	Essen
弗伦斯堡	Flensburg
法兰克福	Frankfurt
菲森	Fuessen
吉森	Giessen
哥廷根	Goettingen
哈根	Hagen
汉堡	Hamburg
汉诺威	Hannover
海德堡	Heidelberg
基尔	Kiel
科布伦茨	Koblenz
科隆	Koeln
卡塞尔	Kassel
莱比锡	Leipzig
美因茨	Luebeck Mainz
曼海姆	Mannheim
马尔堡	Marburg
慕尼黑	Muenchen
明斯特	Muenster
纽伦堡	Nuernberg
奥登堡	Oldenburg
雷根斯堡	Regensburg
罗斯托克	Rostock
罗滕堡	Rothenburg
萨尔布吕肯	Saarbruecken
斯图加特	Stuttgart
特里尔	Trier
魏玛	Weimar
维尔茨堡	Wuerzburg

附录三

德军夜间战斗机部队主要作战联队装备编制表（1944年6月7日）			
单位	装备机型	现存编制数量（架）	实际可出动数量（架）
NJG 1			
联队指挥部	Bf 110, He 219	3	1
1大队	Me 410, He 219	28	13
2大队	Bf 110, He 219	21	9
3大队	Bf 110	24	16
4大队	Bf 110, Ju 88	25	18
NJG 2			
2大队	Ju 88	16	16
3大队	Ju 88	36	24
NJG 3			
联队指挥部	Bf 110, Ju 88	4	1
1大队	Bf 110, Ju 88	25	22
2大队	Ju 88	34	12
3大队	Bf 110, Ju 88	37	22
4大队	Bf 110, Ju 88	34	23
NJG 4			
联队指挥部	Ju 88	2	1
1大队	Bf 110, Ju 88	21	14
2大队	Bf 110, Do 217	19	10
3大队	Bf 110, Do 217	19	10
NJG 5			
1大队	Bf 110	20	9
2大队	Bf 110	22	16
3大队	Bf 110	15	10
4大队	Bf 110	18	13
NJG 6			
联队指挥部	Bf 110	2	1
1大队	Bf 110	27	18
3大队	Bf 110	20	14
第10夜间战斗机大队	Bf 110, He 219, Bf 109	22	8
总计		494	301

附录四
英德双方主要作战飞机性能简介

英国皇家空军主要作战飞机

斯特林 (Stirling) 重型轰炸机

在皇家空军二战中3种主力4发重型轰炸机中，斯特林虽然远远不如哈利法克斯和兰开斯特这2位后继者那样赫赫有名，但是它作为皇家空军第1种4发重型轰炸机在航空发展史上必定可以占据一席之地。斯特林受其最初设计缺陷包括动力性能和飞行性能的限制，使其在实际作战中的表现不如哈利法克斯和兰开斯特，平均战损率也是皇家空军这3种4发重型轰炸机中最高的，因此从1943年开始它就陆续被撤出空袭作战第一线。

Short公司根据英国航空部1936年提出的一种乘员数量为7人－8人的重型轰炸机设计要求 (B12/36) 开始了斯特林的最初设计。Short公司之前在轰炸机设计方面并不具备丰富的经验，这个公司原来专注于飞艇的设计制造。为了设计改进的需要，Short公司首先设计制造了斯特林1/2比例的试验机，于1938年9月进行试飞。1939年5月14日，斯特林原型机进行了首次试飞，但是在降落时发生了事故。2个月后，第2架斯特林原型机开始试飞，这次虽然也遇到发动机问题，但是这架原型机最终得以安全降落。

1940年5月7日，斯特林MK I型量产型开始生产，该型装备4台Bristol Hercules XI型14缸星型发动机，最高速度在3200米高度为418公里/小时，载弹量达到6350公斤，总计生产了约712架。斯特林最早装备第7轰炸机中队，于1941年2月正式投入实战。斯特林作为皇家空军第1种正式服役的4发重型轰炸机参加了轰炸机司令部的多次重要空袭行动，除了主要针对德国城市以外，还包括意大利、法国等目标，并且也曾被用做轰炸引导机。

■ 停在机场上的斯特林。

■ 飞行中的斯特林。

中队）继续参加对德国的空袭，但是这个中队的斯特林也很快被兰开斯特替代了。

1944年开始，斯特林主要被广泛用于布雷，运输拖曳滑翔机等用途。并且以斯特林MK III型为基础发展了斯特林MK IV型和MK V型，其中，MK IV型是专门的拖曳机型，后大量用于诺曼底空降作战。MK V型改进了机体气动外形，于1945年1月开始作为运输机使用。

但是随着轰炸机司令部对德国空袭的深入进行，斯特林设计上的不足在实战中日益体现出来，尤其是由于动力性能和飞行性能的缺陷，其实际载弹量和飞行高度都不足，严重影响到它在作战中的表现。例如，在对德国纵深目标的空袭中，就不得不减少载弹量来满足飞行高度和航程的要求。

1942年底，改进后的斯特林MK III型设计完成投入正式生产，该型改装Bristol Hercules XVI型发动机并且改进了自卫武器，最大速度提高到了434公里/小时，有效航程也有所提高，总计生产了约1047架。该型斯特林从1943年开始投入实战，虽然进行了一定的改进，但是最初设计的缺陷依然是制约其表现的瓶颈，在实战中的表现和损失都无法令人满意，因此很快就被撤出空袭主战场，转而执行相对较为安全的布雷等任务，只有一个装备斯特林的轰炸引导中队（第7轰炸机

斯特林系列的主要型号以及生产数量如下：

MK I型712架， MK III 型1047架， MK IV型450架， MK V型160架。

主要技术数据：斯特林MK I型

发动机：4台Bristol Hercules XI型14缸星型发动机，单台功率1169千瓦

最高速度: 3200米高度418公里/小时

实用升限：5180米

有效航程： 3100公里

最大起飞重量：31752公斤

翼展： 30.21米

机长： 26.60米

机高： 6.93米

机翼面积： 135.63平方米

武器：8挺－10挺7.7毫米机枪

载弹量：6350公斤

机组成员：7人－8人

威灵顿(Wellington)中型轰炸机

维克斯公司的威灵顿早期试验型号B.9/32于1936年6月15日试飞，曾经考虑安装罗尔-罗伊斯发动机或者布里斯通(Bristol)发动机，最终决定使用Bristol星型发动机。1936年8月，英国航空部下达了180架的订单。1937年12月23日，第1架初期型威灵顿MK I试飞，威灵顿MK I型装备单台功率为746千瓦的Pegasus-XV III星型发动机，机体首尾部均安装了机枪塔，这种型号总共正式生产了183架。

■ 图中显示了1架威灵顿MK IA型和2架MK IC型，时间大约在二战初期。

1938年10月，皇家空军第9轰炸机中队成为第1个装备威灵顿的中队。1939年，威灵顿发展出新的改型MK IA型，装备了新的Nash$Thompson机枪塔，该型总共生产了187架。到1939年9月，二战开始的时候，皇家空军总共有第9、第37、第75、第99、第115、第149、第214和第215这8个中队装备威灵顿MK I，同样在9月，第37、第115、第149轰炸机中队则开始装备MK IA型。

皇家空军装备威灵顿和布伦汉姆轰炸机的中队最早投入对德国的作战，在1939年12月18日白天，第9、第37和第149轰炸机中队的24架威灵顿MK I和MK IA在对德国威尔汉姆港的空袭中损失惨重，也标志着皇家空军将转入对德国的夜间空袭。

威灵顿随后的改进型是MK IC型，这种改进型生产了2685架，皇家空军的第75、第115和第148轰炸机中队于1940年4月最早装备

■ 威灵顿MK IA型，被改为运输机型，编号采用MK XVI型。

了这种威灵顿改进型，到1940年底，总计19个中队装备了这种轰炸机。1941年4月1日，第149轰炸机中队的威灵顿MK IC第1次在实战中投放了1814公斤的“Blockbuster”重型炸弹。威灵顿MK IC型于1942年4月进入远东战场，属于驻扎在印度的第215轰炸机中队。2个月后，第99轰炸机中队也进入印度，这2个中队一度是南亚地区唯一的重型轰炸机力量，直到1944年9月美军解放者轰炸机的出现。

威灵顿的另一个重要改进型就是早在1939年3月就完成首飞的威灵顿MK II型，装备单台功率为854千瓦的液冷梅林发动机（罗尔－罗伊斯公司的产品）。皇家空军最早装备这种轰炸机的是第12轰炸机中队，于1940年10月获得第1架威灵顿MK II型。威灵顿MK II型总计正式生产了400架，装备了8个轰炸机中队。

1941年，威灵顿的生产很顺利，新的MK III型也被发展出来，维克斯公司属下的3个工厂总共生产了约1519架威灵顿MK III型。这种威灵顿改进型装备新的单台功率达到1119千瓦的Bristol Hercules XI星型发动机，由此最高速度达到了410公里/小时，超过了MK IC型的378公里/小时。皇家空军总共有18个中队装备这种威灵顿MK III型轰炸机。威灵顿接下来的改进型是装备Pratt&Whitney的Twin-Wasp发动机的MK IV型，最初试验型号有25架直接由MK IC型改装发动机而来。另外，则专门生产了195架MK IV型，主要装备皇家空军第142和第544轰炸机中队以及由波兰飞行员组成的第300、第301和第305轰炸机中队。

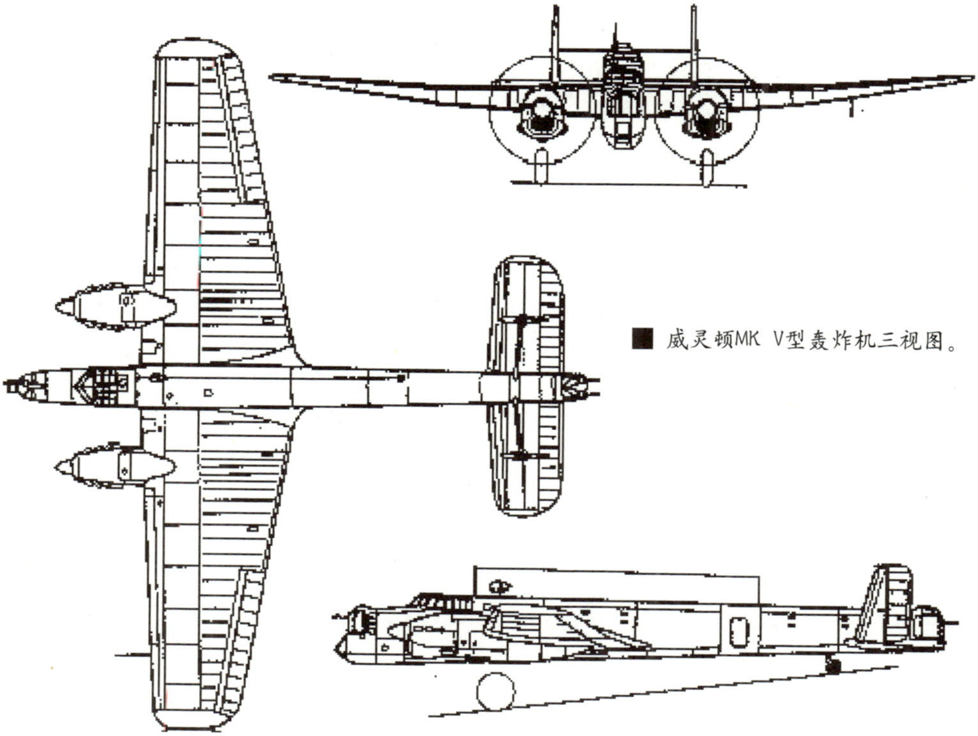

■ 威灵顿MK V型轰炸机三视图。

威灵顿MK V型则是作为高空轰炸机型发展的，目的就是为了在德军地面防空火力和战斗机的有效作战高度之上完成作战任务。这种改进型的机舱装备增压空气系统，其试验机最早在1940年8月首飞，但是只达到了9145米高度，在增加了翼展后有效飞行高度也只达到了12190米，因此MK V型只生产了2架试验机就夭折了。随后，登场的是装备了单台功率达到1194千瓦梅林发动机的MK VI型，这种型号正式生产了62架（15架MK VI型和47架MK VIA型）。由于最终德军依然能够达到这种威灵顿的有效升限对其进行攻击，这种改型只少量装备了第109轰炸机中队，并于1941年底负责进行“欧波”系统的试验任务。

威灵顿最后的一个重要改型是MK X型，总共生产了3804架，结构由钢结构改为铝合金结构。从1943年开始陆续装备了皇家空军的20个轰炸机中队以及25个训练单位。威灵顿除了执行常规空袭任务之外，从1940年1月开始还在海上任务中扮演了重要角色，大量威灵顿被分配到英军海岸司令部。其中一个任务是排除德军的磁性水雷，为此专门发展出了DWI.MK I型和DWI.MK II型，在机身下安装了直径达到14.6米的铝制圆环，机内安装专门的发电机，铝制圆环通电后产生的电磁场可以引爆德军的磁性水雷。威灵顿的另一个海上任务则是布雷，为此，在威灵顿MK VIII的基础上发展了GR.MK VIII型，这种改型生产了397架，其中有58架后来改装了“利光”(Leigh-Light) 搜索探照灯，专门用于

■ 第9轰炸机中队的威灵顿MK I型，这是皇家空军第1个装备威灵顿的中队，这个中队在开战之初对德国威尔汉姆港的空袭中损失惨重。

■ 1架被德军俘获的威灵顿MK IC型，它在一次作战行动中被迫降落到德军控制区域，可以看到已经涂上德军的标志。

反潜任务。1942年4月，第172中队开始装备该型威灵顿；1942年7月4日，第172中队第1次进行了“利光”反潜攻击，7月6日，皇家空军使用这种反潜战术击沉了第1艘德军潜艇。总计有8个中队装备了这种威灵顿GR.MK VIII型。随后，装备了专门的ASV MK II型搜索雷达的威灵顿GR.MK XI型也成为了对付德军德潜艇的有效武器，这种型号的原型就是MK X型，生产数量是180架。与之相近的威灵顿GR.MK XII型生产了58架，这种型号拆除了“利光”搜索探照灯，服役于第36和第172中队。装备了ASV MK III型搜索雷达的威灵顿GR.MK XIII型生产了844架，它可以携挂2枚457毫米鱼雷，装备了13个中队，在反潜战中扮演了重要角色。威灵顿GR.MK XIII则取消鱼

■ 威灵顿MK Ⅰ型。

■ 威灵顿MK Ⅹ型。

雷，重新安装了“利光”搜索探照灯用于夜间巡逻，总计生产了844架，装备了10个中队。

1944年秋季，部分被替换下来的威灵顿GR.MK XI型和GR.MK XIII型被改装用于夜间战斗机领航员/雷达员的训练，装备和蚊式机一样的机载雷达，成为威灵顿T.MK XVII型和T.MK XVIII型。二战后直到1953年，大量的MK X型也被用做同样的训练用途。随着威灵顿渐渐地退出轰炸机司令部空袭任务的第一线，很多MK III型和MK X型替代更老旧的MK IA型和MK IC型成为训练用机，而大量老旧的MK IA型和MK IC型则被改为18座运输机型，编号为C.MK XV型和C.MK XVI型，装备了第24、第99、第162、第196、第232和第242中队。威灵顿曾被试验用于拖曳皇家空军的喷火和飓风战斗机，但是没有更详细的信息了。在整个战争期间以及二战后，威灵顿还被用于新型发动机的试验用途，例如，1942年，维克斯公司就开始在威灵顿上试验安装喷气发动机。到1945年10月25日，威灵顿在约9年的时间中被生产了11461架，成为皇家空军生产数量最多的轰炸机型。

主要技术数据：威灵顿MK III型

机组成员：6人

发动机：2台14缸空冷Bristol Hercules XI型星型发动机，单台功率1119千瓦

航程：3540公里 (最大)

最大速度：410公里/小时

升限：5790米 (6710米)

重量：11940/16556公斤

翼展：26.26米

机长：18.54米

机高：5.31米

机翼面积：78.04平方米

武备：机首枪塔2挺7.7毫米机枪，机尾枪塔4挺7.7毫米机枪

载弹量：2014公斤，或者1枚1814公斤重型炸弹

蚊式机多用途战斗/轰炸机

二战期间，在德国上空惨烈的夜间空战中，蚊式机毫无疑问扮演了极其重要的角色，是盟军最重要的多用途战机之一。这种被称为“木制奇迹”的多用途战斗/轰炸机凭借其高空高速远程的特点可以胜任多种任务，它不仅可以完成轰炸引导、干扰性空袭等轰炸任务，更是德军夜间战斗机部队的噩梦，这种夜空中的幽灵会出现在海岸线上，英军机群的航线上，甚至就在德国空军的战斗机基地上空静静守候着，随时准备猎杀德军的夜间战斗机。为了对付这个难缠的对手，德国空军专门成立针对蚊式机的夜间战斗机中队，其内部的一些报告对蚊式机的描述就是，“这是难以在空中对付的目标，只能在其低空攻击时依靠地面高炮来对付”。而德军那些夜间战斗机则必须在每次的起飞、巡航、作战、降落中都尽量小心翼翼，因为威胁随时都会存在。在皇家空军尤其是其轰炸机司令部中，这种战损率最低的多用途战机也是名副其实的“劳模”，几乎每晚都飞临德国上空执行不同的任务，即便在其他机型休战的时候也是如此。

■ 这是蚊式机的初期原型机W4050，拍摄时间是1941年4月。

蚊式机的改进型也是种类繁多，包括照相侦察机、轰炸机、战斗轰炸机、夜间战斗机、轰炸引导机、鱼雷轰炸机、猎潜机、昼间巡逻机、布雷机、教练机、特种运输机等。

下面我们就简单介绍一下这种传奇战机的整个研制发展过程。德·哈维兰公司擅长于研究制造木质轻型飞机，在1936年设计的木质DH91信天翁(Albatross)在飞机气动设计上取得了成功，但是在实际应用上还是存在相当多的问题。最终，这个设计被英国军方否决，公司这个项目设计组成员——毕肖普、卡拉克森和威尔金斯并没有就此放弃，他们自己出资继续研制，并在此基础上提出了一个快速轰炸机的设计，这种轰炸机能够依靠速度躲开敌军战斗机，因此可以拆除自卫武器装备，这种设计思路非常有意义，拆除自卫武器系统如枪塔后可以减少机组成员，普通轰炸机机组一般为6人，而这种设计只需要2人，并排坐的2人，左侧是飞行员，右侧是领航/投弹员，宽敞的驾驶舱内留有满足安装无线电设备的余地。同时，这种设计也意味着可以有效减轻飞机重量和体积，减少油耗。该设计的技术指标可以达到：机重6800公斤，载弹量454公斤，发动机为2台梅林发动机，有效航程2400公里，速度达到了650公里/小时，几乎是当时普通轰炸机的2倍。

原本这种轰炸机在1939年初就可以做

■（上）蚊式战斗机的身影也频繁出现在海上，不少这些蚊式机装备火箭弹，负责攻击德军潜艇等水下目标。
■（下）这架NS777是蚊式机PR.XVI侦察型。

好试飞准备，但是这种全木制的快速轰炸机设计在最初并没有得到英国军方的支持，英国空军部认为这种轰炸机生存力低下，2人机组也无法有效完成轰炸任务，因此遇到了军方的重重阻力。1938年10月，英国空军部进行了一次审议英国各个公司设计的会议，德·哈维兰公司继续建议生产这种轰炸机来进行特殊轰炸设计项目的试验。直到二战爆发，这个项目在英国空军部看来依然是走向了死胡同。直到不久以后，英国空军高层才有人为这个项目说了好话，认为这种双发木质高速轰炸机可以执行侦察任务，因此不需要自卫武装。这才柳暗花明，终于在1940年3月1日，德·哈维兰公司获得了生产1架原型机和49架系列型号的合同，并核准正式名称为蚊式(Mosquito)。

1940年11月3日，第1架蚊式原型机DH98 (W4050) 的配件用卡车运到距离哈特费尔德工厂约8公里的地方现场完成组装。11月25日，DH98完成首飞。当时设计人员计算这种发动机推力、外形尺寸和重量均差不多为喷火式战斗机2倍的轰炸机的速度应该比喷火式战斗机快32公里/小时。令英国空军部难以置信的是，1941年2月这种蚊式机飞出了631公里/小时的高速，比它们最快的战斗机还要快32公里/小时。DH98装备的是2台梅林RM.3SM发动机，单台功率为955千瓦，翼展为16米，可以携挂4枚113公斤炸弹，飞行员的视野也非常良好。该机采用特殊的木质结构，飞机发展史上轻金属结构取代木结构或钢管/布蒙皮混合结构的原因是轻金属结构强度更强、重量更轻，新飞机采用传统木材结构显然是达不到减重的目的的。德·哈维兰公司决定采用一种少见的木质结构——“模压胶合成型木结构”。其木质胶合结构中间的木料为一种轻质木材——巴尔沙木，木质结构重量进一步减少，强度有所增强。除了机翼中间有两根金属翼梁外，由上、下两片整体模压的上翼片和下翼片对合而成；机身由左右两半木质胶合结构对合成为筒形承力结构，在对合前先完成电线、控制拉线的敷设；机翼操纵面（升降舵/方向舵）由金属或金属架布蒙皮构成；（油冷或者液冷）冷却器安装于发动机短舱和机身中间这段机翼内，进气口开在机翼前缘；结构简单的主起落架为双柱结构，支撑杆避震结构内部填充橡胶块。整架飞机使用的铸铁部件重量为113公斤，锻钢部件重量13.6公斤，远远小于当时其他的双发轰炸机。根据试飞情况，设计人员继续进行一些改进，他们将其翼展增加到16.51米，加大升降舵，同时优化改良排气装置，这种蚊式机型号为PR.1型，装备梅林21发动机，生产了1架原型机和10架系列机。虽然蚊式机现在是作为侦察机设计，但是它优异的飞行性能使其很容易就可以改为轰炸机或者战斗机等不同用途，皇家空军轰炸机司令部和战斗机司令部随后都会很高兴地接受这种多用途战机的。

到1941年夏，蚊式机的改进还在继续，包括换装新的改短了发动机舱长度的梅林发动机，采用4叶螺旋桨，翼展增加到了19.81米，很快已经有49架缩短了发动机舱的蚊式机生产出来，部分作为航拍侦察机，部分后来改装为B.IV型。在1941年9月17日，1架属于英国空军航拍侦察单位的蚊式侦察机（W4055）就已经执行了一次航拍侦察任务。此后，最重要的改进则是为了满足轰炸机司令部对于武器装备的要求，设计人员在机舱下部安装了4门20毫米机炮。

从1942年开始，作为夜间战斗机服役的蚊式机F.II型在此基础上继续在机鼻位置加装了4挺布朗宁7.7毫米机枪以及AI MK IV型机

■ 这是皇家空军第2个装备蚊式机B.IV轰炸机型的中队，第139轰炸机中队的编队。

■ 蚊式机FB.VI战斗轰炸机型是蚊式机的重要成员，它装备4门20毫米机炮，4挺7.7毫米机枪，机身弹舱可以挂载2枚113公斤炸弹，机翼外挂可以选择8枚火箭弹或者2枚227公斤炸弹。

载雷达，蚊式战斗机型的出入口由原来轰炸机型的下方改到侧面，舱盖玻璃也改用防弹玻璃，该型生产了467架。1941年10月，威尔金斯建议227公斤炸弹改装可折叠的稳定翼，以便于在蚊式轰炸机型上携挂4枚这样的炸弹。但是他的这个建议被拒绝了，英军实际采用的措施是缩短炸弹的稳定翼，这样蚊式机的炸弹携挂量还是可以增加1倍。蚊式机B.IV轰炸机型和夜间战斗机型同时期在1942年完成定型设计，进入正式生产，该型分为系列I和系列II，系列I部分改装自PR.1型，可以携挂1907公斤炸弹，生产了38架，系列II采用梅林21/23型发动机，部分经过改装可以携挂1814公斤炸弹，生产了235架，其中的32架后来改为侦察型PR.IV型，还有部分经过改装参加“Highball”任务。皇家空军大量装备了这种轰炸机型，1941年11月，第105中队最早装备了这种蚊式轰炸机，第139中队很快也开始装备了这种轰炸机。

1942年5月30/31日夜，105中队的蚊式机(W4072，属于I系列) 第1次参加了实战，即对科隆的千机空袭。此后，蚊式机几乎参加了每次对德国的空袭任务，特别在改装了“欧波”导航装置系统后，更适合承担英军空袭中重要的轰炸引导任务了。属于第8轰炸引导大队的第109中队最早装备“欧波”系统，此后，另有9个中队也陆续装备了这种重要的导航装置系统。加拿大生产的B.IV轰炸机型系列II型被称为B.VII，生产了25架。

作为训练机的蚊式机T.III型虽然早在1942年1月就完成试飞，但是这种蚊式机却要到二战后才得以投入大批量生产，原因就是当时对蚊式轰炸机型的需求太大了，必须优先生产。蚊式机T.III型最终生产了343架。

1943年，德·哈维兰公司继续发展了蚊式机的高空轰炸机型B.IX型，装备梅林72/73型或者76/77型发动机。1944年，B.IX和B.IV (特殊型) 为了能携挂1814公斤炸弹而对弹舱进行了扩大改造，这个载弹量已经超过了原始设计的4倍！B.IX型还被改装为侦察机PR.IX型，B.IX型的产量为10架，PR.IX型为90架。

蚊式机B.XVI型于1943年11月第1次试飞，也是作为高空轰炸机设计，专门安装了增压驾驶舱，巡航高度达到了10670米。B.XVI型的产量达到了1200架，在此基础上的侦察机PR.XVI型的产量也达到了433架。计划中的蚊式机B.V轰炸型最终没有正式投产，随后的改进型是FB.VI战斗轰炸机型，装备梅林21/23型或者25型发动机，武器装备和F.II型相似，它改短的弹舱可以携挂2枚113公斤炸弹，机翼下还可以携挂2枚113公斤炸弹或者2个227升副油箱，这种蚊式战斗机于1942年7月完成首飞，其产量是蚊式机所有系列中最大的，达到了2584架。FB.VI战斗轰炸机型系列II的载弹量扩大2倍，机翼下可以携挂2个455升副油箱或者8枚火箭弹。这种蚊式战斗机的身影遍布欧洲，执行各种作战任务，例如，它和其他蚊式机型号在空中就击毁了约428枚德国的V型导弹，它们还进行低空攻击，目标包括集中营围墙，盖世太保总部等。1943年夏天，英国海岸司令部应用在FB.VI战斗轰炸机型基础上改装1门57毫米机炮的XVIII战斗轰炸机型进行对海面目标的作战。

蚊式机另一个重要的系列改进型就是其夜战型，除了前面提到的蚊式机F.II型，随后，它继续发展了很多后续改进型，其中的NF.XII型和NF.XIII型装备了梅林21/23型或者25型发动机，它们的机载雷达是AI MK VIII型，NF.XII型有97架，NF.XIII型则生产了270架。改装美国AI MK X (SCR-720) 机载雷达后改称NF.XVII型，总计有100架，部分该型夜间战斗机还安装了机尾告警装置。作为高空夜间战斗机发展的NF.XV型的翼展达到18.03米，装备梅林73型或者77型发动机，安装增压驾驶舱，但是这种型号数量很少，只有5架，均由B.IV轰炸机型改装。NF.XIX型则是在NF.XIII型基础上继续改进而来的，装备了梅林25型发动机，生产了220架。到了战争末期，战斗力更为强大的NF.XXX型也出现在夜空，这种夜战型装备了梅林72型或者76型发

■（上）英国海军的蚊式机TR.33型，这种型号配备有多种不同的武器，包括4门20毫米机炮，除了标准的炸弹，还可以选择挂载907公斤鱼雷或者水雷，装备有ASH雷达，可以作为鱼雷攻击机或者侦察战斗机，使用梅林25型发动机，4叶螺旋桨。

■（下）这架蚊式机ML963是B.XVI高空轰炸机型，1944年开始生产，它属于第517中队，可以携挂1814公斤炸弹。

动机，作战高度高，速度进一步达到了682公里/小时。大量NF.XXX型安装了电子干扰装备，如“空中雪茄”干扰装置等，有6个装备这种夜间战斗机的中队隶属于皇家空军第100特殊联队执行任务。

蚊式机在盟军中也得到了广泛应用，包括美国、苏联都曾装备这种多用途战机。加拿大还参与生产了大量蚊式机，其中，它们生产的蚊式机B.IV系列II型被称为B.XX，总计约145架，其中有40架改装为F-8侦察型。此后，装备了梅林113A型或者114A型发动机的蚊式机更是表现出了强大的飞行性能，这个系列中包括PR.34航拍侦察型；B.35远程轰炸机型和NF.36夜间战斗机型。PR.34航拍侦察型的有效航程达到了5633公里，因为它的机载燃料达到了5769升，最高速度达到了684公里/小时，总计生产了50架。

1955年12月15日，皇家空军第81中队的1架PR34A执行了蚊式机在皇家空军的最后一次任务。

B.35远程轰炸机型加装增压驾驶舱，机载燃料达到2714升，以483公里/小时巡航速度飞行时的有效航程达到3220公里，最高速度679公里/小时，载弹量1814公斤，对于二战而言，它出现得太晚了。二战后，改为PR.35侦察型和TT.35训练型，总共生产了122架。

■ 二战后，挪威皇家空军属于装备蚊式机的外军之一，这架蚊式机FB.VI属于挪威空军第334中队。

NF.36夜间战斗机型装备美国的AI MK 10型机载雷达，生产了266架，在它的基础上生产并出口到南斯拉夫的型号为NF.38，改装了英国的AI MK IX型机载雷达，总计生产了50架。

蚊式机各型一共生产了7781架，包括加拿大生产的1034架和澳大利亚生产的212架，在战争期间交付的共6710架，生产一直持续到1950年11月28日。这天最后一架蚊式机NF.38 (VX916) 在英国出厂，也是英国生产的总计6439架蚊式机的最后一架。二战后，蚊式机的身影继续出现在很多国家，包括比利时、中国、丹麦、法国、以色列、南斯拉夫、挪威、瑞典、南非、土耳其等，在一些国家中一直服役到1960年代中期。

主要技术数据：蚊式机B.IV型

机组成员：2人

发动机：2台1250hpMerlinXXI

翼展：16.51米

机长：12.43米

机高：4.65米

重量：5942/10152公斤

最大速度：612公里/小时

升限：9500米

航程：1960公里

武器：907公斤炸弹

布伦海姆(BRISTOLBlenheim)轻型轰炸机

英国的布伦海姆双发多座轻型轰炸机，是1930年代中期由布利斯托尔飞机厂新开发的一种高速轻型客机布利斯托尔142型改装过来的。原型一号机试飞于1936年6月25日，半年后，作为皇家空军扩军计划中的重点型号，该机获准投入正式生产。至1939年为止，已在2家飞机工厂中造出1552架布伦海姆MK.Ⅰ型来。1937年，建成第1支装备这种飞机的114中队。不久，该型飞机即派往驻印度和伊拉克等地的英军部队基地。布伦海姆MK.Ⅰ型可在机身内带453千克的炸弹。

当二战爆发时，英国本土的布伦海姆已全由更先进的MK.Ⅳ型所替代。

1938年，夜间战斗机改型布伦海姆MKⅠ.F服役，共有200架，在机头下加装了拥有4挺7.7毫米机枪的专用保形舱，1940年春天，又改装了雷达，成为英国第1种带雷达的战斗机。7月22日，布伦海姆MK.Ⅰ.F首次击落敌机，至1941年为止，一直是本土防空作战的重要机种。此外，它还常常加入夜袭欧洲大陆的行列。

布伦海姆轻型轰炸机有一个塌鼻梁形状的全玻璃机头，里面坐着正副驾驶员。后机身背部有一个活动炮塔，用于后部自卫。该机装上一副反的中单翼，2台数百马力的“水星”型空冷活塞发动机对称装在翼上短舱内。从MK.Ⅳ型开始，机头改为正常造型，前方的投弹兼领航员与2名飞行员分开设置，并形成一个高度差，和大多数双发飞机一样。被稍稍延长的机头下装了2挺活动机枪炮塔，加强了前方的自卫能力，并保留原来的机背炮塔。发动机功率增加，可挂603公斤炸弹。但由于结构重量增加，飞行性能下降，原来的高速优势开始丧失。

一部分加装油箱的远程型叫做布伦海姆MK.ⅣL。各种MK.Ⅳ型机共生产了1930架。

布伦海姆MK.Ⅳ于1939年9月3日对德国本土进行了一次侦察飞行，这也是皇家空军对德国所作的首次空中侦察。不久，这种飞机就投入对欧洲大陆各地及沿海港湾中敌人目标的昼间低空轰炸作战。这样的战斗飞行一直持续到1942年8月被新到的道格拉斯波士

■ 布伦海姆双发多座轻型轰炸机。

顿和蚊式机所替代时为止。

布伦海姆最远的战场到达过中东和新加坡地区，有一部分MK.Ⅳ型于机头加装了4挺机枪的鼓包，成为又一种战斗机亚改型，但只供海岸警卫队用。

1941年2月，工厂又研制出最后的改进型MK.Ⅴ (MK5)，这种改进型用于北非战场。MK.Ⅴ型的透明机头十分扁平低矮，而且设于左侧，形状怪异，形同鸣嘴，易于辨认。机头右下方设置了向后射击的半固定射手舱，这种布局也很少见，机背炮塔却依然保留。这种改进型强化了装甲，改善了飞行员供氧系统。

布伦海姆MK.Ⅴ型又分成几个亚改型，如三座的高空昼间水平轰炸机ⅤA型和双座对地攻击机ⅤB型。其中，布伦海姆MK.ⅤB型取消透明机头，改装4挺机枪，型号也随之换成了卑斯雷，产量很少。另有一种MK.ⅤD型是热带用轰炸型，到1943年6月，各种MK.Ⅴ型共生产出940架。

因自重过重，性能不佳，飞行员反映不佳，布伦海姆最后用于地中海和中东地区。皇家空军中的布伦海姆到1943年底时，已全面让位给马丁公司的巴尔的摩 (即美制B-30) 和洛克希德公司的冒险商船 (即美制B-34) 2种轻型轰炸机了。

主要技术数据：布伦海姆MK. V型

发动机：2台Bristol Mercury XV 920马力

航程：3138公里

最大速度：428公里/小时

升限：9600米

重量：4441/6531公斤

翼展：17.17米

机长：12.98米

机高：3.91米

武备：8挺7.7毫米机枪，681公斤炸弹

机组成员：3人

汉普敦 (Hampden) 轰炸机

英国在二战初期使用的中型轰炸机，1936年6月21日试飞，1939年12月起服役。机身粗短，有一个细长的尾巴，造型奇特，被英军戏称为“飞行手提箱”。飞行性能较好，但机身内空间狭小，机组成员在里面感到十分局促；自卫武器口径小，威力不足。战争初期，英军用该机进行昼间轰炸，曾经遭到重大打击，故于1942年放弃采用该机为轰炸机。随后，该型的一些飞机改为鱼雷轰炸机。共计生产了1432架。

主要技术数据：汉普敦

发动机：2台Bristol Pegasus XVIII 1000马力

航程：1762公里

最大速度：410公里/小时

升限：5790米

重量：5344/8508公斤

翼展：21.98米

机长：16.33米

机高：4.37米

武备：4挺7.7毫米机枪，1814公斤炸弹

机组成员：4人

惠灵顿(VICKERS Wellington)轰炸机

1932年，英国重工业企业维克斯公司按皇家空军B9／32设计规范开始研制双发远程轰炸机惠灵顿。1936年6月15日，原型一号机首飞(维克斯271型)。8月即获军方首批订货180架，批产一号机于1937年12月23日试飞成功。

惠灵顿的最大特征是采用“最短直线”网格承力构造。

由巴恩斯·沃利斯首创的这种构造形式具有良好的结构比强度和整体耐损毁性能。按45度方向互相垂直编织的细桁条骨架蒙上蒙皮后如同相互攀缠成整体的“鱼笼”，因承载均匀，局部毁损不易引起致命的结构“崩溃”。惠灵顿装备2台空冷(或水冷)活塞发动机。作为自卫火力，机头机尾都设有旋转炮塔，各装备2挺－4挺布朗宁机枪，机身两侧三角形舷窗处可另装机枪2挺，口径均为7.7毫米。机头下方有投弹窗或雷达罩，驾驶舱内配备正副驾驶员、通信员和领航员，后机身另设射手1人，均配备电暖飞行服。梯形中单机翼同样采用这种独特的网格承力构造，内设多组油箱。机身下部是隔成三大区段的炸弹舱，可挂20枚250英磅炸弹或鱼雷，还设有14个可充气浮袋，供水上迫降时产生浮力用。

与其他欧美飞机一样，根据发动机的改进或作战功能的转换或提高，惠灵顿也拥有不少改进型。从B.MK.1型至T.MK.19型共达19种。举例如下：MK.1型第1种改进型，装备了2台1050马力9缸“飞马”18型空冷发动机，机头机尾设有简便型炮塔，前机身两侧开有长方形舷窗但不设侧面武器。MK.1A型改用“纳斯”型和“汤普生”型动力炮塔，MK.1C型在后机身上方加设了测向天线，上述3种亚改型分别生产了180架、183架和2685架。

MK.2型于1940年出厂的第2种改进型，装1171马力梅林10型水冷发动机，其余同1C型，生产了400架。

MK.3型是1941年至1942年间主要的轰炸机型号，改装1375马力“大力神”3型或11型空冷发动机，尾炮塔作了修形，并开始装配4挺机枪，后机身两侧设三角形舷窗并撤销前

■ 惠灵顿双发远程轰炸机。

机身长方形舷窗。1943年后，曾用于进攻意大利，还出口加拿大，共生产了1519架。

MK.4型专供波兰流亡空军的2个中队使用，换装美制1200马力R1830—S3C4—G型“双黄蜂”空冷发动机，共生产220架。

MK.5型使用带涡轮增压器的“大力神”8型发动机，成为高空轰炸实验型，共3架，后又改成Mk.6型。

MK.6型改装1600马力“梅林”60(R6SM)水冷发动机，是一种翼展延伸并改装增压座舱的高空轰炸型，而且不设枪炮与特设，具有怪异的外形。机头撤去炮塔后成为半卵形封闭鼻罩，驾驶员通过机头背部半球形玻璃罩向外观察，机身恢复长方形舷窗。该机也曾用于“双簧管”雷达的空中校验，共生产63架，1941年服役，供109中队实验使用。

MK.7型由MK.2型改装成1架，撤除舷窗与尾炮塔，机背装备大型可转动装甲炮座1座，安装“维克斯”S型40毫米炮1门，并改装双立尾，确保后向射界，曾作为“P92”战斗机用于空战或攻潜试验，未服役。

MK.81C型的改进型，装ASV雷达，机头设探照灯，机腹可挂2枚18英寸鱼雷，用于沿岸侦巡和反潜。

MK.91C型的又一改进型，用于兵员运输特种作战。

MK.10标准轰炸型，也是惠灵顿最后一种轰炸改进型，基本同MK.3型，但换装1675马力“大力神”6型或16型、1585马力“大力神”18型空冷发动机，保留机身后两侧三角形舷窗与机枪，以及前后炮塔，也曾供波兰流亡空军使用。在1942年形成生产高峰时，3个工厂月产量高达300余架，共生产3804架。

MK.11型从10型改成的沿岸反潜型，机头下设雷达包，可挂鱼雷或可收放探照灯。

MK.12型机背设探照灯，其余同MK.11型。

MK.13型海上巡逻侦察型，机身、机翼上架起20多副“干”状ASV2型雷达天线，有机头炮塔。从1942年起服役于海岸的警备队，二战后曾供法国海军使用。它与MK.10型等非轰炸用改进型一起被人昵称为“温比”。

MK.14型最后一种岸基改进型，机头下设ASV3型雷达及其整流罩。翼下可挂无制导火箭，炸弹舱中设探照灯。

MK.15、16型从1C改来的非武装运输机改进型，二战后有成百架改成T.MK.10型等教练机，使用到1953年。其中，T.MK.19改进型专用于领航教练。

此外，从惠灵顿派生出来的沃利克ASRI飞机出现于1940年底，原拟作为惠灵顿的后继机来开发，外形改动不大，后因性能平平，遂又改为海上救生或运输机，供海岸警备队使用。翼下可挂1艘救生艇，机身两侧及腹部设多个观察窗，除机头机尾外，机背上又增设一个半球形炮塔，立尾加高。

1944年，又一种叫做“温扎”的后继改进型问世，虽改装有4台“梅林”100发动机，但仅研制了3架，未投产。到1945年10月13日为止，惠灵顿共生产出11461架，产量遥居英国轰炸机之首！

1938年10月，惠灵顿交付使用。1930年代末，英军拥有2530架轰炸机，而且在5个大队的3个大队中配备了中、大型轰炸机。这些由惠特利、汉普顿、惠灵顿组成的中坚力量(其中，惠灵顿有6个中队) 在开战之初只会呆板地进攻那些远离居民点的敌舰。为缩短搜索与攻击之间的时间差，空军发明了“武装侦察”战术，即用9架以上 (一般是12架) 惠灵顿或其他型号飞机挂着炸弹徘徊在德意志湾上空搜寻目标，以便随时可以转换到攻击状态。

1939年9月4日，惠灵顿在攻击布隆斯毕尤迪尔的战斗中首次亮相。皇家空军从14个中队中选调29架“小猎犬”与惠灵顿飞机，第1次空袭了威廉港的德舰。在与其他机种协同作战中，惠灵顿表现出载弹量、航程和生存性诸方面性能的优越性，被人称为当时“最可怕”的英国轰炸机。当时，皇家飞行员面对这些大型轰炸机几乎什么都得从头学起，包括满载荷挂弹起飞、复杂气象条件下寻找目标以及躲避敌防空火器的袭击。

同年12月18日中午，22架惠灵顿又一次以密集队形构筑自卫火力网，如同昔日的克伦威尔铁甲骑兵队那样从从容容齐驾并驱地向东方挺进，并很快飞临威廉港及赫尔戈兰湾上空。在无云的碧空中，德国Bf 109战斗机从各个方向猛扑过来，企图打烂这支轰炸机队伍。也许出于高昂的士气和中世纪的骑士风度，惠灵顿编队坚持按原计划以4000米高度先后2次通过港湾上空，而且为避免误伤平民竟未投一弹。30分钟的空战在一边倒的

■ 在对德国轰炸时被击落的惠灵顿轰炸机。

形势中结束了，皇家空军暴露出编队侧面的自卫薄弱环节，损失不小。由此令皇家空军当局悟出一条教训：即便带上再多的机载炮塔，轰炸机在白昼一旦失去战斗机的护航，其生存率也是很令人担忧的。自然，这一推论后来越来越得到证实，也许还和皇家空军在后来若干年中坚持执行“夜间空袭”的方针不无关系。

如果说皇家空军在战争初期的轰炸行动在战术方面还显得有些绅士风度的话，那么从1942年开始的战略轰炸无论从纯粹理论还是从实施手段来讲，都已不得不刮目相看了。对点目标的精密投弹已逐渐为频繁的大规模面积轰炸所淹没。同年2月，新上任的轰炸机司令部首脑哈里斯更是极力推崇对德实行“彻底集中的战略轰炸”，借以挫败敌人的士气。5月30日，1046架轰炸机对科隆这座城市进行持续90分钟的所谓“面积轰炸”，对包括民房在内的整个城区“无差别”地扔下1455吨炸弹。这样的“千机轰炸”揭开了盟军对德国本土大规模空袭的序幕，并从此习以为常。其间，惠灵顿轰炸机充当了积极重要的角色。然而也应看到，双发的惠灵顿必竟难以承担要求日益苛刻的远程战略空袭任务，当4发轰炸机不断补充部队之后，前者往往作为大编队中的一支辅助力量。

不久，惠灵顿更多地用在更适合于它施展威力的海上作战，并建立了不少战功。在1943年10月的一次残酷的海空大战中，装备齐全的惠灵顿展示了它独有的洋上搜索能力，成为近代空舰战的新一代武器。

1943年，英美对德国大城市汉堡实施大规模空袭，成为史上“面积轰炸”一大典范，从7月24日至8月3日，分4次实施这次命名为“蛾摩拉战役”的大轰炸，共出动17021架次，投弹9000吨，最后以夷平30000座建筑，炸死炸伤10万人而告终。惠灵顿作为轰炸编队的一个组成部分也参与了这次超级军事行动。其间，并行开发和应用了铝箔丝电子干扰、连续多波次投弹、大规模投掷燃烧弹和夜间大机群协同空袭等技战术。

惠灵顿轰炸机在二战期间共出动47409架次，投弹41823吨，为反法西斯战争作出了巨大贡献，还出口澳大利亚、捷克、法国、波兰、加拿大和新西兰等国。

作为一种很实用的大舱身轰炸机，惠灵顿自然而然地成为大战前半期皇家空军的主要空中打击力量，并在近海巡逻、反潜及特种作战方面也发挥过很大作用。二战时，出击架次和投弹吨位均荣居全英第3位，并一直服役到战后。

惠特利(Whitley)轰炸机

1936年3月17日首飞，1937年交付使用。英国空军第1种重型夜间轰炸机，性能一般，1942年后用于教练和滑翔机拖曳。生产1737架。

主要技术数据：惠特利

发动机：2台R.R Merlin X 1145马力

航程：2650公里

最大速度：357公里/小时

升限：6100米

重量：8768/15196公斤

翼展：25.6米

机长：21.5米

武备：5挺7.7毫米机枪，3175公斤炸弹

机组成员：5人

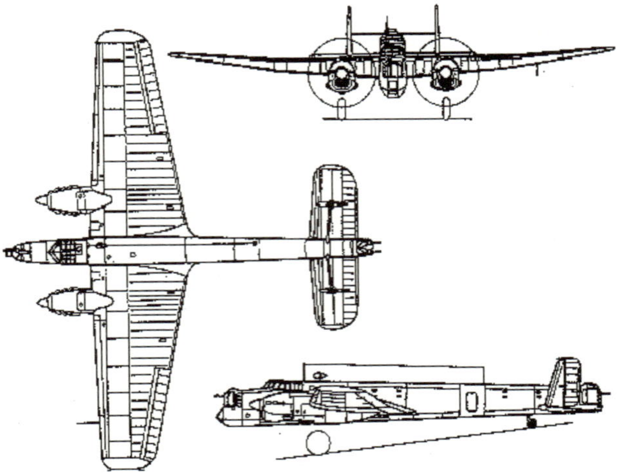

■ 惠特利轰炸机三视图。

曼彻斯特(Manchester)轰炸机

1936年，英国空军部以P.13136号设计说明书，要求亨德莱·佩奇公司和阿弗罗公司竞争设计一种双发轰炸机。携弹能力为5450公斤或1枚3630公斤重磅炸弹。德莱·佩奇公司的设计方案是HP56，阿弗罗公司的设计方案是Avro679。HP56使用和喷火、飓风同一系列的发动机，预计在将来的战争中发动机的供应会发生冲突而落选，Avro679获胜。Avro679使用的Vulture 24缸发动机是2台Rolls-Royce Kestrel 12缸共用曲轴箱组合而成，发动机因此而结构复杂，可靠性低。但是由于当时在航空界普遍认为，4发动机方案将加大飞机的迎风面积，加大飞机飞行阻力而倾向采取双发方案。

1939年7月25日，L7246号原型机试飞。在17分钟的飞行中发现：飞机的发动机功率明显不足，较大的翼载荷使飞机极难操纵。为改进飞机的横向操纵性，在飞机的尾部中央加上一个垂直安定面，飞机成为三垂尾。1940年5月26日，第2架原型机试飞。试飞后，又增加了机翼翼展，将腹部炮塔移到脊部，正式命名为“曼彻斯特”并开始生产。

1940年底，第207中队的曼彻斯特达到20架。1941年1月9日，飞机对外界首次解密，以提高英国公众的士气。2月24日，6架飞机参加对法国德占区布勒斯

特港中德国军舰的袭击。曼彻斯特设计上存在若干重大缺陷：发动机功率不足，飞机升限低，一旦发动机出现故障和战伤而导致单发飞行，结果一定是灾难性的；发动机多次出现重大事故隐患，致全部停飞改进检修；尾翼、螺旋桨设计问题需要解决；发动机出现的问题使飞机和机组的损失不断增加。所以，一直在发展飞机的后继方案，只保持低水平生产，在生产209架后停产。

主要技术数据：曼彻斯特

发动机：2台Rolls-Royce Vulture I 24缸液冷，1120马力

航程：1930公里

最大速度：402公里/小时

升限：5853米

重量：14152/22680公斤

翼展：27.46米

机长：21.34米

机高：5.94米

武备：6挺7.7毫米机枪，4700公斤炸弹

机组成员：7人

哈利法克斯(Halifax)重型轰炸机

哈利法克斯是皇家空军轰炸机司令部二战中装备的3种主力4发重型轰炸机之一，虽然从性能上而言，它比不上兰开斯特，但是在兰开斯特数量不足的时候，它一直承担着夜间空袭德国的重任，执行包括轰炸引导等各种空袭任务，此外，也承担了如运输、空投等任务。哈利法克斯最早是作为威灵顿型轰炸机的后继重型轰炸机的B.1/35规格计划书发展的，亨德莱·佩奇公司由乔治·弗尔科特领导的设计小组最早提出的设计是装备2台Bristol Hercules型发动机，于1935年10月获得进一步的系列合同。1936年，英军提出了发展快速战术轰炸机的P13./36规格计划书，为了满足这个规格要求，亨德莱·佩奇公司决定就在B.1/35设计的基础上进行改进，翼展由原来的28.96米缩短为27.43米，改用罗尔斯－罗伊斯的发动机。1937年4月，英国航空部给亨德莱·佩奇公司的这2种设计都提供了合同，编号为H.P.56。

1937年9月3日，亨德莱·佩奇公司获准进行进一步设计，编号为H.P.57，原来的试验机

■ 这是第2架原型机L7245，是第1架安装了自卫武器系统的哈利法克斯。

系列号L7244和L7245继续保留。H.P.57装备4台梅林MK X型发动机，这种发动机在当时已经在惠特利和威灵顿轰炸机上得到了验证，而装备了梅林发动机的“英俊战士”战斗机更是表现优异。对比阿弗罗公司在曼彻斯特轰炸机基础上改进而来的兰开斯特的过程，乔治·弗尔科特的设计小组对H.P.57则几乎进行了重新设计，新的设计中机身被扩大，翼展增加到20.12米。为了加快设计速度，设计人员决定先将L7244尽快制造出来，而如枪塔等其他装备则随后安装在L7245上。1938年，亨德莱·佩奇公司进一步获得了生产100架系列轰炸机的合同意向，并且很快在1939年初得到最终确认。这期间，该型轰炸机正式获得了“哈利法克斯”这个称呼。为了保密需要，部分完工的哈利法克斯原型机L7244在夜间用重型卡车运到皇家空军的一个飞行基地，并且在那里完成最后组装。1939年10月25日，首席试飞员吉姆·考德斯少校驾驶这架L7244进行了哈利法克斯的首次试飞，地面上有很多观众专程赶来观看这种新型轰炸机的试飞。试飞进行得很成功。随后，在1940年8月17日，第2架安装了枪塔等其他设备的完整型哈利法克斯原型机也顺利完成了。很快，在1940年10月11日，第1架正式的系列轰炸机型哈利法克斯MK I (L9485) 型也诞生了。这一系列和原型机的差别不是很大，为了提高生产效率，亨德莱·佩奇公司将绘制尺寸规格复印件分发给各个不同的加工厂，然后加工厂以此为依据直接在铝板上加工不同的部件，以便于提高生产效率和精度。而这些部件还需要能够满足公路运输的要求。亨德莱·佩奇公司参与这些生产的人数增加到了2700人，很多英国的其他公司也都纷纷加入生产的行列，如英国电子、鲁特斯集团等公司。到了1942年，随着伦敦飞机制造集团的加入，哈利法克斯的产量得到了进一步的提升。可以说，能够像哈利法克斯这样如此快速的投产并且服役的战机并不多。

■ 这架L9601是哈利法克斯MK I型，照片摄于1941年8月。

到了1940年11月，皇家空军总计36个哈利法克斯中队中的第1个：第35轰炸机中队成立，隶属于第4轰炸机联队。1941年3月11日－12日夜间，哈利法克斯执行了第1次夜间任务，随后以轰炸沙恩霍斯特战舰为开始，参加了对德国海军的一系列空袭。这期间，哈利法克斯只损失了5架，其中1架还是被英军自己的夜间战斗机打下来的。但是哈利法克斯也并非就此一帆风顺，它的一些严重问题也逐渐暴露出来，而且是在它已经被大量生产出来之后。到1941年底，第4轰炸机联队已经拥有了11个哈利法克斯中队。哈利法克斯首先的问题是出现在减速器上，在大约6个月时间里，哈利法克斯发生了95次减速器故

■ 皇家空军第76轰炸机中队是第2个装备哈利法克斯完成实战部署的单位，图中这架有“L”标记的哈利法克斯在1941年的一次任务中没有返航。

障，其中的多次故障导致轰炸机失去一个螺旋桨，超过75%都是发生在1号发动机（左外侧发动机）上，故障发生的具体原因很难完全查明，可以确信的一个原因是：螺旋桨包括机体的空气动力特性上的缺陷导致螺旋桨发生不明震动，并且传递回减速器引起故障。采用4叶螺旋桨后，这个问题得到了一定改善，但是依然无法完全消除。皇家空军机组成员现在必须适应在安装不同的螺旋桨的情况下飞行，如全部换装4叶螺旋桨，或者只换2台外侧发动机的螺旋桨，或者干脆只更换了1号发动机的螺旋桨，因为新的4叶螺旋桨生产数量不足。而哈利法克斯的主起落架和尾轮的液压系统也存在问题，其中一个明显问题就是起飞后无法收回或者降落时无法放下主起落架。生产商随后改进了液压系统，而解决尾轮问题的方法很简单，就是将它锁定

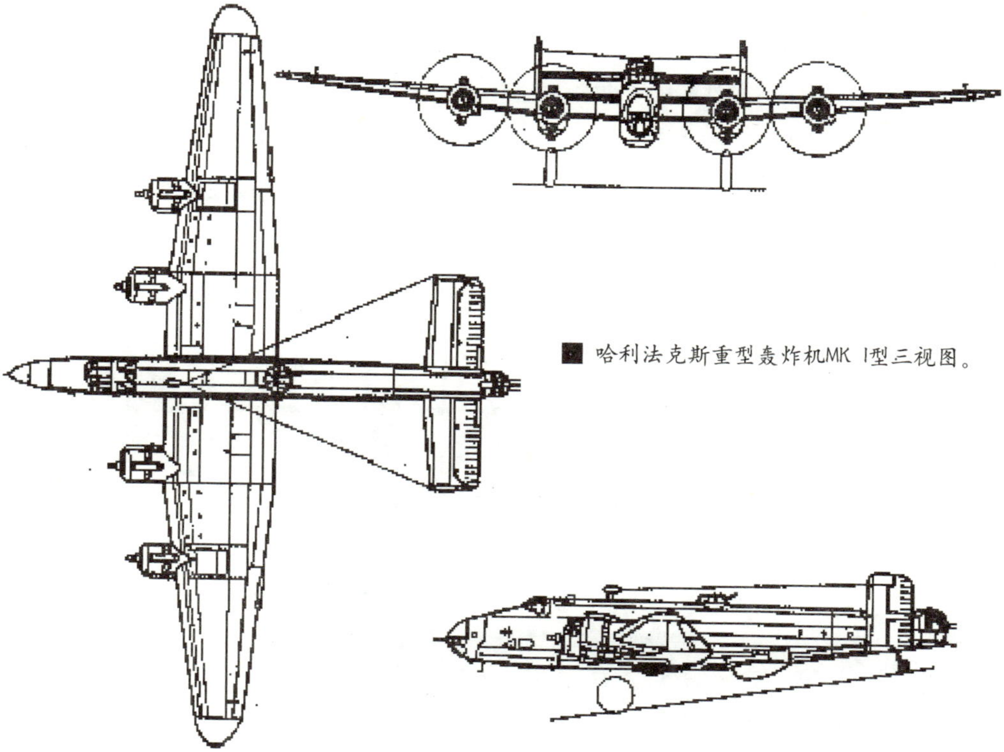

■ 哈利法克斯重型轰炸机MK Ⅰ型三视图。

在放下的位置。哈利法克斯的起落架支架采用焊接结构，就是吸取了斯特林型轰炸机起落架存在的强度问题。哈利法克斯的7名机组成员都通过机翼后部的机身左下侧的入口进出，他们在机身内包括6.7米长的弹舱上部都可以通行无阻。轰炸机包括弹舱盖板在内的多个活动盖板或者活门都用液压系统驱动，布尔顿－保尔型机枪塔则采用电动－液压系统驱动。哈利法克斯的另一个特点是每侧主机翼的襟翼绞接处下方都安装了3个快速排油管。

■（上）这架HX227是哈利法克斯MK Ⅲ型的第2架，发动机为Bristol Hercules XVI型，机身下方可以安装H2S机载地形雷达，也有部分安装了1挺机枪。

■（下）这架BB324是哈利法克斯MK Ⅱ型的特殊型，拆除了机身枪塔和机鼻枪塔，保留尾部枪塔。因此飞机获得了更好的飞行性能。

哈利法克斯MK I型系列在生产了100架以后，哈利法克斯新的改进型也进入了生产线，哈利法克斯Mk II型装备了梅林XX型发动机，这种性能更好的发动机有效地满足了哈利法克斯整体重量增加的要求，虽然它新的机身枪塔对空气动力性能的影响依然没有太大的改观。哈利法克斯MK II型的特殊型则拆除了除重要的尾部枪塔之外的其他自卫武器系统，如机身枪塔、机鼻枪塔。大部分哈利法克斯都拆除了发动机上原来的消焰排气管，因为由此可以改进空气动力性能，提高飞行速度和高度，这对于轰炸机的生存能力更为重要，因为消焰排气管只能将被德军在夜空中发现的距离延长100米左

■ 1架著名的哈利法克斯则是编号为V9977的哈利法克斯MK II型，它是第1架安装H2S机载地形雷达的轰炸机。可惜的是这架V9977在1942年6月的一次试验飞行时不幸撞山，机组成员全部丧生。

右，并没有什么实质性的作用。

哈利法克斯MK II型系列1A安装了新的机头，改装布朗宁12.7毫米机枪，其中，GR.MK II型服役于海岸司令部。1架哈利法克斯MK II型还进行了其他的一些改进尝试，其中，主要的就是改进了尾翼方向舵，以获得更好的操纵性；此外，还改装了新的空气动力性能及得以改善的机身枪塔，同时，改进了发动机冷却系统，经过这些努力，哈利法克斯的速度提高了约32公里/小时。

超过百架的哈利法克斯和一些其他型号的轰炸机随后陆续装备了H2S机载地形雷达，有一部分没有安装H2S机载地形雷达的哈利法克斯在这个位置安装了1挺12.7毫米机枪，成为皇家空军中少有的能够防卫机体下后方的轰炸机型，能够攻击由下方接近的使用“斜乐”机炮的德军夜间战斗机。由于原来装备的梅瑟尔型起落架产量不足，哈利法克斯MK V型改用了强度较差的Dowty型起落架，致使最高允许降落重量被限制在18144公斤之内，同时，大部分该型哈利法克斯都换装了4叶螺旋桨，哈利法克斯 MK V型都是非武装型，主要用于运输、海上巡逻等任务，均由鲁特斯和法瑞公司生产，总数约916架。

1942年10月，哈利法克斯进行了一次巨大的改进，首先是1架编号为R9534机，它换装了新的38升Brlistol星型发动机，虽然这种发动机的油耗远大于27升的梅林发动机，但是其巨大的动力大大提高了哈利法克斯的飞行高度和速度，使得哈利法克斯的作战能力大大提高。1943年7月，这种哈利法克斯MK III型正式开始第1次飞行，并且很快开始取代那些梅林发动机型哈利法克斯，哈利法克斯MK III型采用了更长的发动机排气管，DH型螺旋桨，改进了后轮的安全稳定性，翼展达到了31.75米，有效升限得以提高。这种哈利法克斯已经完全可以满足皇家空军当时的轰炸要求。这种型号的产量达到了2081架。皇

■ 这是哈利法克斯C.MK III型，这种运输机型总共生产了约100架，装备Bristol Hercules XVI型发动机，在1945年战争结束以后，这个系列的很大一部分被用于民航。

■ 哈利法克斯的最后改型之一，C.MK VIII型运输机，战后编号为C.MK 8型，机身下改装了可以装载3628公斤货物的货舱。

家空军轰炸机司令部中装备哈利法克斯的包括澳大利亚、加拿大、新西兰、法国和波兰等外籍轰炸机中队。此外，轰炸引导联队也装备了哈利法克斯执行轰炸引导任务，哈利法克斯也是执行电子干扰对抗等任务的第100特殊联队中最重型的轰炸机。此外，它还装备了第138和161特殊中队执行危险的远程运输任务。哈利法克斯还参加了北非战场的作战，一直到1945年的意大利北部战场，它还执行牵引滑翔机的任务。

哈利法克斯MK IV型只生产了1架试验型用于发动机悬挂测试。1944年10月10日，第1架哈利法克斯B.MK VI型进行了试飞，安装了新的Bristol Hercules 100型发动机和满足远程任务需要的大油箱，部署到太平洋战区执行对日本的远程任务，总计生产了557架。由于Hercules 100星型发动机的产量不足，依然安装老的Hercules XVI型发动机的哈利法克斯B.MK VI型被命名为B.MK VII型，主要装备加拿大和波兰轰炸机中队，生产了193架。

哈利法克斯C.MK VIII型主要装备第301和304中队，为非武装的运输机型，改装了11个座位和货舱，可以运载3628公斤货物，约生产了96架。哈利法克斯A.MK VII型也是非武装的运输机型，主要用于空降部队，内部进行了满足运载伞兵要求的改造，于1945年10月5日完成第1架，总共生产了234架。亨德莱·佩奇公司最终生产了1590架哈利法克斯，英国电力公司生产了2145架，LAPG公司生产了710架，鲁特斯公司生产了1070架，法瑞公司生产了661架。总共有4架哈利法克斯执行了超过100次对德国的作战任务，其中，第158中队的1架“Friday The 13th”执行了128次，现陈列于英国皇家空军博物馆。1952年3月17日，1架哈利法克斯GR.MK VI型执行了哈利法克斯家族的最后一次任务。

主要技术数据：哈利法克斯MK III型

机组成员：7人

发动机：4台Bristol Hercules XVI14缸气冷 1650hp

航程：2030公里

最大速度：501公里/小时

升限：7315米

重量：17345/29484公斤

翼展：31.75米

机长：21.82米

机高：6.32米

武备：9挺7.7毫米机枪

载弹量：5890公斤

兰开斯特(Lancaster)重型轰炸机

兰开斯特重型轰炸机是英国皇家空军轰炸机司令部最重要的夜间空袭力量，它最早的原型则是阿弗罗公司于1936开始设计的曼彻斯特型轰炸机。罗尔斯－罗伊斯公司主席哈福斯专门致信英国航空部，提出在曼彻斯特上安装4台梅林发动机的曼彻斯特III型的设计，这种梅林X型发动机原来是为“英俊战士”战斗机发展的，曼彻斯特原来的翼展也继续被扩大了。1940年底，罗尔斯－罗伊斯公司就在3个星期内完成了这种曼彻斯特III型的改装（编号BT308），并于1941年1月9日由“山姆”布朗上尉驾驶进行了首次试飞。

这架装备4台发动机的曼彻斯特被重新命名为“兰开斯特I型”，同时，还在此基础上发展了另一种运输机型“约克”，很快另一架曼彻斯特（DG595）也被改装为兰开斯特，将双垂尾的面积加大，取消了曼彻斯特的中央垂尾。这种兰开斯特的最初型号的试飞非常顺利，因此很快在1月27日就开始进行安装飞行装备和武器系统的试飞，并且获得了很好的评价。于是很快获得了正式生产的许可，而且已经在生产线上的曼彻斯特也开始进行转为兰开斯特的改装。而兰开斯特各方面的众多改进也在毫不停顿地进行着，如机载系统、装甲防护以及其他细节部分。第1种正式生产型的兰开斯特I型装备了新的梅林XX型发动机，最终生产了3440架。相比原来的梅林X型发动机854千瓦的功率，这种梅林XX型发动机的单台功率达到了955千瓦。但是随着各种机载设备的加装，兰开斯特I的重量也从原来的22680公斤增加到了27216公斤。兰开斯特的机身枪塔的气动外形也进行了优化设计，并且安装了专门自动限制机枪射击角度的装置，防止在激烈的空战中造成自伤。机身枪塔的机枪弹药储备是2000发，机尾枪塔则达到了10000发，但是兰开斯特最终还是取消了机腹枪塔的设置，没有保护的机腹在

1942年，第207轰炸机中队的兰开斯特编队，这是兰开斯特的初期产品。

■（上）最早的兰开斯特试验型（BT308），还安装着曼彻斯特I型的尾翼，它最早被称为曼彻斯特III型。

■（中）1架用于飞行试验的兰开斯特，改装自兰开斯特I型，机首机尾都进行了改造，用于发动机和其他设备的测试工作。

■（下）兰开斯特II型，这种型号的油耗特别高。

实战中成为了德军夜间战斗机攻击的主要区域。

最早在1936年的曼彻斯特的设计中就有能安装鱼雷的要求，兰开斯特继承了这个设计特点，因此其弹舱非常适合携挂二战中英国发展的各种重型炸弹，从1814公斤、3629公斤、5443公斤“Tallboy”(高脚橱)一直到9979公斤的“Grand Slam”(大满贯)，经过改装携带这些重型炸弹的被称为兰开斯特I型。

1942年初，兰开斯特的大规模生产正式开始了，为此英国阿弗罗等公司投入了巨大的精力关注于兰开斯特的生产，参与的工人和技术人员数量达到了131000人，但是这还是无法满足轰炸机司令部的需求。加拿大武器装备供应部属下的在多伦多的威克顿飞机公司也加入了这个生产行列来提高兰开斯特的生产数量，它们需要的梅林发动机则是直接由美国生产提供，加拿大生产的兰开斯特被命名为兰开斯特X型，总共生产了430架，二战后改为兰开斯特10型，继续改装为了空中以及海上侦察型，甚至还有邮政机型。

1941年9月，皇家空军第44轰炸机中队的1架兰开斯特做好了最初的部署准备，这个中队在1942年初成为最早装备兰开斯特的中队，并于1942年3月3日第1次执行布雷任务，随后，在3月10日第1次参加空袭任务，当时，出动的2架兰开斯特都携带了2291公斤的重型炸弹，到战争结束，兰开斯特总计投掷了618350吨炸弹。

1942年4月17日，第44和第97轰炸机中队的12架兰开斯特在白天低空轰炸了德国在奥格斯堡的重要的柴油发动机生产商Man工厂。

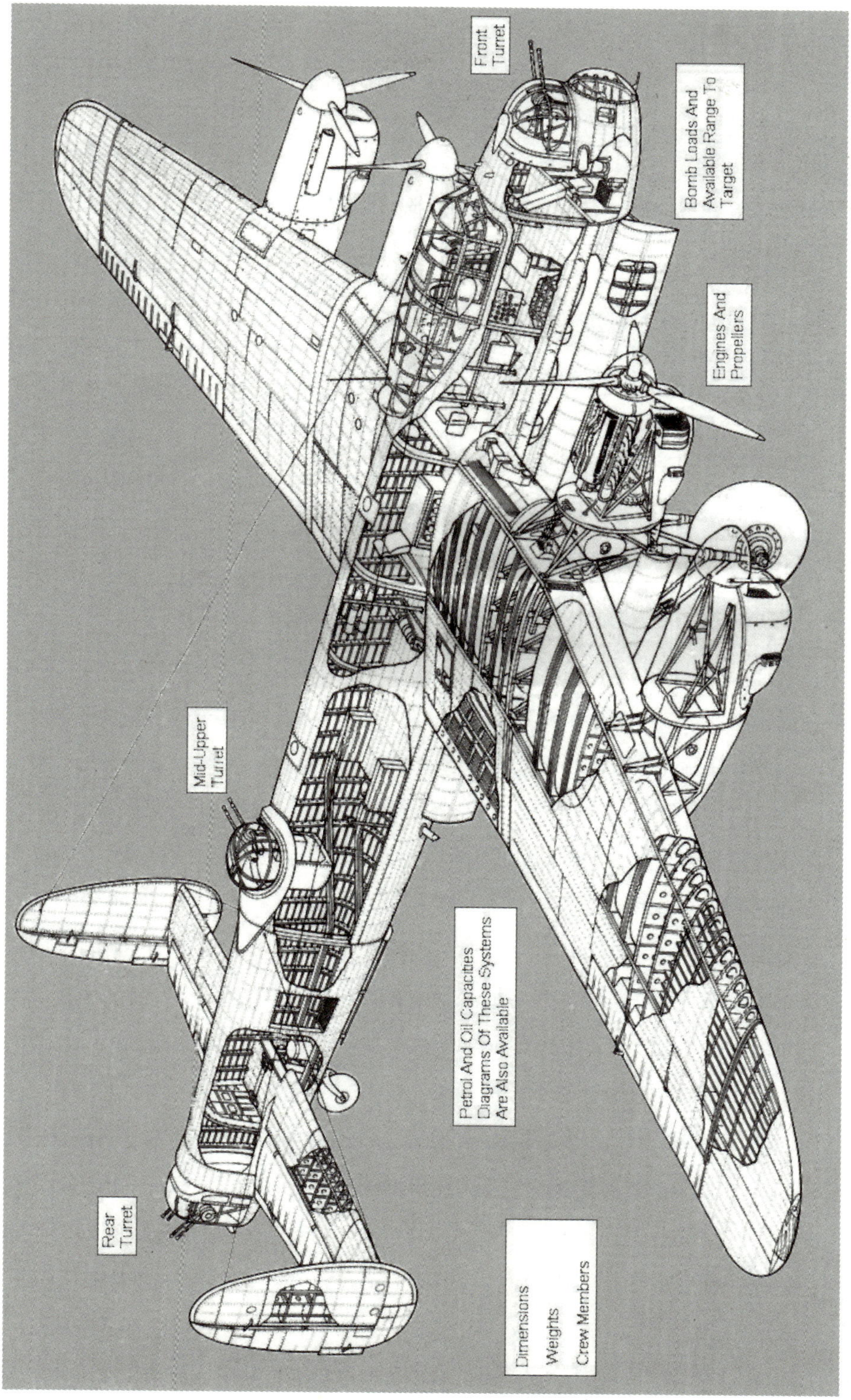
Front Turret
Bomb Loads And Available Range To Target
Engines And Propellers
Mid-Upper Turret
Petrol And Oil Capacities Diagrams Of These Systems Are Also Available
Rear Turret
Dimensions
Weights
Crew Members

■兰开斯特的剖视图。

■（上）兰开斯特III型的最后产品之一，二战后被改装为ASR.3型。
■（下）兰开斯特I（FE）型，用于远东战场，为了满足超远航程的要求，机身进行了改造，使其油箱容量从原来的9800升上升到了15275升。

当然，根据皇家空军的空袭战术，兰开斯特的最主要的空袭行动都在夜间进行。随着电子技术的发展，兰开斯特开始在机腹原来可能会安装枪塔的位置安装了H2S机载地形雷达天线。兰开斯特也是皇家空军最早装备电子对抗系统（ECM）和电子防御系统（ECCM）的轰炸机，比较著名的就是101中队装备的“空中雪茄”电子干扰设备。兰开斯特各个改进型之间的区别也很大，主要差别在于武器和电子设备，而只有兰开斯特II型装备了不同于其他型号的Bristol Hercules VI星型发动机，最终生产了302架，主要装备加拿大轰炸机部队。MK II型相比于其他型号，其起飞和爬升速度都更快，因此在低空速度上具备优势，但是随着高度上升，它的速度就会减慢。

兰开斯特III型继续换装新的梅林28（单台功率1231千瓦）或者38(单台功率1089千瓦)或者224(单台功率1223千瓦)型发动机，最终生产了3020架。

兰开斯特IV型后来发展为“林肯”I型重型轰炸机，兰开斯特V型则成为“林肯”II型。

兰开斯特 VI型换装了新的梅林87发动机，单台功率达到了1313千瓦，但是总共9架这种型号都是从其他的兰开斯特改装而来的，2架是原来的兰开斯特I型，7架是兰开斯特III型。

随后的兰开斯特VII型改进了机身下部和机尾枪塔，则生产了180架。

兰开斯特最后的作战改型是I(FE)型和VII (FE) 型，主要部署到远东战场对付日本人。到二战结束后的1946年2月2日的最后一架兰开斯特的完工，它总共生产了7377架。

兰开斯特在二战后的各种改进型也很多，JB456改装了美军B17轰炸机的20毫米机炮炮塔，这种炮塔后来成为“林肯”的标准装备。兰开斯特的第1个正式的二战后的改进型是ASR.3型，在机身下携挂了1艘救生艇，属于海岸司令部，后来在此基础上又改为GR.3和MR.3海上侦察型。轰炸机司令部则使用拆除了枪塔的PR.1型执行航拍任务，在1946年至1952年期间频繁出动。到1956年10月15日，最后一架兰开斯特——MR.3型正式退役。加拿大和法国空军的兰开斯特则继续服役了一段时间，其中，加拿大空军使用兰开斯特10 MR海上侦察型一直到1964年。

一个有意思的记录：执行空袭任务最多的兰开斯特曾经被认为是R5868号机，它总共执行了137次任务，但是实际上的记录应该是先后属于第103和第576轰炸机中队的ED888号机，它执行了140次任务。

主要技术数据：兰开斯特 I型

机组成员：7人

发动机：4台罗尔斯－罗伊斯的梅林XX发动机，单台功率955千瓦

或者梅林22发动机，单台功率1089千瓦

或者梅林24发动机，单台功率1223千瓦

航程：4072公里（载弹量3175公斤）

最大速度：442公里/小时

巡航速度：322公里/小时

升限：5790米（7467米）

重量：16783公斤/30845公斤（满载）

翼展：31.09米

机长：21.18米

机高：6.25米

机翼面积：120.49平方米

武备：8挺布朗宁7.7毫米机枪：机首枪塔2挺；机身枪塔2挺；机尾枪塔4挺

载弹量：6350公斤炸弹（特种改进型可达9979公斤）

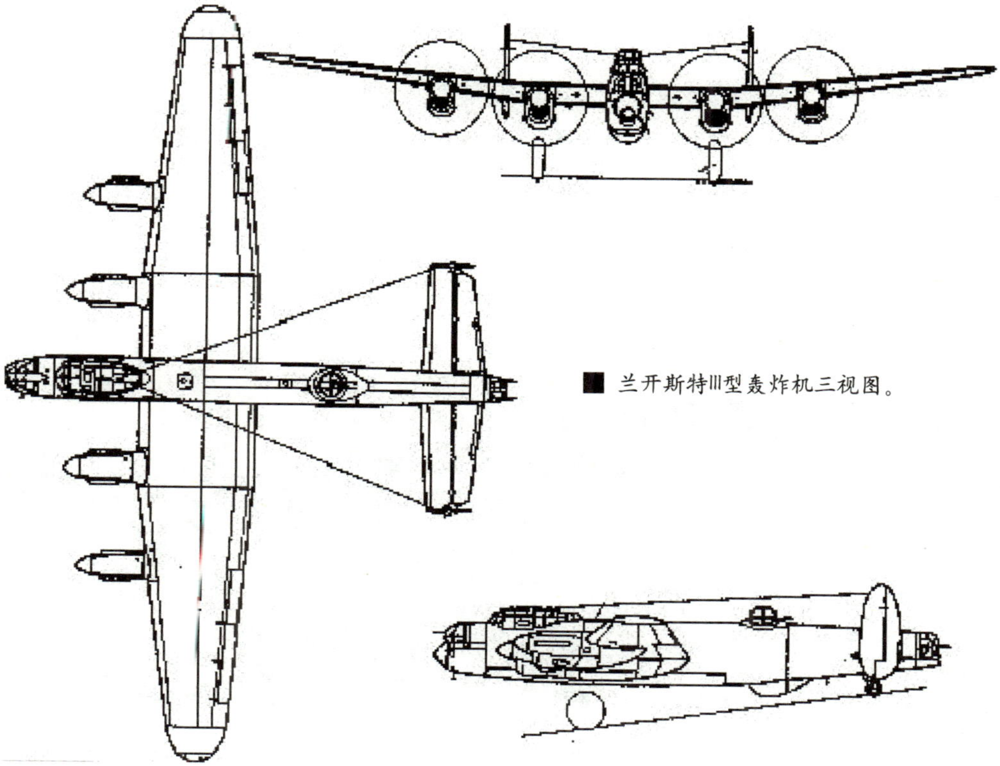

■ 兰开斯特Ⅲ型轰炸机三视图。

德国空军主要作战飞机

Bf 110战斗机

Bf 110是一种双发重型战斗（驱逐）机，它最早被赋予的使命是为轰炸机部队护航的重型战斗机，德国空军战斗机总监加兰德将军在回忆录中这样描述Bf 110：“从1938年开始，戈林命令组建装备Bf 110的战斗机部队，发挥其较长的滞空时间和纵深入侵能力，担负‘空军战斗机行动指挥’的角色。因此，新建的战斗机联队抽调了各个昼间战斗机联队的精英飞行员。”可见德国空军对它寄予厚望，所组建的Bf 110战斗机部队是名副其实的精锐部队。此外，Bf 110也可以经过改装直接作为高速轰炸机执行空袭任务。但是在英国上空的实战证明由于它在速度和机动性上的先天不足，事实上无法应付英军单发战斗机的攻击。它真正能够发挥其优点的战场是在夜间，因为它具备成为优秀夜间战斗机的基本要求，最终成为皇家空军轰炸机部队的梦魇。

1934年末，梅塞施密特公司开始设计一种远程双发重型战斗机，可以为轰炸机提供全程护航，这个计划得到了戈林的大力支持。

1936年5月12日，Bf 110的原型机进行了首次试飞，该机采用常规气动布局，悬臂下单翼和双垂尾，装备2台戴姆勒－奔驰DB600A型发动机，单台功率为910千瓦，但是这种发动机的可靠性不佳。原型机在试飞中达到了505公里/小时的最高速度，其综合性能得到了肯定的评价。装备戴姆勒－奔驰发动机的原型机生产了3架，随后，正式的Bf 110A-0则改装了可靠的容克Jumo 210Da型发动机，但是这种发动机单台功率只有500千瓦，导致其动力性能明显下降，最高速度降到了430公里/小时。而新的戴姆勒－奔驰DB601A型发动机则让德军等待得太久，严重影响了整个Bf 110项目的进度。1938年开始，梅塞施密特公司开发了新的Bf11B-0改进型，该型的机腹进行了改进，以便于在原来Bf 110A-0型装备4挺机枪的基础上加装2门20毫米机炮，以加强其火力，装备的发动机则依

■ Bf 110G-4,不过此时它将要去执行的不是夜间任务，而是昼间拦截美军轰炸机群的任务。

■ 正在飞越英吉利海峡的Bf 110-C。

然为戴姆勒－奔驰 DB600A型。这种装备容克Jumo发动机的Bf 110B生产了45架，包括B-1/B-2型和部分B-3型，其中，B-1型曾经送到西班牙内战战场进行测试。

等到戴姆勒－奔驰 DB601A型发动机正式投产后，新的Bf 110C型也诞生了，1939年1月，其初期C-0型生产了10架进入空军试用。1939年，中期量产型Bf 110C-1型进入现役，为了提高其产量，福克－沃尔夫等公司也参与生产。Bf 110C-2则在C-1基础上换装了新的无线电设备（FuG10型）；C-3和C-4等型号主要的区别在于装备的机炮型号。

这种新式战斗机最早在波兰战场展示其作战能力，而后于1939年12月18日在威廉港之战中第1次展示了其作为“轰炸机杀手”的特性。Bf 110的初次实战就证明了它的实力，于是它的生产被放到了优先地位，到1939年底，它总计生产了315架。随后，在整个1940年间，它的月产量都维持在102架左右。

Bf 110C-4/B可以挂载2枚250公斤炸弹。C-5则是在C-2的基础上改装的侦察机型。C-6则是作为重型战斗机，加装了1门Mk101机炮，发动机则换为戴姆勒－奔驰DB601N型。

Bf 110 D系列作为远程战斗机发展，加装了300升－900升副油箱，1940年，曾在挪威战区服役。

Bf 110 E系列在C系列基础上改进，增加了载弹量，E-0型可以在机腹下携挂1枚1000公斤炸弹，在机翼下携挂4枚50公斤炸弹。E-1的差别则仅仅是在武器装备上。

Bf 110 F系列基本和E系列相近，只是换装了戴姆勒－奔驰 DB601F型发动机。F-3型则是远程侦察机型。

1942年，由于原来作为Bf 110后继机型的Bf210的失败，Bf 110继续发展了新的G系列，改装戴姆勒－奔驰 DB605型发动机，G-0/G-1/G-2型依然作为重型战斗机/高速轰炸机，G-2/R-1型则是反坦克型，装备Flak18 型37毫米炮。G-3为远程侦察机型。

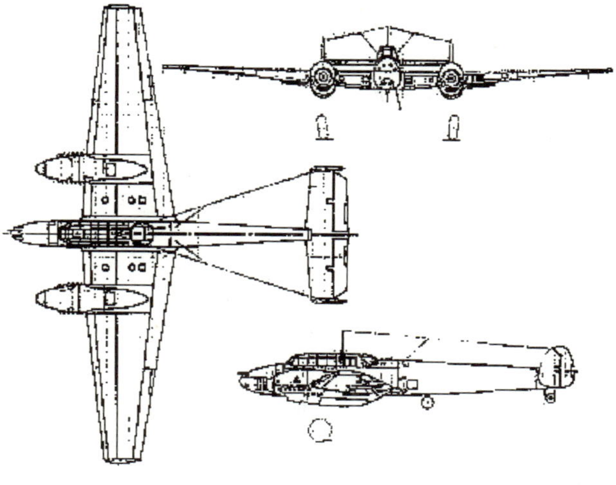

■ Bf 110 C-1战斗机三视图。

在1940年不列颠空战中，Bf 110的弱点明显暴露出来，在机动性上的欠缺导致它不是皇家空军喷火和飓风型单发战斗机的对手，即便它除了凶猛的前向火力之外还有1挺后向自卫机枪，依然在英国上空的空战中遭到了惨重打击，不仅无法完成为轰炸机全程护航的任务，自己也不得不由Bf 109单发战斗机提供护航。随后，它只能作为高速轰炸机或者侦察机使用。但是Bf 110并没有就此沉沦，命运给了它新的契机。1940年至1941年期间，随着德军夜间战斗机部队的建立和扩大，它重新找到了施展拳脚的舞台。最初，Bf 110夜间战斗机型并没有进行什么特别改进，机组主要仍然依靠目视进行夜间空战，随后，出现了装备“Spanner”红外夜视设备的Bf 110D-1/U-1型和E-1/U-1型，但是由于实际使用上的问题，这种改进型只是昙花一现。

1941年中期，随着德军夜间战斗机部队开始采用雷达引导战术，Bf 110开始获得巨大的成功。Bf 110 G-4型是最主要的夜间战斗机型，Bf 110夜间战斗机的一个重要机载设备明石雷达在1941年8月进行了最初的实战试验，并且在1942年开始大量装备，从此，Bf 110有了夜间的“亮眼睛”。G-4/U5装备明石C-1型机载雷达。1943年后，随着皇家空军使用锡箔干扰条进行干扰，Bf 110也开始换装新的雷达，G-4b/R1和G-4c/R3型开始装备新的明石SN-2型机载雷达。部分Bf 110也改装了德军夜间战斗机的另一个重要的杀手锏——“斜乐”机炮,主要有Bf 110 F-4/U1型和G-4/U1型等。

■ 已经装备了明石SN-2型雷达的Bf 110G-4，这架战斗机属于NJG 66中队。

1944年初，德国夜间战斗机部队达到了其战绩的高峰，此时，它装备的Bf 110夜间战斗机的数量约为320架，约占当时夜间战斗机总数的60%。但是随着新的夜间战斗机如Ju 88、He 219等的加入，Bf 110的数量开始下降，到1945年初，Bf 110大约还有150架左右在服役。虽然有新的夜间战斗机加入，但是德军夜间飞行员中的相当部分人依然对其十分喜爱，并且涌现了大量驾驶Bf 110的夜间王牌。到战争结束，Bf 110的生产总数达到了6050架。

主要技术数据：Bf 110 C-1型

机长：12.07米

翼展：16.25米

机高：4.13米

机组成员：2人

发动机：DB 601 A-1

功率：2台1100马力

最高速度：475 公里/小时

有效航程：1410 公里

升限：10000米

武备：2门MG/FF20毫米机炮， 4挺MG 17型7.92毫米机枪， 1挺MG 15型7.92毫米机枪

Fw 190战斗机

Fw 190是二战中最好的战斗机。由著名的飞机设计师库尔特·坦柯主持设计。在整个二战期间，一共生产了20000余架。Fw 190计划来自两方面的需求。首先，德国空军加速扩大和德国空军部对今后战争的预测：在未来的战争中，需要的不仅只是一种战斗机，仅依靠现有的Bf 109,将不能保证德国空军在可预见的将来具有领先的优势。其次，根据情报分析，潜在对手的空军至少预研和装备了两种以上的现代化战斗机。所以，德国空军部拟订了新型战斗机研发的战技要求说明书，在1937年底下发到各飞机制造商。

在库尔特·坦柯的领导下，1架使用星型气冷发动机、结构紧凑的小型战斗机设计完成。但是，在德国空军部中使用直列液冷发动机为战斗机最佳动力选择的观点占统治地位。官员们认为星型气冷发动机将使飞机的迎风面积加大而使飞行阻力加大；由于机头截面积大而使驾驶员在起飞和降落时视线不佳；当时，世界上已研制成功和正在研发的现代战斗机一般都是液冷发动机。由于这种偏见，Fw 190计划被束之高阁，直到发生两个偶然的原因。

第一是He100和He112飞机计划的受挫。He112Bs和He100D曾少量装备德国和罗马尼亚空军，He100D在装备时被重新命名为He113。不知道什么原因，德国试飞员中广泛流传着He113是“飞行员杀手”的说法，使He113的正式生产计划受挫。

第二是生产直列液冷发动机的主要供应商容克和戴姆勒－奔驰公司生产量无法满足所有飞机装备的要求。戴姆勒－奔驰公司的发动机满足Bf 109、Bf 110飞机的需求已是问题。容克公司的Jumo-211发动机又必须首先保证生产He111。

在这种情况下，Fw 190计划被重新提起。1939年春，原型机Fw 190V1出厂。新飞机是1架低单翼、全金属结构、起落架可收放的飞机。装备了1台1550hp的BMW13918缸双排星型气冷发动机，比DB601或Jumo211大1/4。1939年6月1日，福克公司的首席试飞员Hans.Sander进行了首次试飞。试飞证明飞机的速度在4000米高度时达595公里/小时，操纵性能优异。但发动机有过热倾向，即使在座舱里温

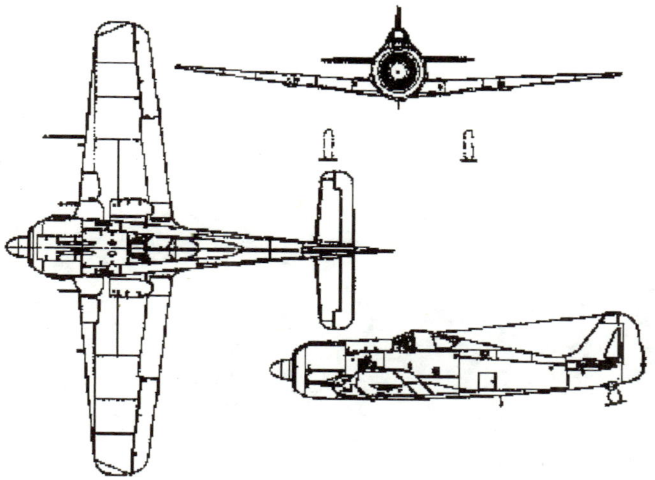

Fw 190A—3战斗机三视图。

■ ①Fw 190-03 ■ ②Fw 190V13 ■ ③Fw 190A3 ■ ④Fw 190F8（在冰天雪地中）
■ ⑤Fw 190G3 ■ ⑥Fw 190A5 ■ ⑦Fw 190A8 ■ ⑧Fw 190V53

■ 1架正在加油的Fw 190。

度也达到55度；座舱密封有问题，发动机废气漏进舱里，使Hans.Sander不得不代上氧气面罩已免窒息。随即，对飞机进行了改进，在发动机前增加了一个十叶片的冷却风扇，并加大了发动机整流罩开口后，问题基本解决。

1939年秋天，第2架原型机Fw 190V2出厂，10月31日进行试飞。1940年1月25日，Fw 190V2为戈林进行了飞行表演，给戈林留下深刻印象，随即下令生产40架Fw 190A-0。在此期间，BMW公司发展了更高级的14缸气冷双排星型发动机BMW801，新发动机的直径和老发动机的直径相似，只是较长较重。为使用新发动机，验证了原型机的结构可以承受；并把座舱后移，避免发动机高温和容纳侦查设备；座舱后移后容积减少，又不得不优化座舱设计，等等。改进后的飞机即Fw 190V5，于1940年初春试飞。试飞后又发现，更换发动机引起的增重，影响飞机的飞行特性。所以重新设计机翼，将机翼翼展加大到10.506米，机翼面积加大到18.30平方米。机翼面积的增大，仅使飞机最大飞行速度降低了10公里/小时，而飞行特性，尤其是爬升率有了长足进步。在Fw 190V5的基础上，定型为Fw 190A-0预生产型，从1940年10月开始生产。在此之后，Fw 190边生产边改进，形成了Fw 190系列飞机。

Fw 190系列共有“A”系列，包括A1/U1、A2/U1.2、A3/U1.2.3.4.7、A4/U1.3.4.8、A5/U1.2.3.4.8.9.10.11.12.13.14.15.16.17、A6/R1.2.3.6.7.8.11.12、A7、A8、A9等型号。

“F”系列，包括F1、F2、F3.F8/

U1.2.3.4.5、F8/R1.3.13.14.15.16、F9等型号。

“G”系列，包括G1、G2、G3/R1.5、G8/R5等型号。

后期型已装备许多先进的武器系统，如GM-1型加力系统；MW50加力系统；FuG125 Hermine无线电导航仪；FuG218 Neptune J3雷达;FuG16 ZY雷达;SG113 3管机关炮；SG117 7管机关炮；Rohrbloock 108 7管机关炮；Ruhrstabl X-4 空对空导弹；BV246滑翔导弹；防护装甲。Fw 190和美军的P-51和英军的“喷火”后期型性能相当，在高空性能上还略胜一筹。

主要技术数据：Fw 190F3/R1型

发动机：1台BMW 801D-2

最大速度：638公里/小时

升限：10000米

航程：745公里

重量：空重：3326公斤

正常起飞重量：4400公斤

最大起飞重量：925公斤

翼展：10.50米

机长：8.95米

机高：3.95米

武备：2门MG151 20毫米机炮，2挺7.92毫米MG17机枪，250公斤炸弹

机组成员：1人

Do 217夜间战斗机

Do 217在德国夜间战斗机中并不属于优秀者，该机也是从轰炸机改进而来的。虽然在实际作战性能上不如Bf 110和Ju 88夜间战斗机型，但是Do 217也有鲜明的特点，最突出的就是它的超大续航力和强大的火力，因此，它可以长时间在空中等待追踪目标。Do 217夜间战斗机型的诞生最初主要是为了弥补Bf 110和Ju 88这2种主力夜间战斗机数量上的不足，因而从某种意义上来说使用Do 217只是一个临时的补救措施。

Do 217最早是道尼尔公司于1938年作为Do17型轰炸机的改进型发展而来的，较Do17的性能有较大提高。1941年，Do 217E型系列开始正式进入轰炸机联队服役。

Do 217 J型就是在E型系列基础上发展起来的战斗轰炸机/夜间战斗机型，装备戴姆勒－奔驰DB 801 A型发动机。Do 217 J-1型由E-2型改进，保留了E-2型轰炸机标准型的所有装备，包括背部及腹部的机枪、炸弹释放杆、阻力板和橡胶救生艇，作为拥有巨大续航力的战斗轰炸机，主要机载武器为4挺

■ Do 217 J型的驾驶舱。

■（上）已经装备了明石机载雷达的Do 217 J型。
■（下）Do 217夜间战斗机。

MG17型机枪和4门MG/FF型机炮，机组成员减少为3人。Do 217 J-2型则是专门的夜间战斗机型，机载武器是安装在机鼻的4挺MG17型机枪和4门MG151/20型机炮，并且装备了明石系列机载雷达，因此这样的改装也意味着Do 217J夜间战斗机型比其轰炸型还要重1吨，因此，在德国空军中被称做“疲劳的乌鸦”。Do 217的这种夜间战斗机改进型并不成功，夜间战斗机部队尝试着自己改装这种飞机，卸掉不必要的装备，以适应实战。这些改动被反馈回道尼尔公司，以便使其进行同样的改装。此外，它的另一个缺点是动力装置，当然没有充足的零件备份也是很严重的问题。随后，发展的Do 217N系列中继续改进出了Do 217N-1型夜间战斗机型，改装戴姆勒－奔驰DB 603 A型发动机，机身主体则是Do 217M型。这种Do 217改进型于1942年7月首次试飞，同年10月第1架Do 217N-1进入夜间战斗机部队服役。1943年4月，新的Do 217N-2也进入了生产线，这种改进型只是去掉了原来的后向自卫机枪。Do 217N夜间战斗机被应用到前线的各个夜间战斗机联队中（它在12个大队服役，并且分配给那些没有经验的飞行人员使用），

■ 这幅照片清晰地表现了Do 217由4挺MG17型机枪和4门MG151/20型机炮组成的强大的机头前向火力。

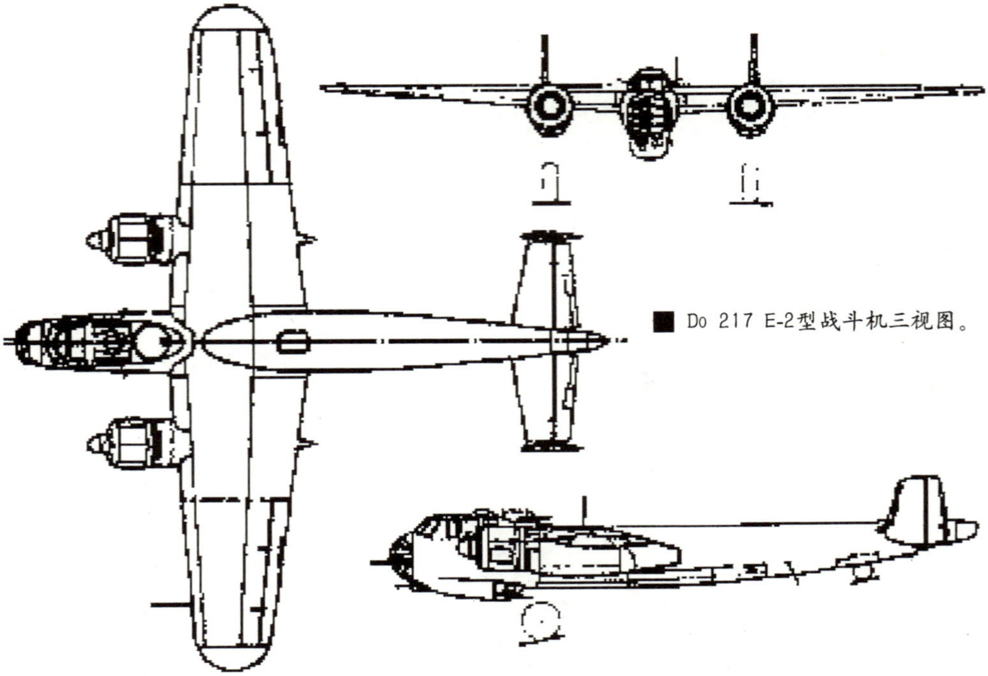

■ Do 217 E-2型战斗机三视图。

但是总体来说，飞行员对它的作战性能评价一般，其稀少的数量也意味着它始终是一种“珍禽”。由于这种飞机的外观与其他德国飞机相比很罕见，导致它在德国上空被友军击落的概率要远远高于其他种类的飞机。到1943年7月，14架NJG 32大队的Do 217N终于因为动力性能上的缺点而退役，该大队只能继续用仅存的7架Bf 110进行战斗。

主要技术数据：Do 217N-2型

发动机：2台戴姆勒－奔驰DB 603 A型发动机

速度：6000米高度最高速度515 公里/小时

爬升率：4000米/9分钟

实用升限：8900 米

有效航程：1760公里

机重 (净)：10720 公斤

最大起飞重量：13200 公斤

翼展：19 米

机长：18 米

机高：4.97 米

机翼面积：57 平方米

武备：4门20毫米 MG-151/20型机炮 (每门备弹200发)；4挺 7.92毫米 MG17型机枪 (每挺备弹700发)

机组成员：3人

Ju 88系列战斗机

在二战期间和二战后，一些英国空军飞行员有幸亲自驾驶这种被称为“奇迹”的战斗机。这些人都满怀激情地回想起Ju 88，并将其称为是1架“女性化”的性能可靠的绅士专用战斗机。Ju 88被公认为是最女性化的夜间战斗机也不无道理，显而易见，它的体积非常庞大，与体积仅次于它的“英俊战士”飞机相比，它比对手重了2吨多，翼展长了约2米。但这种“女性化”的飞机却是二战期间英国轰炸机飞行员最为恐惧的杀手之一，每当侥幸在其手下逃生的飞行员在事后回忆时都会说，“太可怕了，它总是能找到我们，然后用它的凶猛的火器对我们开火，就像一个凶狠的女人挥舞着她的长指甲”！

1935年春，积极备战的德国航空部向德国航空工业下达了研制高速轰炸机的招标书，容克公司在接到招标书后，立即将在研的双发高速旅客机加以改装，以适应航空部的要求。在经过一番修改后，首架样机根据德国航空器编号顺序被正式命名为Ju-88。

第1架原型机Ju 88V-1于1936年12月21日正式首飞，其机体采用全金属半硬壳结构正常气动布局，外观流线简洁，主翼采用直型悬臂梯形上反下单翼，其上装有限制俯冲速度的减速板（轰炸型具有俯冲轰炸能力）和发动机短舱，可根据需要选装BMW801型风冷发动机或水冷Jumo 211/213型发动机。经过试

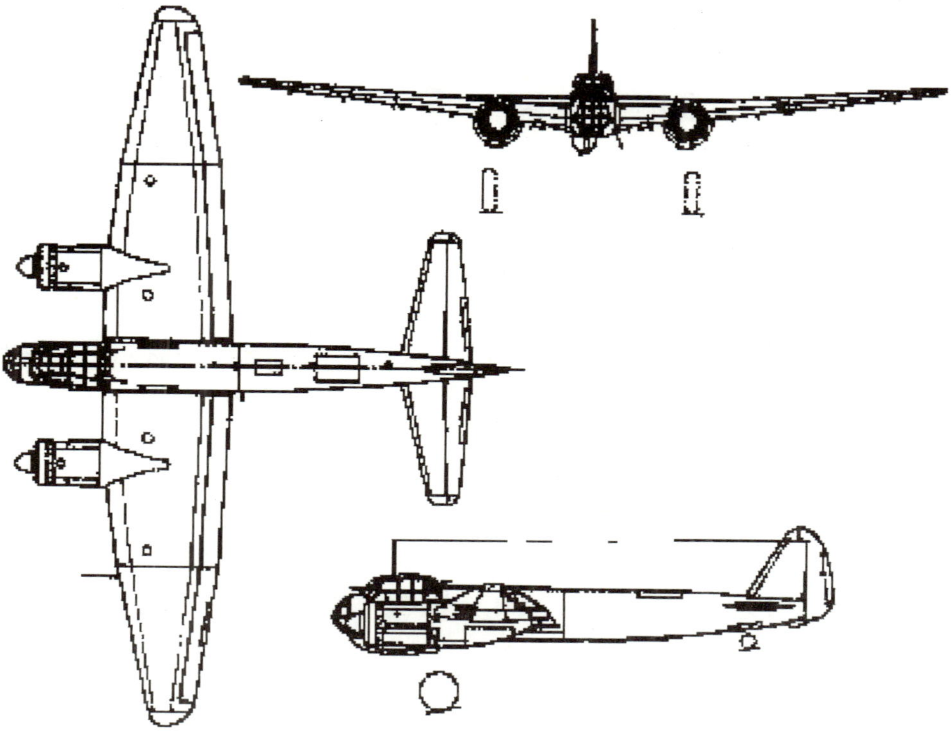

■ Ju 88A-4型三视图。

飞后发现该机具有极佳的飞行品质，同时还兼具高航速、航程远等优点，因此深得德国空军上层的欢心，随后，击败了与之竞争的Bf 162和Hs 127等方案，正式进入研制阶段。

1939年3月，发动机经过特殊改进的Ju 88V5（第5号原型机）在国际航联监督下创造出了载重2吨，在1000公里航线上平均时速517.004公里的世界纪录，该速度已基本接近当时英国主力战斗机“飓风”的最高速度！数月后，该机以相同的载荷在2000公里航线内创造出的平均时速500.786公里的飞行新纪录。上述纪录出现后，立刻轰动一时，引起全世界的关注。此前，各国均在开发所谓的“快速轰炸机”，意图以高速飞行来摆脱敌方战斗机的拦截，容克公司的设计师们也发现自身所具备的优势，既然有如此好的平台，那就应该在此基础上研制能够拦截敌方快速轰炸机的战斗机型。最主要的一点是，容克公司一直希望进军战斗机领域，但其研制的战斗机方案却都一次次地落选了，因此希望能研制Ju 88战斗机型以弥补遗憾。

1938年9月3日，德国航空部正式决定采购定型后的Ju 88A-1型轰炸机。

1939年春，Ju 88A-1开始批量交付，首先装备第30轰炸机联队所属的第1、第2大队并参加对英作战。容克公司的设计师们在Ju 88优异性能的鼓舞下，在加强了Ju 88的机载武器后提出利用该机航程远的特点研制一种新的远程昼间驱逐机的方案。航空部则坚持认为必须首先保证Ju 88A-1型轰炸机的产量，没有必要发展战斗机型。后来，德国空军觉察到缺乏一种能在大西洋上空与英国争夺制空权的远程战斗机而被迫同意容克公司在严格按照低优先级别的前提下生产少量Ju 88驱逐机型（通常称之为Ju 88Z）用于特殊作战。

1940年初，2架经改进的战斗型原型机Ju 88Z-15（原Ju 88V-15）和Ju 88Z-19（原Ju 88V-19）正式试飞，其原先明亮的轰炸型机首被金属整流罩所覆盖，其上预留有枪眼和中空的机身前腹舱护罩，以装备为加强火力而增设的武器。改装后的机首右侧增加了3挺MG17型7.92毫米机枪和1门MG-FF型20毫米机炮。另一项改进是在右侧机身与机首连接处增设了3处抽烟口，用于排出3挺MG17型机枪射击时产生的废气，此项改进后来成为战斗机型的标准设计。武器向后一直延伸到驾驶员座舱右下侧，3挺弹链供弹的MG17型机枪的弹药箱放在驾驶员脚下，MG/FF型20毫米机炮则采用弹鼓供弹并能在飞行中人工装填， MG151型15毫米机枪采用弹链供弹，弹药箱安装在驾驶员座舱右侧壁上。

与Ju 88A-1相似，战斗机型沿用了轰炸机型安装在右侧风挡和机身腹部的MG15型7.92毫米后射机枪，前者通过座舱外的伸缩式枪管支架固定在风挡右前方，所有前射武器瞄准均通过安装于驾驶员仪表板上的瑞福型反射式瞄准器控制。Ju 88Z-19原型机还曾试验性地安装了2个不同形状的球形外置枪炮塔，内置1挺前射MG151型15毫米机枪或20毫米机炮。战斗机型机组成员由于任务的改变而由

■ Ju 88型战斗机。

轰炸型的4人减为3人，分为驾驶员、副驾驶/领航员和无线电通信员。为减少空气阻力还拆除了翼下的ETC型炸弹挂架，从而使飞机的最大速度提升到472公里/小时，比Ju 88A-1快约24公里/小时，其航程则为Me 110的3倍。签于Ju 88Z原型机的优良性能，航空部批准以Ju 88C的名义有限度地生产Ju 88Z型双发驱逐机。

Ju 88C-1　该型是上述原型机的正式生产编号，最大设计速度500公里/小时，该计划后来被废弃。

Ju 88C-2　该型是最早服役的Ju 88战斗机型，其与C-1型的布局一样，也是直接利用普通量产型Ju 88A-1轰炸机改装而成的，仅拆除了翼下的俯冲制动器和ETC炸弹挂架。因此，二者的外观除机首武器外几乎没有分别。尽管有的飞机保留了轰炸机型前机身下部的舷窗，但安装了11毫米厚的装甲舱壁以保护成员。武器为3挺MG17型 (各备弹800发) 机枪和1门20毫米机炮 (MG-FF型备弹90发， MG 151型备弹350发)，最为特别的是该机还能在机身弹舱内携带1枚500公斤炸弹！ 但由于Ju 88生产一直以轰炸机型为中心，前述两种飞机的生产数量极少，1940年，总共只生产了62架Ju 88C-2，而同期轰炸机和侦察机型产量分别高达1816架和330架。整个1941年的战斗机型产量则少得可怜，只生产了区区66架Ju 88C-4，相比之下，Ju 88轰炸/侦察机型产量达2700架。

Ju 88C-3　该型是计划中的拟采用BMW 801MA型发动机作为动力系统的C-1改进型，计划后来被终止。

Ju 88C-4　该型实际上是Ju 88A-4轰炸机的改进型，1940年初投入生产。为简化生产工序，直接使用拆除所有轰炸设备并完全封闭前机身下部舷窗的A-4机身，其前部和机首顶部增了附加装甲 (与较晚的Ju 88C-6相似)，同时，该机还继承了A-4的延伸翼梢和边条副翼，并略微加长了翼展，进而改善了飞行品质。为改善气动外形，机身上的FuG10和FuG16型天线阵的位置略有改动，机身下部的FuB12型天线被远远地移至尾部并用有机玻璃罩封闭，以减少空气阻力。

动力系统可选装Jumo211G型或1400马力的Jumo211 F型发动机。机载武器仍保留了机身弹舱内的1枚500公斤炸弹，并可选装

MG-FF型20毫米机炮或更高射速的MG/FF型20毫米机炮。为增加火力，还可用MG151型机炮替换Ju 88C-2风挡上安装的MG15型机枪，但这样会加重机体重量。容克公司还根据飞行员们普遍要求加强火力的反馈，在C-4型的机腹舱内安装了2门可选装的MG/FF型20毫米机炮，由于MG/FF型机炮的炮身较长，其一直延伸到下部炮位，如需安装则必须拆除机腹舱内的后射MG15型机枪。此外，轰炸机型上安装的自卫机枪均被预先保留以增强火力，绝大多数的C-4型的机身上方还装有1挺后射MG15型7.92毫米机枪。后期生产的C-4型为增强自卫火力，还在驾驶舱后部改装了一个外凸的尾部枪座，其上安装有2挺后射7.92毫米机枪。由于C-4型的火力强大，因此，该机被德国飞行员戏称为“豪猪”。但机上的12挺7.92毫米机枪在实战中的火力不足，主要的攻击力量还是依靠20毫米机炮。

Ju 88C-4战斗/侦察机　在二战后的对C-4型的研究中发现，在很多德国资料中均提到一种战斗/侦察机的Ju 88C-4改进型，其动力系统采用Jumo211F型发动机。这种飞机在机身尾部炸弹舱后的下侧可安装1台固定的Rb50/30型照相机或Rb20/30型航空照相机。但这种改进型的数量极少，很有可能是在进行战略侦察时，临时改装而成的，在完成任务后又拆除了侦察设备而成为战斗机型。

Ju 88C-5　尽管航空部坚持将BMW 801型发动机分配给其他项目，但在容克公司的强烈要求下，航空部最终允许容克公司少量生产装备最大输出功率为1700马力的BMW 801D型发动机的战斗机型，这些飞机被命名为C-5型，但由于航空部的限制和发动机交付缓慢，整个战争期间只生产了10架Ju 88C-5。大部分的C-5型都没有正式装备部队，它们都作为实验机进行了一系列的机载武器试验。

Ju 88C-6　1942年初，容克公司利用A-4型的机身研制出新的Ju 88C-6，由于工厂急于进行生产，相当数量的C-6早期型机翼上还装有轰炸机型安装的俯冲制动器，但这些无用的设备很快就被拆除了。该机与C-4相比，最大的变化是采用功率更大的Jumo211 J-1/J-2型发动机（1420马力）替换了原有的Jumo211 F/G型发动机，并在发动机整流罩下方为新型发动机上

■ Ju 88C-6b夜间战斗机型，最早配备明石机载雷达的Ju 88夜间战斗机型，这架装备的是明石机载BC型雷达，同时，从机翼上的雷达天线可以看出它还安装了弗莱森堡FuG227型探测装置。.

的强制型空气冷却器安装了新的进气道。同时，C-6型还对方向舵作了改动，因此，在外观上与前几种机型略有区别，其他改动还包括在机身中部上方加装了一个安装在圆形有机玻璃盖子下的EZ6定向天线，FuB12型天线的位置也稍向前移，后期生产的C-6型还在翼端舱下部装有FuG101无线电测高仪天线。它的机体防护性比前几种型号均有提高，机上装有全装甲座椅，同时，驾驶舱的装甲也得到了加强。此外，机身和机首上部表面还能增设外部附加装甲，并全面采用防弹玻璃风挡。在4800米高度的最大速度约为470公里/小时，最大航程为2900公里。机首与机腹舱内的武器配备与C-4相同，但安装在驾驶舱上的MG15型后射机枪换成2挺弹链供弹射速更快的7.92毫米G81J型机枪。机腹后射机枪换成了内藏式的Bola39或Bola81Z型炮塔，其内可选装1挺MG15、MG81J、MG131型机枪，或是双联装MG81Z型机枪。但大部分C-6型的机身下部后射机枪经常被拆除，以为前射的MG/FF型20毫米机炮舱腾出安装空间。与C-2型和C-4型相似，C-6型也可在炸弹舱内携带1枚500公斤炸弹，但由于任务的改变，作战时基本都在其内安装辅助油箱。

Ju 88C-6b　夜间战斗机型 C-6b型配备明石机载雷达，翼展为20.13米，机长 (含机首雷达天线) 14.35米、机高5.06米、翼面积54.5平方米，空重9000公斤，最大起飞重量12350公斤，最大速度488公里/小时，在6000米高度的巡航速度为423公里，海平面爬升速度为540米/分钟，爬升至6000米需时12.7分钟，实用升限9900米，作战半径1038公里。除了机首安装的雷达天线外，该机与早期生产的昼间机型几乎相同，其他的设备细节，如不同的自卫武器、消焰排气管、膛口消焰装置等在同一批飞机之间都可能各有不同。尽管C型的生产进度仍受到限制，但航空部已经开始意识到不断拉长的战线对远程战斗机的需要。1942年，C-6型的年产量增加到了大约257架，但平均每月20多架的产量仅仅只能补充现役战机的战损而已。

Ju 88C-6c　从1943年下半年起，Ju 88C-6b成为最先换装FuG220明石SN-2型机载雷达的夜间战斗机型。安装了新雷达后的飞机被命名为Ju 88C-6c。雷达天线有4根大型弯曲的主天线杆，每根支撑2个垂直偶极天线。整个天线阵在载机上以约5度下倾的方式安装，这种天线的外号是“鹿角”。早期的FuG220 明石SN-2 (O型和A型) 型机载雷达在近距探测方面存在缺陷，其最小探测距离仅为480米，一旦小于此距离就会丢失目标，为弥补这一缺陷，机上还安装了老式的FuG202或212型雷达以保持近距截击能力。2种雷达密布的天线使机首和机翼几乎成了真正的“天线森林”。后期的明石SN-2 (B型) 型机载雷达则缩短了最小探测距离，因此取消了FuG202/212型雷达以减轻机体重量和阻力。后期生产的飞机上还安装了弗莱森堡FuG227型探测装置，能有效地接收到英军“莫尼卡”机尾告警装置的信号。1943年，共生产了706架C-6型，

■ 这架是Ju 88R-2型，已经换装了新型FuG220明石SN-2D型机载雷达。

直到1944年，才转产性能更好的Ju 88G系列。后期出厂的Ju 88C-6c还为机炮换装了性能更完善的膛口消焰器（机炮在夜晚开火时会产生很大的火焰，极易暴露己方位置），自卫武器换了新型的后射MG131型13毫米机枪。电子设备也进行了重新调整，采用FuG25a型敌我识别（IFF）鞭状天线和FuG16ZYD/E型环状天线取代了机身下部的FuB12天线。为了避免因增加设备带来的飞机速度下降，很多夜战飞行员纷纷要求减少武器配备或拆除机腹舱以减轻机体重量。从1943年末开始，C-6c开始在机身背部安装“斜乐”机炮，其后开始大规模装备双发夜间战斗机并使用至战争结束。C-6是第1种进行此种改装的Ju 88型战斗机，机炮通常安装在炸弹舱上部，空弹壳则通过下部炸弹舱门内的抛壳口排出。由于出厂时没有安装斜射炮，因此很多改装工作都是在战地进行的，机炮通过安装在飞行员座舱罩框架顶部的反射式瞄准器进行瞄准。实战证明，弹链供弹的大威力MG151型机炮成为“斜乐”机炮最实用的选择。

Ju 88C-7　该型分为7a/7b /7c这3种次型号，最初的设想是在C-6型的基础上进行各种试验型号的改进与研究，但都未正式投产。

Ju 88R-1　该型是C-6型的过渡型，与C-6最大的区别在于前者安装了2台1600马力的BMW 801MA型发动机。由于此时夜间防空任务紧迫且急需新型飞机，因此，航空部同意容克公司使用BMW801型发动机。为增强风冷发动机的散热效果，在紧靠起落架门前的发动机舱上增加了2个小型的冷却空气进气口。此外，由于BMW 801发动机满负荷工作排出的高温废气常常将排气管灼红，因此，后期生产的R-1型的发动机罩尾部增设了排气管护罩。由于基本不执行昼间作战任务，因此，大部分飞机都安装了FuG202明石C型或FuG212明石C-1型机载雷达。武器方面基本与C-6型相同，但后射机枪改为1挺MG131型机枪。

Ju 88R-2　R-1型投产不久后，容克公司又为其换装了1700马力的BMW 801D型发动机，这种新机型被命名为Ju 88R-2。新发动机换装了新型整流罩以适应内部空气和排气道系统的调整，安装新的动力系统后，该机正常起飞重量11500公斤，在6000米高度的最大时速达575公里。机上换装了新型FuG220明石SN-2D型机载雷达。此外，机身下部的FuB12天线被FuG25和FuG16ZY天线所取代，武器配备仍与C-6相同。在R型上有一点很特别，虽然战地改装很简单，但R型系列为减轻重量很少携带斜射炮之类的可选装的武器配备。1944年初，R型停产，容克公司开始转产G型。

Ju 88G的发展　R型服役不久，容克公司的设计师们就着手研制一种火力更强大的Ju 88夜间战斗机型。1943年春，容克公司利用Ju 88V-58号原型机为基础，装备1700马力的BMW 801D型发动机，机翼和机身都与R-2相仿，但成员增加为4人，同时，加强对成员的防护，改进了座舱装甲，更广泛地采用外部附加装甲以提高防护。尾部改装了为Ju188研制的垂直尾翼和加大的水平尾翼以弥补飞机因增加电子及武器设备引发的水平安定性不足，其飞行品质已距离Ju 88系列中最好的A-5型相去不远。容克公司将该机命名为Ju 88GV-1或Ju 88G-0。机腹吊舱和安装在机首的3挺MG17型机枪均被拆除，取而代之的是6门弹链供弹的20毫米MG151型机炮 (各备弹200发)。其中，2门安装在机首右侧，炮弹箱安放在机首下方的舱室内。其余4门安装在机身下部与舱口连接的流线形炮塔内 (在C-5型上进行过广泛试验)，由位于安装在前炸弹舱内的弹药箱供弹，后部炸弹舱被改装成油箱。机上的自卫武器保留有1挺安装在驾驶舱后上方的MG131型后射机枪。其他细节上的修改还包括将位于机身中部的顶置通信天线更换为可伸缩型天线，当其缩起时能有效减小阻力，并能使后射机枪具有更良好的射界。机身下部的FuB12天线被FuG25鞭状天线和FuG16ZY环状天线取代，安装在翼端舱内的FuG101无线电测高仪天线自此成为G型的标准配置。虽然Ju 88V-58于1943年春就已开始研制，但由于各种原因直到年底才进行试飞，结果证明其操纵性和机动性都得到显著提高。最初，机上安装夜战部队普遍装备的FuG212明石SN-2型机载雷达，其天线前端向上弯曲，以利于机首安装的MG151型机炮射击，后因英军已能有效干扰上述雷达，因此换装了FuG220明石SN-2型机载雷达，并很快被定型为Ju 88G-1。在新机尚未结束试飞前，迫不及待的航空部就向容克公司订购了700架。

Ju 88G-1　1943年底，第1架Ju 88G-1服役，12月中旬参加作战，经过改进的动力系统使飞机在6000米高度的最大时速达560公里。但直到1944年初，G-1的产量远不能达到航空部的要求，就在容克公司为产量问题烦恼时，航空部又追加订购了1100架，从而将订购总数提高到约1800架，其生产一直持续到战争结束。很多量产型的G-1型在机身中部炮塔侧面增加了开口作为排烟孔，这一点在后期生产的G型上经常出现。在出厂时，机上都未安装斜射炮，但相当数量的G-1到达使用部队后通常都会在位于座舱盖后的机身背部安装斜射炮。为提高航程，G-1还在每侧机翼内侧安装1个ETC500挂架用于携带油箱。Ju 88G-2/ G-3/G-4/G-5这几种型号都用于内部试验，没有正式生产。

Ju 88G-6　该型分为G-6a/b/c这3种次型

号，最初与G-1相似，G-6也能在每侧机翼内侧装备1个ETC500炸弹挂架用于携带油箱或炸弹。机身中部侧面的2个进气口取消了G-1上的机翼根部前缘进气道。机身尾部下方增加了1个额外的设备舱盖，FuG16ZY环状天线被移到稍微靠前的位置，可选装的FuG217尾部告警雷达的鞭状天线一般安装在机翼末端舱下（G-1是在右翼）。G-6到达装备部队后一般都会进行斜射炮改装，机炮排列方式根据飞行员的要求进行纵置和横置安装。后期生产的G-6则在出厂时就安装了斜射炮，其位置紧靠EZ6天线罩前方偏右。机身下方炮塔内的4门机炮的弹药基数增加到每门500发，MG131型后射机枪位置则予保留。G-6服役初期装备了FuG220明石SN-2型机载雷达，但由于盟军的针对性干扰措施，后期开始逐步换装FuG220明石SN-2D型和更新型的FuG218V/R“海王星”（Neptune）型机载雷达。

Ju 88G-6a　该机装备MW801G型发动机并换装FuG220明石SN-2D型机载雷达和FuG350系统，实际上是Ju 88G-1型的改进型，其产量不高。

Ju 88G-6b　1945年4月，G-6a型开始换装性能更先进的FuG240 N-1a“柏林”（Berlin）型厘米波机载雷达，二战结束前共有30台－50台FuG240 N-1a型雷达装备G-6型，在战争结束后，盟军缴获的G-6系列上均混装有上述几种雷达。

Ju 88G-6c　为提升G-1的机动性，容克公司在其机身上改装了2台1750马力的Jumo213A型直列液冷式发动机后于1944年中期投产。与早期使用Jumo213型发动机的Ju 88不同之处在于发动机上装有附加的散热片和一种新型的发动机快速检查盖板。此外，经过调整的排气道上还可选装消焰器。经过上述改装后的G-6c型最大速度可达576公里/小时（比Ju 88G-1快40公里），在9000米高度使用加力系统时的最快速度为650公里，如采用巡航速度，续航时间可达3.8小时。

Ju 88G-7型系列　1944年末，容克公司研制出最新型的G-7型，该机装备了2台1725马力的Jumo213E-1发动机，如使用MW50加力系统的最大功率达2250马力。为改进性能，其临时采用Ju188系列的机翼，其外形有很大的改变，机首安装有一个向前突出的木质有机玻璃“金星”雷达天线罩，这样只有天线的末端露出在天线罩外，从而有效降低了空气阻力。雷达系统采用FuG220明石SN-2D或FuG240型机载雷达，机组成员为4人，机翼和机身燃油载量与G-6型接近（3205升）。武器为机腹下方的 4门MG151型20毫米机炮（各备弹200发），2门MG151型20毫米斜射炮（各备弹

■ 1架属于NJG 2第2中队的Ju 88G-1型夜间战斗机，编号为R4+JK。

200发)，1挺MG131型后射机枪 (备弹500发)。

G-7a/b/c 3种型号计划装备FuG220明石SN-2D型机载雷达和“金星”天线系统，产量极少，只有样机。

Ju 88G-8 利用G-7机身开发的一种远程夜间战斗机，后在其基础上开发出Ju 88H-2型远程战斗机。

Ju 88G-10 该型是在Ju 88G-6基础上发展的超远程夜间战斗机，于1945年初开始制造，原型机于当年春试飞，其机身被加长以容纳新增设的油箱，装备了2台功率为1750马力的Jumo213A-1型发动机，机上装备了FuG218或FuG240型雷达。武器配备则临时性地采用与Ju 88G-6相同的配置，原准备在北海上空拦截英国轰炸机，仅少量生产。但这些飞机没有装备夜战部队，随着战势持续恶化，为利用该机航程远的优点，绝大多数Ju 88G-10被分配给“槲寄生”式组合轰炸机项目与Fw 190F-8式组合成“槲寄生”3C型。

Ju 88G-12 该型类似Ju188R，原计划发展为夜间战斗机，后因德国投降而终止研究。

Ju388J-1型夜间战斗机 容克公司推出了在Ju388基础上改进的Ju388J-1型全天候战斗机，但因该机的性能达不到要求而落选后转为夜战型，该机采用重新设计的4座增压座舱，安装有2台功率为1890马力的BMW 801TJ型发动机，最大时速582公里/小时，实用升限11000米。武器配备为4门安装在机身下部吊舱内的机炮 (2门MG151型20毫米机炮和2门MK108型30毫米机炮)，机背装有2门MG151型20毫米斜射机炮，自卫武器采用内装双联MG131型13毫米机枪的FHL131Z型尾部遥控炮塔。1945年初，又设计了几种Ju388J改进型(包括J-2/3/4)，但实际上仅有少量原型机被试飞。

总计生产了15000架Ju 88，但其中仅3694架是战斗机，仅占Ju 88生产总数的25%。

各时段产量：1940年 62架Ju 88C-2
1941年 66架Ju 88C-4/5
1942年 257架Ju 88C-6
1943年 706架Ju 88C/R
1944年 2518架Ju 88C/R/G
1945年 355架Ju 88G-6/7

Ju 88A-4主要技术数据：

翼展:：20.08米

机长：14.36米

机高：4.85米

发动机功率：2台，总功率2×1400马力

最大速度：510公里/小时

最大升限：9000米

最大航程：2430公里

空重：8550公斤

最大起飞重量：14000公斤

武备：1门20毫米机炮、4挺7.92毫米机枪或2挺13毫米机枪、3挺7.92毫米机枪

最大载弹量：3000公斤或2枚LT航空鱼雷

机组成员：4人

He 219“枭”战斗机

■ He 219的座舱。

He 219原本是德国空军夜间战斗机部队的新希望，但是种种主客观原因最终使得这种可以称为二战中最优秀的夜间战斗机的产量很少，没有机会得以发挥其真正的战斗力。但是即便这些数量不多的He 219，也切实让皇家空军感受到了更恐怖的夜空威胁，而面对英军夜空幽灵一般的蚊式机，原本He 219将会成为它最强大的对手。在He 219出现之前，德军夜间战斗机部队的主力装备基本上都是“半途出家”的改进机型，例如，Bf 110、Ju88、Do17、D0215、Do 217等，虽然这些机型在实战中还是表现出了相当的战斗力，但是毕竟不是科班专业出身，尤其在后期面对英军的蚊式机几乎无能为力，帝国航空部却对设计生产专用夜间战斗机的计划一直是拖延的态度，因此，He 219这样优秀的夜间战斗机最终也只能面对遭冷落的待遇。

海因克尔公司最早于1940年就自行开始了这种战斗机的设计，与此同时，英国方面也正式开始发展蚊式机系列。但是由于和德国空军高层存在技术和人事上的不同意见，严重影响了He 219的研制发展和最后的正式生产。He 219开始是作为重型多用途战斗机设计，项目编号1060，它和蚊式机一样，具备一些革命性的改良，如增压驾驶舱和前3点起落架。这个设计并没有得到帝国航空部

■ 全副武装的He 219全貌。

■ 安装了明石SN-2型机载雷达的He 219A-7型，驾驶舱下的“VI”表示这台明石雷达是FuG220d型，从它的天线排列也可以看出这是明石SN-2的改进型。

■ He 219的最初风洞模型。

的赞同，并且准备淘汰这个项目。到1941年末，负责德国夜间战斗机部队的卡姆胡贝尔强烈要求得到一种专门的夜间战斗机来应对皇家空军的夜间空袭，但是他的要求也没有得到上层的重视，于是他以私人身份继续向希特勒提出这个建议，最终在希特勒的支持下，卡姆胡贝尔得以直接向德国航空工业界包括海因克尔公司施加压力，于是1060项目再次被提上日程，这个设计很符合夜间空战的要求，于是它得到官方正式许可转为专门的夜间战斗机设计。随后，整个工程进度得以加快，海因克尔公司在罗斯托克－马里内尔的生产厂很快生产出了1架样机，卡姆胡贝尔在1942年1月22日参观了这架样机。但是随后的3月4月，在皇家空军的空袭下，这个生产厂的很多设施都遭到了破坏，但幸运的是，这架样机被保存了下来。随后，这个计划被搬到了维也纳－施威查特继续进行。He 219的前途并没能就此改观，当时负责德国空军飞机生产的米尔希就反对大量生产这种He 219，同样也反对卡姆胡贝尔和恩斯特·海因克尔的计划，他认为现在同时提出众多的设计和生产计划是在毁了德国的飞机制造工业，于是他强烈阻止He 219的设计发展计划。

He 219的第1架试验机V-1于1942年11月15日进行首次试飞，试飞员皮特斯对它的飞行操作性能非常赞赏，认为滑跑起飞和降落性能以及前3点起落架都很好，前向视野也非常好。随后，海因克尔公司生产了12

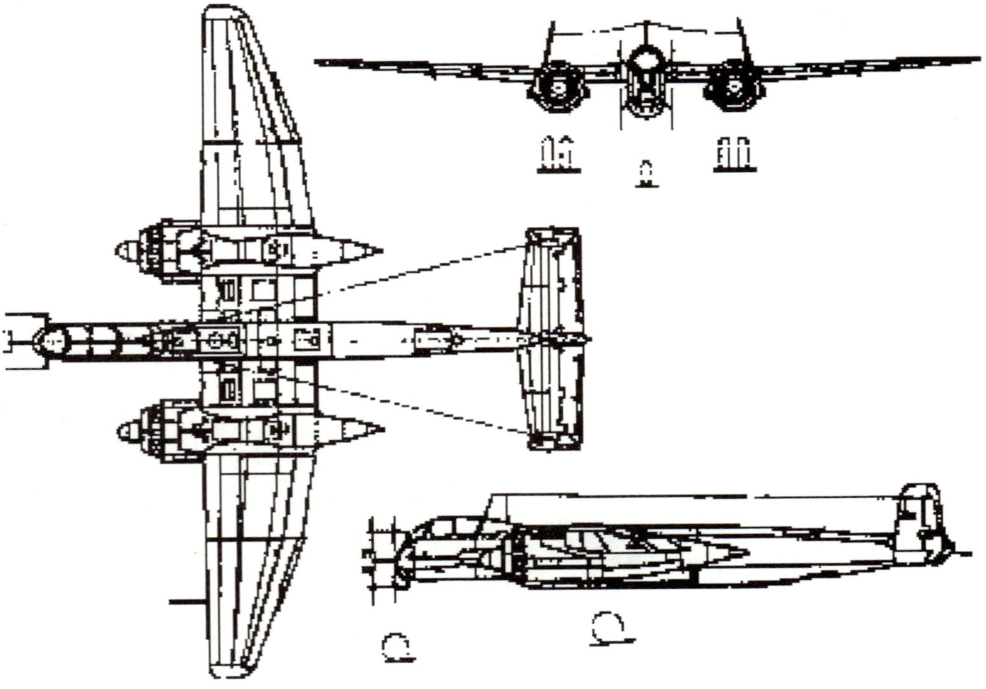

■ He 219A-5/R-1型战斗机三视图。

■ He 219A-5/R1型夜间战斗机。

架预产系列型，1943年中He 219的正式系列型号确定。米尔希虽然略微改变了他的看法，但是他在这个月主持召开了一个会议，认为He 219的正式系列生产时间不会早于1944年。直到1944年3月，He 219的生产才开始步入正轨。He 219是双发战斗机，机身修长，驾驶舱内飞行员和无线电通信员背对背坐着，其具有特色的驾驶舱能在空中或者地面起降阶段提供良好的视野，同时，驾驶舱增压可以满足高空作战要求，此外，它还首先安装了弹射座椅。1943年3月底，He 219第1个型号A-0型出厂，而He 219的第1个正式生产型A-2型的区别主要在于机载武器的配置；随后的A-3(战斗／轰炸机型)和A-4 (侦察/轰炸机型) 都只是计划，并未正式生产。

最终的He 219夜间战斗机型是A7/R1型，装备戴姆勒－奔驰603G型发动机，在7000米高度最大飞行速度为665公里/小时，在20分钟内可爬升到实用升限12700米，而它只需要12分钟就可以爬升到皇家空军机群的平均进攻高度6600米。这样的性能确定了它不仅仅是德国空军目前最优秀的夜间战斗机，而且在和蚊式机的对抗中也将胜出一筹。因此，He 219还拥有“蚊式机杀手”的外号。当然在实际作战中，由于各种客观条件如机载油料、弹药等影响，它的实际飞行参数无法达到理论

■ 美军俘获的1架He 219。

上的数字，但这并不影响它成为最优秀的夜间战斗机。He 219的武器装备也是极其强大的：在机翼根部安装有2挺MG151型20毫米机炮，每门射速800发/分钟；机腹下安装2门MG103型30毫米机炮，射速为440发/分钟。后来，He 219也改装了“斜乐”机炮这个轰炸机杀手。He 219的机载电子设备则是当时德军夜间战斗机的标准配置。此后，He 219的B/C系列也并没有重大的改进。He 219的最终生产数量很少，除了A-0型大约生产了130架，整个A系列其他的A2-7型的产量只有约150架，He 219的总产量只有300架左右，这远远不能满足真正的作战需求。

主要技术数据：He 219 A-5型

机长：16.34米

翼展：18.50米

机高：4.15米

机组成员：2人

发动机：DB 603 E型

功率：2 台，总功率2×1800马力

最高速度：615公里/小时

有效航程：2850公里

有效升限：9400米

武备：4 门MG 151型20毫米机炮，2门MK 103型30毫米机炮， 1门MG 131型30毫米机炮

参考书目

1.Peter.Hinchliffe, Luftkrieg bei Nacht 1939－1945,Stuttgart: Motorbuch Verlag,1998.

2.Werner.Held-Holger.Nauroth, Die deutsche Nachtjagd, Stuttgart: Motorbuch Verlag,1998.

3.Alfred Price,Luftschlacht ueber Deutschland, Stuttgart: Motorbuch Verlag,1991.

4.Werner Girbig, Start im Morgengrauen, Stuttgart: Motorbuch Verlag,1992.

5.Janusz Piekalkiewicz, Luftkrieg 1939－1945,Muechen:Suedwest Verlag,1986.

6.David.Donald, Bomber des Zweiten Weltkriegs, Augsburg:Weltbild Verlag,1998 .

7.Johannes.Steinhoff, In letzter Stunde, Muechen:Paul List Verlag KG,1974.

8.Franz.Kurowski, Der Luftkrieg ueber Deutschland,Duesseldorf&Wien:Econ Verlag,1979.

9.Adolf.Galland, Die Ersten und die Letzten, Darmstadt:Franz Schneekluth Verlag,1980.

10.Cajus.Bekker,Angriffshhe 4000-Ein Kriegstagebuch der deutschen Luftwaffe im Zweiten Weltkrieg,Hamburg:Urbes Verlag,1991.

11.Holger.Nauroth,Jagdgeschwader 2 Richthofen,Stuttgart: Motorbuch Verlag,1999.

12.SIMS, Jagdflieger,Stuttgart: Motorbuch Verlag,1968.

13.Jochen von Lang, Krieg der Bomber, Augsburg: Weltbild Verlag,1999.

14. http://www.raf.mod.uk/bombercommand/.

15. http://www.lexikon-der-wehrmacht.de/.

16. http://www.luftarchiv.de/.